美国国家应急反应框架

苗崇刚　黄宏生　谢霄峰　范增节　编译
赵　勇　校对

地震出版社

图书在版编目（CIP）数据

美国国家应急反应框架/苗崇刚等编译．—北京：地震出版社，2011.11

ISBN 978-7-5028-3948-2

Ⅰ.①美…　Ⅱ.①苗…　Ⅲ.①紧急事件－处理－研究－美国　Ⅳ.①D771.2

中国版本图书馆 CIP 数据核字（2011）第 220523 号

地震版　XM2226

美国国家应急反应框架

苗崇刚　黄宏生　谢霄峰　范增节　编译

赵　勇　校对

责任编辑：王　伟

责任校对：庞娅萍

出版发行：地震出版社

北京民族学院南路 9 号　　邮编：100081

发行部：68423031　68467993　　传真：88421706

门市部：68467991　　传真：68467991

总编室：68462709　68423029　　传真：68455221

E-mail：68721991@sina.com

网地：http://www.dzpxess.com.cn

经销：全国各地新华书店

印刷：九洲财鑫印刷有限公司

版（印）次：2011 年 11 月第一版　2011 年 11 月第一次印刷

开本：787×1092　1/16

字数：563 千字

印张：22

印数：0001～1500

书号：ISBN 978-7-5028-3948-2/D（4617）

定价：70.00 元

译者序

21世纪以来，随着全球重大自然灾害频繁发和各类突发事件的发生，突发事件应急管理日益成为世界各国政府和社会各界关注的重大热点问题和研究对象。

美国作为一个飓风、地震和森林火灾等灾害多发的国家，尤其是经过“9.11”事件以后，通过不断探索和实践，逐步建立了较为完善的突发事件应对法律法规、组织机构和行为模式。2008年1月，美国国土安全部发布了作为美国应对突发事件行动指南的《美国国家应急反应框架》。该框架对美国应急反应体系运作指导原则、应急处置机构设置、相关主体在应急体系中的角色定位、应急反应程序及标准等内容进行了全面、科学的阐述，是在美国国家突发事件管理系统下，政府执行部门、私营机构、非政府组织和应急管理从业人员应对和处置突发事件的反应和行动指南。该框架涵盖不同部门、机构和企业之间如何应对处置、如何协同配合等内容，涉及面广、内容丰富、操作性强。

当前，我国正处在社会全面发展的关键时期，重大自然灾害、事故灾难、公共卫生事件和社会安全事件时有发生，如何完善突发事件应急管理机制，制定灵活高效的应急计划，对我国经济和社会发展稳定大局至关重要。在这一背景下，译者结合多年从事应急救援工作的经历，对美国国家应急反应处置程序进行了深入的研究，编译了《美国国家应急反应框架》。希望本书的出版对我国突发事件应急管理和教育工作能够起到一定的参考和借鉴意义。

2011年10月

目　　录

第一部分　美国国家应急反应框架——核心文件

第二部分　美国国家应急反应框架——应急支持功能附件

第三部分　美国国家应急反应框架——突发事件附件

第四部分　应急支持功能附件和支持附件概述
——协调联邦援助使之支持《美国国家应急反应框架》

第一部分

美国国家应急反应框架

——核心文件

美国国家应急反应框架（NRF），是美国如何对国内所有灾害的紧急情况开展应急反应工作的指南。该框架建立在具有扩展性、灵活性和适应性的可调整结构上，联系全国范围内承担应急反应关键角色和职责的各级政府、非政府组织和私营机构，使之成为一个联盟。其宗旨是指导各级各类专门机构运用最佳方法，管理各种突发事件（包括各种地方性的严重事件、大规模的恐怖袭击事件或灾难性的自然灾害事件）。

美国国家应急反应框架核心文件以及应急支持功能附件和支持附件（可在国家应急反应框架资源中心获取，网址是 http：//www. fema. gov/nrf），将取代2004 年制定并在2006 年修订的原国家应急反应计划。但原国家应急反应计划的突发事件附件仍然有效，直至新的突发事件附件发布为止。美国总统已批准本国家应急反应框架。

华盛顿，哥伦比亚特区

2008 年 1 月

引　言

一、概述

美国国家应急反应框架（NRF，以下有时简称“本框架”），是美国如何对国内各种灾害紧急情况开展应急反应工作的指南。该框架建立在具有扩展性、灵活性和适应性的可调整结构上，联系全国范围内承担应急反应关键角色和职责的各级政府、非政府组织和私营机构，使之成为一个联盟。本框架规定了管理各种突发事件的各专门机构和可资利用的最佳方法。本框架所指的突发事件包括从各种纯属地方的严重事件到大规模的恐怖袭击或灾难性的自然灾害事件在内的各种事件。

本文件解释了联邦政府、州政府、地方政府和部落政府过去应用的有效做法和组织结构。描述了“卡特里娜飓风”和“里塔飓风”的主要经验教训，尤其是灾难性事件中，联邦政府如何组织人力物力向社区和州政府提供有力支持方面的经验教训。最重要的是，本框架的基础是国家突发事件管理系统，后者为应急管理提供了一套统一的模板。

本框架中使用的“应急反应”一词的内容，包括迅速采取拯救生命、保护财产和环境的行动，以及满足人类的基本需要。“应急反应”还包括应急预案的实施和支持短期恢复的行动。本框架始终有效，但是，各个部分的内容可根据具体工作需要进行灵活修订和扩展。

1. 预期的读者对象

美国国家应急反应框架是专门为政府行政部门、私营机构、非政府组织的领导人和从事应急管理实际工作的人员制定的。本框架的读者对象，首先是民选和委任的高级领导，如美国联邦政府部门或机构的部长（局长）、州长、市长、部落领袖和县市的政府官员等，那些有责任提供有效应急反应的官员。因为，国家必须做好应对各种灾害的准备，所以，这些领导人必须基本熟悉美国国家应急反应框架的概念和机制。

同时，该框架使应急管理从业人员了解，第一响应人员和各级政府中应急管理人员的运作框架和常规使用的工具。对于这些读者，该框架还提供了网上可查阅的相关文件、进一步的训练以及不断积累的经验和教训方面的交流文件。*

有效应急反应的挑战之一，是各级政府机构的民选和任命官员更替频率相对较高和任期相对较短。有效的应急管理取决于训练有素的领导和应急准备工作中配备的应急反应人员，取决于应急反应伙伴关系，及其共同目标的实现。应急反应人员的更替是不断发生的，因此，所有的参与人员都需要一本简明、通用的手册。

美国国家应急反应框架的目的就是向各级各类应急管理人员提供一本必要的工作手册。

---

* 美国国土安全部为了帮助本框架的用户，已建立了一个网上的国家应急反应框架在线资源中心，用户可在（http：//www.fema.gov/nrf）网址获取相关信息。该应急管理框架资源中心将定期在网上对支持应急管理框架及其参与人员的文件进行扩展和修订。该网站上初步公布的文件包括突发事件应急管理人员常规所需的多个配套支持文件、行动计划、标准表格以及其他工具。该网站还将进一步解释框架的技术方面内容，并定期公布新的或修订的支持文件。

本框架在广泛咨询各级各类应急管理人员和决策人员的基础上制订完成。2001 年 9 月 11 日恐怖袭击事件发生以后，全美国制订各类突发的事件应急反应预案工作得以加速，预案的质量也不断提高。随着美国国家应急反应框架的不断改进，这些预案也将不断地与框架整合。

2. 国家应急反应框架的演变

美国国家应急反应框架是以前联邦政府应急反应计划（预案）文件的演变产物。简短回顾历史，可以明确国家应急反应框架的重要基本内容，了解对以前联邦政府应急反应计划所做的改进。在本框架问世 15 年前，美国联邦应急反应计划（1992 年）就已成型，当时关注的重点主要是联邦政府部门承担的角色和责任。

“9. 11”袭击事件之后，更加紧迫的任务是理解并执行通用的突发事件管理和应对原则，并制订预案框架。2004 年，美国国家应急反应计划取代了联邦应急反应计划，是这些讨论的一个早期成果。美国国土安全部（DHS）成立一年后，美国国家应急反应计划颁布。国家应急反应计划，将各级政府机构整合到一个共同的突发事件管理框架中，有了新的突破。国家应急反应计划根据几个新颁布的法律和总统指令，规定联邦机构①在突发事件管理中的协调角色。“卡特里娜飓风”登陆 9 个月后，发出了修改美国应急反应计划的通知，要求将 2005 年“卡特里娜飓风”经验教训融入美国国家应急反应计划。

相关部门建议修改美国国家应急反应计划结构和实质内容。他们认为，最初的美国国家应急反应计划（预案）及其 2006 年的修订版本是官僚主义的产物，而且，在本质上是重复的。使用者也指出，美国国家应急反应计划以国家为重点不够突出，这就是说，它应该更清晰地阐明应急反应参与各方的角色和职责。此外，有证据表明美国联邦应急反应计划及配套文件，明显不能作为应急管理人员能够理解的真正意义上的运作计划，其内容也与标题不相符。过去几年中，国家意义上的分灾种突发事件预案制订工作已经成熟。为了加强国家的应急反应能力，公共部门和私营部门在国土安全投资方面都做出了重大的贡献。

美国国家应急反应框架的标题中选用“框架”这个词，能更加准确地体现其意图。有效地应对突发事件是各级政府、私营部门、非政府组织和每个公民的共同责任。国家应急反应框架责成联邦政府与地方政府、部落政府、州政府及私营部门合作，共同完成应对《美国国家应急准备指南》列举的各种突发事件②的战略计划和应对预案。这些计划和预案最终将大大地提高美国国家应急反应框架之突发事件附件的质量，后者源自《国家应急反应预案》。

二、国家应急反应框架是开放的

本框架提出了指导全国的应急反应工作的关键性的应急反应原则、应急反应参加者、作用和组织结构。美国国家应急反应框架按以下布局编制：

第一章　角色和责任。本章重点规定了地方政府、部落政府、州政府和联邦政府，以及私营机构和非政府组织中哪些人参与应急反应活动。

第二章　应急反应行动。本章描述了国家作为一个整体在应对突发事件中应该做什么。

---

① 本文件中使用“机构”一词指的是联邦政府实体，包括行政机构、部门和政府机构。

② 虽然核心文件所列的假设情景不是详尽无遗的，但这套假设情景基本上是各种各样的恐怖袭击和自然灾害的代表，拓展了国家的预防和应急反应能力。这套假设情景提出了预防和应急反应要求，这将帮助指导全面的预案制订工作。

第三章　应急反应组织。本章说明作为一个国家是如何组织实施应急反应行动。

第四章　预案的制订：有效应急反应的关键要素。这一章强调制订预案的重要性，并概述了各级预案的框架结构。

第五章　更多资源。最后一章概述了美国国家应急反应框架资源中心的在线内容和计划。美国国家应急反应框架资源中心，是一个新的、具有活力的国土安全部联邦紧急事务管理局的网站，该网站将为美国国家应急反应框架提供来自应急反应界且服务于应急反应界的、最新的更多支持工具。

1. 国家应急反应框架的结构

美国国家应急反应框架由核心文件、应急支持功能附件、支持附件、突发事件附件和合作伙伴指南组成。核心文件介绍了指导美国应急管理的理论、角色和职责，应急反应行动、应急反应组织，以及针对任何突发事件，实现有效的国家应急反应的预案之制订要求。美国国家应急反应框架的核心文件及其国家应急反应框架颁布60天后生效。其附件和合作伙伴指南将定期更新，也是颁布60天后生效。

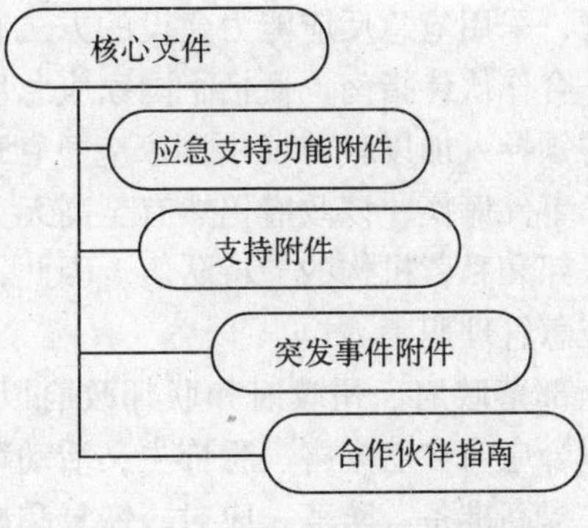

图1　国家应急反应框架的组织结构

下列文件为应急反应人员和应急管理人员提供更详细的资料，以帮助他们实施国家应急反应框架：

(1) 应急支持功能附件。将联邦政府的资源和能力整合到国家应急反应需要最频繁的功能（例如：交通运输、消防和大众关怀）附件中。

(2) 支持附件。描述了最基本的支持方面，对所有突发事件都通用（例如：财务管理、志愿者和捐赠管理以及私营部门的协调）。

(3) 突发事件附件。分别介绍了如何应对7大类突发事件的方法（例如：生物突发事件、核（放射性）突发事件、网络突发事件以及大规模疏散突发事件等）。

(4) 合作伙伴指南。提供现成的参考文献，这些文献描述了地方政府、部落政府、州政府、联邦政府和私营机构等合作伙伴在应急反应中应当承担的关键角色和应当采取的关键行动。

国家突发事件管理系统（NIMS）是一个配套文件，该文件介绍了应急反应活动的标准指挥和管理结构。这个系统还提供了一个统一的全国适用的模板，使联邦政府、州政府、部落政府和地方政府，以及私营机构和非政府组织能够共同开展突发事件的准备、预防、应急反应、恢复和减灾工作。国家突发事件管理系统适用于发生在任何地点的各种类型、各种规模的简单或复杂的突发事件。这种统一性，是运用国家突发事件管理系统处理日常发生的小事件到需要联邦政府做出应急反应的所有的突发事件的基础。

上述这些文件可在美国国家应急反应框架资源中心获取，网址是 http://www.fema.gov/nrf。

2. 应急反应：参与者

统一有效的应急反应要求各级组织具有相互支持能力。美国国家应急反应框架系统地整合了公共部门、私营部门和非政府组织。此外，还强调个人和家庭的准备重要性。

各地方社区、部落政府、州政府、联邦政府、非政府组织和私营机构应该了解各自的角色和职责，为实现共同目标，这些角色和职责还应该可以相互替代。各级政府在提高应对突发事件所需的能力方面，发挥了突出的作用，包括制订计划或预案，对预案进行评估和演练，提供并管理资源和能力，总结经验教训等方面。这些活动需要所参与的组织了解自己的角色和职责，了解内部如何协作，了解国家应急反应框架的支持功能。

尤其重要的是，各级政府应当承担国家应急反应框架定义的角色。为此，各级组织应确定主要领导和工作人员的职责，采用应急反应能力建设的方法制订基于能力的预案，根据预案进行训练，并有效地运作。合作伙伴指南，概括了国家应急反应框架的核心概念，并针对不同层次、不同类型的机构的领导人加以裁剪（由国家应急管理资源中心提供网上说明）。

即使一个地方政府因突发事件瘫痪，该政府仍然有至高无上的核心责任，承担其独特的应急反应义务，协调州级、联邦和私营机构的支持队伍。因此，每个组织或各级政府有义务资助，并承担其自己的核心应急管理职责。

下面简要介绍地方政府、部落政府、州政府和联邦政府以及私营机构的应急管理的角色。应急管理工作是协调和整合应对自然灾害、恐怖主义活动和其他人为灾害或威胁必须开展的各种活动，建立、维持并提高准备、防范、应对、恢复和减轻危险的能力。

1）地方政府

社区的恢复能力首先取决于有应急准备的个人，但是，更取决于地方政府、非政府组织和私营机构的领导和参与。个人、家庭和为特殊需要人群提供服务的志愿者，应该增强危险和威胁的忧患意识，制订家庭应急预案，包括照顾宠物和照管动物，并准备应急包*。每个人也是所在社区的志愿者。

地方警察、消防、急救中心、公共卫生及医疗机构、应急管理、公共工程、环境应对专家，以及社区的其他人员往往是最早发现或应对威胁或灾害的群体。他们往往也是最后一个离开事故现场，或处理的突发事件影响的群体。地方民选或任命的高级官员（市长、市政执行官、或县郡执行官）负有确保公共安全和居民福祉的职责。当今世界上，政府高级官员及其应急管理人员构成了有效的应急反应的基础。他们与周边的地区、相邻的州政府、非政府组织和私营机构共同组织并整合各种能力和资源。越来越多的企业只要其零售点、服务点、生产机构或办事处设置在社区内，都成为应急反应的关键的合作伙伴。非政府组织以及非营利组织充分发挥其接触面广、宣传和服务方面的优势，在加强社区应急管理工作方面也日益发挥着重要作用。

---

* 有关准备制订家庭应急反应计划（预案）的具体信息资料可从网站 http://www.ready.gov 获取。

2）州政府、准州政府和部落政府

州政府、准州政府和部落政府对辖区居民的公共卫生和福祉负有责任。州政府和地方政府距突发事件影响的人群最近，永远负有应急反应和灾后恢复的领导责任。在应急管理过程中，州政府在协调全州的资源和能力以及获取邻州的资源和能力方面，发挥着关键作用。州是一个独立自主的实体，州长负责公共安全和福祉。由于美国准州地区、领地、自由联合的州①和部落政府也是有主权的实体，这些实体也同样有特定的长官负责公共安全和福祉。斯塔福法援助对象包括美国所有州，也包括在斯塔福法援助对象定义中作为“州”对待的波多黎各、维尔京群岛、关岛、美属萨摩亚，以及北马里亚纳群岛邦②。

各州都拥有各自的、重要的应急资源，包括州紧急事务管理局、国土安全局、警察局、卫生机构、交通运输机构、事故管理队伍、专业队伍和国民警卫队。州政府在应急管理中的作用是，在事件发生之前、期间和事后支持、增援地方应急反应工作。如果某州预计其资源不足时，州长可以请求联邦政府援助，也可以根据应急管理援助协议（EMAC）③ 向其他州请求援助。

3）联邦政府

美国联邦政府拥有广泛的人力和物力资源，以备州长请求援助时予以提供。当灾害超过或预计超过州政府、部落政府或地方政府资源能力时，联邦政府可以提供人力和物力，支援该州的应急反应。对于那些主要涉及联邦或主管部门管辖的事件（例如，事件发生在军事基地、联邦设施或联邦土地上），联邦部门或机构将是第一位的应急反应主体和第一道防线，协调州、准州、部落和地方的合作伙伴实施各种应急反应活动。联邦政府也与私营部门和非政府组织保持着工作关系。

根据 2002 年国土安全法和总统国土安全 5 号令，国土安全部部长是美国本土突发事件管理的首席联邦官员。突发事件管理是指管理所有的涉及国土安全事件的活动，包括预防、保护、应对和恢复。其他联邦部门和机构负有支持国家应急反应活动的主要责任，并在国家应急反应框架的协调机制下履行这些职责。国土安全部在总部、区域和现场负责与其他机构进行协调，加强联邦政府的支持。

4）私营机构和非政府组织

私营机构和非政府组织通过与各级政府建立合作伙伴关系，参与应急反应工作。鼓励私营机构和非政府组织制订意外事件应急预案，并与州和地方政府预案制订人员共同工作，以确保他们的预案与相关预案、国家突发事件管理系统和国家应急反应框架保持一致。

破坏性突发事件发生时，私营组织在保护重要基础设施系统、实施快速恢复正常商业活动的计划方面起着至关重要的作用④。保护重要的基础设施和快速恢复正常的商业活动，可以减轻突发事件的影响，提高个人的生活质量，加快社区和国家恢复的步伐。重大基础设施

---

① 国家应急反应框架适用于美国领地及其岛屿地区，以及密克罗尼西亚联邦和马绍尔群岛共和国。美国政府根据《自由联合条约》，对帕劳共和国不提供救灾援助。岛屿地区还包括关岛、北马里亚纳群岛邦、美属萨摩亚和美属维京群岛。

② 在国家应急反应框架内，探讨州政府权限和职责，常常包括美国准州地区、领地和部落政府的权限和职责。

③ 有关应急管理援助协议（EMAC）参考文件，可在国家应急管理资源中心网 http：//www. fema. gov/nrf 获取。

④ 有关保护重要基础设施和关键资源的其他信息资料，可在国家应急管理资源中心 CIKR 支持附件获取，网址是 http：//www. fema. gov/nrf。

和关键资源（CIKR）设施领域有许多非营利的业主或经营者，医疗保健和发电领域则更加普遍。

非政府组织在需要时提供的必不可少服务，在地方、州和国家级的应急管理中发挥了重要的作用。他们提供庇护所、紧急食品供应，以及其他重要的支援服务。非政府组织在各个层面上推动和支持政府的工作*。

3. 应急反应：做什么，如何做

国家应急反应框架始终有效，其各部分可以在任何时间、任何层次实施。国家应急反应框架是基于能力的，也就是说，地方政府、部落政府、州政府和联邦政府都建立与其职责相一致的能力，并根据灾害识别、危险性评估、威胁和国家预案设想情景列举的其他可能的突发事件要求，落实可能需要的资源。

国家应急反应框架规定了应急反应应该做什么和如何做。总之，国家应急反应框架解释了国家如何在各个层级有效管理各种灾害，这与国土安全国家战略是一致的。下面阐释国家应急反应框架的范围、应急反应理论和应急准备战略。这与整个文件大纲密切相关。

三、范围

国家应急反应框架规定了，针对本土发生的各类突发事件，开展全国性应急响应和运作协调的架构。根据威胁的内容不同，重大事件预期不同或突发事件应急反应情况不同，可以部分或全面实施国家应急反应框架内容。有选择地实施，可以使应急反应的规模、所需资源的调度、协调的层面能够适应具体情况的需要。

在国家应急反应框架文件中，所指的突发事件包括正在发生或潜在的紧急情况或各种灾害事件，其范围从事故和自然灾害，到正在发生或潜在的恐怖袭击。包括的事件可以仅在一个单一的行政区内，还可以是那些性质上是灾难性的，范围或后果遍及全国的事件。

在初期看似轻微的事件可能很快发展成一个较大的灾难性事件，这在事件发端时，识别却并不容易。国家应急反应框架包含了标准化的组织架构，可以促进突发事件现场活动和创新，共享各级政府、非政府组织和私营机构提供的基本资源。应急反应行动必须具有迅速的扩展性、灵活性和较强的适应性。

国家应急反应框架也希望加快那些可能需要联邦政府援助的突发事件评估和应急反应。实际上，许多突发事件本身要求启动跨机构协调协议，采取更积极的行动，以防事态扩大后变得更加棘手。具有独立权限的联邦部门或机构可能是联邦政府最早和主要的应急反应行动者，但对那些需要联邦政府实施更加系统的应急反应工作的突发事件，现在可以通过国家应急反应框架及其配套的附件所确定的相应机制进行积极协调。这种联邦层面对突发事件的评估和应急反应最初阶段的协调，将是顺理成章的过程，不需要任何正式的启动机制。

因此，国家应急反应框架取消了具有全国性影响的突发事件的宣布程序。国家应急反应框架不要求这样的宣布程序，也不会有人来宣布。这个变化并不改变国土安全部长协调大规模国家应急管理的权限。相反，取消这个宣布程序将使整个国家应急反应团体更加敏捷、更加灵活和协调能力更强。

---

* 美国红十字会是一个由联邦政府特许的机构，然而，它不是本框架内的一个联邦政府的机构。

四、国家应急反应的宗旨

国家应急反应的宗旨规定了全国各级政府、非政府组织和私营机构的基本角色、职责和运作机制。应急反应活动的总体目标，是拯救生命、保护财产和环境。应急反应的五项主要原则规定了履行国家应急反应使命应当采取的行动。这五项原则构成国家应急反应的宗旨。

国家应急反应的宗旨是由美国的联邦制度和宪法规定的联邦政府和州政府的分工和职责决定的。由于，这一宗旨反映了应急管理的历史和各级应急人员和领导智慧的结晶，因此，它决定了国家应急反应框架的基本形式。

该应急反应宗旨是“随政治和战略前景变化、应急反应经验教训的积累和新技术的引进而演变的。该宗旨影响政策和计划（预案）的制订，队伍的组织和训练，以及装备采购的方式。它促进了目标统一，指导专业评价，使应急反应人员能够最好地履行自己的职责”。

应急反应的宗旨演变是缓慢的。由于支持国家应急反应框架的预案必须通过不断创新过程进行检验和改进，因此，应急反应战略和国家应急反应框架也应当定期进行审查和修订。最近的审查和修订是专门针对反恐怖袭击预案所作的审查和修订。

国家应急反应的宗旨由五项主要原则构成：①建立合作伙伴关系；②分级应急反应；③具有扩展性、灵活性和适应性的应急反应能力；④统一指挥、统一行动；⑤常备不懈。下面将逐一介绍。

1. 建立合作伙伴关系

各级领导必须通过制订共同的目标和加强协调能力，明确表示并积极支持加入合作伙伴关系，使任何政府不因危机而瘫痪。联邦、州、部落和地方各级政府的相互支持，有利于共同制订应急预案，也有利于必要时共同做出的应急反应。建立合作伙伴关系，包括所有合作伙伴在国家应急反应框架下及时互相通报突发事件活动，共享各自获得的情报，以便采取更加快速的应急反应行动。潜在的恐怖事件，尤其要求准备和应急反应预案，体现高度戒备、高度灵活和非常熟练的能力，这是我们的准备和应急反应预案的核心。

建立合作伙伴关系是应急反应准备必不可少的工作。有效的应急反应活动首先取决于地方突发事件的准备工作。应急反应准备工作包括预案制订、人力物力储备、培训、演练和组织，其目的是建立、保持和提高应急反应能力。应急反应准备是针对各种潜在的突发事件，确定人员、组织训练和配备装备，以及制订辖区内应对突发事件如何运用这些能力的具体预案的过程。

应急反应准备活动应该对辖区内和辖区间各参与机构进行协调。稍后介绍的制订综合预案的过程有利于找出能力方面的差距，也有利于制订弥补这些差距的发展战略。

国家应急反应准备指南和国家演练纲要描述了全国应急反应准备工作*。这两个文件设计了制订国家的预案的 15 种假想情景（新的国家协调演练的日程和优先任务安排依据的就是这些假想情景），并确定 37 个支持全国性应急反应的核心能力。国家应急反应准备指南确定了地方政府、部落政府、社区和州政府应具备的应急反应核心能力。国土安全部的国

---

* 有关国家应急反应准备指南的信息，可以在美国国家应急反应框架资源中心获取，网址是：http://www.fema.gov/nrf。

土安全资助计划将对这些核心能力的建设予以支持。

2. 分级应急反应

突发事件应当尽可能在最基层实施管理，能力不足时应当得到外部的援助。不必等到本级政府已瘫痪时，才请求上级政府援助。突发事件发生于地方层面，而且大多数突发事件的管理完全由地方政府实施。许多突发事件需要当地政府机构、非政府组织和私营机构做出统一的反应，另一些突发事件则需要得到来自邻区和州政府的外部支持。少数突发事件需要联邦政府支持。国家应急反应协议已认识到这一点，并正在调整，以便支持并维持应急反应和初步恢复时，提供分级援助所需外部资源或能力。各级都要准备应急反应，预计可能需要的资源。

国家应急反应框架的基本前提：突发事件的处置一般尽可能由最基层的政府实施。

3. 具有扩展性、灵活性和适应性的应急反应能力

突发事件的规模、范围和复杂程度是变化的，应急反应也必须适时调整，适应这种变化。资源的数量、类型和来源必须能够迅速扩充，以满足特定事件需要。通过国家应急反应框架规定的协调方法，可以从各级政府调度规模适度的资源，满足快速激增的需要。实施过程必须具有灵活性和可调整性，能适应每一个具体突发事件。在应急反应过程中，应急反应人员必须保持灵活性和适应性，以适应需求的增长和变化。同样，整体的应急反应行动应该是灵活的，尤其是从应急反应阶段向恢复阶段过渡时更应该灵活。国家应急反应框架的基本宗旨是，建立一套经过检验的通用组织结构和可扩展的、灵活的、适应各种应急反应活动的能力。各级政府、企业和非政府组织采用国家应急反应框架，将有利于提高应急反应的互动性和协调性。

4. 统一指挥，统一行动

应急反应活动需要有效的统一指挥，需要每一个参与组织对自己所承担的角色和职责有明确的认识。成功的应急反应要求尊重各参与组织内部指挥系统的统一行动，这有利于各辖区高效协调，实现共同目标。运用突发事件指挥系统（ICS）是实现跨辖区、跨机构管理突发事件的重要环节。突发事件指挥系统为不同法律、不同辖区和不同职责的机构提供了现场协调、计划和有效互动的框架。当一个团队实施应急反应时，统一指挥可以在指挥层面上共同制订突发事件的方针和策略，为负有不同应急反应职责的所有机构提供联合支持。每个参与机构保持自己的权力、责任和义务。国家应急反应框架采用国家突发事件管理系统（NIMS）的标准化结构和工具，使现场和各应急反应中心都可运用这种统一有效的工具。

美国国防部（DOD）是联邦政府在应对国内突发事件中的全面的合作伙伴，国防部的应急反应完全通过国家应急反应框架的协调机制实施*。“指挥”和“统一指挥”这两个概念对军队和军事行动有明确的法律和文化涵义。在联邦政府的军队中，总统命令下达给国防部部长，到司令部司令，再到国防部现场指挥官。军队始终在作战和行政管制的军事指挥链的控制之下，军队随时服从新任务或召回命令。突发事件指挥系统（ICS）中的“统一命令”与军队的指挥链的概念有明显不同。因此，军队不遵从突发事件指挥官的指挥，也不在突发事件指挥框架的统一指挥之下。

---

* 美国国防部（DOD）部长在派遣国防部军队支持政府行动时保留指挥权。由州长指挥和领导的国民警卫队部队，不属于国防部（DOD）的军队。国家应急反应框架不削弱，也不影响国防部部长对国防部的指挥权。

国家突发事件管理系统（NIMS）* 通过下列方式实现统一指挥：①制订一套单一的目标；②实施共同的战略方针；③改善信息流和协调；④建立优先重点和能力局限的共识；⑤确保任何机构的法定权限不被消弱或者被忽视；⑥在执行统一计划的前提下，对参与机构的联合行动进行优化。

5. 常备不懈

有效的应急反应活动，应当常备不懈，且与认识到的危险相匹配。国家的应急反应活动取决于个人、家庭、社区、地方政府、部落政府、州政府和联邦政府的本能和采取行动的能力。在应对规模、范围或复杂性有可能快速变化或没有任何前兆的突发事件中，积极进取的态度必不可少。

应急反应活动一旦开始，现场的行动应当遵循国家突发事件管理系统（NIMS）规定的原则。为拯救生命、保护财产和环境，要求现场应急反应人员采取果断行动。虽然风险无可避免，但是，第一响应人可以通过适当的训练和计划有效地预测和管理风险。指挥部（独立指挥部或联合指挥部）负责优先确保现场公众、应急反应人员和其他参与应急反应人员安全，同时要有充足的卫生和安全措施。突发事件指挥员应当指定一名训练有素并装备良好的官员负责安全工作，分析判断危险和不安全的因素，评估应急反应行动的效果，实施有效的安全预案。

迅速、有效的应急反应要有明确、清晰的沟通和工作流程。缺乏有效的沟通，盲目的行动充其量是徒劳无益的，还可能是危险的。有效的国家应急反应行动，取决于演练过的步骤、程序和通信系统（该系统可及时、准确、方便地获取突发事件原因和规模，并将突发事件进展情况及时、准确地通告给公众、应急反应人员和其他相关人员）。完善的公共信息、宣教策略和通信预案，可确保营救措施、疏散路线、威胁与预警系统和其他公共安全信息得以协调一致，并方便、及时地传达到各类用户。

五、国土安全大战略的一个组成部分

国家应急反应框架是国土安全大战略的一个重要环节，国土安全大策略是指导、组织和统一全美国国土安全工作的总体战略。国土安全大战略体现了我们对美国所面临威胁的持续的认识，包括从演习和实际灾难得到的经验教训，并阐明了我们应如何加强国土安全的基础，以确保国家长盛不衰。国土安全大战略是整个美国国土安全工作实现以下四个目标的共同框架：

（1）防止和粉碎恐怖分子的攻击。

（2）保护美国人民和我们的关键基础设施和重要资源。

（3）对真实发生的突发事件，采取应急反应措施和事后恢复行动。

（4）不断强化基础，确保长盛不衰。

前三个目标有助于组织全国的工作，最后一个目标需要建立和改造我们的国土安全的原则、制度、体制和机构。包括运用全面的风险管理方法，建设应急准备文化，制订一套国土安全管理体系，提高突发事件管理水平，更好地利用科学和技术，利用一切手段提高综合国力和影响力。

---

* 有关国家突发事件管理系统信息资料可在国家应急管理资源中心获取，网址是 http：//www. fema. gov/nrf。

国家应急反应框架主要针对的是第三个目标：即对突发事件做出应急反应和事后恢复。国土安全大战略还从更广泛的角度关注突发事件的背景环境，无论发生在美国的灾难是多么前所未有或非同寻常，尽我们最大的努力做好应急反应工作是我们共同的责任。国土安全大战略指出，必要时，我们会用国家的全部能力和资源来拯救生命、减轻灾难，保护财产。国土安全大战略还提醒我们，当国家对一个突发事件做出应急反应时，我们必须在应急反应的基础上，不但要尽快开始短期的恢复工作，还要为重建和振兴受灾社区和地区制订长远目标。

国土安全大战略要求，国家应急反应框架应当有利于加强国家有效应对突发事件的基本能力，能够迅速评估酝酿中的突发事件，采取必要的初步行动（必要时，采取进一步行动），启动恢复工作，稳定受影响地区。还要求国家应急反应框架行文清晰，易于理解，真正适用于全国各地，能满足州政府、地方政府和部落政府、私营机构和非政府组织以及联邦政府的需要。此外，国土安全大战略强调，必须确保为那些遭受灾难性突发事件破坏或严重影响的社区，制订一套可持续发展的重建和振兴路线。要求国家应急反应框架响应和支持国土安全大策略，提供足够的信息，全力配合国家、州、部落和地方的应急反应准备行动和投资。

国土安全大战略还阐述了其他的战略、规划和正在进行的工作应如何支持其他三个国家目标。例如，预防和粉碎恐怖主义袭击的国家目标，得到 2006 年 9 月新颁布的国家反恐战略进一步支持，后者阐述了美国打赢反恐战争的战略。两者在预防和粉碎美国境内的恐怖事件袭击方面互为补充，相辅相成。为了预防和粉碎在美国境内的恐怖事件袭击，我们正在努力切断恐怖分子和恐怖活动有关的武器和物资进入我们的国家和所有国界，摧毁他们在我们边界内实施恐怖活动的能力，防止伊斯兰激进暴力出现，阻止恐怖分子招募新的成员，并击败本土生长的极端主义分子。我们国家的打击恐怖分子旅行国家战略，海上安全国家战略和航空安全国家战略，正在帮助指导我们这方面的工作。

保护美国人民和关键基础设施和重要资源的国家目标，也受到现有计划的支持。国家安全大战略提出，为保障美国人民的生命和生计，我们必须采取措施，阻止恐怖主义的威胁，降低国家在恐怖行为、以及各种人为和自然灾难袭击中的脆弱性，并尽量减轻恐怖袭击或灾难的损失。保卫美国人民，也包括保护国家关键基础设施和重要资源。指导我们保护国家关键基础设施和重要资源的文件包括 2006 年国家基础设施保护计划（NIPP）和 2003 年 12 月 17 日颁布的根据国土安全第 7 号总统令（HSPD－7）制订的其他具体行业计划。国家基础设施保护计划，提出了全面风险管理框架，并为联邦政府、州政府、地方政府和私营机构的安全伙伴，规定了各自在关键基础设施和重要资源保护工作中的角色和职责，以及协调方法。国家基础设施保护计划设定了国家有效分配资金和资源的优先重点、目标和要求，这有助于确保我们的政府、经济和公共服务，在发生人为或自然灾害时继续发挥作用。

国家安全大战略的最后一个目标，是要继续加强基础，确保长盛不衰。为了履行这些长期的职责，我们将继续加强国土安全方面的各项原则、制度、体制和机构建设，促进国土安全事业发展，支持保障美国本土的安全的活动。最终的目的是，确保我们保卫国家战略的成功。

第一章　角色和责任

本章概述了在执行国家应急反应框架中，地方政府、部落政府、州政府和联邦各级政府的主要合作伙伴应承当的角色和职责。还概述了私营机构和非政府组织（NGO）所发挥的重要作用。本章关注的重点是：为建立和保持必要的应急反应能力，谁应当参与国家应急反应框架的工作，哪些准备工作是必须做的。

一、地方政府的角色和责任

自然灾害或人为突发事件发生时，应对责任首先从县、市或镇一级的地方政府官员与公务员开始。地方政府领导人和应急管理人员动员各自的社区做好管理突发事件的准备。国家应急反应框架的反应宗旨在帮助社区领导协调辖区、邻区、私营机构和非政府组织（如美国红十字会）的资源方面发挥着关键的作用。本节规定了在社区内的重要领导成员的角色和职责。

1. 民选或任命的行政官员

市长、市政行政官或县政行政官* 作为一辖区的首席行政官员，负责确保本辖区公共安全和人民的福祉。具体而言，这些政府领导在应急准备、应急反应和事后迅速恢复的工作中提供战略指导和资源。应急管理，包括为高效实施应急反应而进行的准备和培训，是地方领导人的核心职责。

民选或任命的官员必须清醒地认识自己为了应急管理和应急反应的成功，所担当的角色和职责。突发事件发生时，他们的角色要求他们不时地为选民和下属机构提供指示和指导，但是，他们的日常工作并不能都集中在应急管理和应急反应活动上。随着应急管理工作的进展，可能要求民选和任命的官员协助制订或修改法律、政策和预算，以促进应急准备工作，改善应急管理，提高应急反应能力。

任何的突发事件都有公共卫生、经济、社会、环境、犯罪和政治方面的影响，有的可能还有潜在的长期严重影响。对重大突发事件管理，需要进行跨机构、跨区域、跨行政区、跨行业和多组织的应急反应协调。总之，为了所在社区的福祉，要求民选、委任的官员，以及商业的业主和社区领导，面对这些突发事件时，为了社区的利益必须做出困难的决择。

民选和任命的官员要帮助其所在的社区对潜在的突发事件作好应急准备、应急反应和灾后恢复。其主要职责包括：

（1）与地方辖区的领导人和主要的私营机构组织、志愿者机构和社区的合作伙伴建立紧密的工作关系。其目的是，在突发事件前熟悉、协调并培训地方合作伙伴，帮助地方合作伙伴签订互助和（或）援助协议，支持应急反应工作。

（2）领导并激励地方政府的领导人重视应急准备工作，参与预案制订、培训和演练。

---

* 有的美国中小城市的市长是民选的市长，有的城市（或着县）则是由市或县的议会聘用管理人来行使市长（或县长）的权限，称为：city manager 或 county manager。在此译为市政行政官或县政行政官。

(3) 支持地方政府参与辖区的减灾工作，必要时，支持地方政府与私营机构共同参与辖区的减灾工作。

(4) 理解并执行支持应急管理和应急反应的有关法律和法规。

(5) 确保地方应急反应预案顾及下列需求：

①辖区（包括人员、财产及其建筑物）的需要；

②有特殊需要的人群（包括那些需要提供动物服务的人群）的需要；

③家庭饲养宠物的人群的需要。

(6) 鼓励居民参与志愿组织和培训课程。

在突发事件期间和地方应急能力与需求准备工作中，地方领导人还要与国会议员密切合作。美国国会议员在支持其选民制订有效的地方应急反应预案中发挥重要的作用。议员们经常帮助地方领导人了解联邦政府现有准备应对突发事件的资源。尤其是，发生后果严重的突发事件时，很多市民习惯于求助议员或向议员了解联邦政府的应急反应政策和援助信息。国土安全部承担一个特别的义务，向受灾地区的议员代表，提供联邦政府应对突发事件的及时信息。

2. 应急管理官员

地方应急管理官员承担着应急管理项目和应急反应活动的日常监督职责。他们与民选和任命主要的官员共同开展工作，确保辖区内的应急反应预案和应急反应活动朝着共同的目标努力。这个角色需要具备协调辖区各方面工作的能力。

应急管理官员协调地方的应急管理各方面工作，包括评估突发事件中最有可能需要的当地资源的可用性和准备情况，查明并弥补任何短缺的资源。

地方应急管理官员其他职责包括：

(1) 协调预案制订工作，与其他地方机构和私营机构合作。

(2) 起草互助和援助协议。

(3) 协调突发事件的损失评估工作。

(4) 在突发事件中，向地方官员通告应急管理活动情况并提供咨询意见。

(5) 制订并实施突发事件普及宣传教育计划。

(6) 开展演练，检验预案和系统的有效性，总结经验教训。

(7) 参与私营机构和非政府组织的预案制订、培训和演练。

3. 部门和机构的领导人

地方应急管理官员在履行应急管理职能时，受政府部门雇员的协调和帮助。部门和机构的领导人与应急管理官员合作，共同制订地方应急反应预案，并提供关键的应急反应资源。参与预案制订过程，可确保各专门的应急反应能力（例如，消防、执法、紧急医疗服务、公共工程、环境和自然资源管理等机构提供的能力），整合到一个可行的保卫社区安全的预案中。

这些部门和机构的领导及其工作人员应当起草、设计并演练内部政策和程序，满足应急反应和恢复工作的安全需要。他们还应参与跨机构的培训和演习，培养并维持必要的能力。

4. 个人和家庭

虽然，这不是应急管理工作的正式部分，但是，个人和家庭在整个应急管理战略中发挥着重要的作用。社区的成员可做以下贡献：

(1) 减轻自己家中和周边的危害。采取简单的行动，例如，将物品放置在洪水水位以上或处置好在大风中可能不稳定物体，人们可以减少突发事件所造成大量的损害。

(2) 准备急救包，制订家庭的应急预案。在突发事件发生之前，制订家庭应急反应预案和集中防灾用品，遇到灾情，外来援助抵达前，人们可以先照顾自己。防灾用品还包括家庭宠物用品和动物用品。参见在线的防灾备用品建议清单，网址是：http：//www. ready. gov。

(3) 密切关注应急反应信息的发布。紧急情况下，将通过各种媒体向公民公布重要的信息和指示。严格遵循所提供的指示，居民可减少伤害的危险，保持应急反应人员使用的应急线路畅通，并减少固定电话和移动电话的使用。

(4) 参加志愿者组织。承担应急反应和灾后恢复的组织和机构，总在寻找工作勤奋、敬业的志愿者。个人和家庭通过参加志愿者组织，成为应急管理系统的一个组成部分，这样，他们就可以从事最需要他们做的工作。

(5) 参加应急反应课程培训。无论美国红十字会基本的急救培训或地方大学更复杂的课程培训，都将使居民获得自己护理和家庭护理所需的应急技能，从而使急救先遣人员能够把工作重点放在解决影响整个社区的那些优先级别更高的任务上。

市民团与地方政府领导人和非政府组织及私营机构领导人一起准备和应对突发事件。市民团理事会通常由选举或任命的官员和（或）应急管理官员发起。这些理事会领导并支持教育、培训项目，领导并支持招募社区志愿者活动，支持应急管理和应急反应人员工作。

二、私营机构与非政府组织的角色和责任

政府机构有责任保护市民的生命、财产安全，提高市民的福祉。然而，政府机构不是、也不可能单独开展应急反应工作。应急管理中，政府机构在许多层面上与私营机构组织合作，共同应对突发事件。

1. 私营机构

在突发事件发生之前、期间和之后，私营机构都发挥着关键的作用。首先，私营机构必须为他们的员工提供福利和具备防护功能的工作场所。此外，应急管理官员必须与提供水、电、通讯网络、交通运输、医疗、安全和许多其他服务的企业紧密协作，在应急反应和灾后恢复期间，更是如此。

私营机构的参与应急反应活动的程度，因机构的性质和突发事件的性质而异。私营机构可发挥的五项重要作用列于表1。

表1　私营机构在应急反应活动中的作用

类　别	所发挥的作用
受影响的企业或受影响的基础设施	私营机构可能受到突发事件后果的直接或间接影响。包括私有的重要基础设施、重要资源和对地方、区域和国家灾后的经济复苏发挥重要作用的其他私营机构。私有机构拥有的基础设施包括交通、电讯、私营公用事业、金融机构和医院。关键基础设施和重要资源涉及17个为美国政府、经济和社会各个方面提供必要的职能和服务支持的行业

续表

类 别	所发挥的作用
受管控和（或）责任重大的企业	某些受管控的设施或操作危险行业的业主或经营者可能要承担法律规定的突发事件准备、预防和应对责任。例如，联邦法规要求核电厂的业主或经营者，保有并维护应急反应预案和设施，对应对突发事件进行评估，开展应对突发事件的培训，一旦发生突发事件应当立即报告
应急反应资源	在突发事件中，私营机构根据地方公共机构及私营机构应急反应预案或互助与援助协定，或政府与民间志愿者组织倡议请求，提供的应急反应资源（捐赠或有偿提供），包括提供专业工作队、重要的服务人员、设备和先进技术
州政府或地方政府应急反应组织的合作伙伴	私营机构以地方政府和州政府合作伙伴身份参与应急反应准备、应急反应组织及其活动
国家经济的重要组成部分	作为国家经济的重要组成部分，私营机构应当具备坚固性、连续性，以及灾后恢复和重建能力，参与国土安全活动

许多私营机构负责运行和维护部分国家重要基础设施。重要基础设施包括那些对美国社会是非常重要的资产、系统、网络、实际或虚拟功能，他们的功能丧失或毁坏，将对国土安全、国家经济安全、公众健康或安全产生部分或全面的严重影响。关键的资源是公共部门或私营部门控制的资源，对经济最低限度的运行和政府必不可少的①。国土安全部在制订本应急管理框架的同时，制订了一个综合性的国家基础设施保护计划（NIPP）②。该重要基础设施与关键资源（CIKR）支持附件讨论了突发事件中对重要基础设施与关键资源的必要支持和依赖，及其实施这些支持和依赖的机制。

突发事件中，关键的私营机构合作伙伴应参与地方危机决策过程，至少要与重要地方应急管理官员有直接的联系。如果没有与私营机构强有力的合作关系，社区不可能有效地对突发事件实施应急反应或实现灾后恢复。

关键私营机构的基本职责包括：

（1）制订保护员工、基础设施和单位的安全预案。

（2）制订信息保护和业务连续运行的预案。

（3）制订针对可能对基础设施和设备造成影响的突发事件应急反应预案和灾后恢复计划。

（4）在突发事件发生之前，与应急管理人员合作，确定哪些援助可能是必要的，以及他们如何提供援助。

---

① 国家基础设施保护计划（2006）关键术语表对重要基础设施和关键资源有明确定义，这些定义依据2002年国土安全法和国土安全第7号总统令。

② 国家基础设施保护计划（NIPP）的目标是通过加强保护国家的重要基础设施和关键资源（CIKR），建立一个更加安全、更加可靠和抗破坏能力更强的美国。更详细的信息请参见 http：//www.dhs.gov/nipp。
重要基础设施和关键资源（CIKR）支持附件和私营机构的协调支持附件为国家基础设施保护计划实施提供详细的指导，包括角色和职责、运作机制和突发事件相关的行动。

（5）在突发事件发生之前，制订应急预案并开展演练。

（6）在适当情况下，签订提供专业应急反应能力的互助和援助协议。

（7）在应急反应和灾后恢复过程中，提供援助（包括志愿者）支持地方应急管理和提高公众防范意识。

2. 非政府组织

在突发事件发生之前、期间和之后，非政府组织扮演着极为重要的角色。例如，非政府组织提供庇护场所服务、紧急食品供应、咨询服务以及其他重要的支持服务，支持应急反应和帮助灾民恢复。这些非政府团体通常提供专门的服务，帮助有特殊需要的个人（包括那些残障人士）。

非政府组织的一个关键特点是其固有的独立性和其为兴趣和公益献身的精神。这种兴趣和公益献身精神，决定了这些群体运作的优先任务，形成他们提供的资源。这些非政府组织支持各级政府的应急反应行动和预案制订工作。反之，非政府组织也需要政府的帮助，在制订社区的应急管理资源分配和组织结构规划时，有些政府机构直接向非政府组织提供援助。非政府组织应当与应急反应人员、各级政府以及其他机构和组织合作，共同开展工作。

非政府组织和志愿者组织所做的贡献包括：

（1）培训和管理志愿者。

（2）确定庇护所的地点和必要的用品。

（3）向需要的居民提供关键的紧急服务，例如，提供清洁用品、衣物、食物和避难场所或帮助灾后清理。

（4）确定物品未得到满足的人群，帮助协调援助。

有些非政府组织已经被正式指定为国家的应急援助能力的组成部分。

（1）美国红十字会。美国红十字会是应急支持功能（群众安置功能）的一个支持机构。虽然，美国红十字会不指挥其他的非政府组织，但它在政府整合全国非政府组织提供群众安置服务工作中起带头作用。

（2）灾难志愿者组织（National VOAD）。灾难灾难志愿者组织*是各种组织共享知识和资源的平台，帮助灾难幸存者和他们的社区开展灾害准备、应急反应和灾后恢复工作。全国灾难志愿者组织是由大约50个国家级和55个州级组织构成联盟。重大的突发事件发生后，全国灾难志愿者组织通常派代表参与国土安全部联邦紧急事务管理局组成的国家应急反应协调中心的工作，代表志愿者组织参与应急反应协调工作。

3. 志愿者和捐赠

突发事件应急反应所需资源常常超出政府机构的能力。志愿者和捐赠者可以用各种方式支持应急反应工作，各级政府有必要事先制订计划以便将志愿者和捐赠的货物有效地纳入其应急反应工作中。

志愿者和捐赠管理支持附件从国家的角度规定了志愿者和捐赠管理的详细指南。州政府、部落政府和地方政府的预案制订人员应当在其应急反应预案中包括类似的志愿者和捐赠管理条款。

对重大突发事件，外国政府、个人和组织有捐赠意愿，美国国务院负责管理这类捐赠。

---

* 有关其他方面的信息资料可在 http：//www. nvoad. org 上获取。

国际协调支持附件规定了管理国际捐赠程序的详细指南*。

三、州政府、准州政府和部落政府

突发事件发生之前、期间和之后，州政府的主要职责是加强和帮助地方政府工作。州政府与联邦政府官员共同努力，通过推进应急管理规划和日常的工作协调，对其地方政府提供直接的和常规性的援助。当地方政府能力下降，不能满足需要时，州政府必须作好充分准备，维持或加快向地方政府提供物品和服务。

国家应急反应框架中，在表述“州”的条款和讨论州政府承担的作用和职责时，通常也适用于美国领土、属地和部落政府承担的作用和职责。根据斯塔福法，州政府还有责任在其管辖范围内为社区和部落政府请求联邦政府的紧急援助。在应对突发事件时，州政府帮助协调和整合资源，并将其应用于需要的地方。

1. 州长

全州公民的公共安全和福祉是每个州长基本的职责。根据国家应急反应框架的宗旨，任何涉及州长职责内容也适用于美国领地的行政长官。州长应该做到：

（1）负责协调全州资源，并提供各种突发事件的预防、减轻、准备、应对和事后恢复需要的战略指导。

（2）根据本州的法律，制订、修改或暂停某些与应急反应有关的条例或规章的实施。

（3）与公众沟通信息，并帮助民众、企业和组织处理各种突发事件的后果。

（4）指挥本州武装力量（不属于联邦政府的国民警卫队人员和本州民兵）。

（5）协调其他州根据州际互助和援助协议（如应急管理援助协议）提供的援助。

（6）当州政府能力明显不足或远远不够时，请求联邦政府援助。必要时，可根据斯塔福法请求总统宣布紧急情况或重大灾害。

（7）必要时，与本州受灾部落政府协调，代表受灾的部落请求斯塔福法规定的总统宣布紧急情况或重大灾害。

如州长国土安全指南中指出的那样，每一位新的州长在宣誓就职之前应：

（1）避免国土安全部门的关键职位空缺，例如，州国土安全部门的主管或州应急管理官员。新当选的州长应与他（或她）的过渡工作小组共同工作，尽早确定这些关键人员，尽量减少职位空缺，并鼓励与即将卸任的政府衔接。作为一个新的州长，一旦选定了这些职位、部门或机构的领导候选人，应通知这些部门或机构。

（2）确保每个工作人员在其就职之日能够在灾害应急管理的职位上工作。

（3）向即将成为州长工作班子的人员布置任务，尤其应该要求法律顾问熟悉宣布州紧急情况和行使紧急状态权力的必要程序。

2. 州政府的国土安全顾问

州政府国土安全顾问，是州长的国土安全方面的法律顾问，也是州长的办公室、州国土安全组织、美国国土安全部和州内外其他组织之间的联络官。州安全顾问通常领导由公共安全、国民警卫队、应急管理、公共卫生和其他负责制订预防、保护、应急反应和灾后恢复战

---

* 美国国家应急反应管理框架的支持附件可在国家应急反应管理框架资源中心获取，网址是：http://www.fema.gov/nrf。

略的州政府相关机构代表组成的一个委员会，并领导相关的准备工作。

3. 州政府应急管理办公室主任

各州法律都要求建立州政府的应急管理机构，协调应急反应预案制订工作。州政府应急管理办公室主任应确保州政府已做好应对大规模突发事件的准备，并负责协调州政府在突发事件中的应急反应行动，包括地方政府需要或请求时，支持地方政府，协调其他州政府和（或）联邦政府的援助工作。

如果地方政府资源已经不足，地方当局可以向县应急管理官员或州政府应急管理办公室主任寻求外部援助。州政府应急管理办公室可派遣人员到现场协助应急反应和灾后恢复工作。如果一个地区需要的资源超出州政府和地方政府现有的能力，就可以直接请求斯塔福法规定情景之外的特定联邦援助。例如，环境保护机构或美国海岸警卫队无需等待州政府、部落政府或地方政府官员的请求，就可对油类或化学品泄漏事件进行评估或采取措施减少泄漏。然而，根据斯塔福法只有州长可以请求总统宣布为联邦灾难。

4. 州政府其他部门和机构

为满足对应急反应和安全恢复的需要，州政府部门和机构的负责人及其工作人员应制订预案，对内部政策和程序进行培训。他们也应参与跨机构的培训和演练，提高并维持必要的能力。由于，他们的专业技术知识涵盖应急反应所有功能，并且是州政府的应急反应中心的核心成员，所以，他们对州政府的整体应急管理和国土安全工作是至关重要的。

5. 印第安人部落

美国政府与印第安部落有很好的相互信任关系，并承认他们的政府自治权。因此，部落政府负责协调应对实际或潜在的突发事件的资源。当地方的资源不够时，部落政府领导可寻求州政府或联邦政府的援助。

有些联邦政府的援助，需要部落政府与州政府共同申请，但作为主权政府，他们也可以选择直接与联邦政府打交道，请求其他类型的援助。为了获得斯塔福法规定的联邦政府援助，州长必须代表部落政府请求总统宣布灾害。

部落领导：

部落领导人负责本部落公民安全和福祉。部落领导人经部落政府授权，应当：

（1）负责协调部落的灾害预防、抵御、应急反应以及灾后恢复所需的资源。也负责应急准备和减灾工作。

（2）有权修改或暂停执行某些与应急反应有关的法律或条例。

（3）与部落社区沟通，并帮助居民、企业和组织处理任何类型的突发事件。

（4）与其他部落或辖区商签互助和援助协议。

（5）当本部落政府的能力不足或远远不够时，可以通过州长请求斯塔福法规定的联邦政府援助。

（6）可以选择直接与联邦政府打交道。虽然，根据斯塔福法，州长必须代表部落请求总统宣布灾害，各联邦政府部门或机构也可以直接与部落政府机构和人员共同开展工作。

四、联邦政府的角色和责任

发生超出或预计将超出地方政府或州政府现有能力的突发事件，或发生联邦政府部门或机构权限范围内管理的突发事件时，联邦政府运用国家应急反应框架管理所有部门和机构的人力和物力资源，组织联邦政府采取应急反应行动，确保协调应急反应合作伙伴。

美国联邦政府的应急反应组织架构具有可扩展性、灵活性，可根据突发事件的性质和范围做出适当调整。美国联邦政府在总结经验教训的基础上，加强了紧急情况下应急反应行动的能力，以便更快、更全面地投入应急反应行动。

总指挥部、区域和现场指挥部遵循统一指挥原则，可确保多个部门和机构共同有效地开展工作。

统一指挥可以使所有参与应急反应的人员步调一致地行动实现共同的目标。联邦政府还应当与各州政府以及私营机构建立伙伴关系。如果突发事件前，各级政府所有部门都能携手合作，制订有效的预案，提高应急准备水平，国家的应急反应工作将更有成效。

联邦部门职责的协调：

美国联邦政府在总统的领导下开展应急反应的工作，确保必要的组织、领导和资源协调工作迅速而有效地运用于大规模的灾难性突发事件。一旦国家遭受大规模突发事件袭击，总统领导之下的国土安全委员会和国家安全委员会（必要时，召集内阁人员及其他部门或机构领导）向总统提供国家战略和政策咨询。

联邦政府救灾援助通常被认为与总统宣布灾害和斯塔福法是同一概念。事实上，联邦政府可以通过各种机制和权力，以多种方式，向州政府、部落政府和地方政府和其他联邦部门和机构提供援助。联邦政府的援助通常不需要国土安全部的协调，没有总统宣布重大灾害或紧急状态也可以提供。这类联邦政府援助的例子，包括国家石油和有害物质污染意外事故应急预案、大规模撤离疏散应急预案、国家搜救预案以及国家海事安全预案。这些预案和其他详细的部门或多部门应急预案、契约和协定可以与国家应急反应框架同步实施，但都要服从总的协调架构、程序和协议。

当需要对联邦政府的应急反应行动整体协调时，协调必须由国土安全部长根据总统国土安全的第5号指令实施。其他联邦部门和机构在这一整体框架中履行其应急管理的权限和职责。国家应急反应框架不改变或妨碍联邦政府、州政府、部落政府或地方政府的部门和机构，根据所有适用的法律、行政命令和指令，行使其特定的权力，履行职责。而且，本框架没有任何影响或妨碍联邦政府部门或机构考虑总统或总统工作班子直接关注的问题之意图。

总统指令* 概括了联邦政府在支持国家、区域和现场不同等级的应急反应方面的6项主要职责：

(1) 突发事件管理。国土安全部部长是联邦政府应对国内突发事件管理的主要的官员。国土安全部长，根据总统的指令和国家法规，负责协调用于恐怖袭击、重大灾害或其他紧急情况的预防、准备、应急反应和恢复等方面的联邦政府资源。国土安全部长的任务是向总统提供国内突发事件应急管理架构体系和协调联邦政府的应急反应工作，必要时，依托其他联邦合作部门的支持，协调联邦政府的应急反应工作。国土安全部长还应该做出与国土安全部的应急反应任务、能力和权力相一致的应急反应，应对突发事件。

联邦紧急事务管理局局长，作为总统、国土安全部长和国土安全委员会应急管理事务方

---

* 有关国土安全第5号总统令（HSPD-5）的核心文件，可在国家应急反应框架资源中心“本土突发事件的应急管理”，获取，网址是：http：//www.fema.gov/nrf。

面的主要顾问①，协助国土安全部长履行国土安全第5号总统令规定的职责。

对不需要国土安全部协调的联邦政府突发事件援助，可以由联邦政府其他部门和机构在其权限内领导。国土安全部长可以监控这些突发事件，启动国家应急反应框架的专门机制，在不承担联邦政府应对突发事件应急反应的全面领导职责的前提下向这些部门和机构提供支持。

国土安全第5号总统令规定了国土安全部应当对联邦政府应对突发事件管理协调负总责并实施国家应急反应框架协调机制的情形，以下是界定的四个标准：①联邦部门或机构根据其自身的职责采取的行动，请求国土安全部援助；②州政府和地方政府当局的资源不足，请求联邦政府援助；③一个以上联邦政府部门或机构全面投入到突发事件的应急反应中；④总统指示国土安全部长承担突发事件应急管理职责。

（2）执法。总检察长是美国联邦政府主要执法官员。总检察长一般通过联邦调查局开展工作，负责美国国内（或国外针对美国公民或机构）个人或组织恐怖行为或恐怖威胁的刑事调查工作，协调其他执法部门的成员侦测、防止和挫败针对美国的恐怖袭击的活动，包括收集专门情报或执法情报工作。此外，在突发事件发生时，总检察长批准州长根据联邦政府紧急执法援助法提出的请求，向个人和其他联邦执法部门提供支持。总检察长也负责领导联邦民事权法的执法活动，并提供专门指导，确保这些法律得以适当履行。

（3）国防部对政府民防的支持。美国国防部及其所属机构的首要任务是国防。正因为有如此重要的作用，所以国防部效忠于国防部长或总统指令。在严重的灾害条件下，国防部的许多部门和机构经授权参与应急反应、拯救生命、保护财产和环境并减轻人民的痛苦，必要时在特定设立的职责范围内单独提供支援。提供防御支持是通过其合法性、致命性、风险、成本、适度性和准备的效果来评价的。当联邦军队的武装人员和文职人员经授权向政府部门提供救灾方面的民防支持时，这些部队的指挥权仍然归国防部长。国防部所属部队和州长指挥下的国民警卫队部队在突发事件现场的行动，通过各级应急反应组织协调。②

（4）国际协调。国务卿负责管理国内突发的事件的国际准备、应急反应和灾害恢复工作，保护海外的美国公民和美国国家利益。

（5）情报机构。国家情报局局长领导情报工作，担任总统首席情报顾问，监督、指导国家情报工作的执行。

（6）联邦其他部门和机构。在国家应急管理框架内，联邦政府各部门或机构根据各自的权限和资源以及威胁（或突发事件）的性质，主要发挥协调和（或）支持作用。③

在联邦政府部门或机构负责指导或管理由国土安全部协调的应急反应中的一方面主要工作时，这些机构是国家应对突发事件的领导机构之一，应当向现场联合办公室的统一协调组派遣代表并向国家应急指挥中心总部和国家应急反应协调中心（国家应急指挥中心的组成部分）派遣代表。④

---

① 见卡特里娜飓风之后的应急反应改革法案（该法案作为2007财年颁布的国土安全部拨款法案的一部分），109～295。

② 有关国防部支持的更多信息资料，可在国家应急反应管理资源中心获取，网址是 http：//www. fema. gov/nrf。

③ 如需有关联邦政府的各部门和机构职责的附加信息资料，可以在国家应急反应管理资源中心附件中获取，网址是 http：//www. fema. gov/nrf。

④ 这些机构的更多信息资料在第三章中的应急反应组织中介绍。

此外，有些联邦政府的部门和机构有权宣布灾害或紧急状态。例如，卫生与人道主义服务部部长可以宣布公共卫生紧急状态。这种宣布可以单独做出，也可以作为联邦政府协调应急反应的一部分。当这种宣布作为要求联邦政府协调应急反应一部分时，这些联邦部门或机构应当按照国家应急框架的整体协调结构采取行动。

第二章　应急反应行动

本章描述了作为一个国家，在应对突发事件时，应采取哪些行动。

一、引言

制订国家应急框架的目的是在各个层面上加强、组织和协调应急反应行动。逐级应急反应的宗旨强调，应对突发事件应当由有处理能力的最基层政府妥善处理。事实上，绝大多数的突发事件确实是由地方政府管理的。

国家应急框架针对所有类型的突发事件，包括恐怖主义活动、重大灾害和其他的紧急情况。本文件使用的“突发事件”，指的是一起实际或可能发生的情况或事件。

应急反应工作人员和应急管理者既是行动的参与者又是预案的制订人员，也就是说，为了有效地领导应急反应和灾后恢复工作，他们也必须有效地做好准备（即：计划、组织、装备、培训、演习，并不断地评估实际运行情况）。

本章介绍并概述了有效应对的应急准备、应急反应和灾后恢复三个阶段的主要任务。

每个社会成员，包括我们的领导人、专业应急管理人员、私营机构的代表以及非政府组织，在提高国家应急反应能力方面都应发挥作用。以下的讨论全面评述了应急准备、应急反应和灾后恢复有关的重要任务。对每一种情况，除了一般讨论外，还举例说明这些主要任务，如何适应各级应急反应人员和应急管理人员的需要。

熟悉这些重要任务有利于统一协调地工作，提高拯救生命、保护财产和环境，满足人类的基本需要的能力。

二、应急准备工作

应急准备工作对有效应急反应行动必不可少。为了应对突发事件，本节论述应对突发事件的六项主要活动：预案制订、组织、培训、装备、演习、评价和改进。图 2 给出了应急准备的循环过程。

1. 预案制订

通过制订预案，使我们能够管理潜在危机的整个生命周期，确定所需的能力，并帮助相关方面了解自己承担的角色。制订预案包括收集、分析情报和信息，以及制订政策、计划和程序，起草互助和援助协议，确定战略，做出履行使命和其他任务的安排。在制订预案过程中，明确界定所需的能力、缩短控制突发事件所需的时间，并促进危机信息的快速交流，提高应急反应的效力和效率。

各级政府都有责任制订详细的、功能强大的针对各种灾害的应急反应预案。这些预案应该明确领导的角色和职责，还应该明确地规定需要作出哪些决定，由谁、何时做出这些决定。制订的预案还应包括针对辖区内特有灾害的预案和对所有灾害都适用的综合预案。预案应该是完整的、可操作的，并将关键的私营机构、非政府组织和残疾人士纳入其中。

在制订众多的突发事件应急反应预案中，制订人员疏散的预案最具挑战性。疏散方面的

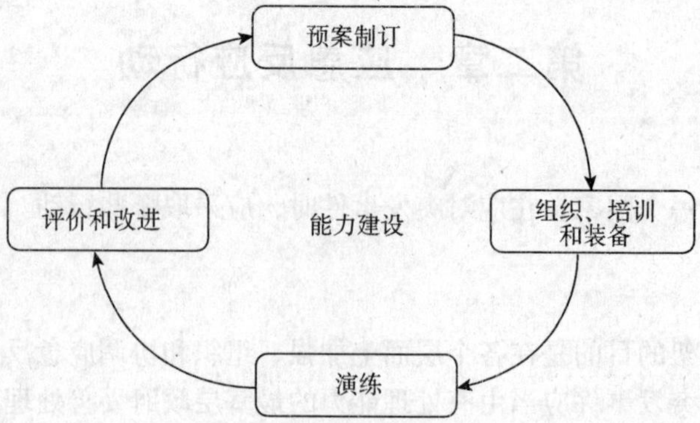

图2 应急准备的循环过程

预案必须包括：

（1）各种假设情况（包括没有预先得到通知和预警的事件）都需要时间的提前量。

（2）天气突发事件。

（3）交通运输。

（4）避难场所的位置和交通运输之间的相互依赖性。

（5）对有特殊需要的人群和养宠物的家庭给予特殊考虑。

具体程序和协议可指引预案快速实施。事实上，所有的联邦政府部门和机构都有应对突发事件的人员和资源。有些联邦政府部门和机构对某些方面的应急反应活动承担主要责任，如清除有害物品，而其他部门和机构可能提供不同类型的资源（如通信人员和设备），承担支持角色。联邦政府各部门和机构无论承担什么样的角色，都必须制订政策和预案，制订有效确定资源的程序，并在协调的应急反应中提供这些资源。

综合预案体系是运用国家预案体系，针对国家预案假设情景，制订各级政府多机构参与的预案。地方政府、部落政府、州政府、区域政府和联邦政府的预案是相互支持的。预案的更多重要详细内容请参阅第四章。

2. 组织

组织实施应急反应活动，包括制订全面组织框架，加强各级的领导，召集训练有素的工作人员和志愿者队伍执行基本的应急反应和灾后恢复任务。国家突发事件管理系统提供了应急反应行动的标准指挥和管理组织结构。这个通用的系统可使来自不同辖区、不同学科的应急反应人员携手合作，应对突发事件。

各级政府应当组织起来，有效地支持应急反应。各级政府组织的领导人，应授予应急反应活动的负责官员足够的权力，使其权力与国家应急反应框架规定的组织机构责任相匹配。

鼓励各级政府机构对其应急反应资源进行全面彻底登记造册，鼓励他们遵从上述国家突发事件管理系统的组织和管理原则。政府机构也应配备在突发事件管理和应急反应方面训练有素的骨干（包括全职雇员、临时或紧急招聘的工作人员和合同工），并将这些人员组织成一个工作队。组织并管理工作人员和设备，使其具备发挥特别的功能或执行任务的能力。

各级政府应当运用下述国家突发事件管理系统的资源管理原则，提高应急反应能力：

（1）各种资源。对资源要根据其分类、性质、规模、能力、技巧和其他的特征进行组织。这种资源的组织方式可确保不同机构的类似资源按标准的原则组织起来，使资源管理更加有效。

(2) 应急支持功能。联邦政府和大多数的州政府依据 15 项应急支持功能，组织其大部分的资源和能力以及私营机构和非政府组织的资源和能力。应急支持功能对各类资源进行了分类，为每一类资源的使用制订了战略目标。应急支持功能利用标准化资源管理的概念（如，资源的分类、登记造册和跟踪），为突发事件之前的资源分配、期间的资源调度和之后的复原提供了极大的方便。各应急支持功能的协调机构和主要负责机构，根据其职责和资源确定。应急支持功能中的支援机构，则根据其资源情况指定。应急支持功能提供了获得联邦政府部门和机构资源（不论哪个组织拥有这些资源）的最大的可能方式。第三章描述了应急支持功能更多重要细节。*

(3) 预先设定任务分配。联邦政府和大多数州政府利用预先设定的任务分配，帮助预案的制订，减少部署应急反应资源所花费的时间。预先设定的任务分配，可确定突发事件应急反应活动中通常需要用到的政府组织的资源或能力。预先设定的任务分配使应急支持功能的负责机构和支援机构能够根据可调用的应急反应人员，编制花名册，并进行培训和演练。鼓励所有的地方政府、部落政府和州政府运用预先设定的任务分配方式，以便在突发事件应急反应中迅速提供服务和物资。

(4) 预先签订承包合同。虽然，联邦政府和许多州政府掌管支持地方政府的巨大资源，但是，还有一些资源（如来自私营机构的资源）也应该得到更有效的配置。预先签订承包合同的做法可确保突发事件发生前，就已落实了所需的通用商品和服务，例如，冷冻食品、水、塑料薄膜、临时电力和垃圾清运等。这种类型的承包合同，通过订货、购买和调度资源的流水线操作，提高服务和物品供给的可靠性。

(5) 事先部署资源。由于所有的突发事件都具有地方性，资源应部署在最易发生某些突发事件的地方附近。例如，美国联邦政府预先部署的资源的储存，就考虑了具有优势位置的各地联邦政府区域办公室、地区办公室和现场办公室的分布。此外，联邦政府管理的应急反应网络（例如，国家城市搜救应急反应系统和全国灾害医疗救助系统）利用地方赞助的资源加强联邦政府的应急反应，减少应急反应时间，加强了社区的应急准备工作。

3. 装备

地方政府、部落政府、州政府和联邦政府都要了解辖区内不同类型应急设备的能力。这有利于突发事件前的预案制订，也可满足突发事件的快速需求变化和灵活性。应急准备的一个重要任务是购置执行现有标准的装备，包括与其他辖区和参与组织所用设备的相互操作的能力。

有效的应急准备要求各级政府确定履行各自使命和任务所需的数量足够的主要装备、供应品、设施和系统，并制订获取和部署策略。物资和人力资源的动员、跟踪、使用、维护和复原，需要一个有效的物流系统。该系统必须支持有需求的居民和应对突发事件的应急反应团队。重大的突发事件需要时，资源分类提供了对所需要资源共同认知的统一方法。

各级政府应当确保其工作人员拥有执行其应急反应使命和任务的必要资源。包括获得执行专门的应急反应使命所需的装备，也包括维持联邦、州、部落和地方应急反应人员在应急框架内有效沟通的核心能力。

---

* 有关应急支持功能附件可在国家应急反应管理资源中心获取，网址是 http：//www.fema.gov/nrf。

负责为应急反应活动提供装备的政府组织，应将所需设备装入标准化储运设施中，并做好安全运输的准备。他们还必须对这些设备定期维修和维护，并提供现场维护、修理和操作所需的人员。

4. 培训

全国范围内构建必要的应急反应能力，需要对各类团队和组织进行系统培训，以满足应急反应的基本要求，达到认证标准。培训的团队和组织包括政府组织、非政府组织、私营机构和志愿者组织。专业知识和经验是成功应急反应的基础。因此，进行严格的、持续的培训势在必行。①

个人和团体组织，无论是领薪者或志愿者，都应具备地方政府、部落政府、州政府、联邦政府规定的相关专业资格，获得相关认证，达到履职标准的要求。培训的内容和方法，必须遵守所适用的标准，使学员获得工作所需的技能，达到相应的专业水准。美国联邦紧急事务管理局和其他组织提供突发事件管理课堂培训和在线培训。

5. 演练

演练可提供无危险环境下检验预案，提高应急能力的机会。演练能评估及验证应急反应能力的水平，演练还可以使参与者明确并熟悉各自的角色和职责。精心设计的演练可以提高跨机构的协调和沟通能力，暴露应急反应能力的差距，获得改进的机会。演练应包括：

（1）多学科、跨辖区的突发事件。

（2）私营机构和非政府组织的参与。

（3）预案中应急准备各方面的内容，特别是启动地方、州内或州际的互助和援助协议的过程和程序。

（4）应急反应行动的纠正机制。

地方政府、部落政府、州政府和联邦政府应演练各自应急反应能力，评价其履行预定职责和任务的能力，这是所有的机构和组织的基本职责，这不同于参与其他跨机构的演练活动。

此外，国土安全部根据国家应急准备指南中国家应急预案假设情景要求，协调联邦政府部门和机构参加的所有全国性演习活动②，协调美国国土安全演习 5 年计划，必要时也可将各州和地方各级政府的演习纳入 5 年计划安排。

6. 评价和改进

评价和持续不断的改进是有效准备工作的基础。演习结束之后，当局应当根据相关的目标能力对演习进行评价，查找不足之处，并制订改进方案。预案修订过程，就是在实践中逐步提出具体的修改建议，提出实施时间表和完成的任务。

所有的地方政府、部落政府、州政府和联邦政府组织都应制订预案修订工作方案，评估演习的参与和应急反应情况，汲取经验教训，提高应急反应能力。现行的预案修订工作方案为演习和真实事件中所遇问题的修订工作，提供了一种鉴别、优化、分派、监控和报告的方法，以及相关角色分工和职责。美国国土安全演习和评估工具包是一个基于互联网的系统，

---

① 参见国家应急反应管理框架资源中心培训资源，网址是：http：//www. fema. gov/nrf。

② 美国国土安全演习和评价规划（HSEEP）提供了规范化的政策、方法，以及各种演习设计、开发、演练和评价术语。有关 HSEEP 的信息和国家演习项目可在国家应急反应管理框架资源中心获取，网址是 http：//www. fema. gov/nrf。

能够执行修订预案的流程。通过这种方式，国家应急准备在循环不断的过程中得到加强。

三、应急反应工作

一旦发生突发事件，辖区内的应急工作重点依次从能力建设转到资源调度，拯救生命，保护财产和环境，再到维护社会、经济和政治稳定。社区、州政府和联邦政府（必要时）根据突发事件的大小、范围和程度，采取相应的应急反应行动。

应急反应中通常有四项关键的行动：①收集情报，把握情况进展；②启动并部署关键资源和应急反应团队；③在情况许可的条件下，有效地协调应急反应行动；④解除动员、恢复常态。图 3 给出了应急反应步骤，其核心内容介绍如下。

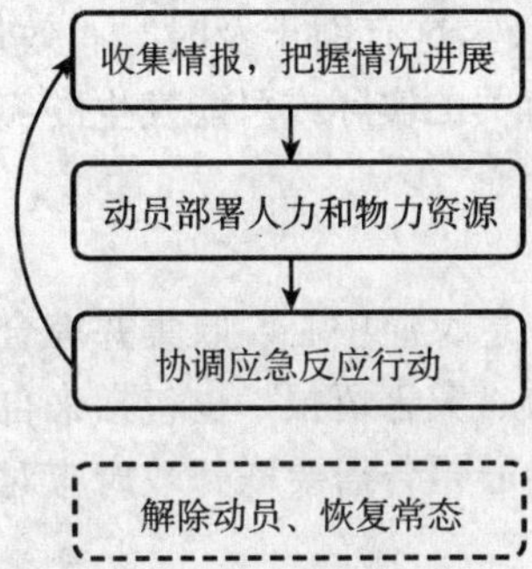

图 3　应急反应步骤

1. 收集情报，把握情况进展

1）主要工作重点

形势把握需要不断监视实际正在发生的突发事件相关信息来源。监视的范围和类型因评估和所需报告的突发事件类型而异。通过按既定的安全协议建立的渠道，报告重要信息。重点包括如下：

（1）*在适当的时间提供准确的信息*。为了国家有效地作出应急反应，当突发事件发生后，各地必须不断完善其评估形势的能力，以便于使用的方式向决策者迅速提供准确、易于理解的信息。重要的是，各级政府、私营机构（特别是关键基础设施和重要资源的业主或经营者）和非政府组织共享信息，绘制通用的行动图，使应急反应行动和资源调度协调一致。

（2）*改进并整合国家报告系统*。认清形势必须从突发事件现场开始，然后以有效的方式将情报送达地方政府、部落政府、州政府、联邦政府和私营机构（包括关键基础设施和重要资源的业主或经营者）。各地区必须整合现有的报告系统，建立一个符合国家情报信息需求的情报信息和知识管理系统。

（3）*收集应急反应中心的信息，报告有关专家*。地方政府、部落政府、州政府和联邦政府有许多应急反应中心，监视突发事件活动，并提供形势情报。各应急反应中心应根据各自的角色和职责，确定信息的需求，设立报告启动的临界点，熟悉决策者和合作伙伴期望的信息。如果有经验丰富的技术专家确定信息的关键要素，并用这些要素绘图，则形势把握将大大改进。

为了提高形势的把握度，并随时向应急管理和应急反应工作人员提供获得的重要信息，报告和文件的起草程序应该标准化。形势报告应包含经核实的突发事件情报，细节要清楚(何时、何地、何人、何事、如何)。现况报告（可能包含在形势报告中)，应传递有关资源的具体信息。各地要在突发事件威胁分析的基础上，向市民发出易于理解的警告和提供应急公共信息。

2）地方政府、部落政府和州政府的行动

地方政府、部落政府和州政府应根据下列方式，建立有效的信息共享网络：

(1）建立综合应急反应中心。该中心将执法、情报、应急管理、公共卫生和其他机构，(必要时还包括私营机构和非政府组织）集中到一个有能力评估信息，并采取适当行动的中心地点。

(2）执行国家信息共享的指南。共享情报和信息，提高信息交换系统的能力。

(3）明确信息需求和报告协议。这有助于及时、有效地做出应对突发事件的决策。对恐怖分子威胁和与恐怖分子袭击有关的实际或可能发生的突发事件，应当立即报告给地方或区域的联合反恐特遣队。

3）联邦政府的行动

国家行动中心作为国家综合应急反应中心，收集并综合来自各种渠道的情报，包括来自各州综合应急反应中心的各种威胁、灾害情报，也包括来自国土安全合作伙伴的情报。联邦政府部门和机构应该向国家行动中心报告需要联邦政府应对的实际发生或可能发生的突发事件情报。这些情报包括：

(1）联邦政府部门或机构应急反应预案的实施情况。

(2）联邦政府部门或机构根据法律或总统令规定，为协调突发事件应急反应，采取的防止或应对的行动。

(3）联邦政府部门或机构提出联邦协调援助请求或接受其他联邦政府部门或机构提出的联邦协调援助请求信息。

(4）接到州政府、部落政府或地方政府、私营机构和非政府组织提出的联邦政府协调援助请求信息。

(5）对于可疑的活动或威胁，需要司法部或联邦调查局战略情报中心（SIOC)、国家行动中心（NOC）和国家反恐中心（NCTC）密切协调。

信息报告的主要途径是通过国土安全信息网络（HSIN)。此外，还有联邦调查局威胁报告机制，联邦调查局评估信息的可信性，决定是否需要展开刑事调查。联邦政府的每个部门和机构必须与国土安全部合作，确保其应急反应人员都有权接触并熟练使用国土安全信息网络的通用突发事件应急行动图接受培训。*

4）预警

国家行动中心得知可能需要联邦政府协调应急反应的威胁或突发事件时，应当对信息进行评估，并报告有关联邦高级官员，通知国家应急反应协调中心、联邦调查局战略情报中心、国家反恐中心和国家军事指挥中心。国家行动中心负责其他应急反应中心的协调工作。

国家行动中心向政府部门和机构的领导发出重要的警告信息，并通知其作出决策。国土

* 有关国土安全信息网络（HSIN）和联邦政府报告需求的其他信息资料，参见国土安全信息网络的运作机制，国家应急管理资源中心这些资料，网址是 http：//www. fema. gov/nrf。

安全部长根据这些情报信息，协调其他相关的部门和机构，启动预案，启动国家应急反应框架规定的相应协调组织。官员应做好准备，到现场或通过安全的视频会议系统参与所在部门或机构应对突发事件的行动。国家行动中心负责编绘更新应急反应行动态势图。联邦政府的每个部门和机构必须确保其应急反应人员接受过使用这些工具的培训。

5）应急反应中心

联邦政府各部门应急反应中心随时了解应急反应工作态势，并将情况通报联邦政府部门和机构在全国各地基层和区域办事处。在突发事件发生时，这些应急反应中心往往与所在地州政府、部落政府和地方政府的相关对口单位保持联系，并交换信息，调度指挥各种资源。

2. 动员部署人力和物力资源

1）主要工作重点

当发生或可能发生突发事件时，应急反应工作人员应分析情况，列出需求并确定重点，调动现有的资源和队伍，拯救生命、保护财产和环境，并满足人们的基本需要。在大多数情况下，根据突发事件的优先次序制订突发事件的行动目标，现场的突发事件指挥官应制订应对突发事件行动计划，相关的地方政府、部落政府、州政府和（或）联邦政府的机构应制订支持计划。主要工作重点包括：

（1）*启动人员、资源和相关队伍*。各级组织最初采取的行动包括动员民众和工作队，建立突发事件管理和应急反应组织框架，组织并协调有效的应急反应。调动资源和队伍，启动支持突发事件管理组织框架应该与突发事件的规模、范围、性质和复杂程度相适应。所有的应急反应工作人员应该对信息通告系统和协议进行维护并定期演习。

（2）*请求更多的资源和队伍*。通过互助和援助协议，请求州政府或联邦政府应急反应人员和队伍。对所有的突发事件，尤其是大规模的突发事件，有必要列出应对突发事件的需求重点并明确表达，以便有效的配置、分类并动员支持应急反应的资源。

（3）*确定需求并预先落实资源*。当预期有高度威胁或大规模突发事件时，地方政府或部落政府、州政府或联邦政府应该预见可能需要的资源和队伍。基于人力和物力的可用状况，应预先落实资源，其他支援资源应处于戒备状态，或部署到中转区域。如上所述，基于预案的动员和部署最有效，其中包括预先指派任务、事先准备合同和事先筹备资源。

2）地方政府、部落政府和州政府的行动

一旦发生需要协调应对的突发事件，或预期将要发生需要协调应对的突发事件，地方政府、部落政府和州政府应当：

（1）*确定派往应急反应中心的工作人员*。这需要标准化的程序和各部门机构的联系人名单。

（2）*与应急管理官员共同采取必要的连续运作的措施*。

（3）*视需要启动突发事件管理工作组（IMTs）*。突发事件管理工作组（IMTs）是突发事件指挥组织，由指挥人员和辅助人员，以及突发事件指挥系统组织中有关的职能部门组成。突发事件管理工作组成员的训练水平和经验，及其规范的应急反应要求和责任，是决定突发事件管理工作组的“类型”或水平的重要因素。

（4）*必要时启动专业应急反应工作队（组）*。各地区都有专门的工作队，包括搜救队、犯罪现场调查组、公共工程施工队、有害物质应急反应工作组、公共卫生专家组，或兽医（动物）应急反应工作组。

(5) 必要时，启动互助和援助协定。

3）联邦政府的行动

如果发生或预期发生需要联邦政府协调应急反应的突发事件，国家行动中心多数情况下通过国家应急协调中心，向联邦政府其他部门和机构通报情况，并指定需要启动的级别。联邦政府各部门和机构接到通知后，应该采取下列行动：

(1) 指定本部门的工作人员，并动员他们履行本部门或机构的职责，包括指定相关专家和其他工作人员，支持本部门应急反应中心工作。

(2) 根据需要，确定派往国家行动中心、国家应急反应协调中心、联邦紧急事务管理局区域应急协调中心或其他应急反应中心，如联邦调查局的联合行动中心的工作人员。如果有必要派遣，这些中心都有标准的运作程序和人员名单，将通知各部门或机构的联络人。

(3) 确定可派往现场联合办公室（JFO）的工作人员，工作人员应包括那些有专门权限的部门和机构的联邦政府官员，现场联合办公室科室（如运作、计划、后勤、行政和财务等科室）的领导人员和应急反应支持功能队伍（ESFs）的代表。

(4) 当接到国土安全部请求或其他部门（或机构）的协调请求时，开始启动并且分期部署联邦政府工作组和其他支持联邦政府应急反应的资源。

(5) 根据国土安全部指示，执行事先分派的任务和事先准备好的合同。

一些联邦政府部门或机构在自己的权限范围内对突发事件进行部署。在这种情况下，联邦政府的部门（或机构）应当通知相应的机构，如国家应急反应中心（NOC）、现场联合办公室（JFO）、州政府的应急反应中心（EOCs）和地方突发事件指挥部。

3. 协调应急反应行动

1）主要工作重点

有指定角色、职责和报告义务的应急反应组织的应急反应活动都需要协调。重要的信息通过已建立的报告机制予以提供。全面运用国家突发事件管理系统及其通用原则、结构和协调程序，将大大提高应急反应行动的效力和效率。应急反应行动的协调工作重点包括：

(1) *管理应急反应任务*。地方政府、部落政府和各州政府负责其应急任务的管理。这种管理包括动员国民警卫队，预先落实资产，支持社区工作。地方政府、部落政府和州政府与志愿者组织共同负责执行预案，确保受灾地区的志愿者和货物流动得到有效管理。

(2) *协调初期行动*。初期行动通过现场突发事件指挥部协调，包括：紧急执法、救援、灭火和紧急医疗服务，紧急抗洪、疏散、绕道运输和新闻发布。随着突发事件的发展，现场指挥部应根据环境情况的不断变化，制订、更新突发事件行动计划，调整行动路线。

(3) *协调外部支援的请求*。如果需要外部资源支援，现场突发事件指挥部应当请求必要的外部支援。为支持应急反应，应调用、启动更多的突发事件管理组织和应急反应组织及其所需的人员。至关重要的是，参与人员应当了解其承担的角色、组织结构、行动方案和确保行动协调一致的运作机制。资源通过既定的程序启动，并整合到相应的标准化组织结构中。

(4) *确定并整合资源和能力*。资源必须得到很好地调拨、接收和安排，并有效地整合到正在进行的应急反应行动中。对于大而复杂的突发事件，这可能包括要与不同的组织协同工作，如根据预先通过签订协议和合同与各类私营机构和非政府组织协同工作。大规模的突发事件也可能需要通过集成化的后勤体系进行复杂的协调和分阶段的资源部署。必须设立资源的接收、安排，跟踪的系统和集中场地，将资源整合到正在进行的应急反应行动中。突发事件指挥部应不断地评估应急反应行动和规模，调整现行的计划，适应不断变化的情况。

（5）协调信息。突发事件发生之后，选择向公众发布信息的有效战略是必不可少的。突发事件指挥部可选择设立一个联合信息中心（JIC），协调管理突发事件的新闻发布。根据突发事件的规模大小，可设立地方的、区域的或国家的联合信息中心。发生需要联邦政府协调应对的突发事件后，应设立联合信息中心，协调联邦政府、州政府、部落政府、地方政府和私营机构与公众沟通突发事件信息。通过制订媒体清单，与相关机构沟通信息，协调新闻发布，联合信息中心的工作人员帮助向广大受众传播及时、准确、统一、易于理解的信息。

根据突发事件的范围和性质采取不同的专业性应急反应行动。所有应急反应行动都是为了实现突发事件指挥部和现场统一协调组确立的行动目标。应急反应行动包括（但不局限于）以下内容：

（1）向公众发出预警，提供易于理解的应急反应公共信息。

（2）实施疏散和避难预案，包括需要特殊照看的人员和家庭宠物的疏散和避难。

（3）将疏散人群引导至预先确定的实际可用的避难场所，并且提供食物、水和其他生活必需品，满足包括残疾人和其他人特殊需要人群在内的所有人的需要。

（4）开展搜索和救援工作。

（5）治疗受伤人员。

（6）开展执法和调查工作。

（7）控制灾害（灭火、阻止危险物质泄漏，等等）。

（8）保护应急救援人员的安全和卫生。

2）地方政府、部落政府以及州政府的行动

在社区，运用国家突发事件管理系统的原则整合所有应急反应预案，整合本辖区各政府部门、私营机构和非政府组织的资源。周边社区根据互助和援助协议提供的支持，将发挥关键作用。这些协议是确定突发事件中各社区愿意共享资源的正式文件。这些协议应包括以下内容：

（1）协议中用到的关键术语的定义。

（2）各方的作用和职责。

（3）请求援助和提供援助的程序。

（4）资金调拨和偿还的程序、权限和规则。

（5）通告程序。

（6）互操作通信协议。

（7）与辖区间其他协议之间的关系。

（8）对工作人员赔偿、责任和豁免权的约定。

（9）资格和证书的互认。

虽然，在联邦政府向地方政府提供联邦援助过程中，州政府通常起上传下达的作用，但在某些情况下，联邦政府合作伙伴在统一指挥方面可能会发挥积极的作用。例如，对联邦本土上发生的森林火灾或油料泄漏事件，某些联邦政府部门或机构根据法规条例和管辖范围可能有权作出应急反应的行动。

社区的大多数外部援助由州政府提供。联邦政府通过州政府帮助社区做好应急准备。当突发事件的发展已超出了地方政府的能力，且邻区互助和援助资源也不能满足应急反应人员的需求时，地方应急管理人员应当与州政府联系。在得到地方政府请求援助时，州政府应立即展开如下应急反应行动：

（1）通过启动州的公共通信预案和设立联合信息中心协调预警和公共信息发布工作。

（2）分发储存物品，满足紧急需求。

（3）提供必要的技术援助和支持，满足个人和家庭应急和灾后恢复需要。

（4）紧急情况持续期间，州长在法律允许的范围内，中止现有的法规、法规、条例和命令执行，以确保及时履行应急反应的职能。

（5）执行州政府的捐赠管理预案，协调非政府组织和私营机构。

（6）下令受到突发事件威胁的人群撤离，尤其应考虑有特殊需要的人群和那些养有家庭宠物或服务性动物的人群的撤离。

（7）根据联邦民权法，按照州政府新的、现有的预案，调动资源援助有特殊需要的人群。

除了上述这些应急行动外，州长还可以动员国民警卫队的力量。国民警卫队是州政府的重要资源，他们在通讯、后勤、搜索和救援以及排除污染方面具有专门的知识。国民警卫队根据州现役军人法或美国法典第 32 卷法律设立，归州长指挥和领导，不属于联邦军事应急反应部队。

美国法典第 32 卷规定的全职国民警卫队成员的职责参照联邦训练或其他现役军人规定，而不是非现役军人的职责规定。美国法典第 32 卷不受“地方民团法”的限制①，允许州长在得到总统或国防部长的批准时，命令国民警卫队成员承担以下职责：

（1）开展培训和其他作业行动。

（2）开展保护美国领土、美国公民、基础设施或国防部长确定的其他资产的本土军事保护行动，抵御恐怖分子威胁或入侵。

在极少数情况下，根照美国法典第 10 卷的规定，总统可以将国民警卫队转为联邦部队（例如，如果外国入侵，针对美国政府的叛乱，或总统用常规军事力量无法执行法律时（美国法典第 10 卷第 12406 条规定的情形））。根据美国法典第 10 卷动员国民警队时，国民警卫队不再受州长指挥。这种情况下，美国国防部承担所有部队的全面部署职责，包括指挥和控制国民警卫队。

3）各州之间的援助

如果需要外部资源，州政府可通过州际互助和援助协议（如应急管理援助协议），向其他州政府请求援助。国家应急管理协会管理的应急管理援助协商机构是美国国会批准的，为州际互助和援助过程提供形式和结构的组织。通过应急管理援助协议（EMAC）② 或其他互助或援助协议，一个州可以向其他会员州请求和接收援助。

这种州与州的援助包括：

---

① 欲了解地方武装力量更多的信息，可见国家应急反应管理框架资源中心的职责和法律部分，网址是：http://www.fema.gov/NRF。

② 欲更详细了解有关应急反应管理援助契约（EMAC），参见 http://www.emacweb.org/。

（1）启用并管理全州范围的互助协议，协调协议规定的资源分配。

（2）启用并管理应急管理援助协议和其他契约和协定，协调其他州可提供的资源配置。

4）请求联邦政府援助

在突发事件使州政府资源瘫痪或预计要瘫痪时，州长可请求联邦政府的援助。① 在这种情况下，受灾的地方政府、部落政府、州政府、联邦政府应共同提供必要的援助。联邦政府的援助形式包括资金、资源和重要服务。在提供援助时，联邦政府部门和机构应当尊重地方政府、部落政府和州政府的主权和职责。在这种情况下，联邦政府的意图不是指挥应急反应行动，而仅对受灾的地方政府、部落政府和（或）州政府提供支持。

5）罗伯特·T·斯塔福灾难救援和紧急援助法

当需求明显超出州政府的能力时，州长可以请求联邦政府援助，包括罗伯特·T·斯塔福灾难救援和紧急援助法（斯塔福法）② 规定的援助。斯塔福法授权总统在宣布紧急状态或重大灾难后，对州政府和地方政府、某些私人非营利性组织以及个人提供财政援助和其他援助，支持应急反应、灾后恢复和减灾工作。

当突发事件造成的损失特别严重，规模达到需要联邦政府援助的程度时，总统宣布重大灾难或紧急情况，启动斯塔福法，开展联邦政府的救灾行动，调动各州政府、地方政府和救灾组织补充现有资源，减轻灾区的损失和痛苦。

公众援助工作一般是从重大灾害或紧急情况宣布开始③。自然或人为事件都可能造成的重大灾害，由总统决定提供联邦政府援助。这类的事件必须明显已超出了州政府或地方政府可独立应对的能力。

如果宣布了重大灾害或紧急情况，援助资金将来自联邦紧急事务管理局管理的总统赈灾基金和其他联邦政府部门和机构的灾害援助计划。总统宣布重大灾害，启动联邦政府长期灾后恢复计划（有些长期灾后恢复计划需要州政府计划予以配套），旨在帮助灾民、企业和公共机构。宣布紧急情况的援助范围比较有限的，也没有重大灾害那样的联邦政府长期灾后恢复计划。通常，联邦政府提供援助和资金是满足应对紧急情况的具体需要或帮助阻止重大灾害的发生。

请求总统宣布：大多数的突发事件达不到请求总统宣布的程度。但是，如果州政府和地方政府的资源不足，州长也可以请求总统宣布。在请求总统宣布之前，州长必须启动州应急反应预案，并确保州政府和地方政府已经采取或开始了所有相关行动，包括：

①调查受灾地区，确定个人和公共损害程度。

②与联邦紧急事务管理局的官员联合开展初步损失评估，估计所需联邦政府救灾援助的

---

① 欲了解联邦政府支持请求指南，可以在国家应急反应管理框架资源中心概述文件获取，网址是：http：//www. fema. gov/nrf。

② 根据斯塔福法案，联邦政府参与的详细资料可在国家应急反应管理框架资源中心获取，网址是：http：//www/fema. gov/NRF。如需斯塔福法案处理灾害的程序和灾害援助计划更多的信息资料可在线 http：//www. fema. gov/hazard/dproc. shtm 获取。

③ 斯塔福法案规定了需要总统决定联邦政府援助的紧急情况，以支持州政府和地方政府挽救生命、保护财产和公众健康和安全，或减轻或避免灾难的威胁。自然灾害定义为重大灾害（包括飓风、龙卷风、风暴、高水位、大风引起的水淹、海浪、海啸、地震、火山喷发、滑坡、泥石流、暴风雪或干旱），或者任何原因导致的美国境内的火灾、水灾、爆炸等，其严重性和规模达到美国总统根据本法案决定提供重大灾害救助，援助州政府、地方政府和救灾组织减轻破坏、损失、痛苦。

类型和数量。

③如果请求总统宣布，应向联邦紧急事务管理局的区域主管咨询是否符合联邦政府的救灾援助，并向联邦紧急事务管理局的区域办事处提出建议。

一般来说，只有州长可以请求总统宣布紧急情况或重大灾害。在特殊情况下，总统也可以单方面宣布重大灾害或紧急情况①。州长认为灾难的严重性和规模超出了州政府和受灾的地方政府的有效应急反应能力，需要联邦政府援助时，应通过联邦紧急事务管理局区域行政长官请求总统宣布紧急情况或重大灾害。州长请求的内容应包括：

①州政府已经用于或将要用于应对灾难的后果的资源性质和数量。

②根据斯塔福法，州长应保证州政府和地方政府将承担非联邦政府援助的所有费用。

③评估所需联邦政府援助资源的种类和数量。

④指定州政府协调官员。

向总统提交的请求报告，应通过联邦紧急事务管理局区域行政长官提交，区域行政长官应当对损失和需要联邦政府提供的援助进行评估，并向联邦紧急事务管理局局长提出建议。然后，联邦紧急事务管理局局长通过国土安全部部长，向总统建议行动方案。总统宣布的通知将立即送达州长、有关的国会议员、联邦政府部门和机构。

6）灾难性突发事件的抢先行动

在灾难性的突发事件发生之前和期间，尤其是那些很少发生灾害或根本没有得到注意的地方，预计到州政府将正式请求联邦政府的援助，州政府和联邦政府应提前采取措施，动员和部署人力和物力。②

联邦政府大量的人力物力部署行动一般是应对灾难性突发事件，如涉及化学、生物、放射性、核或高辐射爆炸性的大规模杀伤性武器、特大地震或影响人口稠密地区的其他灾难性突发事件。提前采取应急反应行动，可确保资源及时到达现场，帮助恢复州政府或地方政府中断的正常功能。在预期灾难性突发事件将要发生或应对灾难性突发事件时，应当提前通知并部署联邦政府的资源，与州政府、部落政府和地方政府和私营机构进行协调，共同采取行动。

灾难性的事件是指任何自然或人为的突发事件，包括恐怖活动，造成特别严重的大规模伤亡、损失或毁坏，对公众、基础设施、环境、经济、国家的士气和政府职能造成严重的影响。

7）没有总统宣布的联邦政府援助

在许多情况下，没有总统的宣布就可能得到联邦政府的援助。例如，在总统宣布前就需要联邦政府的援助时，联邦紧急事务管理局向州政府的应急反应中心派遣联络官，并将援助物资运送到突发事件发生地附近。

此外，某些类型的援助，如消防管理支持——在没有得到总统批准的情况下，由联邦政府部门或机构根据自己的权限向遭受严重的森林火灾的州政府提供支持。联邦政府部门和机构还可以在总统没有正式宣布时，根据自己法定权限立即向州政府提供拯救生命的援助。

---

① 斯塔福法案第501节第二条。

② 有关提前应急反应的更多资料可参见灾难性突发事件附件，可在国家应急反应管理资源中心获取，网址是 http：//www.fema.gov/nrf。

8）其他联邦政府援助或联邦提供帮助性援助

国家应急反应框架涵盖了各种复杂的和不断变化的预期需求，或应对威胁和实际发生的事件（包括恐怖袭击和重大灾害）可能需要的需求。除了斯塔福法规定的援助外，国家应急反应框架可适用于向联邦政府的合作伙伴提供其他形式的支持。联邦政府部门和机构必须保持灵活性和适应性，以便为应对专门的突发事件提供支持。

（1）*联邦部门间的支持*。根据经济法或其他相关法律，联邦政府的部门和机构实行机构间或机构内偿还协议。国家应急反应框架的财务管理支持附件①中有更多的程序方面的信息。此外，美国联邦政府部门或机构在其的管辖权限内应对突发事件，有可能要求美国国土安全部的协调，以获得更多联邦政府的援助。

在这种情况下，美国国土安全部可能会启动一个或多个应急支持功能，协调所需的支持。联邦政府部门和机构必须制订联邦机构间的支持预案，分析向其他联邦政部门和机构提供援助时可能遇到的问题，并在预案制订过程中解决这些问题。在提供联邦机构间的支持时，国土安全部可指定一位联邦资源协调员履行资源协调职能。

（2）*国际援助*。国内突发事件管理可能有国际和外交意义，需要与外国政府和国际组织协调和磋商。突发事件管理可能还需要就突发事件的外交事务问题采取直接的双边和多边行动。美国国务院负责协调双边和多边行动，协调国际援助。国内突发事件有关的国际协调，需要努力与外国相应的组织、多边（或国际）组织和民间机构密切合作。联邦政府部门和机构应事先考虑需要什么样的资源和什么样的援助，以及在请求或接受外国资源过程中可能出现的问题。有关与国际合作伙伴协调的详细信息在国际协调支持附件中有进一步的定义。②

9）应急反应活动

具体的应急反应行动将取决于突发事件的范围和性质，而且取决于突发事件指挥部和现场联合办公室统一协调组所确立的目标。应急反应能力的详细信息，在应急支持功能附件、突发事件附件以及支持附件中都有阐述。欲更多地详细了解这些事项请参见第五章。

（1）*联邦政府部门和机构的行动*。联邦政府部门和机构一旦接到通知或启动请求，应实施各自的应急反应预案，调动资源，组织实施应急反应行动。联邦政府部门和机构的预案应包括以下的程序：

①指定本部门参与机构间协调的代表，落实州政府、部落政府和地方政府的联络方式和联络人。

②根据角色和责任，启动本部门管理协调组。

③启动、动员、部署负责提供国家应急框架规定的应急支持能力的各类队伍，并报告其状况。

④做好履行分配任务（包括事先指定的分配任务）的准备，以回应援助请求，支持各级政府部门参与现场级和国家级的应急反应工作。

⑤确保联邦政府部门的资源（如：人员、队伍或设备）纳入到国家应急反应框架规定的跨机构的组织和程序中。

---

① 可参见国家应急管理框架资源中心，网址是 http：//www. fema. gov/nrf。

② 可参见国家应急管理框架资源中心，网址是 http：//www. fema. gov/nrf。

（2）区域的应急反应活动。联邦紧急事务管理局区域行政主管向州应急反应中心派遣联络官，提供技术援助，启动区域应急反应协调中心（RRCC）。必要时，联邦政府部门的工作人员，包括应急支持功能的主要和支援机构的工作人员，应充当区域应急反应协调中心的工作人员。区域应急反应协调中心应当：

①协调初期的区域和现场应急反应活动。

②与州政府、部落政府和地方政府官员协调一致，部署区域工作队伍，评估突发事件的影响，分析州政府的需求，并就建立现场运作机构作出初步的安排。

③协调联邦政府部门的支持，直到现场联合办公室成立。

④设立联合信息中心，协调应急反应信息发布。

（3）突发事件管理援助队（IMAT）。联邦紧急事务管理局可能要与区域应急反应协调中心和州政府协调一致，部署一支突发事件管理援助队。突发事件管理援助队由多部门的专家和突发事件管理的专业人员组成。按照既定协议，突发事件管理援助队的人员从全国或区域的联邦政府部门和机构的工作人员中抽调。突发事件管理援助队为联邦政府现场机构的建立作出初步安排，并着手成立现场联合办公室。

（4）应急支持功能。国家应急反应协调中心（NRCC）或区域应急反应协调中心也可启动特定的应急支持功能，指导相关部门和机构实施应急支持功能附件中提到的初期行动＊。

4. 解除动员、恢复常态

解除动员、恢复常态是将资源有序、安全、高效地复原回到其原单位或恢复到原状态。解除动员、恢复常态应与其他突发事件管理和应急反应组织全面协调，并尽快开始，以便参与应急反应的机构和人员尽早履行其常规职责。

1）地方政府、部落政府以及州政府的行动

地方政府、部落政府和州政府解除动员、恢复常态的计划和行动应该包括以下内容：

（1）规定资源安全复原回原状态的方式和决定权。

（2）资源跟踪程序，确保返还到位。

（3）遵守互助协议和援助协议规定的义务。

2）联邦政府的行动

现场的统一协调组指导复原策略和复原计划的制订。由于现场联合办公室解散需要专职机构间的呼应协调，统一协调组应制订选择性地复原联邦政府资源、解除动员、职责交接、清理存货的计划。但是，现场联合办公室视需要，可能进入恢复阶段后继续运作，协调那些仍然需要的资源。应急反应支持功能代表协助资源复原，组织有序地恢复常态工作，协助资源返回仓库或其他地点。

四、恢复重建

一旦完成拯救生命的紧急行动，工作重点就转移到帮助个人、家庭、重大基础设施以及企业，满足其基本需求，并恢复到自给自足状态。即使需要对突发事件做出紧急反应，也必须启动灾后恢复工作。应急反应的重点要逐渐转到灾后恢复的工作上来。在灾后恢复重建期间，要采取行动帮助个人、社区和州政府恢复正常状态。由于恢复重建阶段的复杂性，恢复

＊ 可在国家应急反应管理框架资源中心获取，网址是：http：//www. fema. gov/nrf。

重建和清理工作需要社会各方面做出重要贡献。

（1）短期的灾后恢复工作与应急反应工作前后相接，并有重叠。短期的灾后恢复工作包括：诸如提供基本的公共卫生和安全服务、恢复中断的公用系统和其他的基础性服务，重建运输路线，并为那些因突发事件流离失所的人们提供食物和避难场所。虽然，称为“短期”，但有些活动可能要持续数周。

（2）长期的灾后恢复重建不属于美国国家应急反应框架范围以内的工作。长期的灾后恢复重建工作与短期的灾后恢复工作基本相同，但可能要持续数月或数年，视灾情的严重程度和损失的范围而异。长期的恢复重建可能包括受灾地区的全部重建。*

突发事件的灾后恢复每个社区都不一样，取决于突发的事件所造成的破坏程度和类型，以及社区已有或能够迅速获得的资源。从短期看，恢复是应急反应的延伸阶段，基本服务和功能应得到恢复。从长远看，恢复应使个人生活和社区生计得到复原。恢复工作可能包括：服务恢复计划和现场恢复计划的制订、协调和实施，政府运作和服务的重建，住房安置和修复计划，受伤人员的长期照顾和治疗，以及社会、政治、环境和经济恢复的其他措施。恢复工作计划包括：

（1）确定需求，查明资源。

（2）提供简易住房，促进尽快地恢复。

（3）对受伤的人员进行护理和治疗。

（4）将真情告知居民，防止不切实际的期望。

（5）为社区的灾后恢复采取更多的措施。

（6）采用切实可行的减灾措施和技术。

灾后恢复协调：

现场联合办公室仍然是地方政府、部落政府、州政府和联邦政府，以及提供的恢复援助的私营机构和非政府组织的协调枢纽。联邦政府和州政府灾后恢复行动的范围包括：

（1）协调援助项目计划，满足个人、家庭和企业的基本需求，使其恢复到自给自足状态。这些项目计划包括住房援助、其他需求援助、危机咨询服务、灾害的法律服务和失业或再就业计划。其他的活动还包括与地方政府和部落政府协调灾害恢复中心的需求问题和选址问题。

（2）建立灾害恢复中心。联邦政府、州政府、部落政府、地方政府、志愿者组织和非政府组织共同决定建立灾害恢复中心和选址问题。工作人员提供灾后恢复和减灾规划方面的信息、建议、咨询以及有关的技术援助。

（3）与私营机构和非政府组织协调，参与捐款管理以及其他的灾后恢复活动。

（4）协调核准斯塔福法规定的公共援助项目。这些项目经费用于地方政府、部落政府，以及州政府和符合条件的私营非营利性组织的紧急保护服务、垃圾清运，维修或替代遭破坏的公共设施和相关的环境恢复。

（5）与私营机构协调关键基础设施和重要资源的修复和恢复运行问题。这些活动包括与业主或经营者共同工作，确保关键服务设施（包括水、电、天然气和石油、应急通信和

---

* 有关长期恢复的进一步资料可参见国家应急管理框架资源中心的应急支持功能 14 附件，网址是：http://www.fema.gov/nrf。

医疗保健设施）的恢复。

（6）协调减灾援助计划，帮助社区减轻未来灾害的可能影响。这些活动包括制订重建复原能力强健的社区发展战略。

现场联合办公室关闭后，将正在进行的工作转移到各个承担灾后恢复主要职责的机构。这时，联邦政府的合作伙伴直接与其区域或总部管理和监督灾后恢复计划、支持和技术服务的办公室合作开展工作。

第三章　应急反应的组织机构

本章阐述作为一个国家如何组织实施应急反应行动，描述了经过长期发展、检验并完善的组织结构，以及如何将这些组织结构应用于各级政府，支持实施有效的应急反应行动。解释了本系统运行需要的重要工作人员职位，并概述了这些职位之间的关系和相互依存性。国家应急反应框架的应急反应组织结构基于国家突发事件管理系统，特别是国家突发事件管理系统的突发事件指挥子系统。

一、引言

美国国土安全第5号总统令要求建立单一的综合系统，以便提高美国管理本土突发事件的能力。国家突发事件管理系统提供了一套全国通用的使各级政府、私营机构和非政府组织在突发事件中能够协同工作的统一模版。*

将国家突发事件管理系统的这些原则应用到突发事件的各阶段和各级政府，确保所有利益相关方在应对突发事件的过程中遵循一套通用的工作原则。

国家应急反应框架的范围：

国家应急反应框架为国家级的本土应急反应政策和行动协调提供了实施结构。这些结构可以在有恐怖分子威胁、预期发生重要事件或应对突发事件中部分或全部实施。选择性地实施，为实施不同级别的应急反应所需准确资源的投入，以及具体事件的协调等都留有充分的余地。

国家应急反应框架采用了可调动现场主动积极性和共享各级政府、私营机构提供的重要资源的组织结构。一个看似微小的突发事件是否演变成一个较大的、迅速增长的威胁，在事件的初期阶段并不总是显而易见的。应急反应必须具有快速的可扩展性、灵活性和可调整性。

二、重要的概念

国家突发事件管理系统（NIMS）在以下几个方面提供了一整套核心的通用的概念、原则、术语和技术：

（1）突发事件指挥系统（ICS）。国家突发事件管理系统大多建立在突发事件指挥系统的基础之上。突发事件指挥系统由联邦政府、州政府和地方政府的森林火灾消防机构在20世纪70年代开发的。为工作方便，突发事件指挥系统通常由指挥、运作、计划、后勤和财务（或行政管理）五个主要方面的功能组成。在某些情况下，也可增加情报和调查功能，作为第六个方面的功能。

（2）多机构协调系统（MACS）。多机构协调系统的主要功能是协调应急反应现场以外的活动，并对突发事件关键需求或竞争性资源进行优化，达到支持现场应急响应协调开展的

---

* 有关国家突发事件管理系统（NIMS）的信息可在国家应急反应管理框架资源中心获取，网址是：http：//www.fema.gov/nrf。

目的。多机构协调系统是人员、程序、行动方案、专业工作和通信各要素通过有机结合，整合而成的通用系统。为了协调多辖区间资源和支持，多机构协调系统可以由一个固定的机构实施，也可以根据多机构协调系统安排的其他机构实施。多机构协调的例子，包括州政府或县政府应急行动中心、国家情报联合中心，国家行动中心、国土安全部所属的联邦紧急事务管理局管理的国家应急反应协调中心、司法部下属的联邦调查局战略情报和行动中心、联邦调查局联合行动中心和国家反恐中心。

(3) 统一指挥。统一指挥是多辖区或多机构突发事件应急管理一个重要部分。它为法律不同、地理位置不同、职责不同的机构，提供了有效的协调、计划和互动准则。作为一个团队的工作，统一指挥承认所有机构管辖权限或对突发事件职责的不同，通过一套通用的突发事件目标和战略以及统一的突发事件行动预案，提供突发事件的管理指导。每个参与机构的权力、责任和义务保持不变。

(4) 培训。应当对领导人和工作人员进行应急反应的管理原则的初步培训，培训也有利于现有概念和程序的完善。

(5) 资源的识别和管理。突发事件之前、期间和之后实施资源的存储、动员以及跟踪计划时，资源的分类对确保多个机构有效地进行沟通和资源提供是必不可少的。

(6) 互助和援助。执行突发事件前与地方、部落、州和联邦各级组织签订的互助及其他的协议，并随时准备在突发事件中签订或履行新的协议是应急准备工作的重要组成部分。

(7) 情境认知。情境认知是对突发事件关键信息的识别、分析和理解能力。更简单地说，知道你周围发生了什么事情。情境认知需要对实际发生的突发事件和灾害发展的信息资料来源不断地跟踪。

(8) 资格与认证。管理突发事件的任何领导都需要称职的工作人员。如果工作人员的工作能力信息未编入现成的审查资料，危机期间，领导人就没有时间来确定工作人员的资格。为了甄别危机中可对领导提供支持的合适员工，经培训获得资格和专门知识的员工就应该通过相应的证书予以认可和证明。

(9) 突发事件信息的收集、跟踪和报告。当今的信息可通过互联网和常年 24 小时不间断的新闻频道即时传播。虽然，及时的信息有价值，但也可能应接不暇。对于有效的应急反应，必须利用专门知识和经验优势，来支持决策，快速概括并优化信息。现场必须准确地收集信息资料，并有效地传达给那些需要它的人员手中。要想取得成功，清晰的信息流和通用的行动图是必不可少的。

(10) 危机时的行动计划制订。一旦突发事件发生，平常协商好的预案就应该迅速转化为危机时的行动计划。危机时的行动计划制订过程是在突发事件发生时，根据事件实际情况迅速修改原来协商好的预案和行动步骤的过程。危机时的行动计划制订程还应包括向高级领导人提供决策工具，帮助高级领导人决策。

(11) 演练。与国家的演习计划一致，所有利益相关方都应定期演练突发事件管理和应对能力，演练应急反应程序，确保完全有能力承担其应急反应职责。

三、地方政府应急反应：组织结构和人员配置

1. 突发事件现场指挥部

地方应急反应人员利用突发事件指挥系统管理应急反应行动。突发事件指挥系统

（ICS）是一个管理系统，通过将设施、装备、人员、程序和通信集成到一个通用的组织框架内，对突发事件实施有效管理。

突发事件指挥系统的基本优势是已经被广泛使用，用于组织各种突发事件短期和长期的现场应急反应行动。

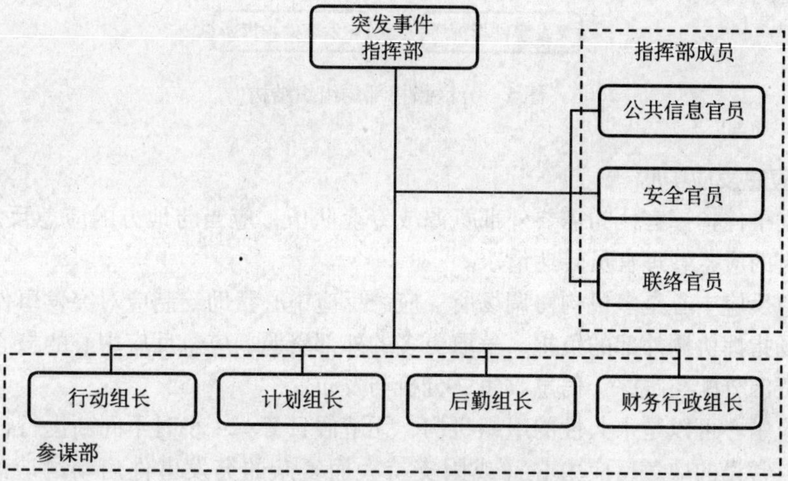

图4　突发事件指挥部组织结构

突发事件管理系统已被各级政府——联邦政府、州政府、部落政府和地方政府以及许多私营机构和非政府组织广泛应用。一般情况下，组建突发事件指挥部用于支持应急反应活动的五个主要功能：指挥、行动、计划、后勤和财务行政管理。

突发事件指挥系统定义了管理突发事件的如下一些关键角色：

（1）突发事件的指挥官负责全部应急反应活动（包括战略和战术的制订，物资的订购和发放）。全权负责突发事件的应急反应行动，也负责突发事件现场的全面应急管理工作。当多个指挥机构参与时，突发事件可能要由统一指挥部管理，该指挥部由那些法律、法令或协议规定拥有突发事件管辖权或承担管理职责的官员组成。统一指挥部可以做到直接地、现场地控制战术行动。

（2）指挥部成员由公共信息官员、安全官员、联络官员，以及其他职位的工作人员组成，指挥部的成员直接向突发事件指挥官报告工作；参谋部通常由行动组长、计划组长、后勤组长和财务行政组长组成，必要时可以设立情报调查组，以满足应急反应需要。

在战术层面上，对突发事件现场指挥和管理的组织机构设在现场突发事件指挥部，通常是由地方和提供互助的应急反应人员组成。

2. 现场突发事件分区指挥部

如有必要，可设立分区指挥部协助负责监管机构的行政主管官员或执行官，监管由各现场指挥所分别处置的多种突发事件，或监管复杂的、影响范围大的突发事件，并管理重要资源。分区指挥部不承担具体应急反应职责，根据突发事件的复杂性和突发事件管理范围，仅在必要时才启动分区指挥部。分区指挥部或现场突发事件指挥所向地方应急反应中心提供信息并请求其援助。

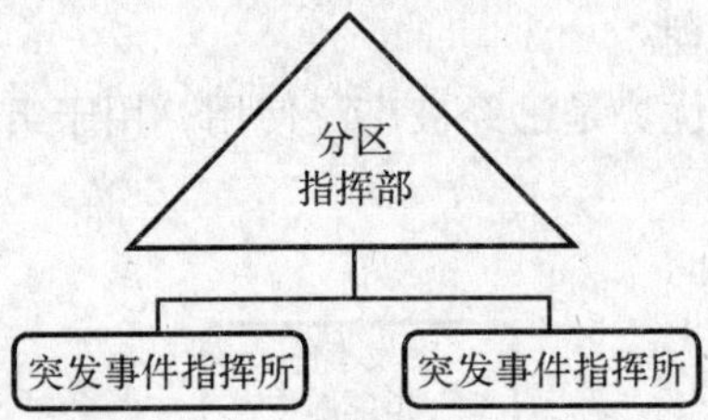

图5　分区指挥部的组织结构

3. 地方应急反应中心

如果突发事件指挥官认为需要外部资源或专业队伍，应当与地方的应急反应中心联系，并向地方政府的应急管理官员转达请求。

地方应急反应中心是多机构协调场所。应急反应中心帮助绘制应对突发事件的通用行动图，减轻现场指挥协调外部的负担，争取更多的外部资源。应急反应中心的核心功能包括协调、通信、资源分配与跟踪、信息收集、分析与发布。

应急反应中心可以是永久性的组织机构，无节假日 7×24 小时不间断运行，也可以因短期需要设立。常设的应急反应中心（或因支持大而复杂的突发事件启动的应急反应中心）通常设立在中心地区或永久性的机构内。那些较大社区设立的永久性机构通常是由一个专职应急管理官员领导。应急反应中心可以由主要专业部门（消防、执法、医疗服务等部门）、辖区（市、县、地方等）政府、应急支持功能（通讯、公共设施与公用工程、交通运输、资源支持等应急支持功能）主要负责机构组成，更多的应急反应中心则是由这些部门联合组成。

突发事件发生后，地方政府的应急管理官员应为应急反应中心配备工作人员，支持突发事件指挥部工作并安排所需的资源。必要时，民选或任命的行政首长应提供政策指导，支持突发事件指挥官和应急管理官员开展工作。

各级政府的应急反应中心通常鼓励私营机构参与，并提供便利。而私营机构也应有类似的组织结构，对应急反应中心的需求做出回应。私营机构参与应急反应中心工作是对公用事业单位工作的补充而不是取代公用事业单位在应急反应中中心的地位。

四、州级政府应急反应：组织结构和人员配置

1. 州级应急反应中心

州级应急反应中心也是多机构协调场所。每个州都设有应急反应中心，配置上是可扩充的，以便管理需要州级援助的突发事件。

地方突发事件指挥部指挥现场应急管理活动，拥有突发事件现场应急反应的指挥和控制权。必要时，启动州级应急反应中心，支持地方应急反应中心的行动。因此，州级应急反应中心是协调州政府后方支持活动的枢纽。民选和任命的行政首长和核心职能支持人员在州级应急反应中心履行应急反应职责。州级应急反应中心工作人员的关键职责是，确保现场应急反应人员获得应急反应所需的资源（包括人员、工具和设备）。

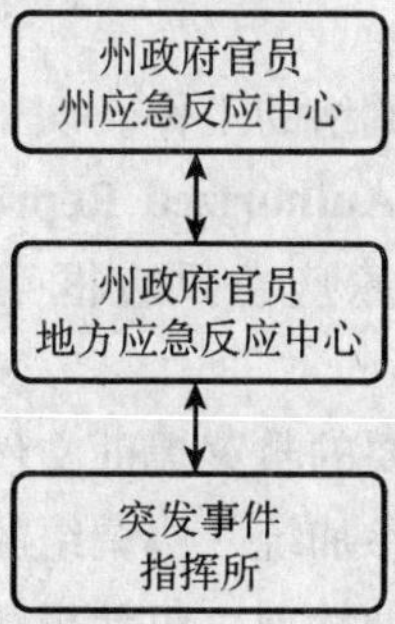

图6　州应急反应中心、地方应急反应中心和
突发事件指挥所之间的两种通信方式

通常，由州政府和部落政府官员领导辖区内突发事件公共信息发布。重要的是，突发事件发生后，州政府或部落政府应立即与地方官员密切合作，确保：

（1）与新闻界的通讯线路畅通，及时回应媒体的提问，并在虚假传闻传播前予以批驳。

（2）努力使信息直接传达到受害者和受害者亲属。

设立联合信息中心，协调紧急信息的发布和其他对外事务。联合信息中心是协调并及时向公众和媒体发布突发事件信息工作的枢纽。用简单易懂的方式向受害者及其亲属直接传达何处可获得援助的信息，对那些英语水平有限的受害者及其亲属应当用其能懂的语言传达。

2. 请求并管理联邦政府的援助

对发生在本州内的突发的事件，州长负责请求联邦政府援助。联邦政府对州政府的援助，通常经由现场联合办公室协调。现场联合办公室整合联邦政府各种资源，直接与州政府打交道。根据统一指挥的原则，由州政府和联邦政府关键的部门和机构高级官员组成的统一协调小组设在现场联合办公室。统一协调小组提供广泛的国家支持，以实现共同的目标。

现场联合办公室、联邦紧急事务管理局区域应急反应协调中心和其他支持州政府应急反应的组织和人员配置模式的细节，将在描述联邦政府应急反应组织结构的章节中介绍。国家应急反应框架明确认可由州长任命的两名高级领导人参与联邦政府现场联合办公室的协调工作。

3. 州政府协调官员（SCO）

一旦总统依据斯塔福法宣布灾难，州政府协调官员在管理州应急反应和灾后恢复工作中将发挥关键作用。根据州政府的政策和法律，一旦受灾州的州长任命了州政府协调官员，州长的权力就自动转移给州政府协调官员。对预期可能宣布为斯塔福法规定的灾难的那些将要发生的事件，例如，逼近的飓风，国土安全部长或国家紧急事务管理局局长可预先指定一名或多名联邦政府官员与州政府协调官员一同工作，确定可能需要的资源和行动，并开始部署人力物力。州政府协调官员的具体角色和职责包括：

（1）作为州长与区域应急反应协调中心打交道的主要代表，或者，在现场联合办公室成立后，作为州长的主要代表参与现场联合办公室的工作。

（2）与联邦协调官员一同工作，提出州政府的需求，包括那些超出州政府能力的资源需求，并为联邦政府提供给州政府的资源使用，排出优先顺序。

（3）确保对通过互助和援助协议提供给本州的资源进行协调。

（4）负责联络地方政府。

（5）参加现场联合办公室统一协调组的工作。

4. 州长的授权代表（Governor's Authorized Representative）

由于应急反应指令的复杂性，国家应急反应框架规定州长向其授权的代表授予如下权力：

（1）以州政府的名义处理所有必要的救灾援助文件，包括确认公众的援助申请。

（2）必要时，代表受灾州的州长参加统一协调组的活动。

（3）协调并监督州政府的救灾援助计划，包括担任其援助管理官员。

（4）经与州政府协调官员协调，确定本州可编入情报要点目录的重要情报信息，满足计划和实施行动的需要，支持科学决策。

5. 美国的准州政府

在国家应急反应框架中，美国的准州政府管理突发事件和应急反应的组织，请求并接受联邦政府援助的机制，与州政府完全一样。准州政府还要应对特别的挑战。国家应急反应框架与准州政府合作，通过应急准备预案和提前调度资源，共同应对这些地理距离上的挑战。

美国的领地（包括岛屿地区）以及密克罗尼西亚联邦州和马绍尔群岛共和国* 这些准州政府也可以得到联邦政府协调的应急反应支持。斯塔福法规定向波多黎各、美属维尔京群岛、关岛，美属萨摩亚和北马里亚纳群岛提供援助，这些地区在斯塔福法中定义为美国的“州”。斯塔福法的援助还规定，根据自由联盟契约向密克罗尼西亚联邦州和马绍尔群岛共和国提供援助。

五、联邦政府应急反应：组织结构和人员配置

1. 政策制订和行动协调

1）政策制订

总统领导国家实施有效的应急反应，并确保必要的协调机构、领导能力和资源，可迅速和有效地应对大规模的突发事件。美国国土安全委员会（HSC）和国家安全委员会（NSC）为总统提供有关应对大规模突发事件的国家战略和政策建议。国土安全委员会与国家安全委员会，要确保行政部门和机构执行国土安全和国家安全所有相关的行动协调一致，促进相关政策的制订和有效实施。国土安全委员会与国家安全委员会应确保对联邦政府各部门统一领导。

总统国土安全与反恐助理和总统国家安全事务助理分别协调国内和国际突发事件管理机构间的政策制订，召集跨机构会议，协调有关政策问题。这两个委员会都要应用现有的政策制订框架，确定需要机构间协调的问题。

为了支持国内机构间的政策协调，国土安全委员会与国家安全委员会代表和负责人应定期召集会议解决重大政策问题。国土安全委员会与国家安全委员会将得到以下两个助理秘书

---

* 国家应急反应框架适用于美国领地及其岛屿地区，以及密克罗尼西亚联邦和马绍尔群岛共和国。美国政府根据《自由联合条约》，对帕劳共和国不提供救灾援助。岛屿地区还包括关岛、北马里亚纳群岛邦、美属萨摩亚和美属维京群岛。

长级别的政策协调委员会的支持：

（1）国内应急准备工作组（DRG）。国内应急准备工作组是跨机构的组织，定期召集会议，制订并协调应急准备、应急反应和突发事件管理的政策。该工作组评估具有跨机构意义的国内应急准备和突发事件管理的各种政策问题，并向上级决策组织提出决策建议。在突发事件发生后，国土安全部召集国内应急准备工作组评价跨机构的应急反应政策问题，必要时提出建议。

（2）反恐安全工作组（CSG）。反恐安全工作组也是一个跨机构的组织，定期召集会议，制订预防恐怖行动的政策，并协调针对威胁的应急反应工作和针对恐怖活动的执法调查。该工作组评估跨机构的各种反恐政策问题，并向上级决策组织提出决策建议。

联邦政府部门和机构在上述框架内，根据第一章中提到的法律和国土安全第5号总统令指定的职责，支持政策制订工作。

2）应急反应行动协调

国土安全部长是联邦政府负责国内的突发事件管理的首席联邦官员。应急反应行动协调包括协调联邦政府各部门准备、应对和恢复遭遇恐怖主义袭击、重大灾害或其他的紧急情况的行动，部署美国国内应急准备资源。①

根据突发事件的性质和规模，所有的联邦政府部门和机构在突发事件管理和应急反应的活动中都将发挥重要的作用。自“9.11”恐怖袭击事件以来，支持联邦政府整合应急反应的政策、组织框架和能力有了迅速提升，并持续完善。应急支持功能在这方面做了许多安排，并通过预先指定任务和格式化的机构间协议进行协调。

联邦政府各部门和机构之间的通信，尤其在反恐怖战争的时代，需要有高度集成的能力，卓有成效地共享信息。只有这样，应急反应人员才可以有效地管理起初很小但可能会发展成后果严重的突发事件，例如，蓄意攻击粮食的供应可能出现在局部区域，最初甚至是司空见惯的事件。同时，国家应急反应框架的这些机制不干预地方政府、部落政府、州政府和联邦政府的机构既定的行动。

美国国土安全部成立于2003年，其宗旨是为总统规划强有力的联邦突发事件管理能力，整合联邦突发事件管理活动，对州和地方合作伙伴提供支持。美国国土安全部负责全面规划并不断完善这些能力的运作方式。国土安全部拥有重大的应急反应责任和可观的资源，同时也依赖于法定的权力、专门知识，以及其他联邦政府部门和机构的各种资源和能力。

联邦紧急事务管理局局长，是总统、国土安全部长和国土安全委员会在应急管理方面的主要顾问。联邦紧急事务管理局局长的职责包括国家应急反应协调中心的运作，有效地支援所有的应急支持功能，并对各种危险突发事件做好准备、防范、应急反应和灾后恢复工作。联邦紧急事务管理局长还负责管理国土安全部支持国土安全工作的核心拨款计划，并向国土安全部长报告工作。②

国土安全部其他的机构负责人在应急反应行动中起领导作用或重要作用，这取决于突发

---

① 根据国土安全第5号总统令第8段的规定，国土安全部部长的应急反应协调工作职责不包括指定由总检察长协调的执法活动和通常制定由联邦调查局长协调的执法活动。

② 见卡特里娜飓风后紧急情况修正案，该修正案作为第109－295号公共法案（2007财年国土安全部拨款法案）的一部分。

事件的类型和严重程度。例如，美国海岸警卫队司令拥有大规模移民和重大海洋石油或有害物质泄漏事件的法定领导权。

国土安全部行动协调司司长是国土安全部长整合全部突发事件管理工作和监督国家应急反应中心的首席顾问。在行动协调司司长领导下的国家行动中心，是总部级的一站式的突发事件信息源，为白宫和其他联邦政府部门和机构提供共享信息。

国土安全部协调联邦政府应急反应行动的职责必须达到高度协作。国土安全部和联邦政府部门的合作伙伴对各自应急反应能力的了解必须非常透彻，并相互透明。州级政府也要达到同样的透明度。这就需要州政府、国土安全部和其他部门和机构在高层和运作层面建立非常密切的日常工作联系。

2. 总指挥部级的支持组织结构

1）国家行动中心（NOC）

在联邦政府的突发事件管理中，国家行动中心是联邦政府突发事件情况分析和行动协调的主要国家枢纽。它向国土安全部长和其他主要官员提供重要的国家级突发事件管理决策所需的信息。

国家行动中心是多机构参与的连续不间断工作的运行中心。国家行动中心的工作人员监视多种威胁的来源和来自国内外的危险信息。国家行动中心由一群 24 小时不间断值班官员支持，包括：①国家应急反应中心管理者；②经挑选的联邦政府跨机构的代表、州政府代表和地方政府执法人员的代表；③国土安全部首席情报官员派驻的情报联络官员；④行动协调司跨机构规划处的分析人员；⑤来自联邦政府和其他私营机构、代表几十个组织和学科的值班人员。

国家行动中心为国土安全信息共享提供方便，也为联邦政府、州政府、部落政府、地方政府及非政府组织的合作伙伴的行动协调提供方便。在应对重大突发事件时，国家行动中心实现信息融合并承担信息共享的职责，提供现场报告和情况报告，以及其他的信息交流工具，所有这些信息都绘制在通用的行动图上，并通过行动图传递这些信息。

联邦政府、州政府、部落政府和地方政府不断开发并快速集成支持国家行动中心通用行动图的电子报告和信息共享交流工具是国家应急反应框架优先级很高的任务。

2）国家行动中心的行动部门

国家行动中心由下面行动部门提供集成化的使命支持：

（1）国家应急反应协调中心（NRCC）。国家应急反应协调中心是美国联邦紧急事务管理局的主要操作管理中心和国家资源协调枢纽。国家应急反应协调中心常年 24 小时不间断运转，监控可能的突发事件和发展中的突发事件，支持区域和现场部门的工作。

当预期将要发生突发事件时或在应对突发事件中，国家应急反应协调中心还有能力迅速增加工作人员，调动全部应急支持功能和其他人员，并根据情况需要向现场联合办公室或其他地方突发事件管理组织提供资源和政策指导。国家应急反应协调中心提供全面的应急管理协调、组织应急反应预案的实施、调动国家级的力量，收集突发事件的信息，利用其绘制并维护的应急反应通用态势图传播突发事件信息。私营机构内的非赢利性组织代表可参与国家应急反应协调中心的工作，加强这些组织与联邦政府之间的信息交流和合作。

（2）国家基础设施协调中心（NICC）。国家基础设施协调中心监控正在运行的国家关键基础设施和重要资源。突发事件发生后，国家基础设施协调中心在基础设施和重要资源领域通过适当的信息共享实机构（如：信息共享与分析中心和行业协调委员会）提供协调的信息共享平台。*

3）支持联邦行动的中心

联邦政府各部门下设部门总部级的应急反应中心，密切关注其职责范围内态势，并向国家行动中心报告信息。大多数的政府内阁部门和机构都至少有一个这样的机构。下面的例子表明，联邦政府其他应急反应中心在突发事件的情境认知和机构间协调方面所起的关键性作用。

(1) 国家军事指挥中心（NMCC)。国家军事指挥中心是连续不断地监控和协调全球军事行动的枢纽。在和平时期的突发事件中和战争期间，国家军事指挥中心直接支持作战指挥官、参谋长联席会议主席、国防部长和总统指挥美国军队。国家军事指挥中心的组织结构可高效有力地支持总统和国防部长，因此，国家军事指挥中心参与各种各样的活动，从导弹袭击预警到评估和平时期的应急管理，如为民防（DSCA）活动提供国防支持。国家军事指挥中心结合监视当前的世界各地的情况，向参谋长联席会议和国内其他机构发出正在发生的危机预警，协调初期必要的军事应急反应行动。

(2) 国家反恐中心（NCTC)。国家反恐中心是美国联邦政府负责整合、分析所有恐怖活动和有关反恐方面的情报，整合国家各种手段实施反恐战略行动计划的联邦主要机构。

(3) 战略情报行动中心（SIOC)。美国联邦调查局（FBI）的战略情报行动中心是联邦政府针对本土恐怖主义事件或可信威胁的所有情报活动、执法活动和调查执法活动的枢纽和行动控制中心，包括领导起因调查。战略情报行动中心作为情报信息交流中心，及时帮助执法和刑事调查信息的收集、处理、审核和分发。

战略情报行动中心与国家行动中心保持直接的联系。战略情报行动中心设在联邦调查局总部，支持美国联邦调查局的任务，领导执法部门侦查、预防、制止并粉碎针对美国的恐怖袭击。

战略情报行动中心与国家联合反恐特遣队（NJTTF）保持联络。国家联合反恐特遣队的使命是在联邦政府、州政府、部落政府和地方政府机构中加强沟通、协调以及合作，作为情报、执法、国防、外交、公共安全和国土安全等部门汇集恐怖活动情报的枢纽，支持美国各地的联合反恐特遣队。

(4) 美国国土安全部的其他行动中心。美国国土安全部的其他行动中心的设置取决于突发事件的类型（例如，国家特别安全事件)，其工作是支持国土安全部长分类管理突发事件，包括美国海岸警卫队、美国运输安全管理局、美国保密局，以及美国海关和边境保护中心。

4）应急支持功能（ESFs)

美国联邦紧急事务管理局协调15项联邦政府和非政府组织的应急支持功能，必要时调动一个或一个以上的应急支持功能参与应急反应。所有应急支持功能由联邦紧急事务管理局国家应急反应协调中心进行协调。

在应急反应的行动中，应急支持功能是协调联邦政府部门和机构以及一些私营机构和非

---

* 更多的信息资料请在线参见 http：//www.fema.gov/nrf。

政府组织提供的功能性组织和资源的重要机制。应急支持功能向地方政府、部落政府、州政府和其他的应急反应人员提供汇集、整合资源和能力的有效方法。这些功能由单一的机构协调，但要依靠几个提供资源的机构。应急支持功能的目的是充分发挥联邦政府的能力。

应急支持功能作为主要的操作层面的机制，为交通、通讯、公用设施与公共工程、消防、大众关怀、住房安置、人道主义服务，公共卫生和医疗服务、搜索和救援、农业和自然资源资源以及能源供应等方面提供了操作层面的支持。表2列出了15项应急支持功能，以及每项功能的范围。

表2 应急支持功能及其协调机构

应急支持功能1：交通运输

协调机构：交通运输部

（1）航空或空域管理和控制

（2）交通安全

（3）交通基础设施修复和恢复

（4）交通管制

（5）破坏和影响评估

应急支持功能2：通讯

协调机构：国土安全部（国家通信系统）

（1）协调电信和信息技术产业

（2）电信基础设施维修和恢复

（3）保护、恢复和维护国家通信网络和信息技术资源

（4）监督联邦政府突发事件管理和应急反应组织的通信

应急支持功能3：公用设施与公共工程

协调机构：国防部（美国陆军工程兵部队）

（1）基础设施保护和紧急维修

（2）基础设施恢复

（3）工程服务和建筑管理

（4）签订拯救生命和维持生命服务的紧急援助协议

应急支持功能4：消防

协调机构：农业部（美国林务局）

（1）协调联邦消防活动

（2）支持森林、农村和城市消防活动

续表

应急支持功能5：应急管理 协调机构：美国国土安全部（美国联邦紧急事务管理局） （1）协调突发事件管理和应急反应活动 （2）公布指派任务 （3）管理人力和物力 （4）制订突发事件应急预案 （5）财务管理
应急支持功能6：公众关怀、紧急援助、住房和人道主义服务 协调机构：美国国土安全部（美国联邦紧急事务管理局） （1）公众关怀 （2）紧急援助 （3）灾民住房安置 （4）人道主义服务
应急支持功能7：后勤管理和资源支持 协调机构：美国总务管理局和国土安全部（美国联邦紧急事务管理局） （1）突发事件的全国性综合后勤预案制订、后勤管理和后勤能力维护 （2）资源支持（机构办公场地、办公设备和用品、承包服务等）
应急支持功能8：公共卫生和医疗服务 协调机构：美国卫生与人道主义服务部 （1）公共卫生 （2）医疗 （3）心理卫生服务 （4）大量死亡管理
应急支持功能9：搜索和救援 协调机构：美国国土安全部（美国联邦紧急事务管理局） （1）生命救助 （2）搜索和救援行动
应急支持功能10：油料和有害物品应急反应 协调机构：环境保护总署 （1）油料和有害（化学、生物、放射性等）物品的应急反应 （2）环境的短期和长期清理
应急支持功能11：农业和自然资源支持 协调机构：农业部 （1）营养援助 （2）动植物病虫害的应急反应 （3）食品安全和保护 （4）自然和文化资源保护，历史遗产保护 （5）家庭宠物的安全和福利

续表

应急支持功能 12：能源支持 协调机构：能源部 （1）能源基础设施的评估、维修和恢复 （2）能源公用事业协调 （3）能源预测
应急支持功能 13：公共安全与保卫支持 协调机构：司法部 （1）设施和资源保卫 （2）安全保卫预案制订和技术人员支援 （3）公共安全和保卫工作的支持 （4）出入管理、交通管理和聚集人群的控制
应急支持功能 14：长期的社区恢复 协调机构：美国国土安全部（美国联邦紧急事务管理局） （1）社区社会和经济影响评估 （2）向州政府、部落政府、地方政府和私营机构提供长期的社区恢复援助 （3）分析和审查减灾规划的实施情况
应急支持功能 15：对外事务 协调机构：美国国土安全部 （1）发布紧急情况新闻，提出保护行动指导意见 （2）与媒体和社区建立联系 （3）国会和国际事务 （4）部落和岛屿事务

每项应急支持功能都设有一个协调机构和主要支持机构。国家应急反应框架根据权限、资源和能力确定主要机构。支援机构则是根据其在特定的功能领域方面所具有资源和能力指定的。应急支持功能规定的资源符合国家突发事件管理系统的资源分类。

应急支持功能既可以在斯塔福法规定的突发事件发生时选择性启动，也可以在国土安全第 5 号总统令规定的其他情形出现时选择性启动。并非所有要求联邦政府支持的突发事件都必然导致应急支持功能的启动。联邦紧急事务管理局可通过协调应急支持功能，事先将联邦政府的人力和物力部署到可能发生重大突发事件的地区。通过协调应急支持功能，联邦紧急事务管理局可以将工作定位在支持联邦政府快速应急反应方面，尽管，在总统应州长请求宣布重大灾难或紧急状态前，通常还不能提供实际援助。按照这种做法，许多州政府也根据这种方式组织了应急支持功能框架。

应急支持功能一经启动，总部、区域和现场都将启动相应的应急支持功能。联邦紧急事务管理局总部的应急支持功能支持国家应急反应协调中心的决策和现场应急反应协调工作。

区域应急反应协调中心、现场联合办公室和突发事件指挥所的应急支持功能则可提供更广泛的技术支持和服务。联邦紧急事务管理局各级组织通过下达任务，获得州级应急支持功能提供的资源和能力支持。*

*应急支持功能规划和支持应急反应活动。*必要时，总部、区域和现场级的应急支持功能可以为突发事件指挥部门提供工作人员，支持应急反应行动、计划、后勤和财务与行政工作。突发事件指挥组织可确保应急支持功能相互协作。例如，如果某个州需请求大规模疏散援助时，现场联合办公室将请求应急支持功能1（运输）、应急支持功能6（大众关怀、紧急援助、住房安置与人道主义服务）以及应急支持功能8（公共卫生和医疗服务）的工作人员。然后，将这些人员整合成运作部门内的一个单一部门或小组，确保有效地协调疏散工作。同样的组织框架也可用于组织现场级、区域级和总部级的应急支持功能，实施应急反应行动。

为了支持有效的应急反应工作，要求所有的应急支持功能既要制订战略性的计划，也要制订更详细的操作预案，预案应包括所有参与组织，必要时也要包括私营机构和非政府组织。对应急支持功能及其运作的支持、协调与整合是联邦紧急事务管理局承担国土安全部领导应急反应工作角色的核心职责。

5）支持附件和突发事件附件

支持附件和突发事件附件涉及联邦政府、私营机构和非政府组织合作伙伴的其他支持机制。联邦政府部门和机构作为各种支持附件或突发事件附件规定的协调或合作机构，开展各种活动，包括管理专门功能和任务，或在其职能范围内提供联邦政府的全面支持。这些功能的具体定位可参阅国家应急反应框架资源中心所提供的应急支持附件和突发事件附件的介绍。

3. 区域支持组织框架

*联邦紧急事务管理局区域办事处：*联邦紧急事务管理局有10个区域办事处，各由一位区域行政长官领导。区域外派组织是联邦紧急事务管理局驻州和驻社区的代表机构。这些区域办事处的工作人员支持各种灾害应急反应预案的制订，帮助州和社区做好应急准备工作。这些区域办事处动员联邦政府的资源和那些与州政府机构和地方政府机构一起工作的评估小组。区域办事处拥有许多联邦紧急事务管理局最有经验的应急反应专家。

联邦紧急事务管理局的每个区域办事处都设立了区域应急反应协调中心。区域应急反应协调中心每天24小时不间断工作，在预期本地区将发生严重突发事件或突发事件一旦发生，区域应急反应协调中心将迅速转变成拥有应急支持功能的跨机构组织。区域应急反应协调中心在联邦紧急事务管理局区域行政长官的指挥下开展活动，协调联邦政府的区域应急反应工作，并与州政府的应急反应中心、州政府联合中心、联邦行政管理委员会、以及其他有可能对危机情况了解的联邦和州级应急行动和应急协调中心保持联系。一旦设立现场联合办公室，区域应急反应协调中心正在开展工作就转到现场联合办公室，以便区域应急反应协调中心可以随时准备应对新的突发事件。

其他联邦政府部门和机构也有区域或现场办事处，这些办事处在其权限范围内参加州政

---

* 有关指派任务程序的更多信息，可在国家应急反应管理框架资源中心的联邦财务管理支持附件获取，网址是：http：//www.fema.gov/nrf。

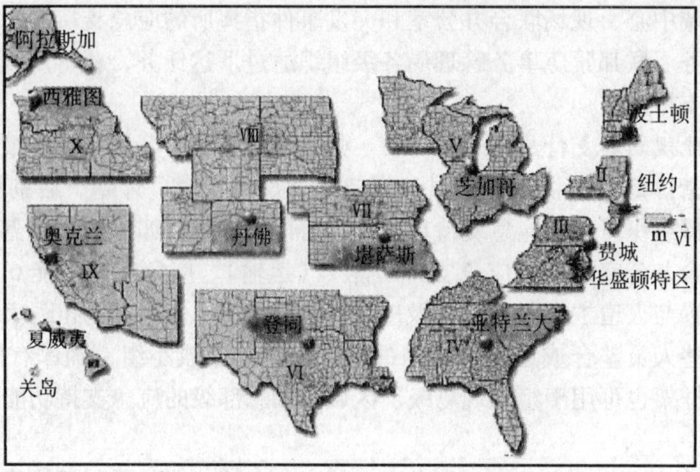

图7　美国联邦紧急事务管理局的区域划分

图中标示了美国联邦紧急事务管理局在10个地区和区域办事处的地点

府、部落政府和地方政府突发事件预案的制订工作，并为应对突发的事件提供最初的应急反应资源。

4. 现场支持的组织框架

1）应急反应初期

突发事件发生后最初几小时内，在与州政府和地方政府机构协调后，应根据突发事件的类型和范围，部署联邦政府的应急反应资源。当然，在某些情况下，正在附近社区开展工作的联邦应急反应人员，也可提供广泛的联邦政府支持，从经验丰富的专业应急管理小组支持，到其他临时性特别援助的支持。

总统宣布重大灾害后，联邦政府可以根据需要部署各种资源。例如，联邦紧急事务管理局可以部署跨机构的突发事件管理援助工作组，这些区域性的工作组使联邦政府可以迅速参与行动，提高应对严重突发事件的工作水平。

突发事件管理援助工作组既可向州政府和地方政府提供紧急援助，满足州政府和地方政府的需求，也有能力向联邦政府决策者提供初步的危机情况信息，支持联邦政府与州政府建立协调关系。

此外，紧急情况和灾害宣布后，联邦紧急事务管理局还可以部署的其他初期应急反应和协调的队伍，包括：

（1）飓风联络工作组（HLT）。飓风联络工作组是一个很小的团队，其任务是协助位于迈阿密的国家飓风中心和国家海洋与大气管理局下属机构，以及联邦政府、州政府、部落政府和当地政府官员之间的信息交流，加强飓风灾害的应急反应。

（2）城市搜救队（US&R）。美国国家的城市搜索和救援应急反应系统是将地方应急服务人员组成综合应急反应工作组的基本框架。28个国家级城市搜救队，全部装备必要的工具、设备、技能和技术，由联邦紧急事务管理局调动，协助州政府、部落政府和地方政府，营救建筑物倒塌事件的受害者，或协助执行其他搜索和救援任务。每个搜救队启动后，所有人员和装备必须在6小时内到达指定位置。灾后的几小时内搜救队就可派往目的地。

（3）流动应急支持队伍（MERS）。流动应急支持队伍的主要功能是提供现场应急管理活动所需的移动通信能力和生活、后勤、行动及发电支持。流动应急支持队伍可分为以下三大类：①行动支持；②通讯设备和操作人员；③后勤支援。

流动应急支持队伍为联邦政府、州政府、部落政府和地方政府的应急反应人员开展的拯救生命、保护财产和协调应急反应等工作提供支持。流动应急支持队伍驻扎在6个战略要地，其中一个具备海上支持能力。在执行任务时，也可拆分，同时支持一个突发事件的多个工作现场。

2）现场联合办公室（JFO）

现场联合办公室是联邦政府管理突发事件现场的主要组织机构。现场联合办公室是一个临时性的联邦政府机构，是联邦政府、州政府、部落政府、地方政府、私营机构和非政府组织进行协调的主要场所，其主要职责是救灾和灾后恢复。现场联合办公室的组织结构、人员配备和管理方式与国家突发事件管理系统的原则一致，受统一协调组领导。虽然，现场联合办公室采用突发事件指挥系统的组织结构，但现场联合办公室不管理现场的应急反应工作。相反，现场联合办公室侧重于提供现场工作的支持和突发事件现场以外的更广泛支持。

根据突发事件的需要，将请求联邦政府、州政府的部门和机构以及当地政府的机构、私营机构和非政府组织的人员参加现场联合办公室各级机构的工作。当突发事件影响到整个国家、多个州或地区时，可能设立多个现场联合办公室。在这种情况下，协调将遵循分区统一指挥的原则。协调机构具体设置在何处视情况而定。

作为主要的现场组织，现场联合办公室整合了各种联邦权力和能力，协调联邦政府应急反应和灾后恢复行动的组织框架。欲了解更多的人员编制和程序信息，请参阅现场联合办公室标准化运作程序。*

现场联合办公室应用国家突发事件管理的理念和原则进行内部组织和运作。

图8概括地表示了现场联合办公室及其主要组成部分。

3）统一协调组

现场联合办公室由统一协调组领导，统一协调组由代表州政府和联邦政府利益的高级领导人组成，有时候，也有部落政府、地方辖区、私营机构和非政府组织的代表参加。统一协调组，通常是由首席联邦官员（如果指定）、联邦协调官员、州政府协调官员和负有承担法定或管辖职责并负责管理突发事件某一个方面的其他机构高级官员（如：高级卫生官员、国防部代表或指定的联邦高级执法官员）组成。在统一协调组内，联邦协调官员主要负责协调、整合并使联邦应急反应活动协调进行。

统一协调组的构成将取决于突发事件的范围和性质，以及部署到灾区的支持资源。现场联合办公室组织结构通常包括有一名统一协调员。根据突发事件的类型和规模，确定统一协调组人员的组成。具体细节和支持现场运作的联邦工作人员职位描述，参见现场联合办公室的标准操作程序。

4）基础设施联络官员

基础设施联络官员由国土安全部的基础设施保护办公室指派，向统一协调组就有关区域

---

* 有关这方面信息和其他标准化运作程序，可在美国国家应急反应管理资源中心获取，网址是 http://www.fema.gov/nrf。

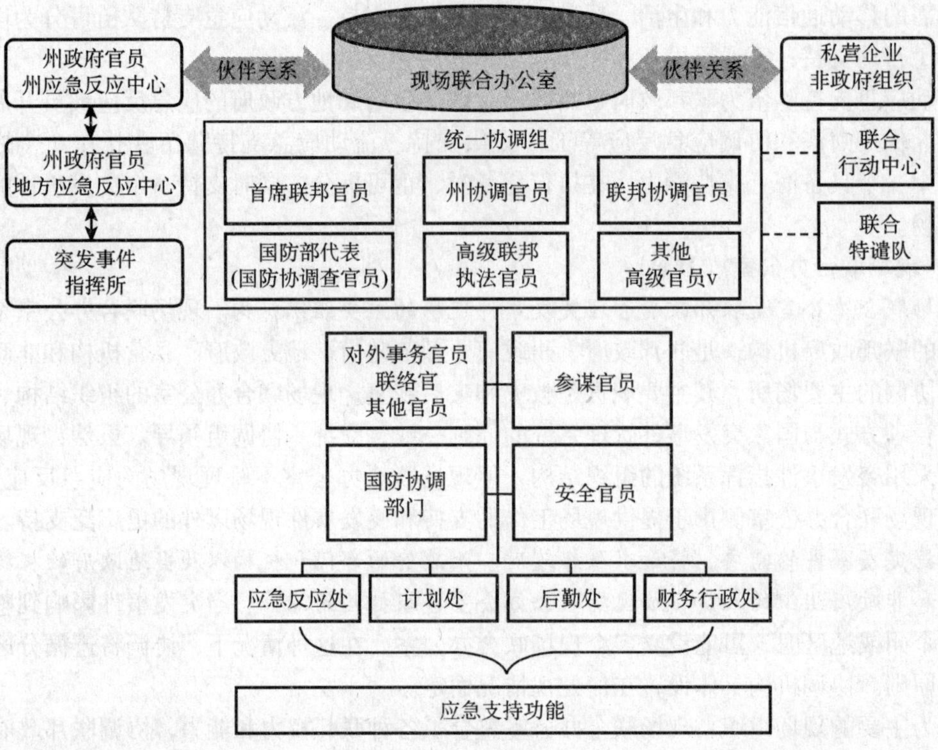

图 8　现场联合办公室组织结构及其与地方政府和州政府以及私营机构、非政府组织之间的关系

或国家关键基础设施和重要资源相关的重大问题提供咨询*。

5）安全官员

现场联合办公室安全官员是突发事件引起或影响的各种职业安全及健康方面的高级顾问。

根据突发事件指挥系统的组织标准，现场联合办公室由下面四个部门组成：

（1）*应急反应处*。应急反应处通过现场突发事件管理协调应急反应支持工作。根据突发事件的性质和需求，可能会增加或删减一些分支机构、科室和工作组。应急反应处还负责对联邦政府设立的支持突发事件管理活动的机构进行协调。

（2）*计划处*。计划处的职能包括：收集、评估、发布和使用威胁或突发事件信息，以及联邦资源状况等信息。计划处起草并存档联邦政府支持行动文件，制订统一行动计划、应急预案、长期计划和其他计划。

（3）*后勤处*。后勤处负责协调后勤支援，包括：对联邦政府供应物品和设备的控制和统计；资源分类排序；向现场联合办公室和其他派出机构运送设备、物品，并提供服务；帮助机构的选址、基建和设立，以及办公场所和通用设施的管理；运输协调和车队管理服务；信息和技术系统服务；行政服务，如邮件管理、复印，以及向服务对象提供帮助等。

---

* 更多的重要基础设施和关键资源信息，请参阅重要基础设施和关键资源支持附件，可在美国国家应急反应管理资源中心获取，网址是：http：//www. fema. gov/nrf。

（4）财务行政处。财务行政处负责财务管理，监督并跟踪所有联邦政府应对突发事件的开支，监督现场联合办公室依据联邦法律和法规履行职责。

根据威胁或突发事件的性质和严重程度，上述组织结构可以全部或部分启动。统一协调组根据突发事件的范围和性质，确定需要哪些联邦资源，并请求联邦机构的工作人员支援，组建现场联合办公室。

现场联合办公室是主要的但不是唯一的联邦政府派出的机构。总统令①和其他法律规定了，指导联邦政府提供国家级、区域级和现场级援助的主要职责范围。现场组织结构是为了履行这些职责的渠道，并提供确保有效应急反应的协调。除了现场联合办公室之外，还有下列机构：

（1）联合行动指挥中心（JOC）。联合行动指挥中心是由联邦调查局设立的，管理恐怖主义威胁或突发事件，开展调查和情报活动的跨机构指挥部门。联合行动指挥中心协调支持调查必需的地方政府、州政府和联邦政府资源请求，准备、应对并最终化解威胁或突发事件。②

（2）联合信息中心（JIC）。联合信息中心负责协调和发布公众与媒体关心的突发事件信息。根据突发事件的大小和规模，可设立地方级、区域级或国家级的联合信息中心。

联合信息中心可以设立在现场联合办公室内，但实际操作中，也可以通过应急支持功能15对外事务的工作人员与现场联合办公室联系。根据突发事件的性质和规模需要，可在多个地方设立联合信息中心，但联邦政府、州政府、部落政府和地方政府的联合信息中心最好设在同一地点。

此外，根据需要还可以设立更多的现场机构。有条件的话，这些机构应设在一起，或者尽可能地靠近。虽然，这些机构可能不在同一地点，一旦成立，他们应保持联系，共享信息，并保持目标和意图一致。通常每个协调中心指派联络员与其他的协调中心联络，以确保行动一致。

5. 现场支持的任务

提供统一协调的联邦小组由多名高级领导人组成，承担的任务视事件的具体情况而不同。并非所有需要联邦政府采取应急反应行动的每一个突发事件都需要联邦小组执行所有这些任务。

显然，并非所有的联邦应急反应工作都有斯塔福法规定的资金支持，并配齐斯塔福法规定的人员。然而，对于斯塔福法规定的突发事件，例如，特大飓风或地震，应当非常严格地按规定进行部署。对斯塔福法规定之外的突发事件，可以部署受过同等训练，但不同编队的联邦政府人员，领导职位的设置也可选择其他方式。国家应急反应框架提供了所有必要的人员配备方案，这些方案可望与针对各种突发事件假设情景编制的预案相一致。

例如，一次墨西哥湾的大规模移民事件可能使美国海岸警卫队承担应急反应的领导作用。根据1990年的石油污染法，对海上的油料泄漏事件，海岸警卫队应当承担清理任务，这并不必然导致成立现场联合办公室，但在海岸警卫队现场协调员的领导下，可以采用类似

---

① 国土安全第5号总统令“本土突发事件管理”。

② 有关联合行动指挥中心和现场联合办公室之间的关系具体的信息，可参见国家应急反应管理框架资源中心恐怖主义突发事件执法附件，网址是：http：//www.fema.gov/nrf。

现场联合办公室的组织结构。*

另外，汽车炸弹袭击机场后的刑事调查应该由总检察长领导，从爆炸瞬间一直到采取相应的机场保安措施，运输安全管理局也深深地参与其中，但也不会有斯塔福法规定的重大灾害或紧急情况宣布。

通常与联邦政府突发事件管理队同时部署的联邦重要高级官员包括下文所说的官员。

1）首席联邦官员（PFO）

根据法律和总统令，国土安全部部长是负责协调所有需要联邦政府多机构应急反应的本土突发事件的首席联邦官员。国土安全部部长可以选择指定一个人作为他（或她）的主要代表，确保联邦政府的支持前后一致，确保联邦政府突发事件管理自始至终有效。这个人一旦任命，将作为现场负责突发事件工作的首席联邦官员。

尽管对于斯塔福法规定的突发事件，通常是禁止任命首席联邦官员（PFO）的，但是，美国国会已经规定"在有的情况下，联邦紧急事务管理局不是负责应急反应的领导机构，如流行性疾病爆发或奥运会比赛"。在这种情况下，国土安全部长可指定一个首席联邦官员。国会还认识到有可能发生"非斯塔福法案规定的重大的应急反应中，可能包括斯塔福法规定的一些应急反应行动。"在这种情况下，部长也可以指派首席联邦官员。

国土安全部长应只任命一名首席联邦官员应对灾难性的、异常复杂的、需要特别协调的突发事件。一旦任命，首席联邦官员应当与联邦政府、州政府、部落政府和地方政府的官员在联邦突发事件管理的总体战略上相互合作，并担任联邦政府的首席发言人，协调媒体和新闻发布工作。首席联邦官员参与统一协调组，成为其中的一员，并担任国土安全部长主要联络人，报告所在地区的情况。

首席联邦官员是管理经验丰富和领导能力很强的高级联邦官员。首席联邦官员配备有少量的、受过高级训练的机动支持人员。首席联邦官员和机动支持人员在任命之前，在各自的岗位上进行过专门训练。首席联邦官员一旦被正式指定负责正在进行的突发事件，应放弃以前所有的职务行为，排他性地专注于他（或她）的突发事件管理责任。

在同一突发事件期间，一个人不能同时担任首席联邦官员和联邦协调官员（见下文）。在指派这两个职位时，联邦协调官员（FCO）负责行使斯塔福法规定的权力。国土安全部部长在选择一个首席联邦官员（PFO）时，不局限于美国国土安全部（DHS）的官员。

首席联邦官员不领导，也不取代在突发事件中设立的突发事件指挥机构。也没有领导联邦协调官员、联邦高级执法官员、国防部联合特遣部队指挥官或其他任何联邦政府或州政府官员的权力。其他的联邦政府突发事件管理官员保持其现有的法规和指令所赋予的权力。但是，首席联邦官员促进各方协作，并尽可能解决联邦政府部门间可能会出现的任何矛盾。首席联邦官员确定并向国土安全部长提出任何需要解决的政策问题。

2）联邦协调官员（FCO）

对于斯塔福法规定的突发事件（例如，紧急情况或重大灾害），根据联邦紧急事务管理局局长和国土安全部部长的建议，总统任命联邦协调官员。联邦协调官员是联邦紧急事务管理局的一名受过训练、获得认证，并具有丰富应急管理经验，专门任命的负责协调紧急情况和重大灾害应急反应和灾后恢复支持工作的高级官员。联邦协调官员执行斯塔福法规定职

* 参见美国海岸警卫队海上安全手册，可从网上 http：//www. uscg. mil/hq/gm/nmc/pubs/msm 获取。

权，包括承担联邦紧急事务管理局的资源交付和其他联邦政府部门或机构的任务指派。如果，重大灾害或紧急情况宣布涵盖的地理区域包括一个以上的州，总统可决定任命一位独立的联邦协调官员负责处理整个事件，如有必要可任命其他人员担任联邦协调官员的副手。

任何情况下，突发事件现场的联邦协调官员，都代表联邦紧急事务管理局局长，履行联邦紧急事务管理局所有应急反应和恢复职责。对于斯塔福法规定的突发事件，联邦协调官员作为联邦政府的首席代表与州政府协调官员（SCO）以及其他的州政府、部落政府和地方政府的应急管理官员相互配合，确定最迫切的需求，与统一协调组共同提出有效应急反应的目标。

在应对斯塔福法规定的突发事件中，联邦协调官员是统一协调组中的协调轴心，确保联邦政府紧急情况管理和资源分配工作的全面整合，并且无缝地整合应州政府、部落政府和地方政府请求提供的联邦援助活动和协调活动。

有些联邦协调官员需要经过更多的应对复杂突发事件的专门训练。例如，某联邦协调官员可进一步训练灾难性地震的应急反应，而另一个联邦协调官员可培训应对大规模杀伤性武器或流感大流行的独特技能。

3）预先指定的首席联邦官员和联邦协调官员

某些特定情况下，国土安全部部长可能会预先指定首席联邦官员和或联邦协调官员。这种预先指定就可以把重点放在特定的地理区域或潜在的具体威胁——或两者兼而有之。例如，从2007年开始，国土安全部部长预先指定了1名负责全国的首席联邦官员和5名区域首席联邦官员，以及1名负责全国的联邦协调官员和一些区域联邦协调官员，应对全国性的流感疫情暴发或其他类似的全国性的生物突发事件。

预先指定的这些领导团队可与州政府、部落政府和地方政府的领导人共同持续不断地的推进预案制订工作。

4）联邦资源协调官员（FRC）

根据斯塔福法规定，当联邦政府部门或机构依据权限请求国土安全部部长帮助从其他联邦政府部门和机构获得援助时，国土安全部可以指定一名联邦资源协调官员。这种情况下，联邦资源协调官员通过机构间协定和谅解备忘录协调支持。按照同样的技能要求，国土安全部可能会选择联邦协调官员骨干或具有同等专业知识、技能和能力的其他人员担任联邦资源协调官员。联邦资源协调官员负责协调向请求机构及时交付资源的活动。

5）国防协调官员（DCO）

国防部已任命10名国防协调官员，并指派到联邦紧急事务管理局划分的10个工作区。如果请求国防部协助并获得批准，国防部协调官员将作为国防部与现场联合办公室唯一的联络人。少数例外情况下，现场联合办公室提出国防支持行政当局的请求，由国防部协调官员协调和处理。国防协调官员可以领导一个由参谋和军事联络官组成的国防协调小组，帮助协调和支持已启动的应急支持功能。

国防协调官员的具体职责（根据情况可做修改）包括处理国防支持的请求，通过国防部指定的渠道，向有关军事组织下达任务，必要时，指派与应急支持功能联系的军事联络员。

6）联邦高级执法官员（SFLEO）

发生需要协调联邦政府应急反应行动的突发事件时，总检察长将任命联邦高级执法官员，协调与突发事件直接有关的执法、公共安全，以及与情报或调查执法行动有关的安全工作。联邦高级执法官员是统一协调组的成员，因此，必要时，可负责与统一协调组的其他成员一起，共同确保执法需求和资源分配的协调一致。发生恐怖袭击事件时，联邦高级执法官员通常由美国联邦调查局的高级官员担任，拥有协调突发事件所有执法活动的权力，包括总统第5号令确认的总检察长权限范围内的职权和与突发事件本身直接相关的职权。

7）联合特遣部队（JTF）指挥官

根据突发事件的复杂程度和类型，以及预期国防部资源参与的程度，国防部可以选择组建一支联合特遣部队，指挥支持突发事件应急反应的联邦军事行动。按照应急反应需要建立的联合特遣部队，其指挥和控制部门应与现场联合办公室现场高级领导设在一起，以确保工作的协调和统一。联合特遣部队指挥和管理部门联署办公，这与国防部协调官员（或国防部协调单位）应当是现场联合办公室统一协调组成员的要求并不矛盾。国防部协调官员仍然是现场联合办公室请求国防部协助的唯一联络官。

在联邦政府应急反应行动中，联合特遣部队指挥官管理联邦军事人员和大多数国防资源。国防部下属的部分单位，如美国工程兵部队，可根据各自不同的权限参与应急反应，不受联合特遣部队指挥官的领导。除从属联邦的国民警卫队外，其他国民警卫队仍然由州长指挥。在应急反应行动中，联邦军事力量、其他国防部机构和国民警卫队之间的密切协调极为重要。

8）其他高级官员

根据突发事件的范围和性质，来自其他联邦政府部门和机构、州政府、部落政府或地方政府、私营机构和非政府组织高级官员可参加统一协调组。通常，突发事件越大、越复杂，参加统一协调组的机构代表越多。

第四章 预案的制订

——有效应急反应的关键要素

本章强调作为国家应急准备基石的应急预案制订工作的重要性，并简要介绍与国家应急反应框架有关的预案结构。联邦政府、州政府、部落政府和地方政府的预案应相互支持。针对发生概率小、后果严重的假设情景预案是联邦政府工作的重点，这是对州政府、部落政府和地方政府重视可能性更大、频繁发生的较小规模突发事件的补充。

一、国家应急反应框架和预案的制订

制订各种国土安全应急反应预案是各级政府与生俱来的责任。国家应急反应框架提供通用的工作原则和目标，推动应急反应预案制订工作的协调一致。

预案是连续的、包含使成功机会最大化的预定行动方案，也是应急反应行动的指南。由于，预案制订是一个循序渐进的过程，预案是基于当时信息和认识的阶段产品，应随时进行修订。这就是为什么对预案的最好描述是“预案是有生命的文件”的原因。

二、预案制订的价值

预案有以下三个主要意义：①在紧急情况下，按照事先确定的行动、方针政策和程序采取行动，预案可以使当局影响突发事件进程；②指导其他应急准备活动；③如遇紧急情况，预案提供一个通用的统一行动蓝图。预案制订工作是应急准备和应急反应的基本要素，因而是重要的国土安全的活动。国家应急准备指南* 明确指出，应急反应预案制订工作是国家的重点事项。

三、国家应急准备的架构

在构建严密的国家应急准备体系方面所做的大量工作，使各级政府能够成功地制订应急反应预案。这些工作成果包括国家应急准备指南，国家基础设施保护计划和 17 个保护关键基础设施的行业预案，国家突发事件管理系统，确保国家连续性运行的方针和指导意见，协调一致的国家演习计划和投资广泛的项目支持。

国家应急准备方面当务之急的重点，是寻求获得国家应急反应框架和应急反应预案制订工作的授权。国家应急准备指南和国家基础设施保护预案的关键是在没有具体的威胁或危险情况下进行准备活动。美国国家应急反应框架利用这些计划项目和投资，建设应对不同形式、不同程度威胁和灾害的能力。

国家应急准备指南由以下四个关键部分组成：

(1) 国家应急准备愿景。国家应急准备愿景简要表述了国家应急准备的核心目标。

(2) 国家应急预案制订的假设情景。国家应急预案制订的假设情景是制订预案的工具。

---

* 国土安全第 8 号总统令“国家准备”，要求制订国家应急准备目标，后来重新命名为国家应急准备指南。

国家应急预案制订的假设情景用最少的可信的情景描绘了美国面临的各种可能的恐怖袭击和自然灾害及其相关影响。国家应急预案制订的假设情景是协调联邦政府预案制订、培训和演习的基础。

(3) 通用任务列表。通用任务列表是一份独特的任务选择单，将国家应急预案制订的假设情景表述的重大事件预防、保护、应急反应和恢复战略任务联系起来。它提供了一份通用的支持各级组织基本能力建设的重要任务列表。通用任务列表也被用来辅助目标能力体系的确定。

(4) 目标能力体系。目标能力体系定义了各级政府有效地应对突发事件应该具备的各种具体能力。

国家基础设施保护预案及其17个保护关键基础设施的行业预案，构建了一个保护公共部门和私营机构关键基础设施和重要资源的体系。国家基础设施保护预案分别与17个部门机构合作制订了保护工作的标准和目标，并与私营机构建立了协商机制，包括共享重大威胁信息，国家大多数关键基础设施业主是私营企业或由私营企业经营。

这些具有战略意义文件的发布以及联邦政府、州政府、部落政府和地方政府等各级机构发布的其他方面的文件定义了美国国家应急准备体系的基本架构，标志着在“9.11”之后应急准备工作的一个重要里程碑。

四、联邦政府部门的预案结构

联邦预案结构支持国家应急反应框架以及州政府、部落政府和地方政府的预案结构。这种支持通过一系列国家应急准备指南实现，包括国家应急预案制订的假设情景和核心能力；国家突发事件管理系统；国家基础设施保护预案和行业预案；各政府部门和机构应急反应预案支持的，针对国家预案的各种假设情景的联邦战略构想计划；国家的连续性政策和指令；以及国家演习计划表（包括了联邦政府、州政府、部落政府和地方政府各级演习安排）。

国家预案假设情景是联邦政府预案制订工作的重点。它们所代表的是美国面临的最严重的危险，与联邦预案制订工作中优先级最高的事项相一致。运用一套通用的假设情景，可为评价预案制订成果提供共同的评判标准。

美国国土安全第8号总统令“国家准备”附件I（国家预案制订）中，描述了国家预案制订的假设情景的运用。为了整合类似事件的预案制订工作，并发展交叉能力，将15个假设情景分成具有共同特点的8套主要情景。每两年一次，运用风险分析方法确定对美国国土最危险或可能性最大的威胁，在此基础上对假设情景再进行更新和修订。

根据国家应急反应框架原则，联邦预案结构要求针对每一种国家预案假设情景制订三个层次的联邦规划、方案或预案：

(1) 战略指导和战略规划。战略指导和战略规划共同确定国家主要战略目标，划分职权、作用和责任；确定所需的能力；制订对预防、抵御、应对和恢复本土突发事件必不可少的功能检验指标和效力检验指标。

(2) 国家级跨机构运作方案。国家级跨机构运作方案（CONPLAN）规定了整合联邦政府各种能力，完成关键任务的运作方案；还规定了联邦政府的能力如何整合到区域、州和地方的预案中，以及如何对区域、州和地方的预案提供支持，以实现战略规划所确定的目标。

(3) 联邦政府部门和机构应急反应预案。联邦政府部门和机构应急反应预案（OP-

LANs）依据并针对联邦政府各部门或机构详细描述的资源、人员和资产配置而制订，这些资源、人员和资产配置对支持国家级跨机构运作方案的实施是必不可少的。

国家应急反应框架和预案结构可提升现有的预案（计划）和预案制订活动的水平。例如，流感大流行就是指导方针中的假设情景之一。2005 年 11 月公布的流感大流行国家战略依据的就是这一假设情景*。

流感大流行国家战略包括了广泛的公众意见和各级公共卫生专家和应急管理专家的协作成果。该文件可在国家应急反应框架资源中心获取。与国家应急反应框架一致的详细实施方案已起草完毕，各部门和机构也起草了各自的应急预案，描述了他们将如何使用具体的资源、人员和资产。

五、州政府、部落政府和地方政府的预案结构

州政府、部落政府和地方政府有责任制订应对所有灾害的内容详细、功能强大的预案，以及针对当地发生的灾害与危险，具有支持程序和方案的分灾种或分事件类别的补充预案。州以下政府应当用危险识别和风险评估方法（HIRA），确定灾害及其对个人、财产和建筑物的风险，以更好地避免自然和人为造成的危害。危险识别和风险评估方法是预案制订、资源管理、能力开发、公众教育、培训和演习的基础。

州政府、部落政府和地方政府预案实施得到联邦政府应急准备资金的支持。反过来，州政府、部落政府和地方政府预案实施，又对国家应急反应能力有所贡献，支持国家应急反应框架和联邦政府的预案实施。关键假设情景描述全国所关注的那些危险。为了确保依据不同形式、不同程度的威胁和危险对预案进行测试，州政府、部落政府和地方政府的预案结构应包括危险识别和风险评估程序，确保全国的预案制订工作得到全面整合，并相互支持。

大多数情况下，当一个州的资源不足以应付突发事件，其州长请求联邦政府援助时，联邦政府预案开始实施。新的综合准备指南（CPG）101 描述了联邦政府和州政府、部落政府和地方政府的预案工作的交叉点，新的综合准备指南即“制订应急反应预案：州政府、准州政府、地方政府和部落政府应对所有灾害应急反应预案制订指南”，取代了州和地方工作指南（SLG）101，“各种灾害的应急反应预案制订指南”。

六、成功预案的标准

国家应急反应框架采取如下通用的标准来衡量应急反应预案的主要方面：

（1）可接受性。如果预案能够满足预期假设情景的要求，并且可以在政府高级官员和公众认可的成本和时间范围内实施，又符合适用的法规，则这个预案是可以接受的。

（2）充分性。如果预案符合相关的预案制订指南，假设正确且符合逻辑，运作机制确定并针对实现预案目标应完成的关键任务，则这项预案是充分的。

（3）完整性。如果预案包括主要行动、主要目标和所要完成的主要任务，则这项预案是完整的。完整的预案应提出所需的人员和资源，以及如何部署、使用、维持和复原这些人员和资源的机制。它还应提出衡量目标成功实现和达到预想最终状态的时限和标准。如果预案制订过程中包括了所有可能的影响，则预案的完整性可以大大提高。

---

* 详情见 http：//www. whitehouse. gov/homeland/pandemic - influenza. html。

（4）过程的标准化和产出的一致性。预案制订程序的标准化和产出的一致性有利于前后一致、互动和协作。

（5）可行性。如果用内部现有资源或互助资源能完成关键任务，事先详细地确定并协调紧急需求的外部资源（如地方预案，这些外部资源是指来自州政府或联邦政府的资源），整合和运用所有资源的程序适当、有效，则这项预案被认为是可行的。

（6）灵活性。分散决策鼓励灵活性，适应性是指适用于所有类型灾害，从规模较小的突发事件到影响全国的危险事件。

（7）互动性和协作性。在突发事件中，如果一项预案被认为具有其他预案的持有人类似和互补的预案和目标，支持常规的协作，旨在整合其他预案，使单个和多个目标和子目标实现优化，则这项预案具备互动性和协作性。

表3给出了情景组合与国家预案假设情景之间的关系。

表3　情景组合与国家预案假设情景之间的关系

主要的情景组合	国家预案的假设情景
（1）爆炸物攻击——使用简易爆炸装置爆炸	·假设情景12：爆炸物攻击——使用简易爆炸装置爆炸
（2）核攻击	·假设情景1：核爆炸——简易核装置
（3）放射性武器攻击——放射性扩散装置	·假设情景11：放射性武器攻击——放射性扩散装置
（4）生物袭击——各种病原体的生物袭击	·假设情景2：生物袭击——炭疽气雾 ·假设情景4：生物攻击——鼠疫 ·假设情景13：生物攻击——食品污染 ·假设情景14：生物攻击——外来动物疾病
（5）化学武器袭击——各种化学制剂袭击	·假设情景5：化学武器袭击——疱疹毒剂 ·假设情景6：化学武器袭击——有毒工业化学品 ·假设情景7：化学武器袭击——神经性毒剂 ·假设情景8：化学武器袭击——氯气罐爆炸
（6）自然灾害——不同类型的灾害	·假设情景9：自然灾害——大地震 ·假设情景10：自然灾害——强飓风
（7）网络攻击	·假设情景15：网络攻击
（8）流感大流行	·假设情景3：流行疾病暴发——流感大流行

第五章　更多的资讯

如上所述，国家应急反应框架是由核心文件、应急支持功能附件（ESF），支持附件、突发事件附件与合作伙伴指南组成。国家应急反应框架，专门为应急管理从业人员设计了一个在线工具，这就是国家应急反应框架资源中心（http：//www. fema. gov/nrf）。为支持国家应急反应框架和那些参与该工作的从业人员，该网站上的信息资料将不断增加，并且持续更新。国家应急反应框架的核心会有显著的变化，但不是经常性的。然而，在未来几个月和几年，应急行动预案制订工作将会发展很快，应急管理规划和能力也将快速发展。

设立国家应急反应框架资源中心的目的是，为促进这种发展提供一个灵活的信息共享平台，反映目前发展水平。本章介绍了应急管理从业人员如何进一步获取支持国家应急反应框架的资源和应急行动的信息资料。

一、国家应急反应框架的支持文件和资源中心

为了帮助读者实施国家应急反应框架，国家应急反应框架资源中心建立一个在线的支持文件、信息资源和培训教育材料文献库，其主要目的是帮助应急管理从业人员。该文献库通过单独的、基于互联网的文件、信息、培训教育材料，以及其他必要的常规使用工具门户网站，便于应急反应合作伙伴了解和履行他们在国家应急反应框架下的职责。

这个门户网站，一般张贴成型的国家应急反应框架附件、资源和其他参考材料，必要时，将更新这些文件。此外，资源中心门户网站还将动态地链接更多的应急准备信息资源。

国家应急反应框架资源中心在线网址是：http：//www. fema. gov/nrf。由于，资源中心所有张贴的内容将定期进行评价、更新和扩充，本章其余的部分包括了查找国家应急反应计划（NRP）和未来工作的纲要路线图。

国家应急反应框架资源中心包含多个配套文件，包括应急支持功能附件、支持附件和分灾种附件，以及几个资料文件，例如，斯塔福法主要条款的概述，法规和参考文献指南，以及首字母缩写词表。如第四章所述，正在进行的预案制订工作，将产出更多的战略指导和预案，这些战略指导和预案经批准后，将根据需要添加到资源中心。

如上所述，应急支持功能附件将联邦政府的资源和能力整合成国家的应急反应中最常用到的功能。经修订的应急支持功能附件反映真实的经验。例如，现场联合办公室应急反应处长可能设立一个大规模疏散部门或工作小组，负责分析跨学科的问题，并请求运输（应急支持功能1）、公共卫生和医疗服务（应急支持功能8）和公众关怀、紧急补助、灾民安置和人道主义服务部（应急支持功能6）的代表参与，而不是在各应急支持功能中分别开展这项工作。这种做法既为各应急支持功能保留了的专业技术，又提高了跨学科工作组开展综合有效的应急反应工作的效率。

应急支持附件描述了突发事件期间，美国联邦政府各部门和机构、私营机构、志愿者组织和非政府组织如何进行协调、实施通用的应急反应任务和行政管理任务。应急支持附件所描述的行动的并不局限于某些特定类型的事件，性质上是包罗万象的，适用于几乎每一类型

的事件。此外，还可能会支持一些应急支持功能的任务。

应急支持附件是理解国家应急反应框架所需援助的起始点。为了实现国家准备指南所规定的能力，需要进一步评估地方政府、部落政府、州政府、联邦政府和私营机构的资源。然后，我们会再根据这些附件开发有关的支持工具，满足国家应急反应工作的需要。

分灾种突发事件附件描述了针对各种突发事件或危险情况的应对机制，或国家应急反应框架在具体突发事件中的应用。总的来说，这些附件中描述的功能经常涉及联邦政府所有各部门和机构在突发事件管理工作中的支持或合作行动，其目的是确保准备、预防、应急反应、恢复和减灾活动之间无缝整合，无缝地集成。

国家应急反应框架资源中心最新的文档资料：

互联网页上最初张贴的支持国家应急反应框架的附件包括：

1）应急支持功能附件

（1）应急支持功能1——交通

（2）应急支持功能2——通讯

（3）应急支持功能3——公用设施与公共工程

（4）应急支持功能4——消防

（5）应急支持功能5——应急管理

（6）应急支持功能6——公众关怀、紧急援助、住房安置和人道主义服务

（7）应急支持功能7——后勤管理和资源支持

（8）应急支持功能8——公共卫生和医疗服务

（9）应急支持功能9——搜索和救援

（10）应急支持功能10——油料与危险物品应急反应

（11）应急支持功能11——农业与自然资源

（12）应急支持功能12——能源

（13）应急支持功能13——公共安全与保卫

（14）应急支持功能14——长期的社区恢复

（15）应急支持功能15——对外事务

2）应急反应支持附件

（1）关键基础设施和重要资源

（2）财务管理

（3）国际协调

（4）私营企业与民间机构协调

（5）信息发布

（6）种族关系

（7）志愿者与募捐管理

（8）工作人员安全和卫生保障

3）突发事件附件

（1）生物突发事件

（2）灾难性突发事件

（3）网络突发事件

(4) 粮食和农业突发事件

(5) 大规模疏散突发事件

(6) 核(放辐射性)突发事件

(7) 恐怖主义突发事件的执法与调查

4) 合作伙伴指南

(1) 地方政府应急反应的合作伙伴指南

(2) 州政府应急反应合作伙伴指南

(3) 私营企业和非政府组织应急反应合作伙伴指南

(4) 联邦政府应急反应合作伙伴指南

5) 参考资料

(1) 关键术语词表

(2) 首字母缩写词表

(3) 法规与相关文献

(4) 斯塔福法概述

(5) 主要参考文献:国家突发事件管理系统;国家基础设施保护计划;各部门的预案等。

6) 学习中心

国家应急反应框架将工作帮助、教育工具、各种准备工作报告和文件链接,以及网络培训课程纳入学习中心。培训中心还将提供各种常规评价和更新的材料,以确保其准确性和通用性。

二、国家应急反应框架生效日期与实施

美国国家应急反应框架根据国家应急反应计划(2004 年 12 月版本,2006 年 5 月修订版)制订,并替代国家应急反应计划。本文件反映的内容并非发生实质上惊人变化,也不是改变现场突发事件应急管理组织结构和活动所采用的基于国家突发事件管理系统的组织结构。

由于美国国家应急反应框架的制订依据是国家应急反应计划发展的能力,且国家应急反应框架的实施是以前工作的继续和发展,所以需要的新培训最少。

美国国家应急反应框架公布 60 天后生效。

首字母缩略语

CIKR（Critical Infrastructure and Key Resources）：关键基础设施和重要资源
CONPLAN（［National – Level Interagency］Concept Plan）：［国家级机构间］概念规划
CPG（Comprehensive Preparedness Guide）：综合准备指南
CSG（Counterterrorism Security Group）：反恐安全小组
DCO（Defense Coordinating Officer）：国防协调官员
DHS（Department of Homeland Security）：美国国土安全部
DOD（Department of Defense）：美国国防部
DRG（Domestic Readiness Group）：本土常备小组
DSCA（Defense Support of Civil Authorities）：国防对行政当局的支持
EMAC（Emergency Management Assistance Compact）：应急管理援助协议
EOC（Emergency Operations Center）：应急行动中心
ESF（Emergency Support Function）：应急支持功能
FBI（Federal Bureau of Investigation）：美国联邦调查局
FCO（Federal Coordinating Officer）：联邦协调官员
FEMA（Federal Emergency Management Agency）：美国联邦紧急事务管理局
FRC（Federal Resource Coordinator）：联邦资源协调官员
HIRA（Hazard Identification and Risk Assessment）：危险辨识和风险评估
HLT（Hurricane Liaison Team）：飓风联络工作队
HSC（Homeland Security Council）：国土安全委员会
HSEEP（Homeland Security Exercise and Evaluation Program）：国土安全演练和评价计划
HSIN（Homeland Security Information Network）：国土安全信息网络
HSPD（Homeland Security Presidential Directive）：国土安全总统令
ICS（Incident Command System）：突发事件指挥系统
IMAT（Incident Management Assistance Team）：突发事件管理援助小组
IMT（Incident Management Team）：突发事件管理工作组
JFO（Joint Field Office）：现场联合办公室
JIC（Joint Information Center）：联合信息中心
JOC（Joint Operations Center）：联合行动中心
JTF（Joint Task Force）：联合特遣队
MACS（Multiagency Coordination System）：多机构间协调体系
MERS（Mobile Emergency Response Support）：流动应急反应支持
NCTC（National Counterterrorism Center）：国家反恐中心
NGO（Nongovernmental Organization）：非政府组织
NICC（National Infrastructure Coordinating Center）：国家基础设施协调中心

NIMS（National Incident Management System）：国家突发事件管理系统
NIPP（National Infrastructure Protection Plan）：国家基础设施保护计划
NJTTF（National Joint Terrorism Task Force）：国家联合反恐特遣队
NMCC（National Military Command Center）：国家军事指挥中心
NOC（National Operations Center）：国家行动中心
NRCC（National Response Coordination Center）：国家应急反应协调中心
NRF（National Response Framework）：国家应急反应框架
NRP（National Response Plan）：国家应急反应计划
NSC（National Security Council）：国家安全委员会
OPLAN（Operations Plan）：行动预案
P. L.（Public Law）：公共法
PFO（Principal Federal Official）：首席联邦官员
RRCC（Regional Response Coordination Center）：区域应急反应协调中心
SCO（State Coordinating Officer）：州政府协调官员
SIOC（Strategic Information and Operations Center）：战略信息与行动中心
SLG（State and Local Guide）：州与地方工作指南
SFLEO（Senior Federal Law Enforcement Official）：联邦高级执法官员
U. S. C.（U. S. Code）：美国法典
US&R（Urban Search and Rescue）：城市搜救
[National] VOAD（Voluntary Organizations Active in Disaster）：活跃在灾区的（全国性）志愿者组织

第二部分

美国国家应急反应框架

——应急支持功能附件

引　言

一、目的

本引言简要介绍了应急支持功能的结构、承担应急支持功能各部门的共性和各功能所包含的一些基本内容。后面各章将介绍承担各项应急支持功能的协调机构、主要机构和支援机构的相关联邦部门与机构的作用和职责。

二、背景

应急支持功能为联邦政府支持突发事件应急反应，提供了协调跨机构支持的框架。这些应急支持功能，在联邦政府支持各州（或联邦机构之间相互支持）应对按斯塔福法宣布的灾害和紧急情况（或其他非斯塔福法规定的突发事件）组合形成最常用的功能时，提供了运作机制（表1）。

表1　各应急支持功能的作用和职责

应急支持功能	范　围
应急支持功能1 ——运输	（1）航空航天管理和管制。 （2）运输安全。 （3）运输基础设施的修复或恢复。 （4）交通管制。 （5）损坏和影响评估
应急支持功能2 ——通信	（1）协调电信和信息技术产业。 （2）修复和修理电信基础设施。 （3）保护、恢复和维持全国网络和信息技术资源。 （4）监管联邦突发事件管理和应急反应框架内的通信
应急支持功能3 ——公用设施与公共工程	（1）基础设施保护和紧急修理。 （2）基础设施修复。 （3）工程服务和施工管理。 （4）支持生命救助和生命维持应急服务合同的签订
应急支持功能4 ——消防	（1）协调联邦消防工作。 （2）支持荒野、乡村和城市的消防作业
应急支持功能5 ——应急管理	（1）协调突发事件管理和应急反应工作。 （2）分派任务。 （3）资源和人力资源。 （4）突发事件行动计划。 （5）财政管理

续表

应急支持功能	范　围
应急支持功能 6 ——大众关怀、紧急援助、住房安置和人道主义服务	(1) 大众关怀。 (2) 紧急援助。 (3) 灾害住房安置。 (4) 人道主义服务
应急支持功能 7 ——后勤管理和资源支援	(1) 国家突发事件后勤综合计划、管理和维持能力。 (2) 资源支援（办公场所、办公室设备和办公用品、合同签订服务等）
应急支持功能 8 ——公共卫生与医疗服务	(1) 公共卫生。 (2) 医疗。 (3) 心理卫生服务。 (4) 大规模死亡管理
应急支持功能 9 ——搜索与营救	(1) 生命救助。 (2) 搜索与营救作业
应急支持功能 10 ——油品和危险物品应急反应	(1) 油品和危险物品（化学、生物、放射性等）应急反应。 (2) 短期和长期环境清理
应急支持功能 11 ——农业和自然资源	(1) 营养援助。 (2) 动植物疾病和传染病应急反应。 (3) 食品安全和保卫。 (4) 自然、文化资源及历史遗产保护和修复。 (5) 家养宠物的安全和卫生
应急支持功能 12 ——能源	(1) 能源基础设施评估、修理和恢复。 (2) 能源行业公用设施协调。 (3) 能源预测
应急支持功能 13 ——公共安全与保卫	(1) 设施和资源安全保卫。 (2) 安全保卫计划和技术援助。 (3) 公共安全保卫支援。 (4) 出入、交通和人群管制支援
应急支持功能 14 ——社区长期恢复	(1) 社区社会和经济影响评估。 (2) 援助州政府、地方政府和私营机构进行长期社区恢复。 (3) 分析、审查减灾项目的执行情况
应急支持功能 15 ——对外事务	(1) 公共紧急信息发布和保护行动指导。 (2) 媒体和社区关系。 (3) 国会事务和国际事务。 (4) 部落和岛屿事务

突发事件指挥系统为应急支持功能和其他相关方面，提供了根据其能力、任务和要求分派资源的灵活性，也支持联合现场办公室区域应急反应协调中心或国家应急反应协调中心的其他部门以更加合作、更加整合的方式应对突发事件。

为便于管理，虽然通常将应急支持功能分派到国家应急反应协调中心或联合现场办公室区域应急反应协调中心的特定部门，但是，资源却可分配到统一协调框架内的任何地方。应急支持功能分派到哪个部门，哪个部门就应与联合现场办公室的其他部门一起工作，共同制订合理的计划并组织实施。

三、应急支持功能的通知和启动

国家行动中心下设的国家应急反应协调中心，根据威胁或突发事件的影响范围和量级起草并发布启动各应急支持功能的行动命令。

联邦紧急事务管理局行动中心向应急支持功能的主要机构通报国家应急反应协调中心的行动命令和向国家应急反应协调中心报告的时间。在地区层面上，由区域应急反应协调中心按照规定的协议通知承担区域应急支持功能的主要机构。

应急支持功能主要机构根据威胁和突发事件的需要，通知并启动支援机构，包括各专业支援队。要求每个应急支持功能制定标准运作程序和通知协议，维护最新的值勤人员和联系人员名录。

四、应急支持功能成员的作用和职责

每个应急支持功能附件都规定本应急支持功能的协调机构、主要机构和支援机构。部分应急支持功能指派几个部门作为主要机构，以确保准备工作、应急反应和恢复工作之间的整合和无缝过渡。这些应急支持功能指定一个应急支持功能协调机构，以便协调事件前和突发事件期间的主要机构和支援机构的工作。下面讨论应急支持功能协调机构和主要机构及支援机构的作用和职责。

1. 应急支持功能协调机构

应急支持功能协调机构是负责管理监视某项特定应急支持功能的机构。协调机构对突发事件的准备、应急反应和恢复阶段全过程管理负责。应急支持功能协调机构的作用，通过与主要机构和支援机构（必要时）集体商定的“统一指挥”的方式实现。应急支持功能协调机构的职责包括：

（1）突发事件之前、期间和之后的协调，包括事件前的计划制订和协调。

（2）与应急支持功能主要机构和支援机构保持工作联系。

（3）定期召集应急支持功能会议和电话会议。

（4）协调相关民间组织的工作。

（5）必要时，协调与灾难性突发事件计划和重要基础设施准备有关的应急支持功能工作。

2. 应急支持功能主要机构

应急支持功能主要机构是特定应急支持功能中拥有重大权力、作用、资源或能力的联邦机构。有些应急支持功能可能有多个主要机构，这些机构的具体职责在相应的应急支持功能附件中有明确详细的说明。应急支持功能主要机构承担联邦执行机构职责，在联邦协调官员或联邦资源协调员（对于非斯塔福法规定的突发事件）领导下完成应急支持功能任务。当启动应急支持功能应对突发事件时，主要机构负责：

（1）支持应急支持功能协调机构工作，并与其他主要机构和支援机构保持密切协调。

（2）在职能范围内配合联邦政府对受灾州的支援。

（3）派遣人员，支援固定机构和现场机构的运行。

（4）通知、请求支援机构的援助。

（5）负责任务指派，并与支援机构以及相关的州官员、运作中心和机构保持协调。

（6）与相关的民间组织一道工作，最大限度地利用所有可用的资源。

（7）支援其他应急支持功能及其所属部门，并向他们通报本应急支持功能的工作重点和活动情况。

（8）紧急情况下对情势进行评估，平时定期对准备情况进行评估。

（9）根据需求执行合同，采购物品和服务。

（10）确保应急支持功能活动获得资金和物资方面支持。

（11）制订突发事件的短期和长期管理和恢复计划。

（12）配备可支持多机构应急反应的、训练有素的人员和队伍。

（13）确定预防或应对新发生或新出现的威胁和危险所需要的新设备或新能力，提高应对一般威胁的能力。

3. 应急支持功能支援机构

支援机构是拥有支援主要机构执行应急支持功能任务的特定能力或资源的那些机构。启动应急支持功能时，支援机构负责：

（1）接到国土安全部或指定的应急支持功能主要机构请求时，支援机构依据职责和拥有的资源开展支援工作，或按斯塔福法第402、403和502节指定方式开展支援工作。

（2）参与短期和长期突发事件管理和恢复工作计划的制订，按照现有的第一现场应急反应人员标准制订支援行动计划、标准运作程序、任务清单或其他辅助工具。

（3）协助情况评估。

（4）接到国土安全部或应急支持功能主要机构请求时，提供现有的人员、设备或其他资源支援。

（5）为准备情况定期评估提供数据。

（6）配备可支持多机构应急反应的、训练有素的人员和队伍。

（7）确定预防或应对新发生或新出现的威胁和危险所需要的新设备或新能力，提高应对一般威胁的能力。

应对本土突发事件期间，在接到请求并获国防部长批准后，国防部可提供部队支援。因此，国防部相应地被认为是所有应急支持功能的支援机构。

应急支持功能协调机构、主要机构和支援机构的分派见表2。

表 2　应急支持功能协调机构、主要机构和支援机构的分派

机构	应急支持功能														
	(1)—运输	(2)—通信	(3)—公用设施与公用工程	(4)—消防	(5)—应急管理	(6)—大众关怀、紧急援助、住房安置和人道主义服务	(7)—后勤管理和资源支援	(8)—公共卫生与医疗服务	(9)—搜索与营救	(10)—油品和危险物品应急反应	(11)—农业和自然资源	(12)—能源	(13)—公共安全与保卫	(14)—长期社区恢复	(15)—对外事务
美国农业部			S		S	S	S	S		S	C/P/S	S		P	S
美国农业部林务局	S	S	S	C/P		S	S	S	S	S			S		
商务部	S	S	S	S	S		S	S	S	S	S	S	S	S	S
国防部	S	S	S	S	S	S	S	S	P	S	S	S	S	S	S
国防部美国陆军工程兵部队	S		C/P	S		S	S	S	S	S	S	S	S	S	
美国教育部					S										S
能源部	S		S		S		S	S		S	S	C/P	S	S	S
卫生与人道主义服务部			S		S	S	S	C/P	S	S	S			S	S
国土安全部	S	S	S		S		S	S	S	S	S	S	S	P	S
联邦紧急事务管理局	S	P	P	S	C/P	C/P/S	C/P	S	C/P	S	S			C/P	P
国土安全部国家通信系统		C/P					S					S			
国土安全部美国海岸警卫队	S		S	S				S	P	P			S		

续表

机构	应急支持功能														
	(1)—运输	(2)—通信	(3)—公用设施与公用工程	(4)—消防	(5)—应急管理	(6)—大众关怀、紧急援助、住房安置和人道主义服务	(7)—后勤管理和资源支援	(8)—公共卫生与医疗服务	(9)—搜索与营救	(10)—油品和危险物品应急反应	(11)—农业和自然资源	(12)—能源	(13)—公共安全与保卫	(14)—长期社区恢复	(15)—对外事务
住宅与城市发展部					S	S								P	S
内务部	S	S	S	S	S	S	S	S	P	S	P/S	S	S	S	S
司法部	S				S	S		S	S	S	S		C/P		S
劳工部			S		S	S	S	S	S	S	S	S		S	S
国务院	S		S	S	S			S		S	S	S			S
运输部	C/P		S		S	S	S	S		S	S	S		S	S
财政部					S	S							S	S	S
退伍军人事务部			S		S	S	S	S					S		S
环境保护总署			S	S	S			S		C/P	S	S	S	S	S
联邦通信委员会		S			S										S
总务管理局	S	S	S		S	S	C/P	S		S	S				S
美国航空航天局					S		S		S				S		S
核管制委员会			S		S					S			S		S
人事管理局					S		S								S
小企业管理局					S	S								P	S
社会保障局						S							S		S
田纳西流域管理局			S		S							S			S

续表

机构	应急支持功能														
	(1)——运输	(2)——通信	(3)——公用设施与公用工程	(4)——消防	(5)——应急管理	(6)——大众关怀、紧急援助、住房安置和人道主义服务	(7)——后勤管理和资源支援	(8)——公共卫生与医疗服务	(9)——搜索与营救	(10)——油品和危险物品应急反应	(11)——农业和自然资源	(12)——能源	(13)——公共安全与保卫	(14)——长期社区恢复	(15)——对外事务
美国国际开发署								S	S						S
美国邮政总局	S				S	S		S			S		S		S
历史文物保护顾问委员会											S				
美国红十字会			S		S	S		S			S			S	
国家与社区服务团			S			S								S	
三角洲地区管理局														S	
国家遗产应急特遣队											S				
国家档案记录管理局											S				
活跃在灾区的全国性志愿者组织						S								S	

注：①C 表示应急支持功能协调机构；P 表示应急支持功能主要机构；S 表示应急支持功能支援机构。

②本表没有列出部门或机构内的小部门和办公室，除非它们是应急支持功能协调机构或主要机构。详情请参见应急支持功能附件。

第一章　应急支持功能 1
——运输

协调机构：运输部
主要机构：运输部
支援机构：农业部、商务部、国防部、能源部、国土安全部、内务部、司法部、国务院、总务管理局、美国邮政局

一、引言

1. 目的

应急支持功能 1（运输功能），在本土受到威胁期间或应对突发事件时，通过协助联邦政府机构、州政府机构、部落和地方政府机构、志愿者组织、非政府组织和私营机构管理运输系统和基础设施，向国土安全部提供支持。应急支持功能 1 还参与预防、准备、应对、恢复和减灾工作。应急支持功能 1 履行运输部的法定职责，包括管理运输，管理国家的领空，并确保国家运输系统的安全。

2. 范围

应急支持功能 1 体现了大多数联合运输专业技术，以及公共和私营运输部门之间的利害关系。运输部在应急支持功能 1 的支援机构协助下，为本土突发事件管理中提供运输支持，包括：

（1）监控并报告运输系统和基础设施的状态，监控并报告突发事件对运输系统和基础设施的破坏。

（2）确定临时的替代运输方案，以便系统和基础设施损坏、缺乏或应接不暇时，由其他部门执行运输任务。

（3）组织运输部所管辖的航空、海运、公路、铁路和管线运输。

（4）协调运输系统和基础设施的修复和恢复。

（5）协调并支持应急支持功能 1 参与机构管辖和所属的运输单位的预防、准备、应对、恢复和减灾活动。

应急支持功能 1 不负责运送货物、设备、动物或人。

3. 政策

突发事件管理涉及运输方面的主要职责通常由州政府运输部门、地方政府部门和私人机构承担，这些部门和机构拥有并运营国家大部分运输资源。因此，联邦应急反应必须承认州政府和地方政府管理运输系统的政策、法律和计划，紧急情况下优先运送援救人员和物资。

运输部长依据运输部的法定任务协调应急支持功能 1，组织快速、安全、高效、便捷的运输，支持美国在公共福利，经济增长和稳定性及国家安全方面的目标的实现。

根据应急支持功能 7（后勤管理和资源支持附件）的规定，国土安全部联邦紧急事务管理局负责为应急反应人员、设备和货物提供运输资源和服务（包括通过运输援助合同或其

他协议提供的运输资源和服务）。

持续提供运输服务、减轻不利的经济影响、满足社会需要和运送应急援救人员和商品的能力将取决于各级运输决策的有效性。对运输量的不必要压缩或限制将直接影响所有预防、准备、应急反应、恢复和减灾工作的有效性。

国防部将按照军队支援政府的职责、国防部与运输部之间的商业空运谅解备忘录，以及国防预备船队协议和预备役部队协议的备忘录，提供运输支援。

运输部下属的联邦航空管理局负责美国国家空管系统的运行和监管，包括紧急情况下的运行和监管。

如果州政府、部落和地方政府瘫痪，应根据国家应急反应框架的大规模撤离附件的规定组织联邦运输资源支持大规模撤离工作。应急支持功能 1 可提供该附件提到的任何一项支援或所有各项支援。

在大规模撤离期间，国土安全部联邦紧急事务管理局将按照大规模撤离突发事件附件的规定，运送人员，包括有特殊需要的人员，只要他们满足以下条件：

（1）搭乘点和目的地大众避难所能容纳这些疏散撤离的人员。

（2）被疏散的人员可乘商业长途大巴、飞机或旅客火车、或配备升降机的客车撤离。

（3）被疏散的人员不需要应急支持功能 8（公共卫生和医疗服务）规定的医疗服务。

根据大规模撤离突发事件附件和卡特里娜飓风后应急管理改革法的规定，国土安全部联邦紧急事务管理局负责服务性动物和陪伴动物的撤离工作。

医院病人的撤离由应急支持功能 8 负责。国土安全部联邦紧急事务管理局可根据车辆和驾驶员的情况，医疗机构之间的病人运送，提供有限的支援。

二、运作机制

1. 概述

应急支持功能 1 统一向国土安全部提供与运输有关的重要信息、计划和应急管理信息，包括总部、区域、州和地方政府的预防、准备、应急反应、恢复和减灾方面的能力。应急支持功能 1 结构将运输部和支援机构的能力和资源整合到国家应急反应框架和国家突发事件管理系统内。

紧急情况下，应急支持功能 1 实施的初期应急反应行动包括：

（1）监控并报告运输系统和基础设施的状态和损坏情况。

（2）当主要系统或路线无法利用或瘫痪时，确定由其他部门执行的、临时备用的运输方案。

（3）采取相应的空中交通和空域管治措施。

（4）协调宣布法规的中止和豁免。

除了上述初期行动外，必要时，应急支持功能 1 还为修复和恢复受灾的运输系统和基础设施，提供长期协调。

2. 启动

国家应急反应协调中心根据威胁或突发事件的范围和量级，发布行动指令并指派任务，启动应急支持功能 1。

国家应急反应协调中心通知运输部的危机管理中心（该中心是运输部应急反应的枢纽

和启动应急支持功能 1 的指定联系机构）。

运输部接到请求后，动员总部和区域的应急支持功能 1 职员，启动主要负责机构和支援机构，包括支援专业组，如：国家应急反应框架中联运专家组。如果某区域应急反应协调中心启动了应急支持功能 1，则该区域应急运输协调员应当通知危机管理中心，以便启动国家应急反应框架应急支持功能 1，并协调行动。

三、组织

1. 总部级应急反应组织

1）国家应急反应协调中心

国家应急反应协调中心一旦启动，应急支持功能 1 应向其提供人员。人员配备的等级和组成根据威胁或突发事件的范围、规模和性质确定。其他技术专家、规划和行动支援工作由运输部总部和现场办公室提供。

2）运输部应急反应组

运输部启动本部门的应急反应组。应急反应组应与其他部门和机构，以及运输部所属的其他单位密切合作，对受灾的运输系统进行评估，确定替代损坏或瘫痪部分的方案，并调查地区和部门的需求。

3）运输部联邦航空管理局应急反应办公室

联邦航空管理局启动专业化的应急反应办公室，管理协调空中导航服务和其他与航空相关的工作。

2. 区域级应急反应组织

运输部区域应急运输协调委员会：区域应急运输协调委员会提供所需的人员和专业技术，在前线支援应急支持功能 1。该协调委员会由总部的部门和 10 个标准的联邦区域组成。区域应急运输协调员和代表提供运输部的专职、兼职的志愿者人员和签约人员，加强区域和州的突发事件指挥机构。必要时，协调委员会包括区域应急反应协调中心、联合现场办公室（JFO）和州应急反应中心。在非紧急的时候，协调委员会在人力许可的情况下，或在联邦紧急事务管理局的资助下，帮助制订突发事件预案，提供运输部的区域运输方面的支持。

运输部的区域应急运输协调员为区域级的应急支持功能 1 任务提供指导。区域应急运输协调员是运输部长在区域范围内应急准备、应急反应事务的代表，接受部长办公室政策指导和行动指示。

区域应急运输协调员负责向运输部参与区域应急运输管理的人员提供行政支援，负责与运输部总部协调，管理执行指派任务中的所有财会事务，管理与应急支持功能 1 相关的机构间协议。

四、初期行动

1. 国家启动

1）运输部

在接到威胁或突发事件即将发生或实际发生的通知后，应按要求立即采取以下行动：

（1）报告运输部长办公室、国家应急反应中心所属机构（国家应急反应中心值班室、国家基础设施协调中心、国家应急反应协调中心和运输安全运行中心）、本土常备组

（DRG）、反恐安全组（CSG）、运输部运行管理和区域办公室和区域应急运输协调员。

（2）启动运输部的应急反应组。

（3）向国家应急反应协调中心的应急支持功能1配备人员。

（4）向突发事件管理计划组、本土常备组、反恐安全组、国家应急反应协调中心、区域应急反应协调中心、联合现场办公室和撤离联络组派遣人员。

（5）启动区域应急运输协调员和区域应急运输代表。

（6）通知应急支持功能1支援机构并邀请他们参与。

2）支援机构

向应急支持功能1提供人员，并支援应急支持功能1实施。

2. 区域启动

在区域级（区域应急反应协调中心和（或）联合现场办公室），区域应急运输协调员或指定的代表应与国家应急反应协调中心、联邦协调官员或联邦应急协调员、危机管理中心和联邦首席官员（若指定）通话，建立联系。

初期应急支持工作：

（1）监测并报告运输系统和基础设施的状况，以及突发事件造成的损坏情况。运输部通过危机管理中心将这些信息提供给国家应急反应中心、国家应急反应协调中心和国家基础设施协调中心，以及灾区的区域应急反应协调中心和联合现场办公室。信息由各方面汇集而成，包括应急支持功能1支援机构、应急支持功能1各地的干部、运输部的各运行管理局下属的机构（全国300多个驻外办公室）、主要运输协会和运输单位。报告内容包括损坏的具体状况、正在进行的恢复工作、由其他机构计划或执行的备选方案和影响评估。

国家应急反应中心、国家基础设施协调中心和运输安全运行中心（TSOC）根据运输基础设施的状态报告的任务分工，报告各自应急支持功能1收集到的相关情况和威胁信息。

（2）当系统或基础设施遭受损坏、无法利用或瘫痪时，确定由其他单位执行的临时运输方案。安排替代的运输服务，主要职责在州级和地方级，具体落实由交通系统的业主或运营商，以及州政府和地方政府负责。但是，在大的突发事件期间，或在要求联邦协调或资金支持时，应急支持功能1应确定由其他机构执行运输任务。运输安全管理局作为运输专业机构，应当支援应急支持功能1，确定重要运输基础设施和关键资源，并把其列为重点；如果有恐怖主义威胁或袭击，则应建议采取行动，保护这些资源。国土安全部的基础设施保护办公室应当支援应急支持功能1，确定可能受运输影响的其他重要基础设施和关键资源，并把其列为重点。

区域应急运输协调员或其指定的代理人，在本附件规定的范围内，与相关州政府机构、部落和地方政府机构、运输部总部和国家应急反应协调中心协调，对运输管制、关键设施关闭和撤离问题进行决策。

大规模撤离突发事件附件一旦启动，运输部应在本附件规定的范围内，帮助国土安全部联邦紧急事务管理局逐一协调铁路客运，支持大规模撤离行动。

在大规模撤离期间，除了上述工作外，应急支持功能1应向国土安全部联邦紧急事务管理局的撤离联络组提供支援，帮助协调大规模公路撤离，尤其是撤离行动涉及一个以上的州时。

（3）实施运输部各部门职权范围内的行动。这些行动包括各种法定行动，包括国家空域管理、海运管理、陆路运输管理、铁路管理和管线管理；资金筹措和拨付；运输管制（例如：服务小时限制、危险材料管制等）中止和豁免的通知发布；其他应急支援行动。

区域应急运输协调员或其指定的代理人，应与运输部相关的区域运行管理局协调，行使运输部特定的法定权力，提供紧急帮助。特定的法定权力包括航空管制、运输基础设施的长期恢复和法定的减灾工作。

五、后续行动

除了继续初期行动外，应急支持功能 1 应当对受灾的运输系统和基础设施的修复和恢复提供长期协调。

（1）协调运输基础设施修复和恢复工作。修复和恢复运输基础设施的协调工作超出了州政府和地方政府的能力，是运输部的主要职责。运输部通过各地的运行管理局提供独有的资源和专业技术，并通过应急支持功能 1 支援机构协调运输工作，支持恢复工作。

恢复工作的重点应根据联合现场办公室、区域应急反应协调中心和国家应急反应协调中心的需要确定，并考虑对州、区域或国家广泛的影响和互相依存性。

运输部所属的几个运行管理局有专门计划、资金和技术专家（例如：检查员、工程师等），可用来支援修复和恢复工作。这些运行管理局包括联邦航空管理局、联邦公路管理局、联邦运输局、联邦铁路管理局、管道和有害材料安全管理局、海事局、研究和技术革新管理局（包括国家交通研究中心）。

（2）协调并支持运输单位的预防、准备和减灾工作。这是一项持续性工作，需要在应急支持功能 1 机构的职责和资源范围内进行。这些工作包括支持联邦、州和地方政府制订与运输有关的预案、疏散撤离预案和突发事件应急反应预案计划等，以及按国家突发事件管理系统要求，与指定的特殊需要顾问一起工作，在预案中解决有特殊需要人群的问题。

六、职责

1. 协调机构：运输部

运输部负责计划和协调预防、准备、应对、恢复和减灾过程中与运输有关的工作。这些工作包括计划和协调，与应急支持功能主要负责机构和支援机构保持联系，定期召开应急支持功能会议和电话会议，协调州政府、地方政府、部落政府和私营机构的工作，必要时，协调与灾难性突发事件、大规模撤离计划和重要基础设施准备有关的应急支持工作。承担以下职责：

（1）根据应急支持功能 1 的机构职权和能力，支持国土安全部在区域、州和地方各级运输基础设施机构中开展预防、准备、应对、恢复和减轻危害工作（大规模疏散撤离突发事件附件中论述了大规模疏散撤离的准备）。

（2）向国土安全部要求和有偿资助下的应急准备工作，提供计划和协调方面的支持。

（3）管理联邦应急支持功能 1 应急反应的财务方面工作，包括管理斯塔福法规定的任务或联邦机构之间协议有偿支援的财务方面工作。

2. 主要机构：运输部

（1）管理总部和区域级的应急支持功能 1 活动。

（2）向国家应急反应协调中心、区域应急反应协调中心、联合现场办公室或灾区有应急支持功能1任务的其他临时机构派遣训练有素的人员。

（3）必要时，派员参加应急反应组、突发事件管理计划组和其他机构的工作。

（4）通过联邦航空管理局监督美国国家空管系统的运行和管理，包括紧急情况下的运行和管理。在某些情况下，联邦航空管理局可以划出专用于国防、国土安全、执法、应急（如：搜救）任务的空域，但在任何时候都保持空中管制。联邦航空管理局还可以采取空中交通和航空管制措施，如：配合这些任务临时限制飞行。这些工作可以通过应急支持功能1协调实施，必要时也可由联邦航空管理局直接协调。

（5）与主要机构、支援机构、州和地方运输部门和产业合作伙伴一道，利用国家基础设施协调中心和运输安全运行中心的数据，评估并报告基础设施的损坏情况，分析突发事件对全国和区域运输工作的影响。

（6）必要时，协调并实施相关的应急反应，履行法定的恢复职责。包括对灾区及其周边地区实行空域管理，对联邦所有的公路和联邦援助系统的公路筹措应急资金，运送危险材料，对损坏进行评估，采取安全保卫行动等。

（7）帮助联邦政府机构、州政府机构、部落和地方政府机构确定往返灾区和灾区内的最佳运输网络。

（8）协助应急支持功能3（公共设施和公共工程）和斯塔福法计划的实施，修复运输基础设施。

3. 支援机构

表3

机　构	职　责
农业部	**林务局：** （1）当林务局的资源对应急支持功能1的任务支援最有效时，向应急支持功能1提供人力物力。 （2）如有可能，提供相应的工程人员、合同签订或采购人员及设备，帮助紧急清运碎片残骸，清理现场，修理道路和桥梁，紧急修理重要公共设施。 应根据各单位的训练水平和设备情况分配人力物力。支援应与应急支持功能4（消防）或美国农业部林务局的灾害和应急应急反应处联系
商务部	**国家海洋与大气管理局：** 提供以下产品和信息（包括大规模疏散撤离），支持应急支持功能1行动： （1）预报、监控和预警，包括天气、风暴潮和分布预报。 （2）路面和海洋预报及临近预报，包括结冰和碎冰跟踪。 （3）紧急水文测量；搜索和恢复；堵塞点定位；船只在港口和水路的交通路线。 （4）国家应急反应中心的国家海洋与大气管理局航空遥感和轨迹成像。
国防部	（1）提供美国运输司令部或其他军事组织的运输部队，运送重要的人员和物资，包括运输部的应急人员、相关设备和补给品。当接到请求并得到国防部长批准时，美国运输司令部还应向给应急支持功能1总部和区域分部提供人员。 （2）在接到美国航空管理局和应急支持功能1申请时，向美国航空管理局提供人力和设备资源，临时补充落后或被破坏的导航服务功能

续表

机　　构	职　　责
国防部	**美国陆军工程兵部队：** （1）提供美国陆军工程兵部队监控下的内陆水路、港口和码头的应急反应和恢复，包括挖泥操作。 （2）帮助修复运输基础设施。
能源部	（1）在放射性或核突发事件期间，接到请求时，能源部国家核安全管理局提供固定翼的飞机和直升飞机，支援放射性环境调查和（或）搜索。 （2）提供相互依存的基础设施破坏状况、修复需求和计划信息
国土安全部	**海关边境保护局：** （1）确定并提供与运输有关的海关边境保护局人员和资源。 （2）在接到美国航空管理局和应急支持功能1申请时，向美国航空管理局提供人力和设备资源，临时补充落后或被破坏的导航服务功能
	联邦紧急事务管理局： （1）为符合斯塔福法的应急支持功能1启动，及时提供资金。 （2）为参与应急支持功能1的国土安全部和联邦紧急事务管理局的发起规划、培训、训练和其他准备工作的单位提供必要的资金
	运输安全管理局： （1）担任领导职责，通过运输安全运行中心应急支持功能1提供相关的运输和威胁情况报告，包括信息共享和分析中心的报告，报告运输基础设施的状况。 （2）作为应急支持功能1联络人，必要时，与应急支持功能13（公共安全）联络。 （3）领导防范恐怖主义行为影响的运输基础设施保护工作，支援防止人为和自然灾害影响的运输基础设施保护工作。 （4）接到应急支持功能1请求时，满足大规模空中撤离的地面和机舱内的安全保卫和现场协调需求。 （5）通过基础设施联络处和国家基础设施协调中心，协助资源分配和优化
	美国海岸警卫队： （1）确定并提供人员和资源，支援应急支持功能1完成任务。 （2）通过应急支持功能1，协调支援机构和其他海运机构，优化、评估并支援美国本土港口、水运、水路和相关系统及基础设施的修复。 （3）在紧急情况下，向运输部危机管理中心提供人员，向应急支持功能1提供海域的状态，包括港口、水路和运行状况，负责综合、编写交通运输总体状态报告
	基础设施保护办公室： 为重要的运输基础设施和受运输影响的所有其他重要基础设施和重要资源的修复和恢复，提供信息和援助

续表

机　　构	职　　责
内务部	（1）确定本部门的运输设施（例如：固定机翼的飞机和适合各种地形的车辆）和支援人员（如：机械师、飞行员），如果这些设施和人员对支援应急支持功能1的任务最有效，且可能的情况的话，提供这些设施和人员。应根据各单位的训练水平和设备情况分配人力物力。这些支援可与应急支持功能4或运输部的运行中心联系。 （2）提供基础设施的状况、修复需求和计划等信息。
司法部	确定并提供部门富余的运输支援设备，支援应急支持功能1完成任务
国务院	（1）接到有可能造成国际影响的突发事件报告，向运输部危机管理中心提供联络员。 （2）按照国际协调支持附件的规定，协调国际上提供的运输援助和支持。 （3）与联邦航空管理局协调，变更或取消先前批准的外交飞行出入港许可。国务院的许可不能免除联邦航空管理局对飞行员的检查。国务院在处理外国使馆或使团的外交飞行出入港许可申请时，将参考联邦航空管理局的空域管制，包括临时飞行管制
总务管理局	协助确定执行应急支持功能1任务所需的运输服务资源，协助签订运输服务合同
邮政局	收集并报告运输基础设施破坏和损坏方面的信息

第二章　应急支持功能 2
——通信

协调机构： 国土安全部国家保护计划司网络安全和通信处国家通信系统科

主要机构： 国土安全部国家保护计划司网络安全和通信处国家通信系统科国土安全部联邦紧急事务管理局

支援机构： 农业部、商务部、国防部、国土安全部、内务部、联邦通信委员会、总务管理局

一、引言

1. 目的

在需要联邦协调应急反应的突发事件中，应急支持功能 2（通信）支持通信基础设施的修复，帮助遭受网络袭击的系统和应用程序的恢复，并协调联邦应急反应的通信支援工作。应急支持功能 2 实施科技政策办公室“国家非战时紧急状态电信支持预案”的准备工作。

应急支持功能 2 也向系统遭受影响的联邦政府、州政府、部落和地方政府，以及应急反应人员提供通信支援，并向联合现场办公室及其现场工作队提供通信和信息技术支持。

鉴于通信和信息技术的学科交叉，相互快速渗透，国家通信系统和国家网络安全司应密切配合，协调应急支持功能 2，应对网络突发事件。学科的交叉渗透要求通信和信息技术部门之间提高工作的同步性，要求提高应急支持功能 2 应对各种突发事件的能力。

2. 范围

应急支持功能 2 协调联邦行动，帮助业界修复公共通信基础设施，帮助应急通信、公共安全通信系统和应急人员网络的修复，支持州政府、部落政府和地方政府的工作。应急支持功能 2 支持联邦部门和机构采购并协调国家安全和应急准备方面的通信服务。

应急支持功能 2 向联合现场办公室及其派出工作组提供通信和信息技术方面的支持。

应急支持功能 2 也解决突发事件导致或并发的网络安全问题。但是，对于那些以网络为主的突发事件，应急支持功能 2 应当按照网络突发事件附件的规定提供支援。

3. 政策

1934 年的通信法第 706 节及其修正案（美国法典第 47 编第 606 章）规定了总统战时紧急情况下优先使用国家通信基础设施的权力。

如果总统根据 1934 年的通信法第 706 节（a）、（c）～（e）款及其修正案（美国法典第 47 编第 606 章）规定发布第 12472 号行政命令，授权科技政策办公室主任行使战时总统职权，那么，总统就应该根据国家应急法（美国法典第 50 编第 1601 章）规定发布实施令。第 12472 号总统行政命令还授权科技政策办公室主任非战时的特别紧急通信权。

按第 12472 号总统行政命令的规定，“国家非战时紧急状态电信支持预案”是规划使用国家通信人力物力资源支持非战争紧急情况的基础。第 12472 号总统行政命令和其他国家政策，“国家非战时紧急状态电信支持预案”适用于所有联邦部门、机构和其他组织。

1993年6月11日，科技政策办公室给全国通信系统经理发了一份备忘录，题目：国家安全和应急准备——通信，该备忘录明确了国家通信系统经理办公室代表科技政策办公室执行联邦应急反应计划，行使通信方面的主要机构职责。国家应急反应框架中保留了这一授权。此外，科技政策办公室还把应急支持功能2协调机构的职责委托给国家通信系统的经理办公室。

网络突发事件附件概括规定了联邦网络突发事件应急反应中，联邦政府部门和机构之间的协调，如接到请求，也协调州机构、部落机构、地方和私人机构之间网络突发事件应急反应行动，以应对因网络引起的任何事件（例如：重大网络事件、技术紧急事件和总统宣布的巨大灾难和那些威胁、破坏或削弱通信和信息技术服务，或降低其他重要基础设施功能的紧急事件）。

依据2002年的国土安全法和卡特里娜飓风后应急管理改革法的修正案，国土安全部设立了应急通信办公室。如果地方和区域的应急通信服务遭遇灾难性损失，则该办公室与国家通信系统合作，负责协调建立国家应急反应能力，帮助州政府、部落和地方政府以及应急反应机构制订并实施通信设备配置计划，并提供培训。

二、运作机制

1. 概述

当通信基础设施可能或已经遭受重大影响时，国土安全部联邦紧急事务管理局启动应急支持功能2。一旦启动，应急支持功能2对外应向灾区提供通信支持，对内应向联合现场办公室及其派出工作组提供通信支持。应急支持功能2的支持是可升级的，以满足各种突发事件应急反应的特定需要，应急资源来自应急支持功能2各支援机构现有的人员和设备。

2. 主要机构

1）国家通信系统（国土安全部）

（1）作为应急支持功能2的协调机构。

（2）根据1993年6月11日科技政策办公室给国家通信系统经理的备忘录，承担应急支持功能2的主要机构职责，包括承担修复突发事件区域通信的主要职责。

（3）与联邦紧急事务管理局和国家通信系统的其他成员机构商议，确定一位合格的受过相关培训的干部，担任联邦应急通信协调员或通信部门主任。

（4）按照第12472号总统行政命令，协调各种情况下（包括危机或紧急事件、袭击、恢复和重组）联邦政府应急反应预案的制订，协调国家安全和应急准备方面的通信工作。

（5）启动应急支持功能2时，指派一位联邦应急通信协调员领导应急支持功能2。国家通信系统通常应与联邦紧急事务管理局和应急支持功能2支援机构商量，从合格的联邦应急通信协调员干部中选择联邦应急通信协调员。

（6）与联邦紧急事务管理局和支援机构协调，制订联邦应急通信协调员认证工作计划。

（7）与联邦紧急事务管理局和支援机构协调，对联邦应急通信协调员干部进行培训。

（8）指导应急支持功能2所有工作组成员的培训。

（9）对所有联邦应急通信协调员干部进行资格认证。

（10）为承担通信基础设施修复职能的小组指派组长。

（11）当负责通信基础设施修复职能的小组开始运作时，协调通信基础设施的修复，并支援联邦部门和机构采购，协调国家安全和应急准备方面的通信工作。

(12) 与联邦紧急事务管理局和支援机构协调，起草应急支持功能2文件，制订政策和工作程序。

(13) 与联邦紧急事务管理局和支援机构协调，提供并实施人员培训和部署计划，支援应急支持功能2运行。

2) 联邦紧急事务管理局

(1) 作为应急支持功能2主要机构，支持公共安全和灾害应急通信。

(2) 就联邦应急通信协调员的干部的选择、培训和资格认证工作，与国家通信系统协商，并提出建议。

(3) 根据斯塔福法，按事件的要求（包括州政府、部落政府和地方政府需要提高具体通信支援），或按国家通信系统提出基础设施修复的申请，启动应急支持功能2。

(4) 一旦需要联邦应急通信协调员，向国家通信系统推荐具体突发事件的联邦应急通信协调员人选。

(5) 如果发生通信故障，向州政府、部落和地方政府提供短期的应急通信修复支援。

(6) 为负责具体通信职能的小组指派一个组长。

(7) 指派人员，支援执行具体通信职能的部门。

(8) 提供全面运作应急支持功能2的人员。

(9) 与联邦紧急事务管理局和支援机构协调，起草应急支持功能2文件，制订政策和通信职责的工作程序。

(10) 向州政府、部落政府、地方政府和现场应急人员提供通信支持。

(11) 协调通信系统公共安全和现场应急人员通信网络的修复工作。

(12) 向联合现场办公室及其现场工作组、联邦应急或恢复机构、联邦协调官员、首席联邦官员和联邦应急反应队提供通信和信息技术支援。

3. 支援机构

以下支援机构和职责并不全面。本附件的支援机构职责表和支持文件将详细列举其他更多的职责、人员配备和管理方面的支持。

(1) 联邦通信委员会为其管理的机构提供频谱管理和频率分配。

(2) 国家电信和信息管理局（NTIA）提供联邦频谱管理和互操作支援。

(3) 总务管理局提供地区派驻人员，他们经常为应急支持功能2提供初期的现场应急服务。

遵守以下指南，可使应急支持功能2履行突发事件管理的职责：

(1) 按照非战时应急通信支持和国家突发事件管理系统处理通信突发事件和要求。

(2) 通信管理按照由下而上方式进行：尽可能在最底层做决策；仅当需要调整或更多的资源时，才向上一级管理层提出请求。

(3) 在突发事件应急反应支持工作中提供通信人力物力资源的机构，对本机构管辖的资源实施控制；与通信分局协调，决定工作地区和作业。

(4) 制订并使用应急支持功能2统一的应急通信管理计划、程序和手册。

(5) 接到国家网络应急反应协调组申请时，应急支持功能2按网络突发事件附件的规定，与国家网络安全司美国计算机应急准备小组协调，支持网络突发事件的应急反应工作。国家网络安全司美国计算机应急准备小组领导与应急支持功能2应急反应有关的网络安全问题的协调工作。

三、组织

1. 总部级

国家通信系统是应急支持功能 2 的协调机构。

国家通信系统和联邦紧急事务管理局是应急支持功能 2 的两个主要实施机构。

国家通信系统是通信基础设施修复的主要机构。

联邦紧急事务管理局是具体通信应急反应工作的主要机构，向联合现场办公室及其联邦工作队提供通信和信息技术支持。

国家协调中心是国家通信系统和国家通信突发事件管理和基础设施修复办公室下属的应急反应成员单位。

国家应急通信组负责支援国家级的应急支持功能 2 实施的应急反应，由应急支持功能 2 主要机构和支援机构的代表组成。国家应急通信组的人员与国家应急反应协调中心的代表的工作场所在国家协调中心。

电信资源联合委员会负责协调联邦协调官员（或首席联邦官员）不能解决的国家安全和应急准备方面的通信优先权和资源方面的矛盾。电信资源联合委员会：

（1）向科技政策办公室主任提出行使第 12472 号总统行政命令分配的那些非战时应急通信服务职责的建议。

（2）监控可能发生或实际发生的威胁通信设施或服务的通信突发事件，以及需要非常规通信支持的情况。

（3）在国家通信系统的支持下，必要时调用国家协调中心、全球网络运作中心、联邦紧急事务管理局运作中心和其他联邦机构运作中心的资源。

国家网络安全司是网络安全问题的国家枢纽，协调国家网络安全战略的实施。遵照国土安全第 7 号总统令的指示，承担信息技术基础设施的保护职责，支援相关机构保护重要基础设施和资源部门的网络安全。

国家网络应急反应协调组是协调网络突发事件和威胁的跨机构协调组织。

2. 区域级

区域应急反应协调中心负责确定联邦重点，并协调联邦应急反应和援助工作。突发事件应急反应过程中，前线机构（如：联合现场办公室）启动时，区域应急反应协调中心的活动和作用会骤增；关闭时，其活动和作用将会减少。

3. 现场级

现场应急通信组支援区域级应急支持功能 2 实施的应急反应活动。现场应急通信组的成员由应急支持功能 2 主要机构和支援机构、区域通信专家和通信行业的代表组成。现场应急通信组服从联邦紧急事务管理局的区域行政官员或联邦协调官员的指挥，可以部署到区域应急反应协调中心、联合现场办公室或州应急反应中心。

应急支持功能 2 应按联合现场办公室的标准运作程序组织实施应急支持功能 2 的应急反应预案。

总务局的区域通信管理人员由国家通信系统的区域经理指派，应国家通信系统请求，领导通信分局，承担支援任务。

4. 联合现场办公室

1）运作部门——通信分局

（1）在国家通信系统指派的管理现场应急通信组的通信分局局长领导下开展工作。

（2）协调通信服务商，组织通信基础设施修复。

（3）协调运作部门的其他机构和其他应急支持功能，确保斯塔福法及其修正案规定的基本通信服务商安全出入事故区，确保修复通信设施所需燃料的供应。

（4）与联邦机构协调应急反应行动的通信支持、需求和优先工作重点。

（5）为联邦、州、部落和地方政府的应急反应的行动提供通信支持。

（6）协调公共安全通信系统和现场应急反应人员通信网络的修复工作。

（7）组建专业工作小组，为现场应急反应人员提供通信支持，修复通信基础设施，管理频谱。

2）后勤部门——服务组——通信小组

（1）在联邦紧急事务管理局指派的通信小组组长领导下开展工作。

（2）为联合现场办公室及其周围的机构提供内部通信和信息技术支持。

（3）为联合现场办公室的联邦现场工作组提供通信和信息技术支援。

四、初期行动

1. 国家协调中心下属的国家应急通信组

（1）一旦启动应急支持功能2，向国家通信系统、国家协调中心和企业界相关人员发出预警，并通知科技政策办公室主任。

（2）向国家应急反应协调中心派遣应急支持功能2代表，必要时实行24小时轮班服务。

（3）请求应急支持功能2主要机构和支援机构派出国家应急通信组和现场应急通信组的工作人员。

（4）如预计商业通信可能中断，请求启用联邦紧急事务管理局的国家无线电系统和（或）高频无线资源共享的方案。

（5）必要时，派遣国家通信系统的个人动员扩编人员，协助通信分局局长协调国家级通信资源。

2. 通信分局局长或现场应急通信组

（1）根据需要，部署到区域应急反应协调中心、联合现场办公室或其他机构。

（2）与国家协调中心和联邦紧急事务管理局协调，派员充实现场应急通信组的职位。

五、后续行动

1. 国家协调中心下属的国家应急通信组

（1）与企业界合作伙伴一起评估突发事件区域预期和实际损坏。

（2）在国家安全和应急准备服务要求方面的冲突不能在联合现场办公室解决时，与联合电信资源委员会协调。

（3）与国家网络安全司的美国计算机应急准备组、国家电脑应急反应协调组和企业合作伙伴协调，解决网络安全问题。

（4）与通信分局局长协调，评估通信业支持的需求，并确保需要时能获得这些支持。

（5）了解突发事件区内目前运行的通信设施，以便利用。

（6）了解可以调用支援突发事件区的通信资源。

（7）了解商用通信企业的实际行动和计划行动，以便恢复和重建这些设施；汇总准备何时向突发事件区运送并部署商用通信资源的报告。

（8）与联合现场办公室的其他部门以及应急支持功能 1（运输）、应急支持功能 6（大众关怀、应急援助、住房安置和人道主义服务）、应急支持功能 12（能源）和应急支持功能 13（公共安全和保卫）协调，确保斯塔福法及其修正案规定的基本通信服务商安全出入事故区，确保修复通信设施所需燃料的供应。

（9）通过国家应急反应协调中心的应急支持功能 2 代表，获得应急支持功能 1 的运输条件信息，并确定将移动通信设备运入灾区的路线和方法。

（10）向国家应急反应中心的值班室、国家应急反应协调中心的应急支持功能 2 代表和通信分局局长提供损坏和短缺信息；依请求向其他联邦机构提供信息。

2. 通信分局局长或现场应急通信组

（1）调查突发事件范围内的通信基础设施的状况，了解剩余的能力并评估损坏程度。

（2）与联邦和私营机构，以及参与突发事件恢复的其他应急支持功能协调，查明他们的通信资源、能力和需求。

（3）向联邦协调官员或联邦资源协调员提出应急支持功能 2 在区域和事件影响区内国家安全和应急准备方面的通信需求建议。

（4）协调以下国家级项目的申请：电信服务优化项目、政府应急电信系统、无线电优化服务项目、资源共享项目和联邦紧急事务管理局的国家无线电系统的全国协调网项目。

（5）利用从其他分局和联合现场办公室、国家协调中心、联邦机构和私营机构获得的损坏信息对通信状况进行评估。

（6）在首席联邦官员或联邦协调官员的领导下，协调联邦通信对联邦机构和私营机构的支持。

（7）向国家协调中心报送网络有关的突发事件和需求分析，以便国家通信系统与国家网络安全司的美国计算机应急准备组协调，采取行动，解决问题。

（8）向应急支持功能 2 代表提供损坏评估报告。

（9）与联合现场办公室的基础设施联络处协调，了解应急支持功能 2 的运行状况。

（10）与联合现场办公室的其他部门，以及应急支持功能 1、应急支持功能 6、应急支持功能 12 和应急支持功能 13 协调，确保基本通信服务商安全出入事故区，确保修复通信设施所需燃料的供应。

（11）一旦商业、州政府、部落和地方政府的通信有能力支持应急反应任务时，及时协调联邦通信资源的遣返工作。

（12）保留提供通信支援的所有记录。

六、职责

1. 主要机构

1）国家通信系统

应急支持功能 2 一旦启动，国家通信系统利用其通信部门的专业技术和与企业界的关系协调国家安全和应急准备通信支持，并根据要求向联合电信资源委员会提供信息和援助。

2）联邦紧急事务管理局

联邦紧急事务管理局为联合现场办公室的运作提供通信和信息技术支援，并协调公共安全通信系统和现场应急反应人员网络的修复工作。

2. 支援机构

表 4

机　构	职　责
农业部林务局和内务部	提供相关的通信资源，包括： （1）无线电通信系统，以支援消防员、执法官员和突发事件应急反应行动。 （2）工程师、技术人员和联络人员，协助通信分局局长工作。 （3）国家跨机构无线电支持系统，支持损坏侦查组和其他机构的工作。 （4）管理无线电系统的通信官员，对用户和操作维护人员进行培训指导。 （5）更多的无线电通讯设备，以支援联合现场办公室的无线电网络
商务部	**国家电信和信息管理局：** （1）支援通信分局局长，或在国家电信和信息管理局总部提供呼叫能力方面支援，或作为现场应急通信组的成员。 （2）对分配给联邦政府的电磁频谱的无线电频率控制和分配，提供政策和程序方面的指导。 （3）必要时，调整或撤销分配的频率，并为频谱优先使用制订预案和程序，包括无线电频谱管理系统。 （4）协助科技政策办公室主任执行这些非战时紧急事件预案和程序，包括解决频率优先分配中的难题。 （5）制订并维护无线电频谱使用的应急预案。 （6）必要时，协助联合电信资源委员会的工作。 **国家海洋与大气管理局下属的国家气象局：** 与联邦紧急事务管理局协调，支持紧急预警系统，并通过国家海洋与大气管理局的灾害气象无线电系统、气象有线服务系统和应急管理气象信息网向公众发布事件前后的重要信息
国防部	（1）立即向通信分局局长报告全部通信要求、可用的资源和已部署到灾区的资源。 （2）在其他联邦资源和能力耗尽后，为援救工作提供资源和人力。 **国防部长和主管国土防卫和美国安全事务的部长助理：** 为军队支援非军事任务中使用国防部资源进行监督，并提供政策指导。 **军方支援联合办公室主任：** 代表国防部，全面负责军方支援民政事务的行动。 **国防协调官员及下属的支援国防协调的单位：** 是国防部与联邦紧急事务管理局和区域应急反应协调中心的联邦协调官员或联合现场办公室的对口联系人和部门，也是联合现场办公室申请军方援助的指定联络人和部门

续表

机　构	职　责
国土安全部	**基础设施保护办公室：** 调查重要基础设施和关键资源的状况，进行机构间的协调，对各种建议进行优先级别排序。 **国家网络安全司：** （1）必要时，召集国家网络应急反应协调组开会，报告总体情况，提供决策支持，协调网络安全应对事务。美国计算机应急准备组向国家网络安全司和应急支持功能2提供技术操作支持，收集并发送网络安全信息和预警信息。 （2）通过信息技术信息共享和分析中心和信息技术行业协调委员会，与信息行业的私营企业代表进行协调，必要时，交换突发事件应急反应和恢复所需的政策和进展信息。 （3）当突发事件引发网络安全问题时，向国家通信系统提供支援，必要时，也向联合电信资源委员会提供支援。 （4）与国家应急反应中心共同发布网络威胁预警信息。 （5）协调网络突发事件的准备、应对和恢复工作，确定、分析并降低威胁和脆弱性。 （6）促进联邦部门和机构之间的互动和合作，促进联邦政府部门与州政府、部落和地方政府，以及与网络安全和突发事件有关的私营机构和国际组织间的互动和合作。 （7）支援司法部和其他联邦执法机构，调查并起诉网络威胁和袭击事件。 （8）按照网络突发事件附件的规定，承担需要联邦应对的网络突发事件的准备、应对和恢复职责。 **无线服务局：** 与通信分局频谱管理部门、联邦通信委员会、国家电信与信息管理局和国防部共同提供频谱管理和协调支持
联邦通信委员会	（1）收集、汇总并分析通信基础设施和服务的短缺信息和修复信息。 （2）派遣训练有素的人员，支援通信修复组，并派遣高级人员担任通信分局局长。 （3）协助提供联邦政府、州政府、部落和地方政府，包括公共安全机构的通信支持。 （4）协助筹划并实施通信修复培训和训练。 （5）负责联系联邦通信委员会许可的电信服务商，了解电信服务商的需求和可供援助修复工作的资源。 （6）按照法律规定，履行对所有许可或管理的电信企业的管理职责，包括（但不限于）扩容、废止或减少运营设备或服务；管理运营商的评级、收费、运营和分级；管理无线电台的建台许可、启用和撤消或关闭；向持有联邦通信委员会许可证的运营商分配无线电频率；调查违法行为；实施相关的执法行动。还审查联邦通信委员会许可或管理的企业制订的政策、计划和程序，确保这些政策、计划和程序符合公众利益，且方便、必要

续表

机　构	职　责
总务管理局	总务管理局的每个区域行政官员应确保10个标准的联邦分区和国家首都地区各有一名国家通信系统区域负责人。在通信紧急事件的预先部署阶段，总务管理局的联邦采购应急协调员应下令国家通信系统区域负责人，接受国家协调中心负责人或其指派代表的指挥
其他联邦机构	国家通信系统成员单位应协助国家通信系统，部署单位所有、租借或特有的通信资源，支持应急反应工作。 所有其他联邦机构： （1）在申请通信分局的通信支援之前，使用本单位资源履行支援职责。 （2）迅速向通信分局局长报告通信需求和现有资源，以消除双重服务的可能性，并确保立即向相关用户提供所需的服务和设备。 （3）当突发事件现场的单位代表申请区域通信资源或支援时，应与通信分局局长协调。 （4）需要国家级通信支援时，与国家协调中心协调。 （5）向通信分局局长报告送往突发事件区域的任何无线电频率设备。 （6）当通信资源撤回或中断时，向通信分局局长报告。 （7）当不再需要应急支持功能2提供的通信资源时，向通信分局局长报告

第三章　应急支持功能 3
——公用设施与公共工程

协调机构： 国防部美国陆军工程兵部队

主要机构： 国防部美国陆军工程兵部队

国土安全部联邦紧急事务管理局

支援机构： 农业部、商务部、国防部、能源部、卫生和人道主义服务部、国土安全部、内务部、劳工部、国务院、运输部、退伍军人事务部、美国环境保护局、总务管理局、核管制委员会、田纳西流域管理局、美国红十字会、国家和社区服务团

一、引言

1. 目的

应急支持功能 3（公用设施和公共工程），通过协调和组织联邦政府的能力和资源来协助国土安全部为灾害（或需要联邦协调应急反应的突发事件）准备、应对和（或）恢复提供服务、技术援助、工程专业技术、施工管理和其他支援。

2. 范围

构建应急支持功能 3，提供公用设施和公共工程方面的支持，以适应本土突发事件管理（包括准备、应对和恢复工作）需求变化。这一功能范围内的工作，包括事件前和事件后对公用工程和基础设施的评估；对救生和维持生命工作提供约定的应急支持；提供的技术援助包括工程专业技术、施工管理、合同签订和不动产服务；对损坏的公共基础设施和关键设施提供紧急修复；执行国土安全部联邦紧急事务管理局的公共援助计划和其他恢复计划。

3. 政策

1）州政府、部落政府和地方政府

（1）州政府、部落政府和地方政府负责自己的公用设施和基础设施，其主要职责是减灾、准备、应急反应和恢复。

（2）州政府、部落政府和地方政府应自始至终完全纳入应急支持功能 3 活动中。

（3）突发事件应急反应工作一旦启动，应急支持功能 3 的主要机构应与州政府、部落政府和（或）地方政府合作，并与联邦协调官员和（或）联邦资源协调员协调，确定应急反应支持功能 3 的工作重点。

（4）地方当局负责获得应急支持功能 3 开展支援工作所需的放弃和许可证书。

（5）州、部落和地方的互助和援助网络有利于资源共享，有助于应急反应和恢复工作。

2）私营机构

（1）私营机构拥有或运营大部分国家基础设施，也是快速修复基础设施合作伙伴和（或）关键。突发事件期间，私营机构在计划和协调过程中，可为突发事件的行动计划和决

策过程提供关键细节。私营机构的互助和援助网络也有利于资源共享，有助于应急反应和恢复工作。

（2）重要基础设施和关键资源支持附件，为确保各类公共和私营机构突发事件管理者之间的协调和整合，提供了详细的操作过程。

3）联邦政府

（1）当需要更多的资源和能力支援应急反应和初始恢复时，应急支持功能 3 提供公用设施和公共工程支援。大规模事件中，各级政府和私营机构都有可能提前采取应对措施，联邦政府需要提供更多的资源。其他联邦政府部门或机构需要援助时，联邦政府也应提供资源和能力。

（2）应急支持功能 3 帮助并协调联邦政府部门和机构提供的公用工程和基础设施支援。

（3）联邦政府机构负法律规定的环境和文物保护工作。

二、运作机制

（1）应急反应工作中，国防部美国陆军工程兵部队是提供应急支持功能 3 的技术援助、工程设计、施工管理方面的资源和支持的主要机构。

（2）国土安全部联邦紧急事务管理局是提供应急支持功能 3 恢复方面资源和支持的主要机构，包括联邦紧急事务管理局按照斯塔福法设定的公共援助计划。根据公共援助计划，联邦政府将提供灾害废墟清除和处置的补助拨款；采取应急保护措施；修理、更换或修复灾害损坏的公共设施和一部分民间非盈利组织所有的设施。

（3）为确定支援需求，及时了解应急反应和恢复工作的状态，联邦官员、州官员、部落和地方官员应保持密切的协调。

（4）州官员、部落和/或地方官员应共同确定重点。联邦政府提供的应急支持功能 3 方面的支援应将联邦政府、州政府、部落和地方政府、非政府组织和私营机构的工作整合起来，发挥最大的效益。

（5）支援机构的代表与应急支持功能 3 的现场工作人员在一起，随时协调支援工作。

三、组织

1. 总部级

（1）本土常备组：应急支持功能 3 在突发事件管理的各个阶段，可以提供待命的相关问题专家，支援本土常备组的工作。

（2）国家应急反应中心：应急支持功能 3 确定待命代表，必要时，部署到国家应急反应中心的任何下属部门。

（3）国家应急反应协调中心：一旦联邦紧急事务管理局启动国家应急反应协调中心，应急支持功能 3 的代表就应当到国家应急反应协调中心报到。总统宣布紧急状态或大灾难后，联邦紧急事务管理局总部应部署公共援助人员，支援初期的恢复工作。

（4）美国陆军工程兵部队运作中心：协调全国各地的工程兵队伍和资源的启动和部署。

2. 区域级

（1）区域跨机构指导委员会：应急支持功能3参与区域跨机构指导委员会的准备和协调工作。

（2）区域应急反应协调中心：联邦紧急事务管理局一旦启动区域应急反应协调中心，应急支持功能3的代表就应当到区域应急反应协调中心报到。区域应急反应协调中心的应急支持功能3工作组组长协调任务分配、行动和其他方面支援，直到联合现场办公室成立为止。区域应急反应协调中心一旦启动，联邦紧急事务管理局的公共援助人员应立即启动区域支援。

3. 现场级

（1）联合现场办公室：联邦紧急事务管理局一旦启动联合现场办公室，应急支持功能3的代表就应当到联合现场办公室报到。应急支持功能3负责准备工程报告，评估指派任务的造价和竣工日，跟踪任务执行，确定资源要求，确定工程的优先重点，发布信息，并提供公众信息和对外沟通方面的支持。联合现场办公室一经启动，联邦紧急事务管理局的公共援助人员应当开始启动州级或部落级支援，配合应急支持功能15（对外事务）的工作。

（2）统一协调组：对于洪灾或美国陆军工程兵部队管辖和（或）负有应急反应指导或管理主要职责的其他突发事件，可请求美国陆军工程兵部队提供高级官员，参与统一协调组的工作。

（3）美国陆军工程兵部队师长：美国陆军工程兵部队的一个师，负责执行指派给美国陆军工程兵部队的应急支持功能3的任务。该师长可指定一名前方的指挥员，履行师长管理资源的职责，有效地执行应急反应和恢复任务。对于需要大量人员的任务，美国陆军工程兵部队可接受联邦紧急事务管理局的任务指派，建立现场办公室，支持任务的执行。

四、行动

1. 总部级

应急支持功能3一旦启动：

（1）美国陆军工程兵部队作战中心：通知国防部主管国土保卫和美国安全事务的部长助理、联合军事支援主任和军队作战中心。

（2）向军队作战中心和相关的战斗指挥部提供情况报告。

（3）向国家应急反应协调中心指派美国陆军工程兵部队的应急支持功能3工作组组长。

（4）必要时，美国陆军工程兵部队作战中心协调各地工程兵部队和资源的启动和部署。

2. 区域级和现场级

应急支持功能3一旦启动，美国陆军工程兵部队师应急运作中心立即通知美国陆军工程兵部队师长。师长与美国陆军工程兵部队司令部协调应急支持功能3的支援人员。

必要时，美国陆军工程兵部队运作中心，指派应急支持功能3组组长，并部署到区域应急反应协调中心和（或）联合现场办公室，协调应急支持功能3任务的执行。

3. 针对突发事件采取的行动

应急支持功能3的工作，包括但不限于以下方面：

（1）协调并支援基础设施危险和易损性评估。

（2）参与事件前工作，诸如：部署评估组和承包商，部署前期支援单位。

（3）突发事件发生后，参与公用工程和基础设施的评估，帮助确定关键需求和可能的工作量。

（4）对建筑物和建筑物采取减灾措施，包括采取保护措施，减少不利影响，或在突发事件前对资源进行全面保护。

（5）提供签约的救生和生命维持方面的应急支援，包括提供饮用水、冰（用于救生或生命维持，如：医疗需要）、应急电源和其他应急物品和服务。

（6）协助监视和稳定受损建筑物，并拆除对公共卫生和安全有危害的建筑物。（对于化学、生物和放射性大规模杀伤性武器突发事件，与应急支持功能10（油和有害物质应急反应）协调拆除行动）提供建筑专家，支援大众照管设施的检查和城市搜救工作。

（7）紧急修复受损的基础设施和关键公共设施（临时电源、应急水系统、卫生系统等）。支援关键航运、洪水控制和其他水基础设施系统（包括饮用水供水和废水回收系统）的修复。必要时，与应急支持功能11（农业和自然资源）密切协调，启动基础设施（例如：废墟清除，临时住房搭建等）恢复工作。必要时，应急支持功能3请求应急支持功能11提供技术支援，获得应急支持功能3基础设施修复工作必需的文物和环境方面的许可文件。应急支持功能3应从联邦紧急事务管理局残疾人协调员那儿获得技术援助，确保基础设施修复工作符合残疾人使用标准。

（8）应急支持功能3负责管理并监督公共财产废墟清理、清除和处理，并提供技术建议，重建通往灾区的陆地和水上通道。与废墟有关的行动包括废物取样、分类、包装、运输、处理、拆毁和处置。应急支持功能3有关的废墟一词，包括一般建筑废墟，可能包含有污染的建筑材料，如：石棉和油漆。废墟可包括牲畜或家禽尸体和（或）植物材料。当执行废墟清理任务时，应急支持功能3也可能：集中、隔离有害物质，并运输到相关的中转站或处理场，这些情况在建筑物废墟清除时会发生，诸如：家庭有害垃圾、小型动力设备的燃油和燃气；清除并处理电器设备的氟利昂；清除、回收、处理电子物品。（清除与建筑废墟混杂在一起的有害物容器，如：装有油料和有害物质的罐、箱和缸，应按照应急支持功能10的规定操作。）

（9）污染废墟（例如：化学、生物、放射性或核污染的废墟）的管理应与应急支持功能10和联邦紧急事务管理局联合一道工作。污染废墟的管理工作，可能包括污染废墟和土壤的废物取样、分类、包装、运输、处理、拆毁和处置。这里的废墟一词，意指清理道路和公共财产时的普通废墟（例如：一般建筑物废墟或碎砖破瓦）。

（10）在拆毁、后续清除和处理被化学、生物、放射性和核物质污染的建筑物和构筑物时，应急支持功能3还可与应急支持功能10商议，承担管理和监控职责，或提供技术建议。行动范围可包括空气监测和取样、废物取样、分类、包装、运输、处理（就地和异地处理）、拆除和处置（就地和异地处置）。除了需要解决结构稳定性或其他迫在眉睫的威胁外，应当在突发事件决策人对现场清理方案评估，并选择拆毁作为理想的清理方法之后，再采取这种拆毁行动。如果申请联邦援助有害物质环境清理，由应急支持功能10领导突发事件清除行动，负责清除行动的分析、选择和实施（由其他联邦部门和机构拥有、运行或管理的设施除外）。建筑物或基础设施清除污染将由应急支持功能10领导。

（11）提供协调和技术援助（包括船只清除、海中大的残骸清除和水文勘测），以便快速恢复和修复主要的水路、通道和港口。

（12）提供技术援助，包括私有或商用建筑物的工程专业技术、施工管理、合同签订和检查，和不动产服务。

（13）实施联邦紧急事务管理局的援助计划，管理联邦政府、州政府、部落和地方政府的其他恢复计划，包括对损坏或毁坏的公共设施和基础设施进行永久性修复、更换或异地重建。恢复工作与应急支持功能14（社区长期恢复）协调。

五、职责

1. 协调机构

国防部美国陆军工程兵部队被指定为应急支持功能3的协调机构。作为应急反应支持功能协调机构，美国陆军工程兵部队负责就会议、计划、训练、培训和其他工作，与国土安全部联邦紧急事务管理局、私营机构和应急支持功能3的支援机构协调。

2. 主要机构的响应职责

国防部美国陆军工程兵部队，作为应急支持功能3的主要应急反应机构，指挥应急支持功能3的应急反应工作，并协调相关资源。美国陆军工程兵部队已制订应急支持功能3现场工作指南，该指南为应急支持功能3履行支援任务提供了工具和程序。

3. 主要机构的恢复职责

国土安全部联邦紧急事务管理局，作为应急支持功能3的主要应急反应机构，应当为应急支持功能3指派一名公共援助官员，协调并管理跨机构的基础设施恢复工作和联邦紧急事务管理局的公共援助工作。联邦紧急事务管理局维护并提供公共援助指南，该指南包含公共援助的符合条件、申请程序和项目的必要条件。

4. 支援机构

表5

机　构	职　责
农业部	（1）如有可能，提供工程人员、合同签订（或采购）人员和设备，协助废墟紧急拆除和清运，道路和桥梁的临时保护、上下水等基础公共设施的临时保护。应急反应支持功能（消防）或美国农业部林务局的灾害应急反应处是支援机构的联系单位。 （2）提供技术人员，评估水控制设备的损坏情况。自然资源保护局是支援机构的区域联系单位
商务部	**国家标准和技术研究院：** 通过建筑物地震安全跨机构委员会和消防研究实验室，为受损建筑和生命线工程（公用工程和公用设施）评估提供直接的技术支持，并为采购外部评估咨询机构提供建议
	国家海洋和大气管理局： （1）提供水文调查人员和专业技术，协调关键水路、渠道和港口应急反应或修复策略。 （2）提供科学支持，利用人口数据、风暴路径、已知沿海损毁的面积、气流和风的一般信息，预测损毁严重程度和高密度区，评估对沿海区域的影响

续表

机构	职责
国防部	**海军营救打捞和潜水督察员：** （1）提供专业技术，实施或支援专业化营救或沉船打捞作业，协调应急反应和恢复工作。 （2）实施并管理区域常规紧急打捞合同，快速确定所需的商业打捞资源。 （3）调用并协调美国海军的水文调查专业队伍。 （4）接到请求时，协调营救和沉船打捞作业
能源部	（1）收集、评价并共享能源系统损坏信息和事件对灾区能源系统供应影响的估计信息。 （2）提供能源修复过程的信息，诸如：预计修复时间表、修复完成百分比，以及修复相关的地理信息和其他所需的信息
	国家核安全管理局： 通过协调和提供资源评估、数据、专业技术、技术援助、监控和其他相关的支援，管理放射性污染的废墟
卫生和人道主义服务部	（1）提供工程和环境卫生援助人员，与环境保护总署一起评估水、废水和固体废物设施的状况。 （2）提供有害物质有关的卫生问题指导。 （3）协助确定是否可以就地取水饮用。 （4）通过协调和提供资源评估、数据、专业技术、技术援助、监控和其他相关的支援，管理受污染的废墟。 （5）提供重要的卫生护理机构，以及其他重要基础设施和关键资源机构所需的上下水卫生情况
国土安全部	**基础设施保护办公室：** （1）提供基础设施危险和易损性评估，支援应急反应支持功能 3 的基础设施保护和减灾工作，对需要采取行动的情报和其他信息做出反应。 （2）通过基础设施联络，提高情况报告，优化有关重要基础设施和关键资源恢复重建意见，履行应急反应支持功能 3 的使命
	美国海岸护卫队： （1）与国防部美国陆军工程兵部队协调行动，对威胁航运，需要清除的障碍物做标记。 （2）协助沉船打捞和拖运。包括协调和（或）提供资源，对沉船进行评估，提供专业技术和技术援助，实施监控和其他方面的支援。 （3）注意：根据国家突发事件计划（联邦法典第 40 卷第 300 编），国土安全部美国海岸警卫队有法定职权，监管沿海地区沉船打捞和拖运过程中的油料和有害物质污染的应急反应工作

续表

机　构	职　责
内务部	**美国垦务局：** （1）提供工程支援，帮助评估堤坝、防洪堤、水运设施和构筑物等控水系统的损坏情况。 （2）提供人员，协助评估损坏，检查构筑物，监控废墟清理和一般设施的修复工作。 （3）提供合同管理、合同签订、采购、施工检查、环境和古迹评估方面的技术援助
	印第安事务局： 必要时，按部落关系支援附件提供部落民族联络的工作
	森林消防协调办公室： 如有可能，提供相关工程和合同签订（或采购）人员及设备，帮助紧急废墟和遗址清除，道路和桥梁修理，公共设施、供水和卫生设施的快速修理。根据各单位的培训等级和拥有的设备分派人员。具体援助工作与应急支持功能4联系
劳工部	通过职业安全和卫生管理局，为废墟清除、建筑物拆除和应急支持功能3其他工作，提供工人安全建议、援助和政策支持
国务院	一旦发生可能具有国际意义的突发事件，应国防部美国陆军工程兵部队请求，为其提供联络。按照国际协调支援附件规定，协调国际上公用设施和公共工程支援和援助
运输部	（1）为运输基础设施（例如：公路、桥梁、隧道、运输系统、港口设施和铁路）的修复提供技术专家和援助，并对受污染材料的运输提供建议和援助。 （2）提供工程技术支援和人员，协助损坏评估、结构检查、废墟清理和国家运输基础设施的修复。 （3）管理主要公路设施修复或重建专项资金，管理受损运输系统和铁路基础设施修复的拨款计划
退伍军人事务部	为设施修复、重建和恢复的，提供工程技术支援和人员，参与设计预算和施工监督
环境保护局	（1）履行总统国土安全第7号令规定的特定部门职责，保护饮用水和水处理机构的基础设施。 （2）与卫生和人道主义服务部一道，共同确定就地取的水是否适合人饮用，并确定有害物质对饮用水供应的可能影响。 （3）协助确定上下水关键系统的需求，包括人员、电力和水处理化学品。 （4）与州或部落主要部门和许可证管理当局一道，共同确定上下水系统的运行状态。 （5）向州固体废物机构提供市政固体废物填埋和建筑及拆毁废物填埋方面的帮助。提供无害化废物管理技术援助，包括废墟管理和循环利用技术。必要时，协助州固体废物管理机构开展垃圾中转区（或贮存区）、固体废物和废水处理设施的评估工作；协助环境取样和监测；协助检查，提供资源、数据和其他方面的支援。

续表

机　构	职　责
环境保护局	（6）确定受有害物质影响区域的地点，并提供安全指导。 （7）在化学、生物和放射性大规模杀伤性武器突发事件中，与应急支持功能3协调，管理被污染的废墟和遗迹。 （8）依照环境保护总署现有的法定职责，协助调查对造成上下水系统污染的有害物质突发事件，开展情报收集和分析工作。 （9）提供废物和废墟处理方面的专业技术
总务管理局	（1）提供人力和物力支援，协助损坏评估、结构检查、废墟清理监控和一般设施修复。 （2）提供结构检查，环境和古迹评估方面的技术援助
核管制委员会	提供资源、资料、专业技术、技术援助，协调评估、监控和其他方面的支援活动，协助管理放射性污染的废墟
田纳西流域管理局	提供人力和物力支援，协助损坏评估、结构检查、废墟清理监控和一般设施修复
美国红十字会	与美国陆军工程兵部队、联邦紧急事务管理局、其他联邦、州、部落和地方政府机构，以及其他非政府组织一道，共同确保日用品需求和分配成为大众关怀工作中的一部分
国家和社区服务团	提供几个训练有素的全国性服务队（包括美国志愿服务团、学习和服务美国志愿组织、退休老年人志愿者计划的志愿队），开展调查、需求评估、资料分发、废墟清理、屋顶快速维修、消除特定的健康或安全危险，以及其他应急反应和恢复活动，包括向贫困社区和有特殊需要的居民分发日用品

第四章　应急支持功能 4

——消防

协调机构：农业部林务局

主要机构：农业部林务局

支援机构：商务部、国防部、国土安全部、内务部、国务院、环境保护总署

一、引言

1. 目的

应急支持功能 4 为需要联邦协调应急反应援助的，由突发事件引起或与突发事件同时发生的荒野、乡村和城市火灾，提供联邦政府的监测和灭火支持。

2. 范围

应急支持功能 4 管理和协调消防活动，包括监测和扑灭联邦土地上的火灾，向州机构、部落机构和地方机构提供人员、设备和供应，支援野地、乡村和城市灭火工作。

3. 政策

联邦消防支援工作的重点依次为①生命安全（消防员和公众），②保护财产和环境。

根据国家突发事件管理系统（NIMS）和国家应急反应框架的规定，应急支持功能 4 遵循由国家野火协调组制定的国家跨机构动员指南和跨机构突发事件事务管理手册中的规程和程序。

设在爱达荷州首府博伊西市的国家跨机构防火中心内的国家跨机构协调中心负责实施国家消防支援职责。国家跨机构协调中心提供的所有支援都应与国家应急反应协调中心协调一致。

通过州林务官、州消防队长、州应急管理机构、或其他按照国家突发事件管理系统规定的突发事件指挥系统运行的州和（或）部落的相关灭火组织，对州和地方灭火组织进行协调和支援。

应急支持功能 4 的总部级的协调机构是美国农业部林务局。阿拉斯加州的灭火应急反应行动由内务部土地管理局领导。

二、运作机制

1. 概述

应急支持功能 4 管理并协调联邦消防工作。具体职责是动员消防资源，支援州、部落和地方荒野、乡村和城市消防机构。

应急支持功能 4 调用现有的消防组织和支援组织，遵循国家跨机构动员指南确定的步骤和国家突发事件管理系统规定的程序运作。地方突发事件指挥员是情况评估和资源请求职责的主要承担者。

各州都有根据签订的协议，申请跨州和州内消防援助和资源的备选方案。州内资源应根

据地方消防机构之间或全州消防互助和援助协议请求。跨州资源（包括来自其他州的国民警卫队消防资源）的请求，根据应急管理援助和其他协议或州与州之间的互助和援助协议提出。

请求非荒野火灾突发事件的联邦消防资源援助，应通过区域应急反应协调中心或联合现场办公室应急支持功能 4 代表向相关区域协调中心提出。请求荒野火灾事件的消防资源的援助，应按照国家跨机构调动指南向区域协调中心提出，并与联合现场办公室协调。请求本区域范围以外的资源，应由区域协调员向设在爱达荷州首府博伊西市的国家跨机构协调中心提出。如果国家级资源短缺或没有所需的资源，国家跨机构协调中心应告知国家应急支持功能 4 协调员。

需要联邦军事人员和资源支援消防和突发事件管理时，应由国家跨机构协调中心经与国防协调官员和国家应急反应协调中心协调后，提出申请。

关键资源短缺应由最低层级的行政当局判定。关键资源短缺问题的解决层级，依次为联合现场办公室、国家应急反应协调中心和美国本土应急准备工作组。

实际消防作业管理，遵循国家突发事件管理系统的指挥和管理部分规定的突发事件指挥系统大纲。

情况估计信息和损坏评估信息，应按照国家突发事件管理系统规定的程序操作，通过已建立的渠道传送，并在总部级和区域级应急反应支援机构之间直接传送。

2. 组织

国家级和区域级都设有应急支持功能 4 的平行机构。

1）总部级

美国农业部国土安全办公室代表农业部林务局参与美国本土应急准备工作组的工作。

应急支持功能 4 协调员，根据农业部林务局负责消防和航空管理合作办主任助理的指示开展工作。需要援助时，由农业部林务局和内务部国家跨机构消防中心的消防主任组织提供。

农业部林务局的灾害和应急反应分局局长担任应急支持功能 4 的协调员。应急支持功能 4 启动时，应急支持功能 4 协调员或代表是国家应急反应协调中心的成员，并向其报告工作。担任这一职位的官员是农业部林务局总部负责防火和航空管理的国家级主任的联络员。

国家应急支持功能 4 协调员，通过国家应急反应协调中心向美国本土应急常备工作组和总部级的其他部门或机构提供本专业技术知识。根据推荐的国土安全部的要求，应急支持功能 4 应当 24 小时不间断运作。

运作时，应急支持功能 4 通过国家应急反应协调中心，向联邦紧急事务管理局和其他应急反应支持功能提供他们所需的本专业技术知识。当应急支持功能 4 运行时，支援机构应当向国家应急反应协调中心派驻代表，或有人 24 小时值守电话候叫。

国家跨机构协调中心负责国家后勤支援和资源动员。

2）区域级

由美国农业部林务局区域或地区办公室提供的区域或地区应急支持功能 4 协调员，协调联邦消防应急反应支援工作。区域应急支持功能 4 协调员负责建立并保持与国家应急支持功能 4 协调员、区域支援机构、联邦紧急事务管理局区域官员和联合现场办公室的协调关系。

运作时，应急支持功能 4 通过区域应急反应协调中心或联合现场办公室，向联邦紧急事务管理局和其他应急反应支持功能提供他们所需的本专业技术知识。当应急支持功能 4 运行时，支援机构应当向区域应急反应协调中心或联合现场办公室派驻代表，或有人 24 小时值守电话候叫。

区域协调中心负责区域消防应急反应，资源动员和后勤支援。

3. 通知

一旦接到实际发生或可能发生需要应急支持功能 4 做出反应的事件通知，国家应急支持功能 4 协调员应通知区域应急支持功能 4 协调员、国家跨机构协调中心、美国消防局和内务部应急反应协调员。

三、行动

1. 突发事件前

国家多机构协调组按照国家跨机构动员指南，做好荒野灭火计划的国家级准备。一旦荒野灭火力量不足时，国家多机构协调组应当确定荒野灭火行动的优先重点，并做出资源分配决策。

2. 突发事件发生时

初始应急反应行动：

国家应急支持功能 4 协调员或代表应：

（1）在接到通知的两小时内，向国家应急反应协调中心报告。

（2）与支援机构、美国农业部应急反应中心、美国农业部林务局总部的防火和航空管理国家级主任、美国农业部林务局派驻在国家跨机构防火中心的主任助理建立通信联系。

（3）与区域或地区应急支持功能 4 协调员建立通信联系。

（4）通过事先建立的情报渠道获得最初火灾情况和损坏评估；确定满足援助要求的管理应急反应级别；通过相应的渠道获得突发事件联系信息；并将这些信息分发给通过应急支持功能 4 动员的应急反应人员。

（5）在派遣人员和其他资源之前分析每一项请求；确保被派遣人员都接种过适当的预防疫苗，都获得过资格证书并配备各种灾害环境中作业的个人保护设备；确保参与各灾种应急反应的每一个人员都受到一个机构领导、机构联络官或跨机构突发事件管理组的支援和管理。

（6）确保在执行任务前完成各灾种突发事件特点介绍和培训。通常在动员之前进行这一准备，动员时，应对突发事件、任务和危险进行介绍。确定常规情况下雇员不会碰到和使用的关键保护设备和完成任务的相关要求。

3. 突发事件期间

持续应急反应行动：

国家应急支持功能 4 协调员或代表应：

（1）通过事先建立的程序，获取、维护并提供突发事件情况和损坏评估信息。

（2）协调突发事件资源需求，必要时，确定并解决资源短缺的问题和资源订购问题。

（3）通过国家应急反应协调中心与美国本土应急常备工作组、区域应急反应协调中心、支援机构、国家跨机构协调中心和联合现场办公室保持密切协调。

（4）保留所采取行动的完整记录、资源订单、记录和报告。

4. 恢复

联邦消防支援是重要的应急反应功能。所做的工作应当确保消防资源管理和使用恰当，以便在执行生命救助、控制事态和保护财产任务发挥效用。否则，国家应对新发生的紧急事件的能力就要大打折扣。

四、职责

1. 协调机构和主要机构

美国农业部林务局应当：

（1）提供合格的代表担任应急支持功能4国家级和区域级地区级协调员。

（2）提供国家应急反应协调中心和区域应急反应协调中心或联合现场办公室层级的支援人员。

（3）为履行应急支持功能4的职责，必要时，可请求支援机构援助。

（4）通过区域协调中心和（或）国家跨机构协调中心，向动员的消防力量提供后勤支援。

（5）承担扑灭国家森林系统土地上燃烧野火的全面职责，与地方当局共同（统一指挥）承担威胁国家森林系统土地安全的突发事件的应对职责。

（6）按照现存协议的条款和国家应急反应框架，应其他联邦土地管理组织、州森林管理组织、部落和地方防火组织的请求，提供并协调消防援助。

（7）直接与州应急反应中心、地方应急反应中心联络，必要时，直接与指派区域的消防主管联络，协调建筑物或工业火灾侦察、防火保护和灭火作业方面的消防援助。

（8）获得火灾损坏评估时，及时提供给突发事件现场的计划部门和联合现场办公室。

2. 支援机构

表6

机　构	职　责
商务部	（1）必要时，通过设在爱达荷州首府博伊西市的国家跨机构消防中心发布火灾或气象预报，也通过附近的国家气象局预报办公室发布火灾或气象预报。 （2）通过国家标准和技术研究院建筑和火灾研究实验室提供城市和工业灾害分析报告。 （3）按照国家气象服务协议提供火灾或气象支援，向承担土地管理和防火保护职责的机构提供援助。 （4）提供烟雾扩散预报，支援计划和应急反应活动
国防部	（1）全面承担国防部设施的消防职责。 （2）按照国防部、农业部和内务部之间的现行跨机构协议（包括必要时安排联络员），向非军事用地灭火工作提供人员、设备和物资，包括按要求安排联络 **美国陆军工程兵部队：** 通过应急支持功能3（公用工程和公用设施），向城乡消防部队提供合同约定的服务，必要时，提供重型设备和（或）拆毁服务，以扑灭与突发事件有关的火灾

续表

机　　构	职　　责
国土安全部	**联邦紧急事务管理局美国消防局：** （1）提供建筑物火灾、城乡火灾和灭火作业有关的专家或专业技术。 （2）在国家跨机构防火中心派驻一名代表，协助全国协调
	美国海岸警卫队： （1）可能的情况下，提供与各单位的培训等级和现有设备相适应的海上消防援助。 （2）承担港口安全保卫和指挥职责，对船只、港口、码头和海岸线设施运行和船只航行实行联邦管制
内务部	（1）全面承担扑灭管辖范围内野火的职责。 （2）协助美国农业部林务局管理和协调灭火工作。 （3）按照现存协议条款和国家应急反应框架，向其他联邦土地管理组织提供灭火援助
国务院	（1）接到请求时，国务院与外国政府协调，确认前往美国提供灭火援助的人员和物资。 （2）与外国政府协调援助、赠品、捐款、捐赠物或其他援助
环境保护总署	（1）在发生涉及有害物质的火灾时，提供技术援助和建议。 （2）帮助确定用于灭火的未受污染水源。 （3）帮助确定需要优先恢复的关键水系统。 （4）提供灭火化学品对废水处理设施影响方面的技术援助
其他组织	大部分州的州森林组织负责非联邦土地的荒野灭火消防工作。各州可协助其他州的消防作业，并可通过协议协助联邦机构开展灭火消防工作。通过标准合同程序动员民间机构的资源

第五章　应急支持功能 5

——应急管理

协调机构： 国土安全部联邦紧急事务管理局

主要机构： 国土安全部联邦紧急事务管理局

支援机构： 农业部、商务部、国防部、教育部、能源部、卫生和人道主义服务部、国土安全部、住房和城市发展部、内务部、司法部、劳工部、国务院、运输部、财政部、退伍军人事务部、环境保护总署、联邦通信委员会、总务管理局、国家航空航天局、美国核管制委员会、美国人事管理局、小企业管理局、田纳西流域管理局、美国邮政局、美国红十字会

一、引言

1. 目的

应急支持功能 5，负责支持联邦政府本土突发事件所有管理工作。应急支持功能 5 提供核心管理和行政管理功能，支持国家应急反应协调中心、区域应急反应协调中心和联合现场办公室。

2. 范围

应急支持功能 5 协调联邦所有部门和机构的应急支持功能，包括本土突发事件管理的所有领域，从减灾和准备到应急反应和恢复。应急支持功能 5 应当确定预警、启动和其后部署的资源，以便快速有效地做出应急反应。

在事件发生后的应急反应阶段，应急支持功能 5 负责支援功能和计划功能。应急支持功能 5 的主要任务是，支持和帮助需要联邦协调的突发事件的应急反应行动，支持和帮助多机构计划的制订和行动协调。包括预警和通报；国土安全部和联邦紧急事务管理局应急反应队以及其他部门和机构应急反应队的人员配备和部署；突发事件行动计划；应急反应行动协调；后勤管理；指挥和控制；信息的收集、分析和管理；申请联邦援助的受理；资源的采购和管理；联邦人员的安全和卫生；设施管理；财政管理和所需的其他支援。

3. 政策

注：这些政策描述联邦政府应怎样执行国家应急反应框架的规定。其他各级政府应为应急反应预案制订类似的规定。

应急支持功能 5 负责协调本级政府的应急反应预案。突发事件前，应急支持功能 5 应促进信息交流，协调政府间预案制订工作、并开展培训和演练，为应急反应行动部署做好准备。例如：联邦紧急事务管理局负责联邦一级的领导职责；州级应急管理组织负责本州的应急管理工作；部落和地方政府也要具备相应的应急管理能力。

应急支持功能 5 负责在预期需要联邦支援减灾、应急反应和恢复的受灾州和（或）地区，建立联邦支持基础设施。

资源和任务分配工作，由相关的多机构协调中心根据财政管理支持附件中规定的联邦紧

急事务管理局任务分派程序和其他程序进行协调。对于灾难性突发事件，联邦紧急事务管理局应根据灾难性突发事件附件及其补充文件规定的联邦人员和应急反应队部署检查单，监督联邦各部门和机构的执行情况。

国土安全部和联邦紧急事务管理局的职员应与合作机构一道，共同确定并解决在多机构协调中心提出的资源分配问题。如果某种资源的总需求大于可供给量，则该种资源的分配决策将提交美国本土应急准备工作组裁决。

应急支持功能 5 的工作人员，负责提供国家应急反应协调中心、联邦部门应急反应中心和其他国家运作中心之间的信息联络。应急支持功能 5 是各应急支持功能集中向国家应急反应中心报告联邦情况的通道。

政府各部门都应参加多机构协调中心计划部门协调的突发事件行动计划制订过程。

必要时，国土安全部、联邦紧急事务管理局和其他机构，应向国家或地区工作队的关键职位派出代表，支援地区和统一协调组的工作。

计划部门的人员应当提供、管理并组织地空资料。

应急支持功能 5 确保设立所需的现场机构，并安排供应和设备，支持联邦突发事件管理工作。这些机构包括，但不限于，联合现场办公室、联合信息中心、过渡性工作机构（IOF）、动员中心、联邦行动集结待命区和灾害恢复中心。如果发生多起突发事件，国土安全部长或其被指定的人员可根据需要，建立多个现场机构。

应急管理组织和计划应当配备训练有素的、技术熟练的常备和备用雇员队伍，保持随叫随到，具备接到通知后就可立即并持续履行基本的应急管理职责的能力。

国土安全部联邦紧急事务管理局应急反应中心负责向联邦部门和机构，以及州、部落和地方应急管理组织通报潜在威胁，以便这些机构和组织能够及时提高应急反应级别或预先部署队伍。

二、应急准备的支持工作

1. 制订计划或预案

1）国家级

国土安全部起草并提供战略计划制订指南，指导联邦跨机构组织制订战略计划。

国土安全部联邦紧急事务管理局与国家级的应急支持功能合作伙伴和支援机构一道，共同制订针对灾种的跨机构协调行动计划。在协调行动的框架内，各合作机构准备自己的行动计划，即执行协调应急反应任务中自己那部分任务的计划。联邦紧急事务管理局负责审查它的国家级合作伙伴的计划，确保合作伙伴的计划具备操作上的协同性。

联邦紧急事务管理局指挥并指导其区域办公室，协助他们集中精力制订区域应急反应预案。

2）区域级

联邦紧急事务管理局的区域办公室与其区域跨机构合作伙伴一道，共同制订针对区域内特定威胁或危险的跨机构协调应急反应预案。在协调行动的框架内，各合作机构准备自己的应急反应预案，即怎样执行协调应急反应任务中自己的那部分任务。联邦紧急事务管理局的区域办公室负责审查它的合作伙伴应急反应预案，确保合作伙伴的计划具备操作上的协同性。

联邦紧急事务管理局区域办公室与州应急管理官员紧密协调，制订详细的、基于危险的、统一的联邦—州应急反应预案。其目标是在事件前确定每个机构的具体资源和任务，确保应急反应工作顺利进行。

联邦紧急事务管理局区域办公室，经与联邦和州合作伙伴协调，共同召集区域跨机构指导委员会会议。

2. 培训

1）国家级

联邦紧急事务管理局确保承担应急反应职责的每个工作人员和工作队都有培训标准。

2）区域级

联邦紧急事务管理局的区域办公室应当通过区域跨机构指导委员会，与区域跨机构合作伙伴一道，共同协调支持跨机构应急反应预案的培训工作。

联邦紧急事务管理局区域办公室与州应急管理官员密切协调，制订并管理培训课程，确保统一的应急反应预案具有标准化和实用性。

3. 演练

1）国家级

国土安全部制订并管理国家训练计划。

联邦紧急事务管理局与其合作伙伴和支援机构共同协调应急人员和应急队伍的训练。

2）区域级

联邦紧急事务管理局的区域办公室通过区域跨机构操纵委员会与其区域的跨机构合作伙伴和各州一道，共同制订协调的跨机构和跨政府的训练，确保应急反应预案和应急反应队伍的行动相互协调。

三、运作机制

1. 概述

应急支持功能 5 确保训练有素、经验丰富的人员充实国家应急反应协调中心、区域应急反应协调中心、临时工作机构和联合现场办公室的相关岗位。

国家应急反应协调中心启动时，其人员由应急支持功能 5 和其他应急反应支持功能配备，负责监控潜在的或正在发展的突发事件，并对区域和现场作业提供支援。如果发生没有通知的事件，国土安全部长或其指定的人员可根据突发事件的规模大小，主动指挥灾难性突发事件预案的实施。

应急支持功能 5 支持应急反应队伍的启动和部署。

区域应急反应协调中心，必要时由应急支持功能 5 和其他应急反应支持功能配备人员，协调应急反应行动和向国家应急反应协调中心的报告工作，直到联合现场办公室开始运作为止。联合现场办公室一旦运作，区域应急反应协调中心就转为监控角色，其负责实施的应急支持功能 5 也转为由联合现场办公室负责实施。

2. 组织结构

应急支持功能 5 按照国家突发事件管理系统组织。应急支持功能 5 向每一个联邦多机构间协调中心（例如：国家应急反应协调中心、区域应急反应协调中心、临时工作机构、联合现场办公室）内承担国家突发事件管理系统参谋部职能的部门提供支持。标准作业程序参见每个多机构协调中心职位详细说明。

四、事件发生后的行动

1. 联邦紧急事务管理局总部级

突发事件发生或可能发生时，联邦紧急事务管理局启动应急支持功能5的应急工作人员和应对小组，必要时，增加国家应急反应协调中心和区域应急反应协调中心的人员配备，加快行动节奏。行动包括报警、通知和情况报告，情况报告应与国家应急反应中心值班室协调一致。

灾害应急反应办公室应当与受灾的区域办公室和区域应急反应协调中心保持不中断通信联系，并定期召开由所有相关各方参加的视频电话会议，协调州和联邦政府的应急反应工作。

国家应急反应协调中心的应急支持功能5按照国家应急反应中心的标准运作程序和协议，向国家应急反应中心提供情况报告，必要时也提供其他信息。

联邦紧急事务管理局启动所需的其他应急支持功能，处理威胁或突发事件，发布初始启动任务分配，并与所启动的机构建立报告和通信协议。

国家应急反应协调中心计划部门制订初期的国家级突发事件行动计划（该计划概述联邦应急反应行动的优先重点），并与其他部门和相关的人员协调实施。

2. 区域级和现场级

当突发事件发生或可能发生时，相应的联邦紧急事务管理局的分区启动区域应急反应协调中心并加快运行节奏。这项工作包括报警、通知，并向其他有关的联邦、州、部落和地方机构，以及私营企业或非政府合作伙伴报告情况。

区域灾害应对和援助机构的成员最初与受灾的州政府联系，并确定能力和短缺，以便确定初期应急反应需要的联邦支持。区域应急反应协调中心协调所需资源的筹集和运送。

计划部门拟定并发布相关的行动命令，分派初期启动任务或签署可偿还的协议，并与已启动的机构建立报告和通信协议。

联邦紧急事务管理局的相关分区启用并部署州联络官员和区域应急反应队，必要时，启用并部署其他应急支持功能的代表。

计划部门与其他人员部门一道，依据统一协调组确立的目标，共同起草联合现场办公室初期突发事件行动计划，并与其他部门协调，组织实施。

联邦紧急事务管理局为区域应急反应协调中心配备人员，同时向其他应急支持功能派出代表。

应急支持功能5开始行动，为多机构协调中心配备人员。

联邦紧急事务管理局的相关分区与受灾的州建立通信联系，协调请求初期的联邦援助，协调最初的应急资源。

应急支持功能5协调应当由州长和联邦紧急事务管理局分区行政长官签署的联邦与州之间协议的最初条款。

3. 突发事件计划和管理工作

在事件前，各级应急支持功能5协调本级政府部门和机构的跨机构计划。各级政府的应急支持功能5负责协调上级、下级和相邻合作伙伴的计划工作。

应急支持功能 5 帮助了解威胁或突发事件情况。应急支持功能 5 协调并在联邦与州的运作合作伙伴关系中代表联邦利益，确保州、部落、地方和个人申请者及时公平地获得联邦法规规定的各种援助。

事件发生前、应急反应和恢复的各个阶段，计划部门应当与参与行动的其他应急支持功能和依据法定职责参与应急行动的机构协调，履行制订突发事件行动计划、当前和未来计划的职责。

恢复工作开始后，州政府承担职责更多，应急支持功能 5 负责协调联邦援助的遣返工作。联合现场办公室的每个部门继续履行其职责，直到州政府不再要求联邦参与，且联邦援助工作终止为止。

五、职责

1. 主要机构

联邦紧急事务管理局作为主要机构，应当：

（1）实施行动计划，在国家层面和区域层面与其他联邦机构协调。区域办公室与其相应的州协调，制订统一的联邦政府和州政府应急反应预案。

（2）启动并召集联邦应急队伍和能力，预防和应对需要联邦协调应对的突发事件，并协调州和部落应急管理组织。

（3）协调联邦准备、应急反应、恢复和减灾计划工作，包括突发事件应急反应预案，以及当前和未来行动计划的制订。

（4）协调遥感和现场侦察行动，协调评估人员或评估组的启动和部署，协调突发事件管理所需的地空和地理信息系统的支持工作。

（5）全面协调联邦各多机构协调中心应急管理工作的人员配备，包括启动哪些应急支持功能，各机构的规模和组成、人员配备的级别和所需的关键人员。

2. 支援机构

支援机构的职责和能力在各应急支持功能附件中概述。

各支援机构应根据各多机构协调中心的请求，派出专家协助联邦提供资源，并向各自的计划部门报告。必要时，所有机构应确定联络人员或联络员职位，提供各机构专业范围内的专业技术知识、资料、建议和人员支援。需要且可能的情况下，可调用其他组织支援。

所有联邦部门和机构都应依据最新的综合计划和程序，履行各自的支援职责。

国土安全部所有部门或高级管理人员都应备有应急支援计划，一旦接到请求，及时提供支援。

第六章　应急支持功能6

——大众关怀、紧急援助、住房安置和人道主义服务

协调机构： 国土安全部联邦紧急事务管理局

主要机构： 国土安全部联邦紧急事务管理局

支援机构： 农业部、国防部、卫生与人道主义服务部、国土安全部、住宅与城市发展部、内务部、司法部、劳工部、运输部、财政部、退伍军人事务部、总务管理局、小企业管理局、社会安全管理局、美国邮政局、美国红十字会、国家与社区服务团、活跃在灾区的全国性志愿者组织、其他志愿者机构和非政府支援组织

一、引言

1. 目的

当地方政府、部落政府和州政府的应急反应和恢复需求超过其自身能力时，应急支持功能6（大众关怀、紧急援助、住房安置和人道主义服务）协调联邦政府提供的大众关怀、紧急援助、住房安置和人道主义服务工作。

2. 法律法规

（1）罗伯特·T·斯塔福救灾和紧急援助法及其修正案（公共法第93卷第288编）。

（2）2002年国土安全法。

（3）国土安全第5号总统令。

（4）2006年卡特里娜飓风后应急管理改革法。

（5）2006年宠物撤离和运输标准法。

（6）公共卫生服务法及其修正案。

（7）1935年社会安全法及其修正案。

（8）1990年美国残疾人法。

3. 范围

国土安全部联邦紧急事务管理局根据需要，协调并领导联邦人力物力资源，支持地方政府、部落政府、州政府和志愿者机构开展大众关怀、紧急援助、住房安置和人道主义服务工作。

接到总统指示时，实施应急支持功能6的服务计划，对遭受可能或实际发生的灾难性突发事件影响的个人和家庭提供援助。应急支持功能6包括大众关怀、紧急援助、住房安置和人道主义服务4个主要职能。

（1）大众关怀：包括避难、供给运作、紧急救护、应急物品分发、收集受害人的信息并向家庭成员提供。

（2）紧急援助：个人、家庭及其社区的紧急需求超出当地方政府所能提供的传统“大众关怀”服务范围时，联邦政府提供紧急援助。这些紧急援助包括：疏散撤离援助（包括

被疏散撤离人员的登记和跟踪），家庭重新团聚援助，向有特殊需要的人群提供帮助和服务的援助；家养宠物和服务性动物的撤离、避难和其他紧急服务援助；对专业化避难所的援助；对医疗避难所的援助；非常规避难所管理的援助；捐赠物品和服务的协调援助；志愿者机构援助的协调。

（3）*住房安置*：包括住房安置方案，诸如：租赁援助、维修、贷款援助、替换、工厂预制式建房、永久性和半永久性建房、住房分配、可用房屋的确定和提供，增加住房援助其他资源。住房安置工作由国家灾害住房安置战略指导。

（4）*人道主义服务*：包括实施灾害援助计划，帮助灾民恢复其房屋以外的其他损失。具体包括替换个人毁坏的财产，帮助获得灾害贷款和食品券，提供危机咨询，提供因灾失业救助、灾害法律服务，向特殊需要人群提供支援和服务，提供其他联邦和州的援助。

4. 政策

应急支持功能6提供援助时，应当与受灾的地方政府、部落政府和州政府及社区协调，无论受援对象的种族、肤色、出生、宗教、国籍、性别、年龄、残疾与否、英语程度或经济状况如何，都应提供一致的援助。

应尽量减少重复工作和双重援助。

在提出的职能需要时，应急支持功能6应当支援地方机构、部落机构、州机构和联邦机构、志愿者机构和非政府组织，以及应急支持功能8（公共卫生和医疗服务），向国家应急反应框架术语表列出的有特殊需要的人群提供能力性需求服务。一个或多个方面的能力性需求存在于突发事件前、突发事件期间或突发事件之后，包括但不限于：

（1）保持独立生活能力。

（2）通信。

（3）运输。

（4）监护。

（5）医疗护理。

需要紧急援助的个人可能包括那些身体有残疾的人、由社会慈善机构照管的人、老人、来自不同文化背景的人、英语能力有限的人或不会讲英语的人、小孩或行动不便利的人。

联邦应急反应界承认要家庭成员（或他人）援助残疾人，或服务性动物援助的残疾人的需求各不相同，有的需要特殊照顾，因此，承诺确保这些有特殊需求的人能够获得身体和精神方面的照顾，在提供疏散撤离、运输、避难或的其他方面服务时，尽最大可能让这些有特殊需要的人与提供帮助照管的人在一起。服务性动物应根据法律（例如：1990 年的美国残疾人法）规定对待。

联邦应急反应界认为儿童的具有特殊的需求，有的需要特殊照顾。因此，承诺确保儿童能够获得身体和精神方面的照顾，在提供疏散撤离、运输、避难或其他方面服务时，尽最大可能让儿童与其家庭或其监管人在一起。

二、运作机制

联邦紧急事务管理局应当与地方政府、部落政府和州政府、志愿者机构和私营机构紧密协调，做好联邦应急反应和恢复工作的协调工作。应尽可能在最低层的组织（如联合现场办公室、区域应急反应协调中心）管理、协调应急支持功能6的援助。只有区域应急反应协调中心或联合现场办公室层次不能满足的申请或不能解决的问题，才可提请国家应急反应协调中心应急支持功能6分部解决。

最初的应急反应重点是满足受灾人的紧急需求。

恢复工作应与应急反应工作同时启动。

三、组织

1. 总部级

1）国家应急反应协调中心

应急支持功能6启动时，应向国家应急反应协调中心运营部门报告。

国家应急反应协调中心的应急支持功能6应：

（1）协调并解决国家级的应急支持功能6的问题。

（2）回应区域应急反应协调中心提出的增派应急支持功能6支援组的请求，化解多方请求有限资源的矛盾。

（3）根据需要联系并启动国家级应急支持功能6的支援机构。

（4）向国家应急反应协调中心计划部门提供大众照管、紧急援助、住房安置和人道主义服务工作的统一报告，以便将这些报告内容纳入国家情况报告。

（5）必要时，向应急支持功能6的各支援机构分发应急支持功能6信息。

2）国家受理服务中心

国家受理服务中心提供登记受理服务，并处理灾害援助申请，包括确定是否联符合邦紧急事务管理局的个人和家庭援助计划。国家受理服务中心归国土安全部联邦紧急事务管理局的个人援助司管理。

国土安全部联邦紧急事务管理局提供灾害援助登记受理系统访问接口，确保得疏散撤离或避难的个人和家庭纳入联邦灾害援助计划。包括为可能需要不同格式、符号语言翻译，或非英语语言显示信息的个人，提供访问灾害援助登记受理系统的方便。

受灾人可通过电话、因特网或移动登记受理中心面对面地登记灾害援助申请。

2. 州级

州政府指派一名官员协调联邦大众关怀、紧急援助、住房和服务援助。该官员应担当区域应急反应协调中心应急支持功能6分部的主要联系人。

3. 区域级

——区域应急反应协调中心应急支持功能6分部

一旦启动，区域应急反应协调中心应急支持功能6分部应：

（1）与州相对应的机构紧密协调，评估情况并确定资源要求。

（2）召集区域应急支持功能6的支援机构。

（3）必要时，向突发事件管理援助组、联合现场办公室和其他联邦紧急事务管理局机构或州机构派遣应急支持功能6的联络员。

（4）在区域级与联邦部门和机构协调应急支持功能6的联邦资源申请。只有区域应急反应协调中心或联合现场办公室层次不能满足的申请或不能解决的问题，才可提请国家应急反应协调中心应急支持功能6分部解决。

（5）根据需要，联系并启动区域应急支持功能 6 的支援机构。

（6）向区域应急反应协调中心计划部门提供大众照管、紧急援助、住房安置和人道主义服务工作的最新统一报告，以便将这些报告内容纳入区域情况报告。

（7）必要时，向应急支持功能 6 的各支援机构分发应急支持功能 6 信息。

（8）根据需要向指定的州领导机构提供技术援助。

作为应急支持功能 6 的主要联邦机构，联邦紧急事务管理局应当确定最初需求，并确保申请和所需的支援到位，以便应急支持功能 6 支援机构执行其任务。还包括：援助申请，启动预先确定的任务分工，并签发任务书。

必要时，联邦支援机构和志愿者机构的联络员，可以协助区域应急反应协调中心和联合现场办公室的应急支持功能 6 分部的工作。

4. 现场级

——联合现场办公室应急支持功能 6 分部

一旦设立，联合现场办公室的应急支持功能 6 分部应：

（1）支援地方政府、部落政府和州政府级志愿者机构，提供大众关怀、紧急援助、住房安置和人道主义服务。

（2）向联合现场办公室计划部门提供大众关怀、紧急援助、住房安置和人道主义服务工作的综合报告，包括突发事件现场行动计划和情况报告。

（3）必要时，向应急支持功能 6 的支援机构分发工作情况简报。

（4）汇总美国红十字会和地方政府机构、部落政府机构、州政府机构、联邦政府机构和其他志愿者机构提供的数据，编制当前大众关怀服务和工作情况的报告。

（5）与地方政府机构、部落政府机构、州政府机构和其他联邦机构协同工作，预测、判定下一步需求。

（6）监控州政府使用联邦家庭团聚系统（例如：国家紧急情况家庭登记和查找系统和国家紧急情况儿童查找中心）的请求。

（7）简化提供大众关怀服务的志愿者机构向联邦政府和指定的州大众关怀领导机构申请资源的程序。

（8）与地方政府机构、部落政府机构、州政府机构、其他联邦机构和志愿者机构协调，以获得更多的避难场所（包括可拆卸的避难场所）。

（9）与地方政府领导、部落政府领导和州政府领导、联邦紧急事务管理局总部和联邦支援机构协调，制定初步的住房安置战略。

（10）必要时，与地方政府、部落政府和州政府及志愿者机构协调，降低避难所内的人口密度，如有可能，安排疏散人员（包括有特殊需要的人员）返回原地。

恢复阶段初期，应急支持功能 6 主要机构和支援机构的工作人员仍应处于工作状态，确保所有应急反应事务继续进行，支持相关事务和职责从大众关怀过度到住房安置。

四、职责

1. 大众关怀

各州指定一个州机构，在州长领导下负责大众关怀工作，确保受灾群众的大众关怀服务。

地方政府、部落政府和州政府应当与志愿者组织协调工作，提供避难、供应、分发、紧急救护和灾难救济信息。联邦紧急事务管理局，作为应急支持功能 6 的领导机构，应当与请求的州政府密切协调，提供联邦大众关怀资源，支持大众关怀工作、提高大众关怀能力。

（1）避难：应急避难包括使用指定的灾区现有场地和地方政府指定的其他的场地作为避难场所。无论何时，若有可能，避难场地的选择应最大程度地方便残疾人出入。

（2）供应：供应包括对固定场地、移动供给单位和配送点的供应。

（3）分发：分发包括通过灾区建立的分发点分发急需的紧急救援物品。应当与地方政府机构、部落政府机构、州政府机构、联邦政府机构、志愿者机构和其他民间组织协调，利用这些分发场所分发食物、水或其他物品。

（4）紧急救护：紧急救护包括在大众关怀场所和指定的场所提供基本紧急救护，安排到相应的医疗人员和机构进行救护。

（5）灾难救济信息：灾难救济信息，包括向灾区外的直系家庭成员提供灾区内居民信息的服务。也包括向灾区内家庭成员提供重新团聚的信息服务。

应急支持功能 6 可应受灾州的请求，向地方政府、部落政府、州政府和志愿者机构提供以下支援：

（1）紧急供给和分发：当州政府认为地方政府、部落政府、州政府和志愿者机构需要联邦政府增援时，应急支持功能 6 应当与美国农业部食品营养局、地方政府、部落政府、州政府和志愿者机构一道，共同开展食品供应和食品分发工作。这也可包括支持私人机构开展的供应工作，如保卫食品安全、制定供应计划，获得仓库空间等方面的支持。

（2）紧急救援物品的配送：应急支持功能 6 应支援地方政府、部落政府、州政府和志愿者机构分发点开展紧急救援物品分发工作。应急支持功能 6 的支援还包括运输、技术支援和其他重要项目的支援。

2. 紧急援助

联邦紧急事务管理局在接到请求或指示时，应当协调支援地方政府、部落政府、州政府、志愿者机构和私人机构的资源和紧急援助工作，提高大众关怀应急反应工作的效果。

1）大众疏散

低层组织（例如：联合现场办公室、区域应急反应协调中心、国家应急反应协调中心）的应急支持功能 6 部门应提供人员，支援地方政府、部落政府和州政府当局组织大众疏散。国家应急反应框架的大众疏散突发事件附件中规定并详细介绍了应急支持功能 6 的大众疏散活动及其要求。

2）提供家庭重新团聚便利

当大众疏散撤离过程要求联邦支援时，联邦紧急事务管理局应追踪疏散撤离人员的个人和家庭信息，协助离散家庭成员重新团聚。地方政府、州政府和联邦政府都应开展疏散撤离人员和幸存者跟踪、查找、登记和重新团聚方面的工作。

3）家养宠物和服务性动物

应急支持功能 6 确保协调大众关怀服务工作，为疏散撤离和避难期间的家养宠物和服务性动物提供安全和福利。应急支持功能 8 和应急支持功能 11（农业和自然资源）应通过集成化的应急反应，确保对应急支持功能 6 的支援。应急支持功能 11 在应急支持功能 6 的框架内协调联邦支援，为家养宠物和服务性动物提供灾时服务。在接到州政府请求时，应急支持功能6将与应急支持功能8和应急支持功能11密切合作，确保对家养宠物和服务性动物支援工作协调进行。

联邦应急反应界承认要求和需要服务性动物援助的残疾人的需求各不相同，有的需要特殊照顾，因此，承诺确保这些人能够获得身体和精神方面的照顾，在提供疏散撤离、运输、避难或其他方面服务时，根据美国残疾人法的规定，尽最大可能让这些人与服务动物在一起。

4）一般避难场所、专业化避难场所、医疗避难场所和非常规避难场所

当受灾州政府认为常规和非常规集中护理系统和当地避难所的工作需要联邦政府资源援助时，应急支持功能6应当提供联邦政府的援助（包括资源和技术援助），支援地方政府、部落政府、州政府和志愿者机构开展避难工作。只要有条件，集中护理机构应为残疾人提供便利。

非常规避难场所可能包括：

（1）旅馆、汽车旅馆和其他单人住宿旅馆。

（2）临时设施，诸如：帐篷、预制活动房、火车和轮船。

（3）专业化避难所、功能性和医护避难所（通过与应急支持功能8和受灾州协调）。

（4）对其他专业化集中照管区的支援，这些集中照管区可包括救援人员临时休息中心、救援区和消毒护理中心。

国家避难系统：

国家避难系统是一个基于网站的综合数据库。国家避难系统在灾害和紧急事件应急反应期间，提供数据库内避难所的信息。国家避难系统的报告将详细介绍避难所（疏散避难所、一般避难所、符合美国残疾人法规定的避难所、宠物友好型避难所、医疗避难所等）的地点和能力，开放、准备开放或关闭情况。国家避难系统的信息由运营这些避难所的地方政府机构、部落政府机构、州政府机构和志愿者机构提交。

5）支援无组织的志愿者和自愿捐助活动

必要时，联邦紧急事务管理局总部的捐助管理单位支援部落政府和州政府，管理志愿者和捐助的物品。

志愿者和捐助管理支持附件中规定了联邦援助自发志愿者和主动捐助的程序、过程和工作。联邦对志愿者和捐助管理的支持包括：

（1）管理和记录提供捐助物品和服务的数据库系统。

（2）提供用于存放主动捐助物品的仓库。

（3）个人和国际主动捐助的协调工作。

6）志愿者机构协调

应急支持功能6与地方政府、部落政府和州政府、志愿者机构、基于信仰的组织和私营机构一道，促进内容丰富的、多机构、全社区的协调应急反应和恢复工作。

应急支持功能6与州政府官员、地方官员、民间非盈利组织和其他组织一道，共同制定长期恢复战略，解决个人和家庭（包括那些有特殊需要的人和家庭）未满足的需求问题。应急支持功能6还将与活跃在灾区的全国性志愿者组织和国际救援组织协调，支援地方志愿者组织和宗教组织的工作。

应急支持功能6在非传统和新成立的志愿者机构、现有社会服务机构和其他与活跃在灾区的全国性志愿者组织和长期恢复委员会有正式联盟关系的政府机构之间做好协调工作。非传统志愿者机构包括那些特定事件发生前没有纳入计划和协调工作范围的，提供灾害应急反应或恢复服务的机构。新成立的志愿者机构包括应对特定事件过程成立的志愿者小组。

3. 住房安置

国家灾害住房安置战略规定了灾害住房安置援助的各种方案，包括：

（1）临时屋顶维修：对损坏的私人住房屋顶进行快速维修。这项援助允许居民在进行永久性修复前返回并居住在自己的家。

（2）维修计划：财政援助房主修复其主要住宅、公用设施和住宅基础设施。

（3）替换计划：向受灾人发放财政援助，替换其毁坏的主要住宅。

（4）现有住房资源：集中查找并确定私营机构和其他联邦机构（即：属于住宅与城市发展部、退伍军人事务部和美国农业部的财产）现有住房资源。

（5）租金补助：向个人和家庭发放租用临时住处的财政补助。

（6）非集体居住的设施：提供私人或半私人住处，但不认为是临时住房（例如：游船、帐篷城、军事设施、学校宿舍或重建的疗养院）。

（7）运输到其他地点安置：援助个人和家庭安置到灾区以外有短期或长期住房资源的地方。运输服务可包括返回原住地。

（8）永久性建筑：直接援助灾民和受灾家庭建永久性或半永久性住房。

（9）财政直接支付房租：代表受灾人向房东直接支付房租。

（10）旅馆或汽车旅馆援助计划：对不能返回到其受灾前居住地的个人和家庭，提供从集体避难所或其他临时环境过度到临时居住场所。

（11）直接居住安置工作：提供临时住房单元，通常是工厂式制造的预制房。这一方案只在没有其他住房资源时才选用。住房单元应适用于社区的需要，包括可供特殊需要人群方便出入住房单元。

（12）可获得的住房资源的私营机构、联邦紧急事务管理局和其他联邦机构（如下所述）：

①小企业管理局灾害贷款计划：

·为符合条件的业主、租赁人、各种规模的非农业企业和非盈利组织提供低息长期贷款援助，资助他们修理和更换灾害损坏的财产。

·提供贷款资金，这些资金还可用于以下事项：重新安置、减灾、现有留置权再融资、规范要求的住房改善和一年期保险费。

②住宅与城市发展部：

·对现有适于居住的单元住房提供出入方便和信息，包括提供残疾人方便出入的单元住房，这些住房由住宅与城市发展部所有或使用，位于突发事件区内或附近，可临时居住。

·确保受灾前获得第8节所述的租房援助审核的受灾人重新纳入租金补助计划。

·大众关怀和住房安置需要时，派遣住宅与城市发展部的现有人员协助工作。

·接到联邦紧急事务管理局请求和拨款时，管理灾害住房援助计划，受理符合条件人的申请。

·为符合长期住房安置条件的人提供住房。

·提供住房咨询服务。

·依据公平住房法和其他民权法，开展执法活动。

③美国农业部——农村开发局：

作为国家灾害住房安置战略的一部分：

·提供美国农业部筹资兴建的、当前可用的、没有租赁或销售协议的可居住住房单元信息（地点、房型、所有人和管理服务机构）。

·需要应急支持功能6时，派遣美国农业部现有人员，提供协助。

·提供优先权信函（证明疏散撤离或灾民身份），允许持信人排在美国农业部MF515或514等待名单的前列，以便安置住入美国农业部筹资兴建的住房。

·总统宣布紧急事件或巨灾后，协助解决符合紧急住房安置条件受援人的住房需求问题。

④退伍军人事务部：

·提供适用于大众避难的现有设施。

·向受灾的退伍军人提供援助，避免他们对现有住宅抵押还款的违约和（或）丧失住宅抵押赎回权，援助残废退伍军人改造住宅，增加方便出入通道（如增设轮椅斜坡通道）。

·制订并修订退伍军人事务部取得可以居住的现有住房的计划，以供大灾难幸存者使用。

4. 人道主义服务

人道主义服务向无住房需求的个人和家庭提供援助。这一援助分成以下几类：

（1）国土安全部联邦紧急事务管理局设立的科拉·布朗基金：科拉·布朗基金用于未保险或保险不足的受灾的个人和家庭，这些人和家庭未能从地方政府、部落政府和联邦政府的其他计划中或志愿者机构中获得足够的援助。该基金不打算替代或取代上述救助计划，因此，如果能获得其他援助，则不能使用科拉·布朗基金。该基金援助完全由联邦紧急事务管理局根据自己的判断决定。

（2）联邦紧急事务管理局药物滥用和精神健康服务管理处提供的危机咨询和训练：危机咨询和训练计划提供紧急的短期危机咨询服务。该计划帮助缓解灾害或灾害后果造成或加剧的悲伤、压抑或精神健康问题。向受灾人提供的援助是短期的，也是免费的。

（3）国土安全部联邦紧急事务管理局提供的其他需求援助：援助用于医疗、牙医、葬礼、个人财产、运输、迁移、贮藏和法律规定的其他费用（适用于未保险或保险不足的申请人）。

（4）联邦紧急事务管理局或卫生与人道主义服务部提供的灾害援助代理服务：应急支持功能6提供灾害援助代理服务，包括通过政府机构或有资格的非盈利机构向符合条件的个人提供财政援助。灾害援助代理服务确保救助金发放遵守流水线援助顺序，防止救济金重复发放，并提供一个有效的参考系统。

（5）卫生与人道主义服务部：

①迅速请求新的联邦救济金。

②确保对受益人服务的连续性，如确保对贫困家庭、儿童照顾等医疗补助方案和临时援助的连续性。

③扩大现有的计划和救济范围，必要时与计划部门一致采取其他行动，支援受灾的州安

置需要住房的人群。

④向主要负责机构提供支持和咨询，发展并提供灾害援助代理服务，包括提请灾害援助服务。

⑤按照应急支持功能 8 的要求，提供卫生和医疗服务。

（6）司法部设立的犯罪受害人的援助：在恐怖活动或暴力犯罪突发事件中，必要时，应当支持地方政府、部落政府、州政府和联邦政府对犯罪受害人的补偿援助。

（7）劳工部设立的因灾失业援助：因灾失业援助由受灾的州负责管理。向总统宣布的巨灾中失业和半失业或工作中断的人，以及正常失业保险没有涵盖的那些人提供财政援助。

（8）财政部酒、烟税收与贸易局：向灾害中失去资产的企业提供联邦烟酒消费税退税服务。

（9）财政部国内税务局：向那些在联邦政府宣布的灾害中遭受损失财产的纳税人提供税务咨询和援助。

（10）财政部公债局：

①迅速兑换或偿还美国储蓄债券，帮助受灾人获得资金。

②可延缓授权的支付代理机构的 EE 系列和 I 系列储蓄债券的最短持有期，以便受灾人赎回。

（11）退伍军人援助计划：

①提供保险清算，调节住房抵押还款义务和死亡救济金额度。

②确保服务持续不断，如：不间断向受益人支付抚恤金。

（12）社会保障总署：

①向具有社会保障的残疾人、退休者、受灾幸存者、特殊退伍军人和低保人员提供救济金。

②确保救济金发放工作不中断。

（13）美国邮政局：向重新安置的人提供快速的邮政服务。

（14）美国律师协会青年律师设立的灾害法律服务计划：该计划向低收益的人免费提供灾害法律服务，这些人因灾前贫穷或因灾致贫，不能支付灾害法律服务费用。

5. 支援机构

表 7

机　构	职　责
农业部	**动植物卫生检疫局：** 支援应急支持功能 6 的综合应急反应，确保家养宠物安全和健康。关于家养宠物的安全和良好状态，应急支持功能 11 将提供家养宠物安全和健康的技术支援和专业技术知识
	食品和营养管理局： （1）核实食品并保证供应，包括联邦所有的储备食品，以补充灾区食品不足。 （2）负责食品和营养管理局供应的食品数量和地点的统计。 （3）依照应急支持功能 11 提供其他食品和营养援助。 （4）提供紧急食品券

续表

机　构	职　责
农业部	**林务局：** （1）如有可能，为避难场所提供相关的人力物力资源（例如：帆布床、毯子、睡袋、人员）。 （2）资源分配应与各单位的培训等级和现有设备相当。具体工作与应急支持功能4（消防）或美国农业部林务局灾害应急反应分局联系。 **农村开发局（作为国家灾害住房安置战略的一部分）：** （1）提供关于美国农业部筹资兴建的、没有签订租赁或销售协议的、现有可居住住宅单元信息（地点、房型、所有人和管理服务单位）。 （2）当应急支持功能6需要时，提供农村开发局现有的人员。 （3）提供优先权信函（证明疏散撤离或灾民身份），允许持信人排在美国农业部MF515或514等待名单的前列，以便安置住入美国农业部筹资兴建的住房。 （4）总统宣布紧急事件或巨灾后，协助解决符合紧急住房安置条件受援人的住房需求问题
国防部	**美国陆军工程兵部队：** （1）与应急支持功能6协调，满足大众关怀对冰和水的需求。 （2）检查避难所场地，确保避难所适于居住、方便出入且安全。 （3）必要时，援助灾区临时避难设施（包括残疾人出入方便的避难所）的搭建。 （4）必要时，支援临时住房安置工作，如：临时建筑和快速维修受损房屋（包括搭盖临时屋顶或其他维修，为损坏程度很小的建筑重新住人提供条件）
卫生与人道主义服务部	**人道主义服务局：** （1）实施危机咨询和培训计划规定的工作。 （2）通过部署在灾区的预先登记的人道主义服务评估组，提供支援。 （3）向负责协调提供人道主义服务的卫生与人道主义服务部的区域工作人员提供跨部门的政策和计划、项目管理和现场人员监督。 （4）向管理灾害恢复中心内紧急人道主义服务项目的州机构提供援助。 （5）向应急支持功能6的灾害人道主义服务工作的合作伙伴提供专业技术知识、咨询和技术援助。例如：如何与有特殊需要的人群一起工作，如何评估儿童照顾需求，如何评估卫生与人道主义服务部安排的紧急情况中人道主义服务项目等。 （6）与应急支持功能6领导机构协调行动，确保受灾人群获得适当的救济金。 （7）告知接受卫生与人道主义服务部指导下服务的人们，可利用全国紧急情况下家庭登记查找系统（NEFRLS）和全国紧急情况下儿童查找中心，并向他们提供访问该系统的方便，帮助异地安置的大人和因医疗疏散的病人与其家庭重聚
	公共卫生和医疗服务局： （1）必要时，提供卫生与人道主义服务部的医疗工作人员，以增加卫生服务人员。 （2）按照地方卫生机构使用的相关指南，为避难所内、外的受灾群众提供医疗护理和精神卫生服务。 （3）为庇护作业提供食品、供水和废水处理等方面的卫生技术援助。 （4）协助提供医疗供应和服务，包括提供耐用性医疗设备。 （5）接到受灾州的请求时，按照地方卫生机构使用的相关指南，协调避难所内的应急医疗护理工作

续表

机　　构	职　　责
卫生与人道主义服务部	**兽医局：** （1）为需要兽医医疗服务的事件，提供兽医医疗人员或为家养宠物和服务性动物提供公共卫生援助。 （2）协调并提供避难所内外的受灾动物（包括家养宠物和服务性动物）紧急和灾害兽医医疗护理服务，直到地方基础设施重新建立为止。 （3）提供兽医公共卫生、动物疾病控制、环境卫生和相关服务
国土安全部	**联邦紧急事务管理局市民团：** 组织市民团成员参与各种灾害的应急准备、计划、减灾、应急反应和恢复活动
住宅与城市发展部	（1）提供灾区或邻近地区本部门拥有或占有的可临时居住的房屋及其相关信息，包括残疾人方便居住的房屋。 （2）确保灾前接受租房援助券的灾民重新纳入租房援助券计划。 （3）当大众关怀和住房安置工作需要时，提供住宅与城市发展部现有的人员，予以协助。 （4）当接到联邦紧急事务管理局请求和拨款时，受理灾民的住房援助申请。 （5）为有资格申请长期住房的个人提供住房。 （6）为住房咨询提供方便的服务。 （7）依据公平住房法和其他民权法，开展执法活动。 （8）提供社区发展补助资金，支援社区灾害恢复工作
内务部	（1）如有可能，为避难场所提供相关的人力物力资源（例如：帆布床、毯子、睡袋、人员）。 （2）资源分配应与各单位的培训等级和现有设备相当。具体工作与应急支持功能4（消防）或美国农业部林务局灾害应急反应分局联系
司法部	（1）在针对危害公众的犯罪行为（群体暴力、本土或国际恐怖主义）的应急反应中，通过犯罪受害人办公室与提供服务的地方机构、部落机构、州机构、联邦机构和志愿者机构协调，按照反恐紧急援助计划或其他机制提供援助。 （2）当需要加强地方当局、部落当局和州当局的能力时，为大众关怀场所提供安全保卫工作
劳工部	（1）通过职业安全和卫生管理局，提供工人安全和卫生方面的技术援助。 （2）按灾害失业援助计划中规定，开展工作
运输部	（1）提供公路信息和运输支援工作有关的其他资源。 （2）提供运输基础设施和运行状况方面的信息和计划

续表

<table>
<tr><th>机　构</th><th>职　责</th></tr>
<tr><td rowspan="3">财政部</td><td>烟酒税贸易局（TTB）：
为灾害中失去资产的企业提供联邦烟酒消费税退税服务</td></tr>
<tr><td>公债局：
（1）迅速兑换或偿还美国储蓄债券，帮助受灾人获得资金。
（2）可延缓授权的支付代理机构的 EE 系列和 I 系列储蓄债券的最短持有期，以便受灾人赎回</td></tr>
<tr><td>联邦税务局：
（1）协助受灾人填写退税申请。
（2）提供税务信息和援助。
（3）分发包含税务表格和出版物的灾害救助包，帮助受灾人确定因财产损毁需要扣除的财产价值。
（4）提供重建毁坏物的财政记录信息。
（5）向被联邦政府宣布为灾区内的纳税人，免费提供先前存档的税务报表的拷贝或副本。
（6）可推迟缴税最后期限，以便为评估任何罚款或附加税金额，提供更多的存档和缴税时间。对总统宣布为灾区内那些人或企业，因获得延期报税和纳税批准，延期的时间段内可以降低利息。
（7）执行联邦紧急事务管理局增补的远程登记协议</td></tr>
<tr><td>退伍军人事务部</td><td>（1）在突发事件期间，可在其下属的机构内准备并储存食品。
（2）提供医疗供应品和服务。
（3）必要时，提供医务工作人员，增加卫生服务人员，支援大众关怀工作。
（4）提供现有的大众避难适用的设施。
（5）按法律规定，向退伍军人及其赡养和优抚对象提供抚恤金和其他服务。
（6）在突发事件应急反应期间，向退伍军人事务部医疗机构中的退伍军人和现役军事人员提供紧急卫生护理服务，资源许可时，也可向受国家安全紧急事件影响的社区市民提供紧急卫生护理服务。履行应急支持职能，包括提供医疗基础设施修复、大众关怀服务、资源（后勤）支援和卫生医疗服务。
（7）与贷方一道，协调退伍军人事务部签发的住房贷款有关的没收、放弃、承保、信贷保证等工作。
（8）向受灾的退伍军人提供援助，避免他们对现有住宅抵押还款的违约和（或）丧失住宅抵押赎回权，援助残废退伍军人改造住宅，增加方便出入通道（如增设轮椅斜坡通道）。
（9）制订并修订退伍军人事务部取得可以居住的现有住房的计划，以供大灾难幸存者使用。</td></tr>
<tr><td>总务管理局</td><td>按应急支持功能 6 的要求提供资源援助，以满足受灾人群的需要</td></tr>
<tr><td>小企业管理局</td><td>（1）为符合条件的有业主、租赁人、各种规模的非农业企业和非盈利组织提供低息长期贷款援助，资助他们修理和更换灾害损坏的财产。
（2）提供贷款资金，这些资金还可用于以下事项：重新安置、减灾、现有留置权再融资、规范要求的住房改善和一年期保险费</td></tr>
</table>

续表

机　　构	职　　责
社会保障管理局	（1）管理美国主要的收入支援计划。 （2）快速受理应急反应期间新的联邦救济金申请
美国邮政局	（1）向灾民提供地址变更卡，通知美国邮政局灾民的邮寄新地址，并协助分发、收集和邮寄地址变更卡。 （2）向灾民提供地址变更信息电子文档
美国红十字会	（1）提供红十字会人员，每天在联邦紧急事务管理局的区域办公室工作，以支援应急支持功能6的大众关怀工作。 （2）接到联邦紧急事务管理局请求后，提供经专业培训的联络人员，在指定的地点工作，支援应急支持功能6的大众关怀工作。 （3）提供条例、政策和美国红十字会所有相关事务的专业知识，包括一般大众关怀计划、准备、应急反应和恢复工作，以及红十字会在这些领域的具体工作。 （4）应急反应行动前和应急反应行动期间，按要求提供红十字会当前的大众关怀工作情况。 （5）支援联邦紧急事务管理局工作，与指定的州领导机构一道，共同制订大众关怀计划，参与准备和应急反应活动，包括参与演练。 （6）在受灾州决定需要联邦资源支援时，指导对应的州属机构开展大众关怀。 （7）促进政府和提供大众关怀服务的全国性非政府组织，以及参与应对巨灾计划制订的政府机构之间的合作和协调。 （8）与联邦紧急事务管理局一道，逐个解决符合条件灾民的临时居住问题。 （9）必要时，通过安全健康网站，并与政府机构协调支援失散家庭的重新团聚。促进并支持美国红十字会管理的一般大众避难所的避难人员的家庭重新团聚。 （10）通过红十字会自己的网站（www. redcross. org）、国家应急反应中心和安全健康网站，促进公共信息的共享。 作为国家最大的提供大众关怀服务的机构，美国红十字会的角色与其在国家应急反应框架中的角色是相互独立且不同的。作为国家提供大众关怀服务的最大机构，美国红十字会提供地方需要的避难服务、食品供应、所需物品分发、基本急救、福利信息和生活环境调查，以及其他服务。当其承担的角色为服务提供机构时，美国红十字会与地方政府、部落政府和州政府密切合作，为每一次灾害（无论灾害大小）的灾民提供大众关怀服务。在提供这些服务时，美国红十字会履行其人道主义使命，代表自己而不是代表联邦政府和其他政府机构行动
国家与社区服务团	提供训练有素的全国性服务参与者（包括美国服务队的成员、学习与服务美国志愿者、退休与老年志愿者计划的志愿者），开展广泛的应急反应和恢复支援活动（重点是支援贫穷社区和有特殊需要的居民）包括： （1）详细调查、需求评估和信息传播，以支援州和联邦的应急反应行动。 （2）提供避难和食品供应服务；分发饮用水、食品、冰和其他应急物品。 （3）废墟清理、临时屋顶修理、消除对健康或安全有害的危险因素。 （4）支援未加入组织的志愿者，援助临时仓库的工作。 （5）支援登记和呼叫中心的工作。 （6）援助个案管理。 （7）由应急支持功能6协调员或联邦紧急事务管理局的志愿者机构联络部门确定的其他工作

续表

机　构	职　责
活跃在灾区的全国性志愿者组织	（1）促进并鼓励成员间的协作、沟通、合作和协调。各组织在制订应对紧急情况和灾难性突发事件的计划和准备过程中应有所分工。 （2）通过全国各地的成员组织提供公共服务，协助与政府与公众之间的沟通。 （3）促进计划、准备、应急反应、恢复过程中，及突发事件后的信息共享。 （4）在整个应急反应、救援和恢复过程中，向组织成员提供灾害严重程度、需求和志愿者行动的相关信息。 （5）必要时，提供用户信息共享、促进精神和情感照顾、管理非组织化的志愿者和自发捐助物品方面的指导
	复临信徒志愿者服务组织： （1）接收、处理并分发衣物、铺盖和食品。 （2）提供应急食品和咨询，并参与受灾儿童照顾合作计划
	美国第二丰收组织（America's Second Harvest）： （1）通过全国性食品银行网络，为其他救济品供应和发放机构收集、运输、存储并分发捐助的食品和食杂品。 （2）加工处理从社区募集来的食品。 （3）发展、认证并支援其下属的食品银行。 （4）充当食品银行和捐助人之间的联络人。 （5）向公众宣传饥饿问题和解决方法
	美洲浸信会美国分会（American Baptist Men/USA）： 提供清理、修理和初期重建。短期志愿者与美国基督教世界救济会一起工作
	美国灾害储备组织（American Disaster Reserve）： （1）提供训练有素的职员团队，协助政府机构和其他组织运作应急反应中心，并履行灾害管理职能。 （2）提供训练有素的职员团队，满足地方当局确定并在理解备忘录记录的特定需求。 （3）提供灾害管理因特网应用技术
	美国业余无线电协会——业余爱好者无线电应急服务组织： 向联邦政府、州政府、县和地方政府，以及志愿者组织提供志愿者无线电通信服务
	泛宇救难队： （1）提供食品和衣物、避难和咨询服务。 （2）提供应急医疗服务、卫生服务等
	美国天主教慈善团体： （1）向社区提供针对当地家庭的危机和恢复需求方面的援助。 （2）为个人和家庭提供持续和长期的恢复服务，包括向低收入家庭提供临时住房援助，向儿童和老人提供咨询服务，向救灾人员提供特殊的咨询服务

续表

机　　构	职　　责
活跃在灾区的全国性志愿者组织	**基督教灾害应急反应机构：** （1）提供初期的现场灾害评估。 （2）向固定场地的厨房提供应急食品，或提供食品供应和移动站点的食品服务。 （3）提供灾害恢复的实物捐助服务。 （4）发起对灾民（老人、穷人、少数民族的人）的捐助。 （5）住宅修理或重建
	基督教新教救援委员会（CRWRC）： （1）协助灾区的教会，解决社区人手的需求。 （2）提供宣传教育服务，协助受灾人寻求有关灾害问题的长期解决方案，以及住房修理和建造、必需品评估、清理、儿童照顾和其他恢复服务。 （3）代表 32 个成员机构及附属机构，通过美国和全世界的各宗教合作组织向灾害幸存者提供帮助。 （4）召集地方教会和宗教组织，组成一个跨信仰的组织，协调应对恢复阶段的未满足需求
	友爱会灾害应急反应组织： （1）清理损坏的住宅和个人财产，或清除毁坏的废墟。 （2）通过受灾儿童照顾合作计划培训志愿者，以便建立灾后儿童照顾中心
	教会科学技术灾害应急反应机构： （1）协助救援人员提供食品和水。 （2）提供情感和精神关怀
	教会世界服务社： （1）站在受压抑的人角度，为最需要的人主张利益。 （2）寻找未满足需求的所有幸存者，特别是受灾前的弱势群体和被边缘化的人群。 （3）提供更好的生活前景，包括情感和精神关怀以及物质重建。 （4）协助必需品长期恢复。 （5）恢复并建立社区关系
	空维希望： 促进教会和其他组织之间的救援工作，帮助幸存者最大限度地满足需求。空维希望有自己的汽车队、300000 平方英尺的仓库和移动指挥中心，以及应急物资发放点模式。空维希望灾害应急组织已成为一个活跃、高效的救灾组织，它提供资源，并在灾害的第一天开始帮助受灾人
	灾难心理干预组织： 为应急管理界的广大从业人员提供灾害精神健康方面的教育和培训

续表

机　构	职　责
活跃在为区的全国性志愿者组织	**新教圣公会救援和发展组织：** （1）紧急送出基本救援（诸如：食品、水、医疗援助），灾后90天内提供财政援助。 （2）参与恢复补助金计划资助的恢复工作，提供重建的方法，重新种植被毁坏的庄稼，并向灾民提出建议。 （3）主要通过新教圣公会服务工作，提供灾害有关的服务
	儿童食品供应组织（Feed the Children）： （1）向美国和全世界自然灾害的受灾人提供帮助。 （2）根据情况，向受灾的个人和家庭提供食品、水、毯子、清洗用品或其他救济品
	公谊会灾害服务组织（Friends Disaster Service，FDS）： （1）向受灾的老人、残疾人、低收入的人群或无保险的幸存者提供废墟清理和家园重建援助。 （2）为公谊会志愿者提供基督教服务窗口，服务的重点是爱和照怀
	美国希望联盟： 帮助灾害幸存者制订预算和财务恢复计划
	美国人道协会： （1）通过美国人道协会的全国灾害动物应急反应组： ①在灾害之前、期间和之后，为个人、相关的动物组织、政府机构和其他机构提供动物急需的资源。 ②及时并人道地营救、处理和运输动物。 （2）美国人道协会协助应急支持功能6，协调有援助动物任务的其他参与机构
	国际援助机构： （1）提供训练有素的救灾和医疗人员。 （2）提供心理创伤咨询。 （3）提供食品和医疗供应品。 （4）提供防灾产品，包括移动式医疗诊所和水净化系统
	国际危机干预基金会： 提供情感和精神关怀
	国际救援和发展组织： （1）分发食品和关键供应品。 （2）通过合作努力帮助社区发展有效的社会服务，改善道路、修复学校、重建公用工程、水和下水道系统，并建立卫生设施

续表

机　构	职　责
活跃在灾区的全国性志愿者组织	**国际救济友谊基金会：** 提供需求评估、案例管理、指定的救援物品的分发、精神关怀和咨询
	路德教灾害应急反应组织（Lutheran Disaster Response）： （1）在自然灾害和技术灾害中，通过宗教会议、各区和社会部组织，为应急反应提供长期的重建工作，并为准备计划提供支持。 （2）通过长期建立起来的社会服务机构提供危机咨询、支援小组、精神卫生援助和牧师关怀
	国际医疗队： 向灾区提供所需的志愿者名单，并派送清理和重建所需钱物
	门诺派救灾服务组织： 提供志愿者，帮助受灾人清理损坏的住宅和个人财产并清除废墟，修理或重建房屋。特别帮助那些生活不能自助的人，如：老人和有残疾的人
	慈航医疗（天使航班）组织： （1）确保没有一个贫困的病人由于缺乏长距离医疗航空运输而不能获得远距离专业化医疗评估、诊断或处理。 （2）确保急需人道主义援助情况下和国土安全紧急事件中的紧急运输
	全国犹太教牧师协会： 提供情感和精神关怀
	国家应急反应队（NERT）： 提供与联邦政府机构、州政府机构和地方政府机构协调的应急服务
	全国灾民援助组织（NOVA）： 为经历灾害后巨大创伤的个人和家庭提供社会服务和精神健康服务，包括重大突发事件简述
	基督教徒灾害应急反应组织（NDR）： （1）提供清理和重建援助，主要援助老人、残疾人、伤残的人和那些不能自助的人。 （2）恢复阶段与情感悲伤的灾民一起工作，并提供帮助
	慈福行动组织： 向灾害幸存者运送食品和急需物品
	凤凰烧伤幸存者协会： 为经历严重烧伤的个人及其家庭提供社会服务和情感支援
	名人基金会和志愿者中心全国网络点： （1）协调自发的、未参加组织的志愿者。 （2）通过所属的地方志愿者中心网络，向地方社区和其他灾害应急反应机构提供所需要援助

续表

机　构	职　责
活跃在灾区的全国性志愿者组织	**长老会灾害援助组织（PDA）：** （1）主要通过教会世界理事会，提供志愿者灾害顾问，并为符合建设指南的地方恢复工程筹资。 （2）提供训练有素的志愿者，参与受灾儿童照顾合作计划。 （3）为地方提供志愿者劳工和物质援助。 （4）为志愿者大本营提供支持，以便各志愿者组织帮助灾后重建
	国际无线电应急联合通信小组： 通过全国公民频带网无线电工作者和志愿者组织为其他机构提供应急通信设施
	救世军： （1）提供紧急援助，包括大规模食品供给和流动食品供给、临时避难、咨询、失踪人员的服务、医疗援助、捐助物品（包括食品、衣物和家用物品）的临时储存和分发。 （2）向政府和私人机构推荐有特殊服务技能的人才
	撒马利亚基金会： （1）提供情感和精神关怀。 （2）提供清理援助
	“拯救儿童”组织： 举办灾害儿童救援培训班
	圣特·文森特·保罗协会： （1）为个人和家庭提供社会服务，并收集和分发捐助的物品。 （2）使受灾人获得商店的商品。经营零售商店、无家可归者的避难所和食品供应机构，以及类似于救世军经营的那些机构。 （3）提供仓库，以便在紧急事件期间分类存放捐助的物品
	南方基督教新教集会救灾组织： （1）提供200多个配备志愿者的流动食品发放小组，这些志愿者每天可准备并分发数千人次的餐饭。 （2）为受灾儿童提供照顾。该机构有几个流动的儿童照顾小组。 （3）提供清理、临时修理、重建、咨询援助，并提供两种语言服务
	朱奇基金会： （1）提供情感和精神关怀。 （2）提供药品和资金援助
	联合基督教会： 提供帮助组织志愿者进行清理和重建工作的协调员，并参与受自然灾害影响社区的应急反应和长期恢复工作
	犹太人社区联合会（UJC）： （1）组织直接援助，如：灾后向美国的犹太人社区和一般社区提供财政和社会服务。 （2）为邻近街区提供重建服务，并与居民建立长期恢复的合作伙伴关系

续表

机　构	职　责
活跃在灾区的全国性志愿者组织	**卫理公会委员会联合救援队（UMCOR）：** （1）根据情况需要，在应急反应和恢复工程中，为地方卫理公会委员会联合救援队筹集资金。 （2）向灾民提供精神和情感关怀，并向受灾儿童提供长期照顾
	美国慈善联合基金会： 向地方慈善联合基金会提供应对地方、区域、州和全国紧急情况的经验、专业技术和资源
	美国志愿者协会（VOA）： （1）准备运送灾民和供应品到指定避难所的卡车。 （2）收集并分发捐赠物品，向灾害幸存者提供精神健康关怀
	世界宣明会： （1）在重大应急反应和恢复工作中，培训并动员社区志愿者。 （2）为参加地方设计的恢复工程的无隶属关系的教会和基督教慈善团体提供顾问服务。 （3）收集、管理捐助物品，并组织在社区分发

第七章　应急支持功能 7
——后勤管理和资源支持

协调机构： 总务管理局
国土安全部联邦紧急事务管理局

主要机构： 总务管理局
国土安全部联邦紧急事务管理局

支援机构： 农业部、商务部、国防部、能源部、卫生与人道主义服务部、内务部、劳工部、运输部、退伍军人事务部、国家航空航天管理局、人事管理局

一、引言

1. 目的

应急支持功能 7（后勤管理和资源支持），通过以下机构协助国土安全部：

（1）联邦紧急事务管理局的后勤部门。该部门可提供综合的国家灾害后勤计划、管理和维护能力，管理联邦后勤合作伙伴、有关的重要公共和私营机构，以及非政府组织的资源，满足灾民和应急反应人员的需要。

（2）总务管理局。在需要联邦协调应急反应的突发事件之前、期间和之后，总务管理局向需要资源支援的联邦机构和州政府、部落政府和地方政府提供支持。

应急支持功能 7 依据以下法律运行：

（1）罗伯特 · T · 斯塔福救灾和应急援助法（公法第 93 卷第 288 编）及其修正案。

（2）2002 年国土安全法。

（3）国土安全第 5 号总统令。

（4）国土安全第 8 号总统令。

（5）2006 年卡特里娜飓风后应急管理改革法。

2. 范围

应急支持功能 7 承担国家后勤协调机构的角色，通过统一管理全国后勤工作和统一受理资源支持请求，向联邦政府、州政府、部落政府和地方政府提供后勤支持。应急支持功能 7 的范围包括：

（1）为联邦紧急事务管理局和总务管理局提出一个联合管理供应链的框架，以便共同应对那些需要整合国家应急反应能力的突发事件。

（2）建立联邦紧急事务管理局的国家后勤管理能力和总务管理局的资源支援能力之间的联系。

（3）通过在资源计划、寻找、采购和资源利用中不断合作，建立内、外后勤合作伙伴之间整合的框架。

（4）加速所有服务支援机构之间的沟通，使灾区恢复工作尽快实施，并尽快恢复州和

地方的自给自足能力。

对联邦政府、州政府、部落政府和地方政府的后勤管理和资源支持包括：

（1）总务管理局提供的：

①紧急救援供应。

②机构工作场所。

③办公设备。

④办公用品。

⑤电信（依据科学技术政策办公室关于非战时紧急事件中电信支持的国家计划）。

⑥合同签约服务。

⑦运输服务。

⑧应急反应工作所需的人员。

⑨其他应急支持功能中没有提到的物资，包括多余和过剩物资的管理。

资源支援一直到所有剩余和过剩财产处理完为止。

（2）联邦紧急事务管理局的后勤部门提供联邦机构、公共和私营合作伙伴，以及非政府组织共同履行后勤能力的国家整合程序。该程序遵循以下三个至关重要的原则：

①整合内外部联邦灾害后勤合作伙伴。

②公共和私营合作伙伴，以及非政府组织之间的合作。

③参与应急反应资源的计划、执行、维护和遣返的所有机构之间的沟通。

在应急反应运作期间，通过先前签订的理解备忘录、协议备忘录、机构间协议采购这些资源，或通过联邦紧急事务管理局和总务管理局之间的任务协议获得这些资源。

该文件：

（1）确定应急支持功能7（后勤管理和资源支持）的资源交接程序。

（2）规定后勤管理和资源支持的角色和职责。

（3）提出国家应急反应框架的后勤管理和资源支持功能的运作机制。

（4）描述联邦紧急事务管理局和总务管理局如何与其他联邦机构、州政府、部落政府和地方政府以及私营机构协调后勤管理和资源支持工作，以应对需要联邦协调的突发事件。

3. 政策

保持支持国家应急反应协调中心的应急支持功能7（后勤管理和资源支持）能力。全国的资源支持能力经由国家应急反应协调中心、区域应急反应协调中心或联合现场办公室提供。

区域级的运作机构与受灾的州政府共同初步确定物资和服务需求。资源申请依次向上，直到总部级。主要的人员、设备、材料和日用品由现有的联邦资源提供。不能由联邦资源提供的资源需通过直接采购或捐助予以满足。

总务管理局是资源支持的主要机构。总务管理局需与其他支援机构一起共同提供资源，以有效满足总部级和区域级应急反应工作的需求。资源支持应尽最早完成。

按照现行联邦法律和条例（例如：联邦采购条例），总务管理局所有采购工作应有书面证明文件。法律授权，必要时，可以不必采取“充分且公开竞争”的方式进行采购。所有采购（包括多式联运服务的采购）都应在接到支持国家应急反应框架的后勤管理机构和其他联邦机构的申请时，按总务管理局的法规和行政管理要求进行，并遵循适当的资金票据或报销程序。这些程序在2007年6月17日的联邦紧急事务管理局的理解备忘录，或随后的协议中有说明。

二、运作机制

总务管理局的工作主要在国家应急反应框架的核心文件提及的各种组织机构（如：联合现场办公室、区域应急反应协调中心和国家应急反应协调中心）内进行。

联邦紧急事务管理局的后勤部门采用供应链管理方法管理国家后勤工作，强调所有合作伙伴和利益相关人从头至尾的供应链过程，从用户对材料和服务的需求计划开始，到按州或部落申请交付到灾民手中结束，接受物资的灾民和所有经手机构都应出具接受清单。

国家后勤管理过程的所有层级应制订供应链计划。战略计划应由联邦紧急事务管理局的后勤管理部门制订，并由总务管理局的以下单位提供支持：

（1）应急反应和恢复办公室。

（2）公共建筑服务处。

（3）联邦采购服务处。

联邦紧急事务管理局和总务管理局应派出现场工作人员，支持联合现场办公室、区域应急反应协调中心、国家应急反应协调中心、联邦调度中心和国家后勤中转区的应急支持功能7工作组和后勤部门工作，管理并统计联邦物品和设备；采购物资；提供设备、物品和服务；跟踪资源；帮助选址和运作；协调运输；管理并提供信息技术系统服务和其他行政管理服务。

三、组织

1. 总部级——联邦紧急事务管理局

（1）制订、修订并执行国家后勤计划、政策、程序和原则。

（2）扩充并维持国家后勤支持必需的物资和能力，查明资源状况。

（3）履行指挥、协调和监督国家后勤工作的职责，包括管理联合现场办公室、发放中心和调度中心的资源。

（4）建立并运行国家后勤中转区调度中心。

（5）与其他联邦机构或非政府组织签订机构间协议备忘录、协议备忘录或理解备忘录和备用的后勤合同。

（6）通过国家应急反应协调中心的国家后勤管理中心，协调国家后勤应急反应工作。

（7）提供运输资源和服务合同，支持大规模疏散撤离突发事件附件的实施。

2. 区域级、现场级——联邦紧急事务管理局

（1）制订、修订并执行详细的区域后勤计划、政策和程序，以配合总部级的计划、政策和程序的实施。

（2）在灾难性突发事件的责任范围内，管理、指挥、监督并执行向州、部落、其他联邦机构和联邦紧急事务管理局内部职能部门提供的后勤支持工作。

（3）向联合现场办公室和国家后勤中转区派遣工作人员。

（4）协调国家对联合现场办公室、国家后勤中转区和其他现场机构的后勤应急反应工作。包括选址、架设、声音和数据通信及其他后勤支持服务。

（5）与州、部落和地方应急管理人员或计划人员共同提出并协调区域需求和能力。

（6）和统计分配到区域、联合现场办公室及其责任区的联邦财产和设备。

（7）与其他联邦机构和非政府组织共同执行区域机构间协议备忘录，并订购地方资源。

（8）必要时，经与指定的国防协调官员协调后，与所在区域内的国防部下属机构签订理解备忘录或协议备忘录，为调度中心或国家后勤中转区选定可能的工作场所。

（9）管理、指导或充当合同签订官的技术代表，支持大本营合同的签订工作。

（10）执行定点采购程序。

（11）管理并指挥分配给联合现场办公室责任区的联邦紧急事务管理局签约运输资源。

（12）参与工作总结报告和补救措施意见的编写，并向总部报送，以便纠正不足，交流经验。

3. 总部级——总务管理局

（1）总部级应急支持功能 7 在总务管理局应急协调员的指导下运作。

（2）总务管理局应急协调员，通过华盛顿哥伦比亚特区的中央办公室，协调应急支持功能 7 的支持工作。

（3）在接到需要联邦协调应急反应的突发事件通知之后，总务管理局应急协调员初步决定，需要哪些应急支持功能 7 支援机构提供紧急支援，哪些机构需要做好准备，等候调遣。

（4）应急协调员代表应急支持功能 7 与本土常备组互动，并与区域应急支持功能 7 和其他相关方保持联络。

（5）总务管理局的中央办公室为应急支持功能 7 提供行政管理支持。

4. 区域级——总务管理局

（1）总务管理局的区域行政官员、区域应急协调员，或助理区域应急协调员是应急支持功能 7 区域领导者。

（2）总务管理局的区域行政官员、区域应急协调员，或助理区域应急协调员提供一个由以下一个或多个人员组成的小组：一名区域应急协调员和（或）小组领导、合同签订官员、电信专家、房地产专家或房地产租赁专家（若需要），在区域应急反应协调中心或联合现场办公室协调应急支持功能 7 的支持工作。

（3）区域应急支持功能 7 的领导与房地产专家或房地产租赁专家和国土安全部的代表，以及受灾州或部落的代表共同决定联合现场办公室的工作场所。

（4）应急反应期间，支援机构必要时应派出代表在联合现场办公室 24 小时值班（12 小时轮班）。

（5）对于影响多个州的突发事件，可选择一个开展所有后勤管理和资源支持的工作地点。该地点必须有利于对所有受灾州的支持，并确保与其他应急支持功能协调。计划过程中，该地点由国土安全部和其他应急支持功能共同议定。

四、初期行动和后续行动的后勤管理

按照联邦紧急事务管理局后勤部门采用的供应链管理程序，应急反应行动分成三个阶段，包括6个步骤：

（1）准备阶段：

①确定后勤需求。

②查明后勤资源。

③根据后勤需求配备后勤资源。

④制订并公布后勤政策、程序和计划。

（2）应急反应阶段：

针对突发事件，做出后勤应急反应：初期快速增加后勤支持、后续不断支持。

（3）恢复阶段：

在突发事件之后，做好后勤恢复。

五、初期行动——资源支援

1. 总务管理局总部

一旦接到突发事件可能发生或实际发生的通知：

（1）总务管理局应急协调员或授权代表在接到通知后的两小时内按要求向总部报警，必要时，向区域应急支持功能联系点报警，确保总务管理局的所有内部各方都完全获知进展情况。

（2）必要时，总务管理局应急协调员向支援机构报警。

（3）总务管理局应急协调员按参与应急反应的联邦机构的请求提供支持。

2. 区域级总务管理局

区域应急协调员或助理区域应急协调员控制灾区应急支持功能7运作，并在需要时提供以下支援：

（1）向区域应急反应协调中心派遣一名代表。

（2）从突发事件管理援助队中选派一个小组部署到州应急运作中心，或如果情况需要，可在灾害现场或国土安全部的指定另一个地点部署临时运作机构。

（3）使用预先确定的适用地点作为联合现场办公室的工作场所，并确保在收到国土安全部要求和（或）国土安全部验收后的72小时内可进驻。

（4）提供装备。联合现场办公室所需的通信、办公家具、设备和供应品。

六、后续行动——资源支持

应急支持功能7利用以下程序，提供、保管并统计物品和服务。

（1）在接到办公场所需求的通知后，应急支持功能7通过总务管理局的区域公共建筑服务部门确定联邦所有或租用的现有建筑物是否可用。当没有或没有适用的联邦所有或租用的建筑物时，通知联邦协调官员。应急支持功能7继续与区域的公共建筑服务部门一起工作，帮助在其他地方寻找合适的建筑。

（2）按照科技政策办公室颁布的国家非战时紧急事件电信支持预案提供通信支持。

(3) 发电机设备有以下来源：

①联邦机构拥有的设备重新分配。

②联邦供应计划承包商。

③其他商业来源。

(4) 所需的办公家具和设备从联邦库存调拨或购买。

(5) 办公用品和其他消耗品从供应中心和其他政府调拨或采购。只要有可能，应尽量向灾区的企业和小供货商采购。

(6) 必要时，利用总务管理局的签约供应商，逐一加强联邦紧急事务管理局和其他应急支持功能的采购能力。

(7) 应急支持功能7应储备损坏勘查、评价、建筑物拆毁或修理方面的技术顾问（例如：采购、贮存、运输和工程咨询专家）。

(8) 应急支持功能7应查明供应中心、国防储备中心和客户供应中心的库存物品。

(9) 除上述提到的渠道外，在接到联邦协调官员的申请时，应急支持功能7还可转让联邦个人富余的财产，也可提供其他服务。

七、后勤管理职责

1. 主要机构

作为后勤管理的主要负责机构，联邦紧急事务管理局的后勤部门可根据职能条文规定将其职责作进一步划分。

后勤管理职能包括：

(1) 物资管理包括了解供应品和设备的需求、来源、订购和存量补充、贮存和分发。包括支持联合现场办公室和其他现场运作所需的网络、计算机和通信设备。

(2) 运输管理包括将物资从存放场所和供货商处运送给突发事件受害人的设备和程序，特别强调应急反应初期的大量运输和后续源源不断的运输。运输管理还包括受理并满足其他联邦组织的运输申请。

(3) 机构管理包括存放保管和分发场所的选址、选择和征用。这些机构包括分发中心、调度中心和国家后勤中转区。后勤部门负责设立、管理这些机构，并提供相关的服务，保护和支持联合现场办公室和其他现场（包括大本营中）从事相关作业的突发事件应急反应人员。

(4) 个人财产管理、统计的政策和程序指南，确定并重新利用获得的财产，以支持联邦应急反应工作。

(5) 电子数据互换管理，提供应急资源终端到终端的视频图像。

(6) 计划并与内外用户、联邦部门和私营企业中其他供应链合作伙伴协调。提供最佳做法的综合评价和现有解决方案，改进向用户运送物品和提供服务的方式。

2. 支援机构

表 8

联邦合作伙伴	应急支持功能协调机构	后勤职能												注释
		给养	能源（油和电）	行政给付	石油产品	工程和施工材料	个人需求物品（水和冰）	主要终端物品：移动装置	医用物资	财产管理	设施管理	电信管理	运输管理	
联邦紧急事务管理局	应急支持功能 5	■		■	■	■	■	■	■	■	■	■	■	负责国家应急反应框架的后勤计划和执行。当需要另外的资源时，通过任务指派启动其他应急支持功能
美国农业部食品和营养管理局	应急支持功能 11	■												确定营养援助需求，采购食品，安排食品运送，并发放灾害食品券
美国农业部林务局	应急支持功能 4									■	■	■	■	若有可能，根据分派的任务，指派人员设立调度中心
美国农业部食品安全检验局	应急支持功能 11	■												对食品进行检验，并协调污染食品的处理工作
商务部											■	■		提供建筑物调查专家，采购外部咨询服务
国防部		■		■	■	■	■	■	■			■	■	联邦紧急事务管理局提出申请，经国防部批准
国防部美国陆军工程兵部队	应急支持功能 3		■			■	■	■			■			应急支持功能 3（公用设施和工程）和应急支持功能 6（大众关怀、应急援助、住房安置和人道主义服务）启动时，提供水、冰、施工材料和工程服务。应急支持功能 3 还根据请求，提供现场机动小组和后勤支援组

续表

		后勤职能												
能源部	应急支持功能 12		■											按照应急支持功能 12（能源），协调能源企业提供援助，以满足联邦或州应急反应所需的紧急燃油、润滑油和电力需要
卫生和人道主义服务部	应急支持功能 8								■		■			应急支持功能 8（公共卫生和医疗服务）启动时，提供医疗用品和应急医疗队。向野战医院派遣医疗人员
内务部										■	■	■	■	若有可能，根据分派的任务，指派人员支援调度中心
运输部	应急支持功能 1												■	监控并报告突发事件造成的运输系统和基础设施的损坏。当系统或基础设施被损坏或瘫痪时，协调临时运输替代方案。协调运输系统和基础设施的修复和恢复工作。根据法律规定，协调应急支持功能 1（运输）相关机构开展运输基础设施的预防、准备和减灾工作
退伍军人事务部		■		■		■	■		■		■			为医疗用品和其他医疗服务的采购，提供技术援助
总务管理局	应急支持功能 7			■		■		■			■	■	■	应急支持功能 7 启动时，提供合同签订、区域电信、设施、土地、供应品、运输和人员
国家航空航天管理局											■			提供应急支持工作需要的场地、建筑物、机场和电信服务

八、资源支援职责

1. 主要机构

作为应急支持功能 7 资源支援部分的主要负责人，总务管理局应急协调员负责提供、指导并协调应急支持功能 7 的运作。

总务管理局的区域应急协调员负责协调以下方面工作：

（1）逐一为其他联邦机构寻找、采购并提供应急工作所需的资源，支援联邦应急反应或促进公共安全。

（2）接到请求时，协调联邦富余个人财产的调剂，并协助其配发。

（3）寻找并协调突发事件管理所需工作场所的分配。

（4）核实分发中心和用户供应中心库存的非食用物品，并协调其供应。

（5）当总务管理局没有这些物品时，向供货商或供应商处采购，补充库存。

（6）按照科技政策办公室非战时紧急事件电信支援的国家计划，协调通信设备和服务的采购工作。

（7）支援总务管理局的区域管理员开展资源支持工作。

2. 支援机构

表 9

机　构	职　责
商务部	通过建筑物地震安全跨机构委员会和国家标准与技术研究院的消防研究实验室，提供建筑物调查和外部咨询服务采购方面的技术专家。这是评估损坏的联邦和非联邦建筑和生命线的工程（例如：公用工程和公用设施）火灾安全所必需的程序
能源部	按照应急支持功能 12 的规定，协调能源企业提供援助，满足地方、部落、州或联邦资源或行动不足以满足的紧急燃油、润滑油和电力需要
国土安全部	（1）充当向联邦政府、州政府、部落政府和地方政府提供后勤支援的联络人。 （2）必要时，向合同签订官员提供区域应急反应协调中心、突发事件管理援助组或国家应急反应协调中心的后勤部门或运作部门的技术代表，支持应急支持功能 7 签订采购合同 （3）提供负责财产的官员，确保符合财产管理条例，并负责突发事件管理协助组的联邦财产管理
	国家网络安全部办公室国家通信系统： 必要时，按照支持应急支持功能 2（通信）的规定，帮助协调灾区内的电信企业
劳工部	提供技术人员，协助鉴别和招收支持应急反应工作所需的专业人员。区域级的就业工作团提供能够支援所需的学生和教师。矿山安全和卫生管理局提供工程服务，确定事件的原因和地点，进行结构整体分析，并提出减灾建议

续表

机构	职责
运输部	提供运输基础设施状况信息
退伍军人事务部	(1) 提供医疗用品和其他医疗服务的鉴定和采购方面技术援助。 (2) 提供熟知联邦采购和分发工作的人员。 (3) 必要时，要提供计算机操作支持
国家航空与航天管理局	提供应急支持工作需要的场地、建筑物、机场和电信服务
人事管理局	鉴别、查找支援突发事件工作所需的人员，必要时，经与总务管理局协调后招收支援突发事件工作所需的人员

第八章　应急支持功能 8
——公共卫生与医疗服务

协调机构： 卫生与人道主义服务部

主要机构： 卫生与人道主义服务部

支援机构： 农业部、商务部、国防部、能源部、国土安全部、内务部、司法部、劳工部、国务院、运输部、退伍军人事务部、环境保护总署、总务管理局、美国国际开发署、美国邮政局、美国红十字会

一、引言

1. 目的

应急支持功能 8（公共卫生和医疗服务），为联邦援助州政府、部落和地方政府，增加应对实际发生和可能发生的卫生和医疗灾害或紧急事件的应急反应资源，提供协调机制。本附件中通篇使用“医疗需求”这一术语。公共卫生和医疗服务包括突发事件受害人和应急反应人员的精神健康、行为健康、药物滥用事项有关的医疗需求。服务还包括满足流行性传染病和各种灾害准备法以及国家应急反应框架术语表列出的那些处于危险状态的人群和有特殊需要人群的医疗需求。这些人可能在突发事件之前、期间和之后都有医疗需求和其他功能需求。

公共卫生和医疗服务包括满足突发事件受害人和应急反应人员因精神健康和滥用药物引发的行为健康医学需求，这部分人相当于核心文件中定义为需要额外医疗、兽医和动物健康紧急援助的人群。

2. 范围

应急支持功能 8 在以下核心功能方面向州政府、部落政府和地方政府提供补充援助：

（1）评估公共卫生或医疗需求。

（2）卫生监督。

（3）医疗护理人员。

（4）卫生、医疗和兽医设备和用品。

（5）病人撤离。

（6）病人护理。

（7）药品、生物制剂和医疗设备的安全和保卫。

（8）血液和血液制品。

（9）食品安全和保卫。

（10）农业安全和保卫。

（11）各种灾害的公共卫生和医疗咨询、技术援助和支持。

（12）行为卫生护理。

（13）公共卫生和医疗信息。

（14）带菌者控制。

（15）饮用水，或废水和固体废物处理。

（16）大规模死亡管理、受害人鉴别和遗体消毒。

（17）兽医医疗支援。

3. 政策

卫生与人道主义服务部部长领导针对国家应急反应框架提及的公共卫生紧急事件和突发事件的所有联邦公共卫生和医疗应急反应工作。公共卫生和医疗应急反应针对那些需要医疗护理的人的医疗需求和其他功能需求问题，包括帮助和支持这些人不受支配、与他人便利沟通、方便利用运输工具或需要的监护。

如果发生公共卫生紧急事件，卫生与人道主义服务部部长应根据需要，统一调度、指挥联邦公共卫生和医疗应急反应的资源（除军队资源除外，军队资源仍在国防部长的领导和控制之下）。

卫生与人道主义服务部部长通过负责准备和应急反应的部长助理办公室协调国家应急支持功能 8 的准备、应急反应和恢复行动。这些行动不改变、也不妨碍应急支持功能 8 的任何支援部门或机构的现有职权。

卫生与人道主义服务部协调应急支持功能 8 的应急反应行动，这些行动应当与内部政策和程序（例如：卫生与人道主义服务部公共卫生和医疗紧急事件应急预案的运作机制和国家灾害医疗系统 4 个合作伙伴的协议备忘录）保持一致。

在接到卫生与人道主义服务部的协调指示后，应急支持功能 8 支援机构负责管控各自的应急反应资源。

卫生与人道主义服务部应急反应中心应急管理组，协调全国的应急支持功能 8 运作，对准备和应急反应的部长助理办公室负责，并与国家应急反应中心保持联系。

参与应急反应行动的所有总部和区域组织（包括参与其他应急支持功能的那些组织）都应向其派驻国家应急反应协调中心、区域应急反应协调中心、或联合现场办公室（（若启动）的应急支持功能 8 的代表报告公共卫生和医疗要求。

为协调与突发事件公共信息发布而设立的联合信息中心（JIC），经授权向公众发布一般医疗和公共卫生应急反应信息。如有可能，经授权的州、部落或地方公共卫生和医疗界发言人应发布本辖区的地方公共卫生信息。与卫生与人道主义服务部协商后，来自其他联合信息中心的公共事务领导官员也可发布一般的医疗和公共卫生应急反应信息。

在动物疾病爆发事件中，与应急支持功能 11（农业和自然资源）协调后，也可发布公共信息。在油品、化学、生物或放射性环境污染突发事件中，应急支持功能 8 应与应急支持功能 10（油品和危险材料应急反应）协调公共卫生信息发布事宜。

作为应急支持功能 8 的领导机构，卫生与人道主义服务部负责审核所有发布公共卫生和医疗信息的申请，必要时，组建联邦公共卫生和医疗专家组，并负责向专家组咨询。

二、运作机制

接到通知后，负责准备和应急反应的部长助理代表应急支持功能 8 向卫生与人道主义服务部确定的以下机构代表报警：

（1）本土应急反应常备组。

（2）国家应急反应中心（计划部门或值班部门）。

（3）国家应急反应协调中心。

（4）区域应急反应协调中心或联合现场办公室。

（5）国家应急反应队或区域应急反应队。

（6）联合信息中心。

（7）承担应急支持功能 8 职责的其他联邦应急反应中心、州应急反应中心或部落应急反应中心。

卫生与人道主义服务部通知并要求所有支援部门和机构参与总部的协调工作。负责准备和应急反应的部长助理可以要求应急支持功能 8 支援机构和组织，向卫生与人道主义服务部总部的指挥地点派驻联络员。

卫生与人道主义服务部总部和应急支持功能 8 职员应当为区域应急支持功能 8 办公室提供联络和通信支援。

卫生与人道主义服务部和联邦支持合作伙伴应当协助区域应急支持功能 8 的工作人员开展工作。

区域应急反应协调中心或联合现场办公室的应急支持功能 8 的工作人员应当开展危险分析、评估并确定满足任务目标所需的能力，向州、部落和地方医疗和公共卫生官员提供所需的公共卫生与医疗支持和医疗援助。

在突发事件的早期阶段，可能很难全面评估情况，也很难核实所需的援助级别。在这种情况下，卫生与人道主义服务部可在自己的法定权限范围内提供援助。在这些情况中，提供援助前，应尽量合理地审核需求。

在应急反应期间，卫生与人道主义服务部主要负责公共卫生和医疗援助的分析，根据行动请求表格中需求、公共卫生最新状况报告和评估，确定适当级别的应急反应能力。

三、组织

1. 总部级

卫生与人道主义服务部部长领导应急支持功能 8 的应急反应工作。应急支持功能 8 启动时，由负责准备和应急反应的部长助理协调。一旦启动，应急支持功能 8 职能由应急管理组通过部长应急反应中心协调。

在初始启动期间，卫生与人道主义服务部召集由应急支持功能 8 支援部门和机构以及来自州、部落和地方官员的公共卫生和医疗代表参加的音频和视频电话会议，分析情况，并决定采取相应的初步应急反应行动。

卫生与人道主义服务部向支援组织报警，并请求支援组织向应急管理组派遣代表，以提供联络支持。

必要时，咨询来自卫生与人道主义服务部及应急支持功能 8 组织的公共卫生和医疗方面的专家（专家应有一定的代表性，如：儿科方面的专家、残疾人方面的专家、老人方面的专家和急诊或慢性病方面的专家）。

2. 区域级

卫生与人道主义服务部按照内部政策和程序协调应急支持功能 8 前线应急反应活动。

卫生与人道主义服务部可指派一位高级卫生官员，担任联合现场办公室的联邦高级卫生官员。

区域应急支持功能 8 的工作人员应作好快速部署的准备，充当突发事件应急反应协调先遣队，向受灾地区提供应急支持功能 8 初期的支持。待情况明了时，突发事件应急反应协调先遣队将从卫生与人道主义服务部和合作机构得到加强，转变成能够提供应急支持功能 8 全面支持（包括医疗指挥和控制）的正式突发事件应急反应协调组。

区域应急支持功能 8 工作人员包括派往区域应急反应协调中心和（或）联合现场办公室的代表。这些代表在突发事件期间，必要时 24 小时轮流值班。

四、初期行动

在接到公共卫生或医疗紧急事件实际发生或可能发生的通知后，卫生与人道主义服务部的应急管理组应立即增加人员。国家应急反应协调中心启动时，卫生与人道主义服务部与应急支持功能 8 相关的支援组织磋商，按照下面列出的职能确定援助需求。

1. 公共卫生或医疗需求评估

卫生与人道主义服务部与国土安全部合作，动员并部署应急支持功能 8 的人员，支援国家评估组或区域评估组，开展公共卫生和医疗需求评估，包括危险人群需求，诸如：为英语能力差的人提供语言援助服务，为残疾人提供食宿和服务。这一功能还包括对卫生护理系统或机构的基础设施的评估。

2. 卫生监控

卫生与人道主义服务部与支援部门和机构协调一致，加强现有的监控系统，监控一般人群和有医疗需求人群的健康；进行现场调查和研究；监控受伤和疾病形式及潜在的疾病爆发、血液和血液产品生物警觉性、血液供应等级；并提供疾病和受伤预防及防范方面的技术援助和咨询。

3. 医疗护理人员

医疗应急反应能力由卫生与人道主义服务部内部机构（如：美国公共卫生服务团、国家灾害医疗系统和联邦行政事务部门雇员）提供，得到应急支持功能 8 支援组织的支援。

（1）应急支持功能 8 可申请国防部支援死亡清理和中转和病人处理，以及监控和实验室诊断支援。

（2）应急支持功能 8 可以从退伍军人事务部寻求个人临床公共卫生和医疗护理专家，协助州、部落和地方的公共卫生和医疗人员。

（3）应急支持功能 8 可雇用市民志愿者，如：医疗储备公司，协助州、部落和地方的公共卫生和医疗人员。

4. 卫生、医疗或兽医设备和供应品

除了从国家战略储备库调用物资外，应急支持功能 8 还可向国防部或退伍军人事务部申请提供医疗设备、耐久医疗设备和供应品，包括医疗、诊断和射线检查设备、药品和生物制品，支援医疗应急反应工作，并在巨灾或重大紧急事件受灾区重新储备卫生护理设备。需要兽医应急反应时，可向国家兽医储备库申请物资，国家兽医储备库由美国农业部动植物卫生检验局管理。

5. 病人撤离

应急支持功能 8 负责将重病病人（重病说明病人的病或伤情是如此严重，应立即给予护理，但不会危及生命）或受伤病人和从灾区聚集来的有医疗需要的受灾人群运送到指定的接收机构。应急支持功能 8 协调联邦应急反应，支援伤员的分诊和院前治疗、病人跟踪和分布。这一工作与联邦、州、部落、地区和地方应急医疗服务官员协调。

应急支持功能8可通过国家救护运送合同向国防部、退伍军人事务部和联邦紧急事务管理局提出支援重病或重伤病人撤离的请求。支援可包括提供运输设备，运作国家灾害医疗系统的联邦协调中心并向该中心配备人员，处理并跟踪从集中点运送到最终接收机构的病人。

国防部是唯一公认的负责管理和跟踪利用国防部运输工具运送病人的联邦合作伙伴。

6. 病人护理

应急支持功能8可向卫生与人道主义服务部的各部门分派任务，雇用行政部门人员、美国公共卫生服务团官员、区域官员；指派州政府雇用市民志愿者；请求退伍军人事务部和国防部提供现有的人员，支援需要撤离的重病、重伤灾民或慢性病患者的院前伤员分诊和治疗、医院住院病人护理、门诊病人服务、配药服务和牙医护理。

应急支持功能8可协助隔离和检疫，也可协助大众预防和疫苗接种。如有必要，提供卫生护理的人员和支援人员应当对病人信息保密，包括遵循健康保险携带和责任法案规定的保密和安全标准。

7. 药品、生物制品和医疗设备的安全和保卫

应急支持功能8可要求卫生与人道主义服务部下属的各部门采取安全保卫措施，也可向业界提出安全保卫建议，确保人用药品和兽医药品、生物制品（包括血液和接种疫苗）、医疗设备（包括放射性设备和屏蔽设备）和其他管制产品的管制工作安全有效。

8. 血液、器官和血液组织

应急支持功能8可向卫生与人道主义服务部的各部门指派任务（也可请求应急支持功能8的其他合作组织协助），监控血液、器官和血液组织，确保其安全、可用，符合物流作业的要求。确保现有的供应链能满足这些产品的制造、测试、贮藏和分发工作的需要。

9. 食品安全和保卫

应急支持功能8与应急支持功能11协调，向卫生与人道主义服务部下属各部门指派任务，也可请求应急支持功能8的其他合作组织协助，确保联邦管制食品的安全。（注：卫生与人道主义服务部通过食品和药品管理局对所有本土和进口的食品有法定的管制权力，但肉、家禽和鸡蛋产品属于美国农业部的食品安全检验局管辖。环境保护总局制定农药残余量标准。）

10. 农业安全和保卫

应急支持功能8与应急支持功能11协调，向卫生与人道主义服务部下属各部门指派任务，确保用于食品生产的动物、动物饲料和动物治疗安全。（注：卫生与人道主义服务部通过美国农业部管理动物饲料，对食用动物和陪伴动物的治疗和非治疗动物药品的使用有法定的审批权。）

11. 工作人员的安全和卫生

按照美国劳工部的协议，劳工部是联邦工人安全和卫生的领导机构。应急支持功能8或卫生与人道主义服务部是支援机构。详细资料，请参见国家应急反应框架的工人安全和卫生支持附件。

12. 各种灾害的公共卫生和医疗咨询、技术援助和支持

应急支持功能8可向卫生与人道主义服务部下属的各部门和区域官员指派任务（也可请求其他应急支持功能8的合作组织提供援助），评估各种灾害对公共卫生、医疗和兽医医疗的影响。这些任务包括评估一般人群和高危险人群的感染；进行现场调查，包括收集和分析相关样品；提出防范人和动物直接感染和通过污染的食品、药品、水源和其他媒介间接感染的保护措施建议；提供受伤或被污染者的治疗、隔离和消除污染方面的技术援助和咨询。在州官员、部落官员和地方官员主要负责受害人的隔离和消除污染操作时，应急支持功能8可调用国家医疗应急反应队，帮助受害人消除污染。

13. 行为卫生关照

应急支持功能8可向卫生与人道主义服务部下属的各部门指派任务（也可请求其他应急支持功能8的合作组织提供援助），评估精神卫生和滥用药物导致的需求，包括情感上和心理上的关怀、心理急救、行为或认知局限性，这些都需要援助或监督；为工作人员提供灾害心理卫生培训材料；协助联邦、州、部落或地方负责精神卫生和滥用药物方面的官员开展评估、培训和相关活动；必要时，提供咨询。

14. 公共卫生和医疗信息

应急支持功能8提供公共卫生、疾病和伤害防范方面的信息，使用英语能力差的人群和残疾人可以理解的语言和方式，向灾区或邻近灾区的一般公众传播这些信息。

15. 传病媒介控制

应急支持功能8可向卫生与人道主义服务部下属的各部门指派任务（必要时，请求其他应急支持功能8的合作组织援助），评估传染病媒介的威胁；开展现场调查，包括采集相关样品和实验室分析；提供传病媒介控制设备和用品；为防范传病媒介致病提供技术援助和咨询；提供传病媒介致病的医疗处理方面的技术援助和咨询。

16. 饮用水、废水和固体废弃物的公共卫生

应急支持功能8可向卫生与人道主义服务部下属的各部门指派任务（也可请求其他应急支持功能8的合作组织援助），评估饮用水、废水、固体废弃物的处理，评估与公共卫生有关的其他环境卫生问题（如评估零售和医疗机构持有、准备和（或）供应的食品、药品或医疗设备），检验和应对污染水造成的公共卫生影响；进行现场调查，包括采集相关样品和实验室分析；必要时提供设备和用品，提供技术援助和咨询。

17. 大规模死亡事故管理

接到州官员、部落官员或地方官员请求时，应急支持功能8应协调其合作伙伴，协助当地法医学当局和执法机构搜寻并记录死者的遗体和个人物品；降低因化学污染、生物污染或放射性污染致死的尸体和疑似因化学污染、生物污染或放射性污染致死的尸体造成的危害；设立临时陈尸所；确定死亡原因和死亡方式；以同情和文明的方式从亲属处收集并记录死者身前资料；利用科学手段（例如：牙齿、病理学、人类学、指纹和其他方法、DNA取样）鉴定遗体；给尸体美容，做冷冻处理，妥善保管死者遗物，并在可能情况下，将遗体和遗物移交给亲属；提供死亡管理和殡葬方面的技术援助和咨询。如异地安葬，应急支持功能8应协助做好尸体鉴定和重新入殓，及公墓重新安葬工作。

应急支持功能8可向卫生与人道主义服务部下属的各部门指派任务（必要时，请求其他应急支持功能8的合作组织援助），协助死者亲属认领尸体。

18. 兽医支持

应急支持功能8应向应急支持功能11提供兽医援助。支援应当包括改善动物疾病和研究性动物的护理（应急支持功能11没有所需的专业技术提供相关援助时）。

应急支持功能 8 应按应急支持功能 11 的请求提供援助，做好食用动物的饲料和药品安全工作，保护牲畜、陪伴动物和服务性动物的健康。应急支持功能 8 应当与应急支持功能 6（大众关怀、应急援助、住房安置和人道主义服务）、应急支持功能 9（搜索与营救）和应急支持功能 11 一道，共同支援联邦紧急事务管理局，采取集成化的应急反应行动，做好家养宠物、服务性动物和陪伴动物的安全和卫生工作。

19. 应急支持功能 8 对应急支持功能 6 的支持

应急支持功能 8 支持应急支持功能 6，为有医疗需求的人群提供公共卫生方面的专门技术和指导。

五、后继行动

总部级和区域级：

应急支持功能 8 持续收集并评估突发事件信息。应急反应管理组、应急支持功能 8 区域工作人员、应急支持功能 8 派驻区域应急反应协调中心或联合现场办公室的联络人员，应持续不断地工作，查明公共卫生和医疗问题的性质和范围，并建立相应的监控和公众监督机制。其他信息源可能包括：

（1）州突发事件管理当局。

（2）负责灾害现场工作的当地官员。

（3）应急支持功能 8 支援机构和组织。

（4）突发事件区域内的各类联邦官员。

（5）州卫生官员、农业官员或动物卫生官员。

（6）州应急医疗服务当局。

（7）部落官员。

由于公共卫生和医疗应急反应的复杂性，可能要求应急支持功能 8 的专家审查公共卫生和医疗信息，提出具体的战略建议，以最佳方式管理和应对具体情况。

1）公共卫生或医疗应急反应队的启动

卫生与人道主义服务部下属各部门是应急支持功能 8 应急反应资源的一部分，可直接部署。由应急支持功能 8 提供的公共卫生和医疗人员和医疗队，应根据联邦紧急事务管理局指派的任务部署。

2）医疗运输请求的协调

在重大公共卫生和医疗紧急事件中，地方运输资源可能满足不了需要。应急支持功能 8 与联邦紧急事务管理局协调，为州、部落和地方请求的联邦医疗支援提供运输服务，包括向有医疗需要的人群提供方便的运输服务。

3）医疗设备和供应品采购、组装和运送方面的协调

应急支持功能 8 应当与联邦紧急事务管理局、退伍军人事务部、国防部、总务管理局和其他联邦合作伙伴协调，根据需要，安排采购并运输医疗设备、医疗器材和医疗消耗品。

4）通信

应急支持功能 8 应建立必要的通信系统，以便有效地协调联邦公共卫生、医疗和兽医援助。

5）公众事务信息请求

接到各方面（如媒介和一般公众）的信息申请后，转交到应急支持功能 15（对外事务），以便其采取行动和应急反应。应急支持功能 8 可提供语言援助服务，如：各种语言的口语翻译、与聋哑人交流的电信设备、盲文媒体，帮助公众交流。

6）总结报告或经验教训总结

突发事件结束后，应急支持功能 8 起草工作总结报告和经验教训报告。这些报告应确定关键问题，表明问题解决的方法，并提出应急反应工作改进的建议。应急支持功能 8 应请求所有受支援的机构和支援机构提供素材，并组织协调工作总结报告和经验教训报告的起草工作。

六、职责

1. 主要负责机构——卫生与人道主义服务部

（1）领导联邦向灾区提供公共卫生和医疗援助的工作。

（2）协调卫生与人道主义服务部的应急管理组的人员配备，以支持应急反应工作。

（3）请求应急支持功能 8 的相关组织，启动并部署公共卫生、医疗和兽医医疗人员、医疗设备和医疗用品，以便对申请联邦公共卫生和医疗援助的请求做出响应。

（4）调用卫生与人道主义服务部的人员（美国公共卫生医疗队、国家灾害医疗系统、联邦行政部门和市民志愿者），满足公共卫生、医疗和兽医医疗方面的需求。

（5）协助并支援州官员、部落官员和地方官员，监控院内病人污染，并管理内部消毒的药品。

（6）协助州官员、部落官员和地方官员建立潜在感染人员登记制度，调整用药剂量，并长期监控有潜在长期健康影响的人群。

（7）将血液库存和安全信息系统用作应急支持功能 8 启动的基线数据，全年秘密监控血液和血液产品的供应。

（8）联系美国血液银行协会国际特遣队，请求其按照本土灾害和恐怖主义法的规定，协助后勤需求，协调国家公众献血需求信息的发布。

（9）监控血液和血液产品短缺和储备情况，包括血液供应的安全性和有效性。

（10）根据需要，启动国家灾害医疗系统，支援应急反应行动。

（11）根据相关的威胁信息，对国家战略储备和联邦医疗站的部署或调整申请进行评估。

（12）在整个突发事件期间，与其他负责部门、机构和政府以及支援部门、机构和政府协调公共卫生和医疗支援、病人撤离和运送工作。

（13）与其他负责的联邦机构（如：美国农业部）协调，确保食品供应安全可靠。与州官员、部落官员和地方官员合作，评估灾区的食品生产、食品加工、食品分发、食品服务和食品零售企业是否能够提供安全可靠的食品。

（14）与州官员、部落官员和地方官员以及食品业合作，追回或召回劣质产品。

（15）与联邦官员、州官员、部落官员和地方官员合作，确保正确处理被污染的产品，并对受污染的食品机构进行消毒，确保公众卫生安全。

（16）承担环境、食品和卫生顾问组成员的职责，对放射性突发事件的公共卫生事务提供支援。

2. 支援机构

表10

机　构	职　　责
农业部	（1）如有可能，提供相关的人员、设备和供应品，主要为部署的联邦公共卫生和医疗队提供通信设备、飞机和大本营建设。为各单位提供培训和充足的可用设备。支援工作可与应急支持功能4（消防）或美国农业部林务局灾害和应急反应机构联系。 （2）承担环境、食品和卫生顾问组成员的职责，支援放射性突发事件的公共卫生事务。 美国农业部还从以下方面支援本土突发事件的多机构应急反应工作： （1）提供营养援助。 （2）控制并扑灭高传染性或对经济有毁灭性打击的动物疾病的爆发。 （3）与联邦其他负责机构协调或机构联合体共同确保食品安全和供应。 （4）与动植物卫生检验局应急管理中心协调一致，提供相关的人员、设备和供应品。支援工作主要是协调因病致死动物尸体的处理，家畜动物卫生保健，预防家畜动物疾病传播等工作，并为家养宠物的安全和健康提供技术援助和专业知识
商务部	**国家海洋和大气管理局：** 提供接近实时的释放到大气中的放射性物质和有害物质的运移、扩散和剂量预测信息，以便当局以采取人员避难和撤离等保护措施
国防部	（1）向国防部国家灾害医疗系统的联邦陆、海、空三军协调中心报警，发布专门的报告或管制指导，支援突发事件救援工作。 （2）向国防部国家灾害医疗系统的联邦陆、海、空三军协调中心发布，阶段性、区域性，必要时全国性启动国家灾害医疗系统接收病人的预案的警报。 （3）响应卫生与人道主义服务部的请求，提供支援，协助将病人和有医疗需要的人群撤离到有医院护理或有门诊服务条件的地区。 （4）与国家灾害医疗系统的医疗跨机构协调组协调，利用国防部现有的运输资源，将突发事件影响区内或邻近的区域内的受害人或病人撤离到国家灾害医疗系统的病人接收区，并做好受害人或病人的管理工作。 （5）为公共卫生或医疗应急反应工作提供有效的后勤支援。 （6）提供现有的医疗人员，执行伤员的清理或转运，以及其他必要的任务，包括空中医疗撤离和医疗处理。经援授权且必要时，动员并部署现有的预备队和国民警卫队医疗单位。 （7）组织附近的国家灾害医疗系统下属的医院、退伍军人事务部下属的医院和可提供护理的国防部军队医疗机构，做好病人的接收、跟踪和管理。 （8）提供现有的军队医疗人员，协助应急支持功能8，开展公共卫生工作（诸如：食品、水、废水、废物处理、传病媒介、卫生保健和其他环境方面的卫生工作）。 （9）提供现有的军事兽医人员，协助应急支持功能8人员，开展动物医疗处置工作。 （10）按可偿还方式，提供国防部现有医疗供应品，分发给大众关怀中心和为突发事件受害人开办的医疗护理点。 （11）提供现有的应急医疗支援，帮助灾区和周围邻近区域内的州官员、部落官员或地方官员。援助范围包括伤员的诊疗分类、医疗处理、心理卫生援助和使用灾区或邻近区域内国防部尚存的医疗机构。

续表

机　构	职　责
国防部	（12）如有可能，提供尸体管理方面的援助，包括尸体识别、殡葬事务和尸体临时停放。 （13）指派国防协调官员、应急准备联络官员和区域联合医疗规划人员，提供评估和危机管理支持。 （14）与卫生与人道主义服务部协调，提供血液产品。 （15）与卫生与人道主义服务部协调，提供医疗监视、实验室诊断和确诊检验
	美国陆军工程兵部队： 必要时，通过应急支持功能3（公用工程和工程设施）提供技术援助、设备和医疗用品，支援卫生与人道主义服务部紧急修复已损坏的那些影响公共卫生和医疗机构运转的公用事业设施。如果发生灾难性大规模死亡突发事件，协助做好尸体临时停放工作
能源部国家核安全管理局	（1）按照各州与卫生与人道主义服务部共同制定的标准，协调联邦外部监控资源，清除放射性紧急事件造成的污染。 （2）与其他联邦机构和州机构共同提供人员和设备（包括出入监视器），支援初步筛查，并协助州、部落和地方的人员对离开污染区的人员进行筛查或清除污染
	放射性援助计划： （1）提供区域资源（包括人员、专业化设备和供应品），评估、控制并减轻放射性对工作人员和公众的危害。 （2）为受害人清除污染提供特别援助。 （3）协助州官员、部落官员或地方官员监控和监视突发事件区域
	国家大气排放顾问团： 提供接近实时的释放到大气中的放射性物质和有害物质的移动、扩散和含量预测信息，以便当局采取人员避难和撤离等保护措施
	联邦放射性监控与评估中心： 协助公共卫生和医疗当局测定放射性剂量；协助环境放射性信息和数据的收集协调工作；协助数据样品的综合分析、评价、评估和解释；并提供技术资料
国土安全部	（1）与应急支持功能2（通信）协调，提供通信支持。 （2）通过国土安全信息网，了解情势进展，并用常规运行图进行标示。 （3）协助提供信息，或协助与国家灾害医疗系统联邦协调中心的应急管理官员联络。 （4）确定并安排使用国土安全部美国海岸警卫队的飞机和其他资源，提供紧急空运和其他运输支援。 （5）指挥核突发事件应急反应组，确保核突发事件应急反应组按照核（放射性）突发事件附件规定与应急支持功能的主要负责机构和指定的机构协调应急反应工作。 （6）通过跨机构模拟与大气评估中心，对大气中排放的有害物质进行预测，支持应急反应工作。跨机构模拟与大气评估中心是突发事件期间唯一代表联邦政府，协调和发布联邦扩散模拟与有害物质预测结果的单位。 （7）通过美国海岸警卫队，实施国际检疫隔离，海关和边界保护，入境和海关监管方面的执法行动

续表

机　　构	职　　责
国土安全部	**联邦紧急事务管理局：** （1）为应急支持功能8医疗队的部署，提供所需的后勤支援，协调动员中心或中间集结区的使用，物资运输，灾害燃料供应，应急餐和饮用水供应，大本营服务，供应品和设备补充，国土安全部管理的所有应急反应方面的国家合同和跨机构协议的执行。 （2）利用全球定位系统（GPS）跟踪服务功能，绘制并报告应急支持功能8的资源到达的地点，提供应急支持功能8所有资源分布的可视化信息。 （3）协助安排运输工作，支持重病员和特殊需要的病员撤离。 （4）通过移动应急反应支持系统，提供各种类型的通信支援（即：调用卫星和射频/无线电通信）
	基础设施保护办公室： 提供了解的情况，协调跨行业行动，提出关键基础设施和重要资源的保护重点
内务部	如有可能，提供相关的人员、设备和供应品，主要为部署的联邦公共卫生和医疗队提供通信设备、飞机和大本营建设。为各单位提供培训和充足的可用设备。支援工作可与应急支持功能4（消防）或内务部应急反应中心联系
司法部	（1）通过联邦调查局协调，协助遇难者身份鉴别。 （2）向州官员、部落官员或地方官员提供尸体鉴定方面的法律建议。 （3）向卫生与人道主义服务部提供可信威胁的相关信息或可能威胁公共卫生的其他情况。这项支援通过联邦调查局总部协调。 （4）必要时，为国家战略储备提供安全保卫，提供所需血液和血液产品供应的安全运送，提供检疫隔离执法援助。 （5）建立成人失踪呼叫中心，并协助处理案件。 （6）与应急支持功能8和应急支持功能13（公共安全和保卫），共享失踪成人数据，支援尸体和重伤人员的鉴别。 （7）支援地方死亡地点调查和证据恢复
劳工部	（1）协调合作机构和私人机构的安全卫生力量，在突发事件指挥系统范围内提供技术援助，并对工作人员感染进行评估，对应急反应人员和工作人员的风险进行管理。这项援助包括不间断每天24小时现场安全监控；工作人员感染监控；健康监控；取样和分析；制订并监督现场具体安全卫生计划；个人保护设备的选择、分配、培训和防毒面罩的配合检验。 （2）在应急支持功能8部署期间，提供管理现场工作人员安全卫生的人员和管理支援
国务院	（1）协调与化学、生物、放射性和核突发事件和跨境的威胁事件以及有国际影响的自然发生的疾病爆发事件等有关的国际工作。通过与外国和其他国际相关机构协调，制订应对有国际影响事件的方案（例如：疾病扩散、检疫、隔离、行程限制、药品供应和分配、难民安置等应急方案），并协助实时沟通美国采取的行动和美国应对有国际影响事件的方案实施进展情况。 （2）协助协调外国提供的支援、赠品、礼物、捐赠或其他援助。包括与合作国家协调，确定美国提出的应对突发事件所需的紧急援助。 （3）向美国大使馆、领事馆提供卫生和医疗服务信息

续表

机　构	职　责
运输部	（1）与国防部、总务管理局和其他运输提供机构合作，提供技术援助，确定并安排各种类型的运输，如：航空、铁路、海运、机动车和残疾人方便上下的运输工具。 （2）与联邦航空管理局协调，支持重要空运任务的空中交通管制。 （3）根据应急支持功能8的请求，提供技术支持。根据运输部的法定职责和资源情况，协助安排后勤运送工作（如：供应品、设备、血液供应等运送工作）
退伍军人事务部	接到请求时，根据资源、资金情况和退伍军人事务部的使命，向退伍军人提供优先服务。 （1）协调参与国家灾害医疗系统的医院，向受大灾难或突发事件影响的国家灾害医疗系统确定的受益人提供与突发事件有关的医疗护理。 （2）向大灾难或突发事件的应急反应人员、参与人员或受影响的其他人员，包括现役军人，提供退伍军人事务部所属医院的护理和医疗服务。 （3）指定并部署有资格的内科、外科、精神卫生和其他卫生服务支援资源。 （4）部署放射性应急医疗队，提供电离辐射及其污染物致伤伤员和病人医疗管理方面的技术咨询。 （5）向退伍军人事务部的联邦协调中心报警，并提供支持突发事件救援工作报告的指南。 （6）向退伍军人事务部的联邦协调中心发出阶段性、区域性，必要时全国性启动国家灾害医疗系统接收病人的预案的警报。 （7）在国家或国土安全紧急事件期间，埋葬并追悼符合条件的死亡退伍军人，并就死者的埋葬方法提出建议
环境保护总署	（1）提供技术援助和环境信息，评估有害物有关的公共卫生或医疗方面情况，包括提供解决上、下水系统问题的技术和政策援助，维持关键医疗卫生机构运转。 （2）通过联邦放射性监控和评估中心和环境、食品和卫生顾问组，针对放射性突发事件的公共卫生问题提供支援。 （3）协助确定供水、废水收集和处理的替代方案，确保关键医疗卫生机构运转。 （4）在需要临时埋葬和（或）尸体被污染时，提供环境方面的技术援助（如：空气监测）和信息
总务管理局	接到请求时，提供应急支持功能8要求的资源支援，满足受灾人群的需求
美国国际开发署	外国灾害援助办公室：协助跟踪和分派国际支援队伍
美国邮政局	必要时，协助向受大灾难或突发事件影响的一般公众发布医疗信息，运送药品
美国红十字会	（1）对大众关怀避难所、联合现场办公室、所选择的突发事件清理区域和主要负责机构认为必要的其他现场的轻微伤病员提供急救服务，包括基本急救和运送到合格的医疗人员和医疗机构救治，提供鼓励性安慰和卫生护理。 （2）提供现有人员协助社区卫生人员。 （3）向死者亲属、伤员和事件影响的其他人提供心理安抚。 （4）与联邦官员、州官员、部落官员和地方官员协调，为陪伴的家庭成员或需要照顾的人提供服务，支持国家灾害医疗系统的撤离计划。

续表

机　构	职　责
美国红十字会	（5）提供合格的人员，帮助临时救济院、免疫诊所、陈尸所、医院和疗养院。援助内容包括为明确界定的范围内提供行政支援、后勤支援或卫生服务支援。 （6）向伤病员家属告知现有的卫生资源和服务，并做适当的推荐。 （7）接到卫生与人道主义服务部请求时，与美国血液银行协会的跨组织特遣队协调，依据本土灾害和恐怖主义法，通过区域血液中心，提供所需的血液产品和服务。 （8）与政府机构协调，通过“安全与健康”网站支援离散家庭的重聚。 （9）向关心动物卫生护理、安全或福利的人推荐美国兽医医疗协会灾区的联系人。这些联系人都是加入全国、州、县或地方兽医协会的兽医

第九章　应急支持功能 9
——搜索与营救

协调机构： 国土安全部联邦紧急事务管理局

主要机构： 国土安全部联邦紧急事务管理局
国土安全部美国海岸警卫队
内务部国家公园管理局
国防部美国空军

支援机构： 农业部、商务部、国防部、卫生与人道主义服务部、国土安全部、司法部、劳工部、国家航空航天管理局、美国国际开发总署

一、引言

1. 目的

当启动应急支持功能 9（搜索与营救）应对实际发生或可能发生需要协调联邦应急反应的突发事件时，应急支持功能 9 快速部署联邦搜索与营救应急反应系统的成员机构，向州当局、部落当局和地方当局提供专业搜索与营救援助。

2. 范围

联邦搜索与营救应急反应系统由实际发生或可能发生需要协调联邦应急反应的突发事件期间提供专业搜索与营救工作的主要机构组成。搜索与营救包括：

（1）建筑物倒塌（城市）搜索与营救。

（2）水域搜索与营救。

（3）内陆或荒野搜索与营救。

（4）空中搜索与营救。

搜索与营救服务包括遇险人员监控、通信、遇险人员定位、营救作业（包括解救或撤离）的协调和执行，同时利用公共资源和私人资源提供医疗援助和社会服务，为遭遇潜在和实际威胁的人和财产提供援助。

1）建筑物倒塌（城市）搜索与营救

主要机构：国土安全部联邦紧急事务管理局。

作业概述：包括因自然灾害和其他因素导致的建筑结构倒塌，需要以国土安全部联邦紧急事务管理局城市搜索与营救特遣队为主的搜索与营救作业。国家城市搜索与营救应急反应系统由国土安全部联邦紧急事务管理局的城市搜索与营救特遣队、突发事件支援小组）和技术专家整合而成。

该系统的设立以准备随时紧急部署并启动运作，支持应急支持功能 9 的特遣队为核心。这些特遣队主要由地方消防部门和应急服务人员组成，全部受过高级培训，并有倒塌结构的搜索与营救作业经历，具有专业技术并配备专业设备。

在应急反应期间，突发事件支援小组为城市搜索与营救特遣队提供协调和后勤支援。他

们还进行需求评估，并向州政府、部落政府和地方政府的应急管理人员提供技术建议和援助。突发事件支援小组成员来自城市搜索与营救特遣队，联邦政府、州政府、部落政府和地方政府的应急反应组织和私营机构。

技术专家提供各种城市搜索与营救方面的专业技术，必要时接受动员。

2）水域搜索与营救

主要机构：国土安全部美国海岸警卫队。

作业概述：包括因飓风、堤坝或防洪堤失效和其他灾害，需要以国土安全部美国海岸警卫队为主的飞机、舰船参与的搜索与营救作业。国土安全部美国海岸警卫队依据美国国家搜索与营救预案，全面承担联邦水域搜索与营救应急反应任务。

国土安全部美国海岸警卫队发展、维护并运行救援机构，确保美国管辖水域的水面、水下和水上安全。国家应急反应计划将美国海岸警卫队指定为水域（海域）搜索与营救工作的领导机构。美国海岸警卫队队员全部受过高级培训，并有水域搜索与营救作业经历，具有专业技术并配备应对海上遇险情况的专业设备。此外，在需要协调联邦应急反应（需要配置水域搜索与营救资源）的突发事件期间，国土安全部美国海岸警卫队各地各级指挥中心的工作人员，将与州、部落和地方应急管理人员进行有效本地化互动、协调和沟通。

3）内陆或荒野搜索与营救

主要机构：内务部国家公园管理局。

作业概述：包括在边远、偏僻、不发达或无道路地区进行的搜索与营救工作，工作中需要使用专业设备进入这些区域，并要求应急反应人员利用特殊的方法或乘飞机从空中抵达。

内务部国家公园管理处承担国会委托执行搜索与营救任务，配备一支受过高级培训的搜索与营救队伍，搜索与营救的人员经过适合所在责任区的专门作业培训。公园管理处在应急支持功能9的应急反应预案中，整合了美国渔业和野生动物管理局、美国地质调查局和内务部其他部门的能力。

4）空中搜索与营救

主要机构：国防部美国空军救援协调中心。

作业概述：包括在航空有关的突发事件中进行的搜索与营救工作，以及美国大陆、维尔京群岛、波多黎各岛和其他美国领土和领地（阿拉斯加和美国太平洋领土除外）上空有关的航空搜索与营救工作。这需要在空旷区域、荒野区域和机场附近协调部署人员和设备，实施专业化搜索与营救作业。国土安全部美国空军有一个救援协调中心，该中心协调一个应对航空突发事件的合作网络。该合作网由国防部下属部门、机构和其他资源组成，这些资源应按照国家法令、计划、指南和协议在不干涉的基础上最大程度地用于民用搜索与营救工作。

3. 政策

紧急搜索与营救工作按照国家应急反应计划和国际航空和海上搜索与营救手册的美国国家搜索与营救附录的规定实施。该附录规定了搜索与营救职责，并为承担民用搜索与营救使命的联邦机构提供了作业指南。

联邦搜索与营救应急反应行动，协助并加强州和地方政府在需要协调联邦应急反应或需要按照国家应急反应计划实施的，突发事件中的搜索与营救能力。国家应急反应计划规定了搜索与营救职责，并为承担民用搜索与营救委托使命的联邦机构提供了指南。

在需要协调联邦应急反应的突发事件中，一旦国土安全部按照国家应急反应框架启动应急反应行动，按照罗伯特·T·斯塔福灾害救援和紧急救助法和其他适用的法律规定，联邦紧急事务管理局的城市搜索与营救特遣队是联邦政府的救援队伍。

其他州之间相互援助的搜索与营救资源，应当由受灾州根据应急管理援助合同提出请求。

其他地方政府的搜索与营救资源，应由受灾地区根据互助和援助协议提出请求。

紧急搜索与营救工作应按照国家应急反应计划和国际航空和海上搜索与营救手册的美国国家搜索与营救附录进行。

国家搜索与营救应急反应系统将国防部的资产、国土安全部美国海岸警卫队的救援协调中心和救援分中心整合在一起，按照国家应急反应计划的规定，支持搜索与营救工作。

由动物管理机构和人道主义组织提供的动物搜索与营救服务，必要时，应与人的搜索与营救工作整合在一起。

二、运作机制

搜索与营救应急反应行动的启动，取决于事件的性质和大小、事件的突然性和该区域现有的搜索与营救资源。如果这些资源（包括联邦资源、州资源、部落资源和地方资源）已经瘫痪或可能瘫痪，并且有协调联邦应急反应的必要，应采取以下行动：

（1）对于可能导致构筑物倒塌的突发事件，国土安全部联邦紧急事务管理局应启动国家搜索与营救应急反应系统。

（2）对于可能导致水域或海域险情的突发事件，国土安全部美国海岸警卫队应启动联邦水域搜索与营救应急反应行动。

（3）对于可能导致内陆或荒野区域险情的突发事件，内务部国家公园管理处应启动联邦搜索与营救应急反应行动。

（4）对于导致空中险情的突发事件，国防部美国空军救援协调中心应启动联邦搜索与营救应急反应行动。

三、组织

对于国土安全部联邦紧急事务管理局承担主要职责的突发事件，应急支持功能9应纳入国家搜索与营救应急反应系统。根据城市搜索与营救运作系统说明中的规定，国家搜索与营救应急反应系统由城市搜索与营救特遣队、突发事件支援组和技术专家组成。

对于国土安全部美国海岸警卫队承担主要职责的突发事件，应急支持功能9应根据国家应急反应计划、国际航空和海上搜索与营救手册的美国国家搜索与营救附录和该附录的美国海岸警卫队补遗中的规定，纳入搜索与营救应急反应框架。此外，国土安全部美国海岸警卫队应协调派往灾区的地区、区域或行业指挥中心或最近的救援协调中心、救援分中心或联合救援协调中心应急支持功能9的应急反应行动。

对于内务部国家公园管理处承担主要应急反应任务的突发事件，应急支持功能9应按国家应急反应计划、国际航空和海上搜索与营救手册的美国国家搜索与营救附录和其他相关的内务部国家公园管理处搜索与营救程序和手册中的规定，纳入搜索与营救应急反应框架。内务部国家公园管理处应协调其区域办公室应急支持功能9的应急反应行动。

对于国防部美国空军救援协调中心承担主要应急反应任务的突发事件，应急支持功能9应按国家应急反应计划、国际航空和海上搜索与营救手册的美国国家搜索与营救附录和空军救援协调中心运行指南的规定，纳入搜索与营救应急反应框架。国防部美国空军救援协调中心应协调其应急支持功能9的初期行动。如果需要大量的国防部资源和（或）需要启动联合特遣队，空军救援协调中心应当与联合特遣队协调国防部的应急反应行动。

四、职责

1. 协调机构

国土安全部联邦紧急事务管理局承担协调职责。

2. 主要机构

1）国土安全部联邦紧急事务管理局

在需要协调联邦应急反应的突发事件中，国土安全部联邦紧急事务管理局在城市搜索与营救行动中充当应急支持功能9的主要机构。国土安全部联邦紧急事务管理局制订国家城市搜索与营救政策，提供计划指导和协调援助，制订特遣队各种程序标准、评估特遣队工作准备情况，在现有经费范围内提供专用设备和培训经费，并全额偿付特遣队按照国家应急反应框架部署发生的费用。国土安全部联邦紧急事务管理局偿付部署到按照斯塔福法宣布地点所发生的费用。对部署到非斯塔福法宣布的灾区，国土安全部联邦紧急事务管理局无权、也无资金偿付其费用，应当由联邦部门或机构按照财政管理支持附件中的规定申请城市搜索与营救援助来偿付。

对于国土安全部联邦紧急事务管理局承担主要职责的突发事件，国土安全部联邦紧急事务管理局应当：

（1）在构筑物倒塌搜索与营救行动中，承当总部级应急支持功能9的协调职责。

（2）在涉及构筑物倒塌需要协调联邦应急反应的突发事件中，建立、维护并管理国家城市搜索与营救应急反应系统。包括准备工作，如：培训、设备采购和准备情况评价。

（3）向灾区派遣一个或多个突发事件支援组。

（4）负责灾区城市搜索与营救特遣队的部署，人员雇佣和重新部署。

（5）现场工作期间，协调城市搜索与营救队的后勤支援。

（6）制订有效使用和协调城市搜索与营救队的政策和程序。

（7）提供整个灾区城市搜索与营救工作状况的报告。

2）国土安全部美国海岸警卫队

在需要协调联邦应急反应的突发事件中，国土安全部美国海岸警卫队在水域或海域的搜索与营救行动中承担应急支持功能9的主要职责。国土安全部美国海岸警卫队是美国公认的海上搜索与营救协调机构。

对于国土安全部美国海岸警卫队承担主要职责的突发事件，国土安全部美国海岸警卫队应当：

（1）在水域或海域搜索与营救工作期间，承担总部级应急支持功能9的协调职责。

（2）提供突发事件报告、评估报告和情况报告。

（3）帮助解决水域或海域遇险应急反应资源需求的矛盾；必要时，确保国土安全部美国海岸警卫队和其他联邦、州、部落和地方应急反应工作之间的协调。

（4）如需要，协调提供更多的支持队伍，应对需要协调联邦应急反应的水域或海域突发事件。

3）内务部国家公园管理局

在需要协调联邦应急反应的突发事件中，内务部国家公园管理局在内陆、偏僻、边远地区搜索与营救工作中承担应急支持功能9的主要职责。

对于内务部国家公园管理处承担主要职责的突发事件，内务部国家公园管理处应：

（1）在内陆、偏僻、边远地区搜索与营救工作中，当州、部落和地方政府搜索与营救资源用罄时，承担总部级应急支持功能9的协调职责。

（2）提供突发事件报告、评估报告和情况报告。

（3）帮助解决陆地应急反应资源需求的矛盾；必要时，确保联邦、州、部落和地方应急反应工作之间的协调。

4）国防部美国空军救援协调中心

在需要协调联邦应急反应的空旷荒野区域航空突发事件的搜索与营救工作中，和需要协调部署救援人员和设备的机场和城市区域附近发生的航空突发事件的搜索与营救工作中，国防部美国空军救援协调中心承担应急支持功能9的主要职责。美国搜索与营救协调机构是：

（1）国防部美国空军救援协调中心是美国航空搜索与营救区域（对应于除阿拉斯加以外的美国大陆）的搜索与营救协调机构。

（2）国防部美军太平洋司令部是美国航空搜索与营救区域（对应于阿拉斯加、夏威夷和太平洋地区的美国领地和领土）的搜索与营救协调机构。

国防部保留现役国家警卫队和预备役机构和其他资源，用于支持其横跨美国大陆、阿拉斯加和夏威夷的搜索与营救工作。

对于国防部美国空军救援协调中心承担主要职责的突发事件，国防部美国空军救援协调中心应当：

（1）在航空搜索与营救工作中，承担总部级应急支持功能9协调员职责。

（2）提供突发事件报告、评估报告和情况报告。

（3）提供搜索与营救方面的指挥和控制专家，以加强联合特遣队人员补充中心工作，支持应对需要协调联邦应急反应的突发事件。

（4）帮助解决航空应急反应资源需求的矛盾；必要时，确保国土安全部美国海岸警卫队和其他联邦、州、部落和地方应急反应工作之间的协调。

3. 支援机构

表11

机　构	职　责
农业部	**林务局：** （1）与城市搜索与营救特遣队签订备用协议，以便其部署时提供国家跨机构储备系统储备的设备和供应品。 （2）制订意外事故计划，以便调用国家跨机构消防中心签约的飞机。 （3）如有可能，提供跨机构储备系统储备设备和供应品，并调用跨机构消防中心的签约飞机

续表

机　构	职　责
商务部	**国家海洋大气管理局：** （1）采集并分发天气资料、预报和应急信息。 （2）提供有效搜索与营救必不可少的天气信息。 （3）预测随时间变化的海上和大气中污染物移动和扩散。 （4）评估海上或大气污染物释放后的最大危害区域。 （5）为荒野、海上和航空环境中可能和实际遇险人的侦测和查找工作提供卫星服务
国防部	**国家地理空间情报局：** （1）按主要机构的指示，协调并管理及时指派的任务、采集、分析并传送卫星图像或图像分析的成果。这些工作和资源可能会涉及除国防部国家地理空间情报局以外的其他机构或资源。 （2）提供专家对图像进行分析，确定损坏程度和其他所需的基本信息要素。国防部国家地理空间情报局也应根据请求，提供本局保存的其他图像机构的技术专家意见或分析结果。 （3）按主要机构的指示提供移动地球空间情报平台，支持搜索与营救现场工作队或国土安全部联邦紧急事务管理局的现场工作队。本项支持包括技术专家（尤其是图像分析师和地理空间分析师）和功能强大的通信，帮助多聚焦或多指向的搜索，避免重复搜索。 （4）提供图像分析成果和地球空间情报分析，为潜在的灾害和紧急事件做好准备。 （5）按照保密级别、许可证、版权协议和分发范围限制等规定，协调国防部国家地理空间情报局的成果和（或）资料的公开和发送工作 **美国陆军工程兵部队：** （1）为国土安全部联邦紧急事务管理局的特遣队或突发事件支持组的结构专家和国土安全部美国陆军工程兵部队的结构专家，提供突发事件前的培训。 （2）应国土安全部请求，部署训练有素的结构专家和技术专家组，加强城市搜索与营救特遣队和突发事件支援组的力量。 （3）协助突发事件支持组工程小组和特遣队，开展城市搜索与营救工作。 （4）提供结构工程分析，提出危险性减轻意见，建议支撑方式，弄清结构的整体性，评估建筑物是否可安全进入，并监控建筑物的稳定性
卫生和人道主义服务部	**国家灾害医疗系统：** （1）接到国土安全部请求时，为城市搜索与营救特遣队的医疗组和突发事件支持组的应急反应工作，提供应急支持功能 8（公共卫生与医疗服务）的支持，包括提供联络、医疗供应品、设备和药品、支援人员和兽医支持。 （2）在州和地方应急医疗服务资源瘫痪情况下，受害人被城市搜索与营救特遣队的人员从倒塌的结构中救出后，帮助他们撤离并提供持续护理
国土安全部	**海关和边界保护局：** （1）维护边界巡逻搜索外伤救援组，这是高度专业化的单位，能够应对美国任何地方的紧急搜索与营救情况。 （2）维护空中和海上运输工具，支持搜索与营救的运输工作

续表

机　构	职　责
司法部	（1）为参与培训、动员、部署和现场作业中的城市搜索与营救特遣队和突发事件支援组，提供主张并维护民事侵权行为责任保险索赔方面的援助。 （2）提供联邦民事侵权行为的索赔法指南和索赔解决方案，支持搜索与营救培训和现场部署工作
劳工部	（1）劳工部标准管理局，通过其联邦雇员补偿计划，为城市搜索与营救特遣队和突发事件支援组的人员提供参与培训、动员、部署和现场工作的补偿指导、索赔解决方案和保险项目。 （2）职业安全与卫生管理局执行工作人员安全和卫生支持附件规定的程序，提供现场技术援助，包括评估搜索与营救队接触有害物质危险性和结构倒塌的危险性。 （3）矿安全与卫生管理局协助搜索与营救，并可提供矿山救援组、移动指挥中心、地震定位系统、视频探头、气体采样分析和自动探测仪
国家航空和航天管理局	（1）提供相应学科的技术人员（如：灾害援助和营救组），支持特遣队和突发事件支持组。 （2）提供并维护供城市搜索与营救特遣队和突发事件支持组成员使用的训练场地。 （3）协助国土安全部鉴定、研究并开发急救人员使用的新技术。 （4）为新搜索与营救技术的方案验证和β试验提供试验台等设施。 （5）为动员中心和搜索与营救队伍中间集结区提供临时使用设施
美国国际开发总署	接到请求时，帮助鉴别现有的国际搜索与营救队，并将其纳入国家城市搜索与营救应急反应系统的运作

第十章　应急支持功能 10
——油品和危险物品应急反应

协调机构：环境保护总署

主要机构：环境保护总署

国土安全部美国海岸警卫队

支援机构：农业部、商务部、国防部、能源部、卫生与人道主义服务部、国土安全部、内务部、司法部、劳工部、国务院、运输部、总务管理局、核管制委员会

一、引言

1. 目的

应急支持功能 10（油品和危险物品应急反应）启动时，将向应对油品或危险物品实际（或可能）排放及无法控制排放的应急反应提供联邦支持。

2. 范围

应急支持功能 10 提供协调的联邦应急反应，以应对实际或潜在的油品和危险物品突发事件。通常按照“国家油品或危险物品污染意外事故应急预案（美国联邦法规第 40 篇第 300 章）”，来应对油品和危险物品突发事件。本附件中“危险物品”是个一般性术语，意指“国家油品或危险物品污染意外事故应急预案”定义的有害物质、污染物、致污物。危险物品包括意外或故意释放的化学、生物和放射性物质。

应急支持功能 10 包括针对实际发生或可能发生的油品和危险物品突发事件造成的对公众健康、福利和环境的威胁，而采取的必要准备、应对和恢复行动。一般必要行动包括但不限于：防止释放、减少释放或减轻释放影响的行动；污染程度和范围的检测和评估（包括取样、分析和环境监测）；控制释放并防止污染物扩散的行动；环境清理和废物处置方案的选项分析；环境清理；油品和危险物品的贮存、处理和处置。具体行动的例子可包括：饮用水源的取样，以确定是否有故意污染；通过使用台坎、堤坝或低洼坑来阻拦释放物；覆盖污染的土壤或淤泥；使用化学品或其他材料，以遏制和阻滞释放物的扩散，或减轻其影响；给建筑物和构筑物消除污染；使用排出物控制、护栏和警告牌或采取其他安全措施或现场控制措施；清除排放区高度污染的土壤；清除装有油品或危险物品的罐、桶、箱或其他散装容器；采取其他必要的措施。

此外，经有关法律授权，应急支持功能 10 也可用于应对国家油品或危险物品污染意外事故应急预案没有列明，但对公众健康福利或环境有威胁的危险品释事件或威胁释放危险品的事件。应急支持功能 10 应对此类突发事件的相关行动，包括但不限于，普通有害废物的收集，垃圾处理监控，水质监控和保护，空气质量取样与监控，以及自然资源保护。

应急支持功能 10 适用于承担支持州、部落和地方政府应对实际发生或可能发生的油品或危险物品突发事件职责和拥有油品或危险物品的所有联邦部门机构。

3. 政策

国家油品或危险物品污染意外事故应急预案是国家应急反应框架的操作性附录。它提供了应急支持功能 10 所述的角色、职责、组织机构和程序方面的更详细资料。国家油品或危险物品污染意外事故应急预案，经“综合环境应急反应补偿责任法”和“联邦水污染控制法”及其修正案“清洁水法”第 311 节和“1990 年油料污染法”的授权批准。

正如国家应急反应框架核心文件中所述，有些联邦应急反应不需要国土安全部协调，而由其他联邦部门和机构根据其职责实施。经综合环境应急反应补偿责任法和联邦水污染控制法批准的联邦油品和危险物品突发事件的应急反应，不需国土安全部协调，可按照国家油品或危险物品污染意外事故应急预案组织实施。如有必要，环境保护总署或国土安全部美国海岸警卫队也可向国土安全部请求，启动国家应急反应框架的其他部门应对此类突发事件。这种情况下，国土安全部仍保持对联邦应急反应的全面领导。

对于需要强有力地协调联邦应急反应的突发事件，国土安全部可启动应急支持功能 10，应对如下突发事件：

（1）斯塔福法规定的巨灾或重大紧急情况。

（2）联邦机构间的支持申请（例如：卫生与人道主义服务部或农业部请求应急支持功能 10 的支持，并通过财政管理支持附件中提出的相关机制，提供应急反应资金）。

（3）实际发生或可能发生的油料泄漏或危险物品释放。此类事件由环境保护总署和（或）国土安全部美国海岸警卫队按照综合环境应急反应补偿责任法和（或）联邦水污染控制法的授权组织应对，并筹措资金。国土安全部自行决定是否应领导联邦应急反应。

对斯塔福法规定的突发事件，如果油品和危险物品突发事件不是发生在综合环境应急反应补偿责任法或联邦水污染控制法规定的预想场所，又需要联邦援助，则按斯塔福法筹措的资金应当用于这类突发事件的应急反应行动。

启动应急支持功能 10 时，通常将国家油品或危险物品污染意外事故应急预案作为采取行动的基础，来支持国家应急反应框架。启动应急支持功能 10 时，可利用下面将进一步讨论的国家油品或危险物品污染意外事故应急预案的组织结构和应急反应机制，但应与运作机制一段所述的国家应急反应框架机制协调一致。在实施斯塔福法规定应急反应期间，国家油品或危险物品污染意外事故应急预案中的某些程序可能需要修改，也可能不适用。本附件简略概括了国家油品或危险物品污染意外事故应急预案的规定。本附件中引用国家油品或危险物品污染意外事故应急预案的规定，不是要改变国家油品或危险物品污染意外事故应急预案的要求，也不是要解释说明。国家应急反应框架中的任何东西都不改变，也不妨碍国家油品或危险物品污染意外事故应急预案的规定的联邦官员履行其能力和职责，或直接协调其下属机构履行职责。

国家油品或危险物品污染意外事故应急预案描述的国家应急反应系统，是在油品和危险物品应急反应中有权力和职责的机构、计划和资源组成的网络。国家应急反应系统的主要组成部分包括国家应急反应中心、国家应急反应组、区域应急反应组、联邦现场协调机构、区域和地区意外事故应急预案、州和地方应急预案。州和部落政府参与区域级和地方级的国家应急反应系统。

国家油品或危险物品污染意外事故应急预案，要求向国家应急反应中心报告油品和危险物品释放事件（参见联邦行政法规第40 篇第300 章第125 节）。国家应急反应中心将此报告通知国家行动中心，以促进其了解情况。

国家应急反应组是国家级组织，它按照国家油品或危险物品污染意外事故应急预案协调联邦跨机构工作。国家应急反应组由应急支持功能10主要机构和支援机构的国家代表组成。国家应急反应组对油品和危险物品突发事件进行国家准备，制订应急反应预案，并与应急支持功能领导小组协调，与国家应急反应框架其他部门一起开展应急支持功能10的准备工作。国家应急反应组每天的主席由环境保护总署派员担任，副主席由国土安全部美国海岸警卫队派员担任。对于特定突发事件启动的国家应急反应组，组长应是提供联邦现场协调员的机构派员担任。接到请求时，国家应急反应组向联邦现场协调员和区域应急反应组提供支持、援助和建议。（环境保护总署和国土安全部美国海岸警卫队辖区分工的精确边界已通过环境保护总署与国土安全部美国海岸警卫队的协议确定，并在国家油品或危险物品污染意外事故应急预案中有描述，在区域和地区意外事故应急预案中有更详细的说明。通常，内陆地区发生的突发事件中，环境保护总署是领导机构，而在海岸区域发生的突发事件中，国土安全部美国海岸警卫队是领导机构。）

在联邦区域级，由13个区域应急反应组协调国家油品或危险物品污染意外事故应急预案的跨机构工作。区域应急反应组由应急支持功能10主要机构和支援机构的区域代表以及该区域内各州的代表组成。区域应急反应组日常由环境保护总署和国土安全部美国海岸警卫队联合主持工作。在应急反应前，区域应急反应组承担计划和准备工作。对于特定突发事件启动区域应急反应组，其主席应是提供联邦现场协调员的机构担任。区域应急反应组是协调机构。应急反应期间需要时，区域应急反应组召集会议，解决跨机构应急反应问题，并向联邦现场协调员提供援助和建议，包括接到请求时，提供资源采购支持。

具体工作中，在现场突发事件指挥所层级上，联邦现场协调员履行国家油品或危险物品污染意外事故应急预案规定的职责，依据现行法律授权，全面协调、整合并管理油品和危险物品应急反应工作。对于油料泄漏事件，提供联邦现场协调员的机构视地点而定，可以是环境保护总署，也可以是国土安全部美国海岸警卫队。对于有害物质突发事件，提供现场协调员的机构视释放的地点和源头而定，可以是环境保护总署，也可以是国土安全部美国海岸警卫队、能源部或国防部。能源部和国防部通常负责涉及其下属机构、船舶、物资和武器方面的有害物质突发事件，包括与运输有关的突发事件。按照联邦行政法典第40篇第300章第120节的规定，对于那些能源部或国防部提供现场协调员的有害物质突发事件，由现场协调员负责采取所有应急反应行动（在现场和场外应急反应行动）。非紧急事件的有害物质清除行动，由其他联邦机构提供现场协调员。

按照国家油品或危险物品污染意外事故应急预案的规定，联邦现场协调员有独立应对油品或危险物品突发事件的权力。因此，有些油品和危险物品突发事件应急反应，可以按照国家油品或危险物品污染意外事故应急预案启动，其资金可以依据综合环境应急反应补偿责任法和（或）清洁水法和1990年油污染法筹措。然后过渡到应急支持功能10（如依据斯塔福法和国家应急反应框架启动应急支持功能10），后续资金可依据斯塔福法筹措，或依据国家应急反应框架的联邦机构间的支援规定，向其他联邦机构筹措。

国家油品或危险物品污染意外事故应急预案规定，环境保护总署或国土安全部美国海岸警卫队可将油料泄漏定性为国家重大油料泄漏事件（关于国家重大溢油事件的定义，参见联邦行政法典第40篇第300章第323节）。对于国家重大油料泄漏事件，环境保护总署可任命一名总署高级官员，国土安全部美国海岸警卫队可任命国家突发事件司令，协助现场协调员工作，或承担现场协调员的某些职责（例如：与受灾各方和公众沟通，协调国家级的资源）。按照国家应急反应框架的规定，环境保护总署和国土安全部美国海岸警卫队都有权将油料泄漏定性为国家重大油料泄漏事件，以便实施国家油品或危险物品污染意外事故应急预案。如果不是这样，环境保护总署或国土安全部美国海岸警卫队可依据国家油品或危险物品污染意外事故应急预案规定，领导联邦应急反应工作。对于国土安全部全面协调联邦应急反应的国家重大油料泄漏事件，启动应急支持功能 10，环境保护总署的总署级高级官员或国土安全部美国海岸警卫队的国家突发事件司令还可在联合现场办公室的统一协调组内担当角色。

主要机构的确定：由环境保护总署或由国土安全部美国海岸警卫队担当应急支持功能 10 的主要机构，视突发事件影响的是内陆还是海岸地区而定（依从区域和地区突发事件预案的规定）。对于既影响内陆也影响海岸区的突发事件，环境保护总署是主要机构，国土安全部美国海岸警卫队是次主要负责机构。

支援机构：在可能的范围内，应急支持功能 10 的支援机构代表应是那些指派到国家应急反应组或区域应急反应组的人员担任。如果双重指派不可能，则应急支持功能的代表与本机构的国家应急反应组或区域应急反应组代表紧密协调。

多个应急反应行动：当一个以上的联邦现场协调员参与执行多个行动的应急反应时，应急支持功能 10 提供了所有机构和现场协调员之间保持紧密协调的机制。主要机构确保应急支持功能 10 的应急反应行动得到恰当的协调和执行。如果国土安全部美国海岸警卫队是主要机构，且在一个区域国土安全部美国海岸警卫队有一个以上的管区，则国土安全部美国海岸警卫队总部为应急支持功能 10 选择区域领导，并确定一名区域司令。如果环境保护总署是主要机构，且涉及多个突发事件现场或多个区域，则环境保护总署可确定一名区域指挥官。如果涉及多个环境保护总署的区域，并且需要环境保护总署确定一个领导区域，以进行应急支持功能 10 应急反应，则环境保护总署总部应当与受灾区域磋商，指定一个领导区域。

与恐怖主义突发事件执法和调查附件的关系：对于涉及油品或危险物品的恐怖主义事件（如：大规模杀伤性武器突发事件），应急支持功能 10 配合恐怖主义突发事件执法和调查附件规定的执法和犯罪调查活动，为油料或危险物品应急反应提供援助、调查支援和情报分析。因故意犯罪（但不是恐怖主义行为）造成油品或危险物品突发事件，而启动应急支持功能 10 时，有管辖权力的联邦机构（环境保护总署或国土安全部美国海岸警卫队）根据其职权力和适用的法律承担联邦犯罪调查的主要责任。如有必要，环境保护总署或国土安全部美国海岸警卫队指派一名官员担任联合现场办公室的联邦高级执法官员。

与生物和核（或放射性）突发事件附件的关系：国家油品或危险物品污染意外事故应急预案中所指的危险物品包括某些生物和放射性物质。因此，生物和核（放射性）突发事件附件可以与应急支持功能 10 同时启动。生物和核（放射性）突发事件附件描述了应急支持功能 10 中未提及的生物和核（放射性）突发事件的更多的程序和联邦机构的职责，如适用可与应急支持功能 10 一起使用。

二、运作机制

应急支持功能 10 与受灾的州共同协调，向应急反应现场提供全面管理和各种支持，采取行动，平息事件，清理并妥善处理油品和危险物品，将突发事件的影响降低到最低。应急支持功能 10 与联邦官员、部落官员和地方官员，以及私人机构密切协调，确定应急反应支持工作的重点。

应急支持功能 10 需要所有应急反应工作都应有文字记录，为事后起草总结报告提供方便，并证明主要机构和支援机构行动的正当性。包括应急支持功能 10 主要机构和支援机构之间必要的财务转账文件。

三、组织

1. 总部级

对环境保护总署担任主要机构的突发事件，环境保护总署固体废物处理应急司应急管理办公室主任担任应急支持功能 10 的领导。对于国土安全部美国海岸警卫队担任主要机构的突发事件，国土安全部美国海岸警卫队突发事件管理与准备办公室主任担任应急支持功能 10 领导。

主要机构代表应急支持功能 10，必要时，向国家应急反应框架总部以下部门派出代表：

（1）本土常备组。

（2）国家应急反应协调中心。

（3）国家行动中心。

主要机构可以请求应急支持功能 10 的其他相关合作机构对这些职能部门提供支持。主要机构为应急支持功能 10 提供相应的行政管理支持。

对初步情况做出评估后，主要机构确定哪个支援机构需要在应急反应期间继续向应急支持功能 10 提供 24 小时值班代表（电话或人员值班）。任何时候，只要电话通知，支援机构代表应立即到位。

主要机构可参照国家应急反应协调中心的管理大目标，为应急支持功能 10 确定管理目标。

主要机构在其总部运作应急支持功能 10：

（1）环境保护总署在其总部的应急反应中心协调应急支持功能 10。

（2）国土安全部美国海岸警卫队在其总部的突发事件管理和准备办公室协调应急支持功能 10。

在联合现场办公室向国家行动中心报告突发事件情况同时，主要机构的应急反应中心也向国家行动中心报告突发事件管理工作。

应急支持功能 10 国家应急反应协调中心的代表提供应急支持功能之间国家级的协调和联络，并向国家应急反应协调中心的计划部门和突发事件管理计划组提供精确的应急支持功能技术资料。必要时，国家应急反应协调中心的应急支持功能 10 代表直接与环境保护总署和（或）国土安全部美国海岸警卫队总部应急反应中心的应急支持功能 10 联系。必要时，主要机构可以指导和指示区域应急反应部门动员、分配并使用跨区域资源。

主要机构实施应急支持功能 10 时，可以征求国家应急反应队的意见和援助。此外，如果突发事件应对工作需要，主要机构可与国土安全部一起工作，在国家应急反应队和本土常备组和（或）突发事件管理计划组之间建立合适的协调机制。可要求国家应急反应队向本土常备组和（或）突发事件管理计划组提供油料或危险物品应急反应方面的专门技术。还可要求国家应急反应队通过本土常备组向国土安全委员会或白宫其他机构报告情况。

2. 区域级

担任主要机构的环境保护总署或国土安全部美国海岸警卫队区域应急反应组的联合主席担任区域应急支持功能的领导。对于既影响内陆又影响海岸区域的突发事件，环境保护总署是区域领导，国土安全部美国海岸警卫队担任次要领导。突发事件期间，如果情况需要，区域领导可从一个机构转换到另一个机构。（注：尽管本附件通常使用术语“区域”，但在环境保护总署是区域办公室，而在国土安全部美国海岸警卫队则是地区办公室。）

区域级应急支持功能 10 由区域代表或本附件“职责”一节所列联邦机构的其他代表组成。主要机构代表应急支持功能 10，必要时，向区域和国家应急反应框架的如下现场部门派遣应急支持功能 10 代表：

（1）区域应急反应协调中心。

（2）联合现场办公室。

（3）联合信息中心。

（4）突发事件指挥所。

必要时，主要机构可请求应急支持功能 10 其他合作机构支援这些职能部门。在联合现场办公室一级，应急支持功能 10 一般提供应急支持功能 10 的代表，协调任务指派，并向联合现场办公室提供应急支持功能 10 现场工作情况。此外，对于化学、生物或放射性大规模杀伤性武器突发事件，应急支持功能 10 还可根据需要提供技术专家，以提供科学专业技术，并与其他相应的机构和其他应急支持功能 10 的总部、区域及现场应急反应部门协调科学技术问题。对于应急支持功能 10 扮演主要角色的突发事件，主要机构也可提供高级官员参与联合现场办公室的统一协调组的工作。

应急支持功能 10 区域领导与现场协调员协调后，与区域应急反应组商讨支援、建议或援助事务；并在需要与联合现场办公室协调的突发事件中，建立区域应急反应组与联合现场办公室之间的协调机制。

如果提供现场协调员的机构加入或建立地区指挥部（或地区联合指挥部），应急支持功能 10 的区域领导应确保联合现场办公室和地区指挥部之间就应急支持功能 10 工作有关的问题上保持协调。

在涉及多个州的突发事件中，国土安全部可建立多个联合现场办公室。在这种情况下，主要机构应向每个联合现场办公室派遣应急支持功能 10 的代表。

发生国家油品或危险物品污染意外事故应急预案规定的国家重大石油泄漏事件时，国土安全部美国海岸警卫队可建立地区指挥机构，并冠以国家突发事件指挥部之名。对于国家重大石油泄漏事件，如果国土安全部启动联合现场办公室来支援国家突发事件指挥部，国土安全部应协调联合现场办公室的工作，联合现场办公室往往与国家突发事件指挥部驻扎同一地点。

应急支持功能 10 区域领导，应当确保应急支持功能 10 的应急反应工作与联邦调查局反恐联合行动中心完全协调，必要时，向联合行动中心派遣应急支持功能 10 的代表。

区域应急支持功能 10 领导支持联邦现场协调员，并协调其工作。区域领导还应确保应急支持功能 10 工作与联邦、州、部落和地方的其他应急反应工作的整合与协调，以便应急反应资源发挥最大效用，避免应急反应行动的疏漏和重叠。

联邦现场协调员通常加入地方当局已经建立的突发事件指挥所，或在现场按照地区和区域突发事件应急预案设立突发事件指挥所，并在突发事件指挥所的统一指挥下开展工作。

必要时，提供现场协调员的机构应向突发事件指挥所增派代表。但是，现场协调员保留国家油品或危险物品污染意外事故应急预案赋予的指挥油品和危险物品应急反应工作的职权力，并依据现有授权，协调泄漏或释放现场的所有其他工作。

参与执行应急支持功能 10 行动的所有现场协调员应与区域应急支持功能 10 领导保持密切协调，确保应急反应行动符合国家优先重点和应急支持功能 10 的优先重点。

通常与联合现场办公室和联合信息中心磋商，通过应急支持功能 15（对外事务）协调与公众的信息沟通。但是，在某些情况下却需要相关的现场协调员就具体行动和直接影响现场公共卫生和安全问题（特别是在应急反应的早期阶段）与媒体或公众沟通。

3. 与突发事件有关的行动

主要机构应尽早召集相关的机构代表开会，若有可能，应在接到通知 2 小时内，尽快制订提供所需支持的计划。会议可以通过紧急电话会议形式进行，必要时，也可以在主要机构的应急反应中心进行。应急支持功能 10 总部级初期行动集中于以下几个方面：

（1）确认国家应急支持功能 10 的成员和区域应急支持功能 10 人员都已接到通知。

（2）确保主要机构总部应急反应中心已做支持联邦应急反应工作准备好，并与国家行动中心保持协调。

（3）与灾区的区域应急支持功能 10 各机构建立通信联系。

（4）必要时，与其他国家级应急支持功能保持协调。

区域级应急支持功能 10 在从接到区域应急反应协调中心通知后，开始运作。由区域应急支持功能 10 协调的初期行动可包括：

（1）向区域应急支持功能 10 成员机构报警。

（2）确保主要机构的区域应急反应中心已做好支持联邦应急反应的准备，并根据需要与主要机构总部应急反应中心和（或）国家应急反应协调中心的应急支持功能 10 协调。

（3）向应急反应队派遣代表。

（4）按照区域应急反应预案的规定，与区域应急反应协调中心和（或）州应急反应中心建立通信联系，以获得初步损坏估计。

（5）必要时，确定所有现场协调员（包括环境保护总署和国土安全部美国海岸警卫队现场协调员）的初步资源需求。

（6）必要时，与未受影响的区域或地区的应急支持功能 10 的相关机构协调，以获得人员、设备和其他后备支援。

（7）评估情况，包括实际释放或有可能释放的油品和危险物品性质、释放量和地点；影响人和环境的方式；危险品可能移动的方向和时间（例如：移动轨迹追踪和分析）；对人群健康、福利、安全和环境的影响；应急反应资源、技术支持、消毒和清除服务的类型、有效性和地点；应急反应行动保护人群健康、福利和环境方面的重点。

一旦确定实际释放或有可能释放的油品和危险物品，应急支持功能 10 区域领导应与现场协调员和区域应急反应组密切协调，制订并实施应急反应战略。

在应急支持功能 10 启动后，支援机构代表（包括总部级和区域级）应在整个应急反应期间，与其所代表的机构进行协调，满足应急支持功能 10 的需要，并采取应急支持功能规定的行动。总部级应急支持功能 10 的行动，应当包括向区域应急支持功能 10 的各机构传达管理目标。区域应急支持功能 10 行动应包括：

（1）接收来自侦察组、其他应急支持功能和联邦机构、州机构、部落机构和地方机构的损害信息。

（2）与联邦机构、州机构、部落机构和地方机构协调，确定应急支持功能支援需求和应急反应重点。

（3）确认重点，并确定满足需求所需的资源。

（4）与州政府、部落政府和地方政府、其他联邦机构和私营机构一起工作，最大限度地利用区内现有资源，并确定需求从区域之外获得的资源。

（5）采取行动，查明资源，并将资源运入突发事件区域。

（6）与联合现场办公室密切协调，共享信息，确保对援助请求做出有效的反应。

（7）在突发事件指挥所，按照上述“政策”一节的规定，继续协调现场应急反应工作。

可能需求应急支持功能 10 应对数起同时发生的事件（包括恐怖主义事件），如时间允许，现场协调员与应急支持功能 10 区域领导协调所有重大行动。重大行动是指那些竞争性调用不归现场协调员控制的跨机构资源，或建议州政府官员采取的保护行动，或可能影响其他区域或国家应急反应行动或重点的行动。

四、职责

1. 协调机构

环境保护总署应急管理办公室主任担任应急支持功能的协调员，与国土安全部美国海岸警卫队合作，与国家应急反应队（作为主席）协调并通过国家应急反应系统，共同开展应急支持功能 10 的规划和准备工作。

2. 主要机构

表 12

机　构	职　责
环境保护总署	对于环境保护总署承担主要机构职责的突发事件： （1）保持环境保护总署总部和受影响的区域办公室、国土安全部美国海岸警卫队（视需要）、本土常备组、国家应急反应协调中心、其他应急支持功能和国家应急反应队之间的密切协调。 （2）提供损害报告、评估和情况报告，支持应急支持功能 5（应急管理）的工作。 （3）帮助解决危险物品应急反应资源需求的矛盾，必要时，确保国家应急反应队与本土常备组突发事件管理计划小组之间的工作协调，区域应急反应组和联合现场办公室工作之间的工作协调。通过总部组织其他区域向受影响的地区提供后备支援。 （4）为应急支持功能 10 提供技术支援、协调和行政管理支援，以及人员、设备和通信方面的支援。 （5）全面协调、整合并管理联邦监测、鉴定、遏制、消毒、清理、处理工作，最大程度地减小油品泄漏或有害物质释放的影响，防止、减轻或减少可能的释放威胁。 （6）为辖区范围内的突发事件，提供现场协调员。

续表

机　构	职　责
环境保护总署	通常： （1）提供油品泄漏或危险物品释放环境影响方面的专业技术和环境污染控制技术。 （2）为国家应急反应队提供主席，为区域应急反应组联合主席。 （3）按照国家油品或危险物品污染意外事故应急预案管理环境保护总署的各个专业组，包括环境应急反应组、国家污染消除组、放射性应急反应组。这些专业组可为应急反应人员提供专业技术建议和援助。 （4）协调、整合并提供油品和危险物品突发事件（包括相关犯罪案件）调查、情报分析和环境法律方面的专业技术支援，支持应急反应人员开展工作。 （5）管理国家反恐证据应急反应组（由调查和科学人员组成），提供调查、科学和法庭技术建议和援助，评估其他威胁，支持应急反应人员的工作
国土安全部	**美国海岸警卫队：** 对于由国土安全部美国海岸警卫队承担主要机构职责的突发事件： （1）保持国土安全部美国海岸警卫队总部和受影响的区域办公室（或地区办公室）、环境保护总署（视需要）、本土常备组、国家应急反应协调中心、其他应急支持和国家应急反应队之间的密切协调。 （2）提供损害报告、评估和情况报告，支持应急反应功能5的工作。 （3）帮助解决危险物品应急反应资源需求的矛盾，必要时，确保国家应急反应队与本土常备组突发事件管理计划小组之间的工作协调，区域应急反应组和联合现场办公室工作之间的工作协调。通过总部组织其他区域向受影响的地区提供人员和后勤支援。 （4）为应急支持功能10提供技术、协调和行政管理支持，以及人员、设备和通信方面的支持。 （5）全面协调、整合并管理联邦监测、鉴定、遏制、消毒、清理、处理工作，最大程度地减小油品泄漏或有害物质释放的影响，防止、减轻或减少可能的释放威胁。 （6）为管辖范围内的突发事件（包括环境保护总署承担主要机构职责，但影响内陆和海岸区域，因而需对海岸区域作出应急反应的突发事件），提供现场协调员。 通常： （1）提供油品泄漏或危险物品释放环境影响方面的专业技术和环境污染控制技术。 （2）为国家应急反应队提供副主席，为区域应急反应组联合主席，协助计划和准备工作。 （3）维护国家应急反应中心运转。 （4）管理国家突击部队（该部队由国家突击部队协调中心、公众信息协助组和位于太平洋、大西洋和海湾沿岸的三个突击队组成），提供应急反应能力、技术建议、文件资料和支援援助、通信和突发事件应急反应行动管理方面的支援。 （5）提供本土和国际港口安全和保卫、海上执法、船舶导航，以及船只和海事设备的操作、运行和安全方面的专业技术。 （6）继续向辖区内有能力实施油料泄漏和有害物质释放事件的指挥、控制和监督机构增派人员

3. 支援机构

表 13

机　构	职　责
农业部	（1）在美国农业部的管辖权（主要是国家林务局的管辖权）范围内，测定、评估并监控紧急突发事件对自然资源的影响。 （2）协助制订保护措施，协助损害评估。 （3）提供受有害物污染的家禽和家畜处置方面的技术援助。（在处理感染疾病的家禽和家畜，例如：禽流感、自然发生的炭疽病、手足口病方面，应急支持功能 11（农业和自然资源）承担领导职责。） （4）如可能，提供技术援助和后勤支援。根据各单位的培训水平和足够的现有设备，分配相应的资源。美国农业部林务局的支持可通过应急支持功能 4（消防）获得。美国农业部其他机构的支持可联系应急支持功能 11 获得
商务部	**国家海洋和大气管理局：** （1）通过已启动的跨机构模拟与大气评估中心，为应急反应工作提供作业地点气象方面的资料和局部天气预报。 （2）提供油品和有害物质对自然资源、沿海生态和环境影响的专业技术知识，以及科学的清除和恢复方案。 （3）协调国家海洋和大气管理局对沿海和海域应急反应的科学支持，包括协调可能的危害评估工作。 （4）预测污染物最终结果、影响和行踪。 （5）提供海域、海岸和内陆水域的气象、水文、冰和海洋条件方面的信息。 （6）提供沿海、邻海和大湖的海图和地图。 （7）开展应急水文调查，搜寻并恢复阻塞位置，协助船只安全航行
国防部	派遣现场协调员，指挥船只、设施、车辆、军火和武器中释放的有害物质的应急反应行动。本土突发事件期间，应行政当局请求提供国防支持。除了依据紧急应对法提供的支援外，国防部资源应行政当局请求提供支援须经国防部长的批准。国防支持行政当局和紧急应对法的详细资料参见国家应急反应框架核心文件
	美国陆军工程兵部队： 为涉及污染废墟的突发事件（包括化学、生物、放射性和核污染事件），提供应急反应和恢复援助。援助行动可包括废物取样、分类、包装、运输、处理、拆毁和处置
	海军打捞监督办公室： 根据其法定权限，提供海上打捞、污染清除和潜水服务方面的海洋工程技术支持，以及作业和应急反应方面的支持
能源部	（1）派遣现场协调员，指挥从其所属船舶、设施和车辆释放的有害物质的应急反应行动。 （2）为确定国家油品或危险物品污染意外事故应急预案列明的放射性物质的释放源头和范围，放射性污染清除和处理工作提供建议。 （3）按照应急支持功能 8（公共卫生和医疗服务）的规定，为那些与应急支持功能 8 有关的放射性突发事件提供其他方面援助。 （4）能源部向地方机构、州机构和其他联邦机构提供的放射性支持，主要由能源部国家核安全管理局实施。应对能源部自己设施（或材料）释放的放射性污染事件的应急反应行动，由能源部国家核安全管理局或能源部的其他部门负责实施

续表

机构	职责
卫生与人道主义服务部	**疾病控制和预防中心有毒物质及疾病登记处：** （1）为应急反应工作危险性评价工作和应急反应人员与公众健康保护工作，提供援助。 （2）确定疾病、不适或病症是否因接触有害物质引起。 （3）对不适或接触进行登记，并开展相应的临床检验。 （4）收集、维护并提供有毒物质对健康影响的信息
	食品药品管理局： 与环境保护总署和美国农业部协调，确保科学处置被污染的食品和动物饲料
国土安全部	**海关和边境保护局：** 如果危险物品通过人、货物、邮寄或运输工具从国外运抵边境，将通过国家调查中心和训练有素且配备放射性检测和非介入式检查技术的海关和边境保护局官员的全面检查能力，以及其所属的实验室和科学服务处提供的全国快速技术应急反应能力，进行广泛的分析和调查
	联邦紧急事务管理局： 在联邦宣布灾区或紧急状态时，启动应急支持功能，提供协调的支持，提供恢复和减灾方面的援助
	基础设施保护办公室： （1）指派基础设施联络员，以便解决受油品泄漏或有害物质释放影响的关键基础设施的所有恢复和修复问题。 （2）维护危险物品存放场所数据库，开展现场调查和易损性评估，提供各种危险物品现场的详细情况，努力减少恐怖主义袭击危险物品场所的损失和危险。 （3）化学安全审查处定期检查高危险化学设施，并根据新的情况或安全重点，一经通知 24 小时内随时检查这些设施
	科学技术管理局： （1）协调联邦科学技术资源。 （2）对于需要协调联邦应急反应的突发事件，通过跨机构模拟与大气评估中心，提供有害物质大气释放情况的预测，供应急反应参考
内务部	（1）提供科学技术信息、建议和援助，防止或减少自然资源、文化资源和历史遗产（如：公共土地；国家公园；国家野生保护地带和鱼类产卵地；阿拉斯加土著人生活遗址地和城址；野生动物及其栖息地，包括受威胁的濒危物种和候鸟；和国家有历史价值的建筑物）遭受损害。 （2）提供科学专门知识，协助绘制生物资源、地质、水文地图，地震和其他自然灾害地图，以及矿产分布图，并协助识别危险。 （3）提供海上钻井、生产规范和制度及海底矿物方面专门知识和信息。 （4）建立计算机模型，模拟分析溢油轨迹和管线泄油量。 （5）提供应急反应研究信息。 （6）对涉及外大陆架设施的溢油事件，协助确定源头、监督溢油的消停，并批准恢复作业

续表

机　构	职　责
司法部	(1) 提供复杂的法律问题，特别是潜在犯罪讼案的专家意见。 (2) 司法部长负责领导由美国联邦刑事管辖的，美国国内个人或小组实施的针对美国公民或针对驻外机构的恐怖主义行为和恐怖主义威胁的犯罪调查。司法部长通常指示联邦调查局与参与保护国家安全活动的其他联邦部门和机构合作，也协调执法界其他成员部门机构的活动，侦察、防范、先发制人打击和摧毁针对美国的恐怖主义袭击
劳工部	**矿山安全和卫生管理局：** 提供气体采样和分析的移动实验室设备和技术专业知识。 **职业安全和卫生管理局：** 向环境保护总署、国土安全部美国海岸警卫队和国家应急反应队其他区域应急反应组的机构，以及现场协调员，提供应急反应人员如何防范伤害的技术知识。通过应急支持功能5，启动工作人员安全和卫生支持附件规定的工作人员安全和卫生资源。这项援助包括每天24小时不间断现场安全监控，对接触有害气体的工作人员进行采样和分析，重大突发事件的精神压抑监控，特定现场安全卫生预案的制订和实施监督，人员保护设备的选择、分配和培训，防毒面罩的配合试验。工作人员安全和卫生支持附件提供了工作人员安全卫生技术援助方面的更多信息。实施国家油品或危险物品污染意外事故应急预案和应急支持功能10的国家应急反应队各下属机构也可通过主要机构申请，直接获得劳工部职业安全卫生管理局的支持
国务院	当油品或有害物质排放（或释放）跨越国界或其威胁跨越国界或涉及外国籍船只时，促进国家间的应急反应行动整合
运输部	(1) 提供各种油品和危险物品运输的专业技术，包括危险物品包装、装卸和运输方面的强制规定等信息。 (2) 为应急反应和恢复工作中的危险物品、有害废物和有害垃圾的运输，签发特别许可证
总务管理局	提供应急支持功能10所需的物资，满足受灾人群的需求
核管制委员会	(1) 在涉及特许经营机构或特许运输材料（即：核管制委员会或其授权的州政府核准许可运营的机构或核准许可运输的放射性材料，或按照原子能法核准许可运输的放射性材料）的放射性突发事件应急反应工作中，协调联邦应急反应行动；对需要协调联邦应急反应的核（放射性）突发事件，按照核（放射性）突发事件附件的规定，作为协调机构向国土安全部提供支援。 (2) 对涉及放射性和化学释放的紧急情况，核管制委员会和环境保护总署按照双方联合制订的执行程序协调应急反应工作

第十一章　应急支持功能 11
——农业与自然资源

协调机构： 农业部
主要机构： 农业部
内务部
支援机构： 农业部、商务部、国防部、能源部、卫生与人道主义服务部、国土安全部、内务部、司法部、劳工部、国务院、运输部、环境保护总署、总务管理局、国家档案记录管理局、美国邮政局、历史文物保护顾问委员会、美国红十字会、国家遗产应急工作队

一、引言

1. 目的

应急支持功能 11（农业和自然资源）支持州政府、部落政府、地方政府和其他联邦政府机构以下几方面的工作：提供营养援助；必要时，控制和扑灭高传染性或经济上毁灭性的动物疾病或人畜共患传染性疾病（即：动物和人之间传播的）的爆发，或经济上毁灭性的植物传染病或疾病的爆发；确保商品粮食的安全；保护自然、文化资源和历史财产资源；并在应急反应期间或疏散撤离时，为家养宠物提供安全和福利服务。在应对需要协调联邦应急反应和需要应急支持功能 11 的一个或多个功能支持的突发事件中，由国土安全部长启动应急支持功能 11。

2. 范围

应急支持功能 11 包括以下五项主要功能：

（1）提供营养援助：包括与州政府机构一道，共同确定营养援助需求，保证有适当的粮食，安排粮食派送，并批准灾害食品券计划。这些工作由农业部食品营养局协调。

（2）动植物疾病和传染病的应急反应：包括整合联邦、州、部落和地方政府资源实施应急反应，以应对高传染性或经济上毁灭性的动物或性疾传染病的爆发，或经济上有重大危害的植物传染病和疾病的爆发。应急支持功能 11 与应急支持功能 8（公共卫生与医疗服务）协调一致，确保自然灾害中出现的动物或兽医问题得以解决。这些工作由美国农业部动植物卫生检验局协调。

（3）确保商品食品的卫生安全和可靠供应：包括执行例行的食品安全检查和其他旨在确保进入商业流通领域的食用产品安全的服务。包括对屠宰场（或加工厂）、批发和零售场所的食品，港口的进口食品所进行的安全方面检查和验证；食品取样实验室分析；疑似伪劣产品的控制；不合格工厂、农场的关闭；食物携带疾病的监控；以及现场调查。这些工作由美国农业部的食品安全检验局协调。

（4）保护自然、文化资源和历史遗产：包括采取适当的应急反应行动，保管、保存、修缮、恢复和重建自然、文化资源和历史遗产。这包括事件后对损坏所做的基本评估，以及

供技术援助和资源，评估应急反应和恢复工作对自然、文化资源和历史遗产的影响。这些工作由内务部协调。

（5）为家养宠物提供安全和福利：与应急支持功能6（大众关怀、紧急援助、住房安置与人道主义服务）、应急支持功能8、应急支持功能9（搜索与营救）和应急支持功能14（长期社区恢复）一道，共同支持国土安全部联邦紧急事务管理局，提供集成化的应急反应，确保家养宠物的安全和福利。应急支持功能11工作由美国农业部动植物卫生检验局协调。

3. 政策

应急支持功能11的有关政策详见表14。

表14　应急支持功能11有关政策一览表

概述	（1）国土安全部联邦紧急事务管理局在接到可能发生或实际发生需要协调联邦应急反应和支援的突发事件通知后，启动应急支持功能11，协助确保以下一项或多项行动的成功实施：获得并交付食品，保证食品安全，恰当应对动植物疾病或传染病，保护自然、文化资源和历史遗产，为家养宠物提供安全和福利。 （2）应急支持功能11的行动，由州政府、部落和地方政府的突发事件管理官员、私营机构共同协调、实施。这些行动也应与联合现场办公室的统一协调组、区域应急反应协调中心和国家应急反应协调中心（必要时）保持协调。 （3）接到突发事件应急支持功能11主要机构的指示后，各支援机构负责管理所属的单位和资源
营养援助政策	**美国农业部食品营养局：** （1）应急支持功能11要求保护和运送的食品既可分发到家庭，也可根据突发事件需要供应集体用餐。 （2）供应灾区的食品，其运输和发放由联邦政府、州政府、地方政府和志愿者组织安排。 （3）应急支持功能11的官员与负责大众食品供给的应急支持功能6的机构协调，并支持其开展工作。 （4）应急支持功能11的官员鼓励将集体共餐作为灾害食品供应的主要方式安排。 （5）必需的食品优先运往急需的地区，然后再运往一般需求的地区。 （6）应急支持功能11官员一旦得知商贸渠道已恢复的通知后，可批准实施灾害食品券计划
动植物疾病和传染病应急反应政策	**美国农业部动植物卫生检验局：** （1）与州政府部门和私人企业合作，共同实施动植物疾病和传染病的应急反应，确保人所需营养的连续供应和动植物及环境的安全，并支持美国经济和贸易的发展。 （2）在解决动物疾病问题时，所有减少动物的工作应尽可能做得人道，同时阻止病菌扩散，并限制必须实施安乐死的动物数量。选择可有效阻止病菌扩散，且对环境影响最小的方法，处理感染和可能感染的尸体和寄宿植物。 （3）如果紧急情况涉及的家畜传染病或疾病威胁美国农业生产的任何环节，农业部长也认为有必要阻止、控制、扑灭或防止家畜的传染病或疾病扩散时，在征得管理和预算办公室同意后，农业部长可将其他拨款和现有资金划拨到美国农业部下属的机构或公司，用于相关的花费，包括对生产者的补偿。 （4）如果发生植物病虫害突发事件，农业部长可宣布非常紧急事件，并采取相应的应急反应行动。农业部长也应该为此项行动导致的经济损失提供补偿。

续表

动植物疾病和传染病应急反应政策	（5）宣布非常紧急事件后，如果受灾的州不能采取适当的行动控制和扑灭疾病或传染病，则农业部长可利用联邦权力在该州范围内采取行动。 （6）州、部落和地方应急准备和应急反应官员、国土安全官员，依据现有的美国农业部内部政策和程序，指导并与协调动植物突发事件期间采取的行动。在应对需要通过国家应急反应框架协调应急反应的突发事件中，动植物卫生检验局与相关的应急支持功能和其他机构协调，包括与工作人员安全与卫生支持功能规定的机构协调，确保保护所有工作人员（包括志愿者）健康和安全的适当措施得到落实
商业性食品供应的安全保证政策	**美国农业部食品安全检验局：** 州、部落和地方应急准备和应急反应官员、国土安全官员，依据现有的美国农业部内部政策和程序，指导并与协调动植物突发事件期间采取的行动
自然、文化资源和历史遗产的保护政策	**内务部：** （1）内务部是应急支持功能 11 的自然、文化资源及历史遗产保护的主要机构。 （2）为突发事件提供支持的机构，依据内部现有政策和程序，指导应急支持功能 11 采取的行动，保护、保管、保存、修复、恢复和复原自然、文化资源和历史遗产。 （3）为每个突发事件提供支持的组织与相关的应急支持功能和其他附件协调，包括与工作人员安全与健康支援附件的机构协调，确保正确使用志愿者，确保志愿者的健康和安全，并确保保护所有工作人员健康和安全的适当措施得到落实。 （4）接到主要机构指示后，各支援机构负责管理好各自的队伍和资源
家养宠物的应急反应政策	**美国农业部动植物卫生检验局：** （1）动物撤离和避难应与人的撤离和避难工作同时进行。动物避难应尽可能靠近其主人。在应急避难所期间，期望主人给宠物提供食物、水、饲养和训练。 （2）应鼓励动物集中的企业（例如：宠物店和兽医院），应为动物制订突发事件应急预案，并予以落实

二、运作机制

美国农业部，作为应急支持功能 11 的协调机构，根据下面几段和表 15 所述的 5 大核心功能组织应急支持功能的人员和支援机构。组织并协调联邦政府的权能和资源，以便对需要协调联邦应急反应的突发事件提供服务、技术援助、专业技术和其他支持。

应急支持功能 11（美国农业部食品营养局）负责核实灾区食品需求，筹集援助的食品并安排运输事宜，或向灾区提供食品券救济金；为避难所和其他大众供餐场所提供食品，支持联邦紧急事务管理局的大众关怀工作。

应急支持功能 11（美国农业部动植物卫生检验局）组织并实施集成化的联邦、州、部落和地方应急反应，以应对高传染性或经济上毁灭性的动物疾病或人畜共患传染性疾病的爆发，或应对有害的或经济意义重大的植物传染病和疾病的爆发（这些疾病的爆发属于联邦管理的重大事件）。

应急支持功能 11（美国农业部食品安全检验局），在发生需要协调联邦应急反应的突发事件时，确保的国家商业食品（如：肉、家禽和蛋产品）安全和供应保障，减轻突发事件对灾区人群和环境的影响。

应急支持功能11通过保护自然、文化资源和历史遗产的主要机构（内务部），组织并协调联邦政府的权能和资源，为需要协调联邦应急反应的突发事件各阶段，提供服务、技术援助、专业技术和其他资源，保护、保管、保存、修复、恢复和复原自然、文化资源和历史遗产。

应急支持功能11（美国农业部动植物卫生检验局）联合应急支持功能6、应急支持功能8、应急支持功能9和应急支持功能14，共同支持联邦紧急事务管理局组织并实施集成化的应急反应，在导致大批市民离乡背井的自然灾害和其他应急事件期间，为家养宠物提供安全和福利。

表15　应急支持功能11功能类别和职责

功能类别	主要机构	应急支持功能职责
营养援助	美国农业部食品营养局	（1）核实营养援助需求。 （2）筹集适当的粮食。 （3）安排食品供应的运输。 （4）批准灾害食品券计划
动植物疾病和传染病的应急反应	美国农业部动植物卫生检验局	（1）实施集成化的国家级应急反应，以应对经济上毁灭性的或高传染性动物或人畜共患传染性疾病的爆发，或有害的重大植物传染病和疾病（或经济意义重大的植物传染病和疾病）的爆发。 （2）协调灾区的兽医和野生动植物服务。 （3）与应急支持功能8就突发事件和自然灾害期间发生的动物事务和兽医事务进行协调。 （4）为了应对生物灾害事件，可能需要对动植物以及相关的设施（例如：棚舍、加工设备、土壤、喂养区）进行消毒和（或）消除。这些活动应在机构的权能范围内进行
商业食品安全和供应保障	美国农业部食品安全检验局	（1）对灾区的肉、家禽和蛋产品进行检查和验证，确保进入商业流通的产品安全和卫生。 （2）监测食源性疾病。 （3）协调伪劣产品的召回和跟踪工作。 （4）协调污染食品的处置工作。 （5）向灾区提供检验员和实验室服务
自然、文化资源及历史遗产保护	内务部	（1）协调自然、文化资源和历史遗产的鉴定和易损性评估。 （2）促进保护措施和策略的制定和应用。 （3）在应急反应工作中，协助紧急状态下的联邦环境法的实施，如：紧急情况下的自然资源使用和消费的许可或紧急磋商。 （4）管理、监控、实施或协助实施应急反应和恢复行动，最大程度地减少自然、文化资源和历史遗产的损坏。 （5）与应急支持功能3（公用工程与公用设施）和应急支持功能10（油类和危险物品应急反应）协调，清除影响自然、文化资源和历史遗产的废墟。

续表

功能类别	主要机构	应急支持功能职责
自然、文化资源及历史遗产保护	内务部	(6) 与应急支持功能3协调，管理、监控海岸线、水边缓冲区和山坡紧急加固、恢复、修复工作，或提供技术援助，保护自然、文化资源和历史遗产。 (7) 总结并共享成功经验，协助制订程序性方法，以响应保护自然、文化资源和历史遗产的请求，迅速采取联邦应急反应或恢复行动，应对需要协调联邦应急反应的突发事件。 (8) 为保护具有传统宗教和文化意义的财产，提供援助和专业知识。 (9) 提供受影响的自然、文化资源和历史遗产的最新地球空间数据，制订并提供收集自然、文化资源和历史遗产数据的标准运行程序，进行地理信息系统分析，发布与自然、文化资源和历史遗产有关的地球空间产品，如地图。 (10) 提供突发事件管理组，协助保护自然、文化资源和历史遗产的应急反应和恢复行动
家养宠物的安全和福利	美国农业部动植物卫生检验局	(1) 与应急支持功能6、应急支持功能8、应急支持功能9和应急支持功能14，共同支持国土安全部联邦紧急事务管理局，提供集成化的应急反应，确保自然灾害和其他紧急事件中大批市民离家出走期间的家养宠物的安全和福利。 (2) 提供家养宠物安全和福利方面的技术支援和专业知识。 (3) 评估家养宠物紧急需求。 (4) 迅速申请协助家养宠物撤离和避难的资源

三、组织

1. 总部级

总部应急支持功能在美国农业部协调员的指导下运行。当所需的援助涉及自然、文化资源及历史遗产保护时，内务部提供总部级指导和协调。当突发事件需要一个以上的应急支持功能11职能部门援助时，美国农业部提供全面指导。

食品营养局的国家灾害协调员是营养援助的联系人，代表食品营养局灾害特遣队与其他机构协调食品营养局的应急反应工作。

动植物卫生检验局承担动植物疾病和传染病的应急反应的主要职责。

对于涉及家养宠物福利的突发事件，动植物卫生检验局领导应急支持功能11的工作（作为多个应急支持功能参与的一部分），并与联邦机构、州机构和非政府组织协调。

对于涉及商业食品安全与供应保障的突发事件，食品安全检验局承担主要职责。

对于涉及自然、文化资源及历史遗产保护的突发事件，内务部环境政策审查办公室承担主要职责。

一旦启动应急支持功能11，美国农业部在国家应急反应协调中心协调全国的应急反应工作。协调员召开相关支援机构和非政府合作伙伴参加的电话会议，评估情况，并决定采取相应的行动。然后该机构向支援组织发出警报，并要求他们提供代表。

2. 区域级

在区域级，应急支持功能 11 在美国农业部的一名协调员指导下运作，该协调员根据特定突发事件所需的援助确定。当突发事件需要一个以上的应急支持功能 11 职能援助时，美国农业部提供的区域联系点在区域应急反应协调中心，并代表应急支持功能 11 与统一协调组打交道。应急反应期间，如有必要，应急支持功能 11 向联合现场办公室派出 24 小时值班人员。当应急支持功能 11 援助只涉及自然、文化资源及历史遗产保护时，内务部提供这一区域职能，直到为突发事件指定的自然、文化资源和历史遗产协调员确定为止。

对于营养援助，食品营养局的区域灾害协调员担任联系人，并代表应急支持功能 11 与统一协调组打交道。

对于涉及动植物疾病和传染病应急反应以及家养宠物的安全和福利的突发事件，动植物卫生检验局相应的应急支持功能 11 区域协调员全面协调地方和区域的应急反应行动，并确保提供适当的资源，支持区域应急反应协调中心和联合现场办公室工作。

对于涉及商业食品安全和供应保障的突发事件，食品安全检验局地区和全国的现场办公室按照内部政策和程序协调现场应急反应工作。地区办公室的代表担任灾区统一协调组的美国农业部联邦高级官员。

对于自然、文化资源和历史遗产的保护援助，内务部区域环境办公室是区域应急反应协调中心内的初期联系单位，并代表应急支持功能 11 与联邦协调官员或联邦资源协调员打交道。

四、行动

1. 初期行动

在突发事件持续期间，应急支持功能 11 协调员向本土常备组提供信息。突发事件的主要机构组织一个跨机构团队，支持国家应急反应协调中心、区域应急反应协调中心和联合现场办公室的工作。

表 16

职能类别	初期行动
营养援助	（1）根据人数、难民点数量和可用于集中供餐的准备机构数量，确定受灾人群的紧缺需求。 （2）调查可用的食品资源、运输设备、贮藏和分发机构，并确定其所在位置。 （3）确保美国农业部确定的所有食品都适合人类食用。 （4）协调向灾区中转站运送美国农业部食品的工作。 （5）直接从市场采购库存紧缺食品。 （6）批准灾害食品券计划
动植物疾病和传染病应急反应	（1）动植物卫生检验局负责处理动植物疾病和传染病多州爆发的潜在危险，指导未受灾的州在其边界内采取紧急预防措施。 （2）如果报告有故意释放病菌和传染病的可能，动植物卫生当局应立即通知美国农业部的督察长办公室，该办公室再与国家行动中心联系。在情况确实时，美国农业部的督察长办公室通知地方级、部落级、州级和联邦级的相应的执法机构，并协调各级行动。

续表

职能类别	初期行动
动植物疾病和传染病应急反应	（3）如果怀疑疾病爆发与犯罪活动有关，美国农业部的督察长办公室与相关的兽医或植物诊断人员密切配合工作，确保正确处理并包装好一些样品，装运到合适的研究实验室，以进行试验和法庭分析。美国农业部的督察长办公室与其他相关的联邦执法机构一起进行其后的联合犯罪调查。如果疾病爆发确定为犯罪行为，但不是恐怖主义行为，则美国农业部的督察长办公室承担联邦执法应急反应的主要职责。 （4）如果怀疑疾病爆发与恐怖主义行为有关，则美国农业部的督察长办公室通知司法部联邦调查局的大规模杀伤性武器单位。美国农业部的督察长办公室、其他相关的联邦执法机构和司法部联邦调查局共同进行犯罪联合调查。 （5）动植物卫生检验局职权范围内提供相关的服务，包括检查、隔离检疫、熏蒸消毒、灭菌消毒、环境卫生清洁消毒、传染病检验、销毁被感染或污染的动物和物品（这些动物和物品有可能成为传染给人类的危险源头），必要时还可采取其他措施。 （6）动植物卫生检验局依据植物保护法和动物卫生保护法，实施跨州的隔离检疫执法，并与各州协调，确保州内隔离检疫措施的实施
商业食品安全与供应保障	（1）对灾区内肉、家禽和蛋产品的加工、批发、进口和零售机构的检查工作进行评估。 （2）评价现有的检查员、项目调研组和与突发事件有关的实验室服务的地理分布是否合理
自然、文化资源及历史遗产保护	（1）与联邦机构、州机构、部落机构、地方机构、私营机构和国家遗产应急特遣队磋商，确定自然、文化资源及历史遗产保护、保管、保存、修复、恢复和复原所需的紧急需求和现有资源。内务部、农业部和商务部国家海洋大气管理局商将据此，商定哪一个机构应为突发事件提供人员。 （2）协调向灾区提供的必要援助
家养宠物的安全和福利	（1）对情况进行评估，确定家养宠物的紧急需求。 （2）核实并管理现有资源，支持联邦紧急事务管理局开展家养宠物的撤离和避难工作

2. 后续行动

表 17

职能类别	后续行动
营养援助	（1）商业食品的供应渠道一旦恢复，迅速申请紧急发放食品券救济金。 （2）与长期集中供餐的服务机构建立后勤联系。 （3）评估食品需求，并从食品营养局现有营养援助计划库存中调运食品，满足这些需求
动植物疾病和传染病应急反应	（1）就高传染性动物或人畜共患的传染性动物疾病爆发，或经济上毁灭性的植物传染病或疾病的爆发的突发事件，向本土常备组提供信息和建议。这两种疾病爆发或需要采取隔离检疫，可能影响州内交往或州际交往。 （2）协调兽医人员的分派工作，协助受伤动物和被弃动物的卫生护理，协助兽医开展防护性医疗工作，包括进行现场调查和技术援助，必要时提供咨询

续表

职能类别	后续行动
商业食品安全与供应保障	（1）检查、检验屠宰场、加工厂、批发和零售场地和进口机构的食品安全。 （2）参与实验室分析工作，筛查肉、家禽和蛋产品所含的化学、生物和放射性物质。 （3）必要时，暂停肉、家禽和蛋加工厂的生产。 （4）参与监督食品安全与供应保障有关的疾病、伤害和其他消费者投诉。 （5）与州政府、地方政府和志愿者组织协调，确定灾区对食品安全检验局资源的需求程度和可以满足的程度。 （6）对产品进行跟踪，确定伪劣和（或）被污染产品的源头、目的地和分布。 （7）采取产品召回、查封、扣留和（或）关闭被管制的企业等措施，控制所有经食品安全检验局检查，怀疑或发现伪劣并贴有标签的产品
自然、文化资源及历史遗产保护	（1）提供科学技术建议、信息和援助，协助防止或减少自然、文化资源和历史遗产遭受损害。 （2）为长期保护、保管、保存、修复、恢复和复原自然、文化资源和历史遗产的工作，提供科学技术建议、信息和援助。 （3）开发国家遗产应急特遣队提供的文化和历史资源国家信息和专家网络的新用途。 （4）开发国家档案记录管理局与州档案馆合作提供的国家资源网络上的政府记录和历史文件的新用途。 （5）与自然、文化资源和历史遗产长期保护、保管、保存、修复、恢复和复原的组织建立后勤和通信联系。 （6）按照涉及自然、文化资源和历史遗产问题的应急支持功能 14 规定，开展长期社区恢复工作
家养宠物的安全和福利	（1）加速申请紧急援助。 （2）提供技术援助和专业技术知识，支持为家养宠物提供安全和福利的工作

五、职责

1. 协调机构——农业部

表 18

机　　构	职　　责
营养援助 主要机构：美国农业部食品营养局	（1）查明美国农业部现有的粮食，包括可供人类食用的、未加工的农产品（如：小麦、玉米、燕麦和大米），评估粮食的损失情况。 （2）与州官员、部落官员和地方官员协调，确定灾区人口的营养需求。 （3）应州政府的请求，食品营养局行政官员根据自己的判断，批准向灾区符合条件的家庭发放紧急食品券救济金。 （4）食品营养局行政官员根据自己的判断，向不符合申领食品券救济金的家庭提供带回家用的应急粮食。 （5）与州机构和志愿者机构一道，共同制定行动计划，确保一旦核定需求，及时在合适的地点发放宜食用的食品

续表

机　构	职　责
	动物疾病和传染病——动植物卫生检验局，兽医服务： （1）检测动物疾病变异和传染病，并指派外来动物疾病诊断专家进行调查。 （2）疾病诊断后，给相关的联邦官员和州官员发出告示，以便及时采取有效的应急反应。 （3）与其他应急支持功能、兽医医疗援助组、现有的州兽医应急反应组和志愿者动物看护组织协调，以应对疾病。 （4）与应急支持功能 8 就人畜共患的动物传染性疾病的监督工作进行协调。 （5）如果发生自然灾害，出现动物或兽医问题，则与应急支持功能 8 协调，以确保支持这些问题的解决
动植物疾病和传染病应急反应，家养宠物的安全和福利 主要机构：美国农业部动植物卫生检验局	**植物疾病和传染病——动植物卫生检验局，植物保护和隔离检疫：** （1）如果爆发经济上毁灭性的植物传染病或疾病，则种植物培育人和（或）所在州的大学诊断实验室或州农业部门的诊断实验室通知州植物管理官员和联邦州植物卫生主任。然后，该主任通知植物保护和隔离检疫计划的区域办公室和总部办公室。 （2）在启动应急反应之前，疑似样本必须经植物保护和隔离检疫计划的国家鉴定局公认的专家权威确认。一旦被确认为有重大经济影响的植物传染病，相关的植物保护和隔离检疫区域主任和负责应急和本土计划管理的副主任助理通知州植物管理官员和发源州的州植物卫生主任。然后，植物保护和隔离检疫计划部门向国家植物局通报确认结果，并通知所有贸易合作伙伴
	家养宠物的安全和福利——动植物卫生检验局，动物看护： （1）与应急支持功能 6、应急支持功能 8、应急支持功能 9 和应急支持功能 14，共同支援多个应急支持功能参与的应急反应，为家养宠物提供安全和福利。 （2）提供家养宠物安全和福利方面的专业技术知识。 （3）与应急支持功能 6 协调家养宠物大规模撤离和避难工作。 （4）与应急支持功能 8 协调家养宠物的医疗护理工作。 （5）与联邦紧急事务管理局协调家养宠物的运输工作。 （6）与应急支持功能 9 协调家养宠物的搜救工作。 （7）与应急支持功能 14 协调，确保在社区长期恢复期间为家养宠物提供持续的援助
动植物疾病和传染病应急反应 内务部美国地质调查局	美国地质调查局是与野生动植物有关的任何人畜共患的动物传染性疾病的联系单位。协助应对高传染性或人畜共患动物传染性疾病，生物制剂事件，或其他涉及野生动植物的突发事件，提供野生动植物应急反应组；提供地球空间评估和制图工具；协助鉴定新出现的和再次复活的人畜共患动物传染性疾病；提供用于疾病诊断和生物制剂分析的 3 级生物安全实验室服务；协助预防、控制和扑灭涉及野生动植物的任何高传染性或人畜共患动物传染性疾病；必要时，提供野生动植物尸体处理设施

续表

机　构	职　责
商业食品安全与供应保障 主要机构：美国农业部食品安全检验局	（1）评估灾区的肉、家禽和蛋产品加工厂、批发商和进口商是否能提供安全有保障的食品。不能生产无掺杂产品的企业暂停生产，其他企业接受常规或强化检查和核查，包括食物样品的实验室监测。 （2）与联邦当局、州当局、部落当局和地方当局以及业界一道，对劣质产品进行跟踪、召回和控制。包括适当处置被污染的产品，以保护灾区的公共卫生和环境。 （3）地理信息系统绘制其管控的肉、家禽和蛋产品生产企业的地理分布图，协助州当局和地方当局建立食品控制区，以保护公共卫生
自然、文化资源及历史遗产保护 主要机构：内务部	（1）提供科学技术建议、信息和其他援助，帮助防止或最大程度地减少对自然、文化资源和历史遗产的伤害，帮助恢复或修缮自然、文化资源和历史遗产。关注区域包括陆地和水上生态系统；生物资源，包括鱼和野生动植物、受威胁的濒危物种和候鸟；历史和史前资源；地图和地球空间数据；地质；水文，包括实时水流数据；地震和其他自然灾害；海岸和海上矿物；能源和煤矿。 （2）为内务部所属各局的突发事件管理队配备应急反应资源，如给国家公园管理局的博物馆应急反应队配置资源，使其有能力应对影响所有文化资源和历史遗产的事件）。 （3）提供合同签订、合同管理、采购、施工检查和自然、文化资源和历史遗产的评估和自然资源恢复、保存、保护和稳定方面的技术援助。 （4）必要时，向土地所有人和社区提供技术和财政援助，帮助评估重要鱼类、野生动植物生存环境和种群恢复需求和要求
自然、文化资源及历史遗产保护 农业部	（1）提供科学技术建议、信息和其他援助，帮助防止或最大程度地减少对自然、文化资源和历史遗产的伤害，帮助恢复或修缮自然、文化资源和历史遗产。关注的领域包括：重要植物的繁殖；土地勘察；干旱准备和减轻；关键的动植物生长环境，包括环境上敏感的和文化上有意义的领域；水域调查、规划、保护、和复原；重新造林和其他侵蚀控制。 （2）为州政府和部落政府制订自然资源（特别是林区）管理和保护计划，提供技术和财政援助。 （3）对评估的需求确定后，如有资金，为州政府和部落政府的林地恢复工作提供紧急财政援助
自然、文化资源及历史遗产保护 商务部国家海洋大气管理局	（1）为基本情况的确定，提供环境数据档案。 （2）提供污染分析的专业技术知识和设施。 （3）提供航空照片和卫星遥感照片，支持损害评估。 （4）提供特定场地的详细天气预报和河流污染物流经时间预报。 （5）提供珊瑚礁和珊瑚礁生态系统方面的专业技术知识和援助。 （6）提供海洋哺乳动物、濒危物种和鱼类基本生长环境方面的专业技术知识和咨询服务。 （7）提供海洋食品检验服务，通过程序和产品检验、产品评价和认证及实验室分析，评估鱼和鱼产品的安全、卫生和质量，并加贴相应的标签。 （8）实施已适当确定的工作，按照麦格纳森－史蒂芬渔业保护与管理法案，恢复渔业和其他自然资源，防止未来欠收

续表

机　构	职　责
自然、文化资源及历史遗产保护 国家档案记录管理局	（1）提供保存、科学技术、记录和档案管理方面的建议和信息，帮助保护与公文、档案记录和历史文件有关的自然、文化资源和历史遗产，防止或最大程度地减少损失。 （2）提供保存、科学技术、记录和档案管理建议和信息，帮助保护与公文、档案记录和历史文件有关的自然、文化资源和历史遗产；提供受损坏自然、文化资源和历史遗产恢复方面的合同签订和运输建议
自然、文化资源及历史遗产保护 历史文物保护顾问委员会	（1）应对造成历史资源影响事件的应急反应和恢复工作期间，对所有参照国家历史遗迹保存法第106节的应急程序实施应急反应的联邦机构提供援助。 （2）与国家遗产应急特遣队、联邦机构、州机构、部落机构、地方机构和私营机构协调，确定具体灾害政策优先重点，如：紧急拨款、计划性协议、或针对具体灾害情况选择性方案。 （3）对保存历史资源的工作程序和方案提供技术建议和指导，制定并执行这些技术指导的发布程序，以便利益相关人和咨询人员按国家历史保存法的第106节的规定行事
自然、文化资源及历史遗产保护 国家遗产应急特遣队	国家遗产应急特遣队是一支由大约40个全国性服务组织和联邦机构组成的志愿者合作组织，其宗旨是保护文化遗产，免受自然灾害和其他紧急情况影响的损坏。 （1）在灾害期间，帮助文化机构和文化遗址做好应急准备，并获得所需的资源。 （2）鼓励各级政府的文化和历史机构合作，共同制订灾害应急计划，共同参与减灾工作。 （3）对各类紧急情况，包括灾难性事件，采取更有效、更协调的应急反应行动，以保护文化资源。 （4）协助公众恢复被灾害损坏的珍贵的祖传遗产
国防部	（1）评估国防部可用的粮食和能够贮藏、干燥、冷藏和冷冻食品的贮存设施。 （2）评估国防部可用的运输设备、材料装卸设备和支持人员。这一职责限于灾区范围内或邻近灾区的军事基地、营地和兵站。 （3）评估可以现有可提供的实验室和诊断支援、专业和技术援助。 （4）向动物应急反应组织或其他请求和需要援助的组织提供军队专业人员，包括担任国防兽医联络官和国防兽医支援官员的陆军兽医队高级官员，以及在外来动物疾病诊断、流行病学、微生物学、免疫性、昆虫系、病理性和公共卫生方面培训过的军事专家。 （5）提供实验室支持，协助和加强动植物卫生检验局的检验能力
	美国陆军工程兵部队： 提供专业技术和人力资源，协助清除和处理被污染的和未被污染的废墟，包括影响自然、文化资源和历史遗产的动物尸体和废墟
能源部	**国家核安全管理局：** 在核或放射性突发事件的初始阶段，领导多机构组成的联邦放射性监控和评估中心

续表

机　　构	职　　责
卫生与人道主义服务部	（1）确定哪些食品适合人类食用，发现与污染食品有关的潜在问题。 （2）开展粮食准备和贮存方面的卫生教育。 （3）提供实验室和诊断，专业知识和技术，以及现场调查方面的支持，协助产品跟踪、检查、监控和查封工作。 （4）提供与人类健康有关的信息，包括对食源性疾病、职业安全和卫生问题的监督。 （5）通过美国公民健康服务队兽医组和流行病学专家，提供兽医公共卫生和临床专业技术支持，协助应对环境公共卫生、毒物学、动物咬伤（或抓伤）和人畜共患的动物传染性疾病危害；协助开展兽医或动物应急需求评估；协助应对与动物应急反应有关的职业安全和卫生问题；协助实施狂犬病隔离检疫等。 （6）协助受伤或遗弃动物卫生护理，协助开展兽医预防性医疗工作，包括现场调查和必要时提供的技术援助和咨询
国土安全部	（1）就应急支持功能 11 支持的相关重要基础设施恢复和修复的所有问题（包括资源的分配和优先顺序，灾区人口和私有粮食信息）与基础设施联络部门协调。 （2）为查封运输中的和入境港口的受污染产品提供更多的支持；提供专业知识和技术援助（如：海关与边界保护局的农业专家）；必要时，为工作人员和实验室样品提供航空运输服务。 （3）通过基础设施保护管理办公室，维护重要基础设施和关键资产数据库，并维护通过现场调查和收集到的特定场所易损性详细信息 **联邦紧急事务管理局：** （1）建立向地方级的准备工作提供资金拨款机制，确保现存的基础设施满足事件前和事件中及时撤离和救援的需要。 （2）在紧急事件前，签订家养宠物和服务性动物的运输合同。 （3）在紧急事件前，采购并预定避难物品。 （4）资助州和地方政府为家养宠物和服务性动物避难和撤离所做的准备工作。 （5）协调斯塔福法资助的所有应急反应、恢复和减灾工作（包括任务指派）的环境和历史保护符合性要求。向联邦协调官员提出环境和历史保护符合性要求方面的问题。 （6）就斯塔福法资助的应急反应、恢复和减灾工作（包括任务指派）的环境和历史保护符合性，提供政策建议，以及法律、条例、政策、程序、应急咨询、应急许可方面的指南。 （7）就灾害损坏的历史财产方面的事务，提供援助。 （8）与国家遗产应急特遣队共同提供通信和信息共享平台，并利用这个平台支持应急支持功能 11 开展工作
劳工部	**职业安全与卫生管理局：** 在紧急动物卫生保护和自然、文化资源及历史遗产保护工作期间，提供工作人员安全和卫生方面的技术援助。这一援助可包括现场安全监控、工作人员感染取样和分析，以及防毒面罩的配合试验

续表

机　　构	职　　责
国务院	当动物和（或）植物疾病爆发显示出跨境威胁时，促进国家之间的集成化应急反应
环境保护总署	（1）为消除设施的生物、化学和其他危险制剂的污染、环境监控、消除农业（动物或庄稼）和食品污染和处置工作提供技术援助、专业知识和支持。 （2）为实验室和诊断提供支持，提供急诊能力。 （3）与美国农业部、卫生与人道主义服务部和私营机构一道，共同确定合适可用的抗生素和其他杀虫剂，消除庄稼、环境表面和水遭受的污染。批准使用这些杀虫剂。 （4）如果发生核或放射性突发事件，则在突发事件的初始阶段，支援联邦放射性监控和评估中心，并在以后阶段领导联邦放射性监控和评估中心。还通过环境、食品和卫生顾问组提供保护性行动援助。 （5）对于涉及油类或危险物品的突发事件，依据环境保护总署现有的法定职责提供调查支援和情报分析。 （6）为判定饮用水安全提供技术援助
总务管理局	必要时，提供应急支持功能 11 所需的资源支持，以满足受灾人群和灾区的需求
美国红十字会	（1）确定并评估以下两个阶段对食品和分发服务的需求： ①灾害后极短时间内重要的紧急需求。 ②应急阶段结束后长期生存需求。 （2）与其他志愿者组织协调食品发放工作
司法部、运输部、美国邮政总局、国土安全部海关和边境保护局	所有部门都可控制人、运输工具和物品的移动。如果发生动植物疾病，这些机构可通过检查和移动控制，帮助强制进入隔离检疫区

第十二章　应急支持功能 12
——能源

协调机构：能源部
主要机构：能源部
支援机构：农业部、商务部、国防部、国土安全部、内务部、劳工部、国务院、运输部、环境保护总署、核管制委员会、田纳西流域管理局

一、引言

1. 目的

国土安全部长启动应急支持功能 12（能源），应对需要协调联邦应急反应的突发事件时，其目的是帮助修复损坏的能源系统及其组成部分。能源部的职责是保持美国持续、可靠的能源供应，其领导下的应急支持功能 12 采取的预防性措施和修复恢复行动是其职责的一部分。

2. 范围

应急支持功能 12 收集、评价并共享灾区能源系统损坏信息及其对能源供应影响估计。应急支持功能 12 还提供能源修复过程信息，如：修复工程进度表、完成百分比及其地理位置信息。应急支持功能 12 通过法律授权和豁免，支持能源系统的修复。应急支持功能 12 还向公用设施提供专业技术知识，开展现场评估，帮助政府和私营企业克服能源系统修复中的困难。

本附件中的“能源”这一术语，包括石油开采、精炼、储存、运输，发电、输送、配电、维护和控制等能源系统及其组成部分。所有能源系统都属于重要基础设施。

3. 政策

应急支持功能 12：

（1）应对各种原因引起的能源供应系统重大破坏事件，不管是由能源传输和电力输送过程中系统的实际破坏造成的，还是上述系统意料不到的运行故障造成的，亦或由不正常经济或国际政治事件造成的。

（2）应对能源系统破坏对相互依存的另一地区能源系统及其组成部分造成的影响。因此，能源供应和运输问题可能是州内问题、跨州问题和国际问题。

（3）承担联邦能源协调职责，满足国家特殊安全事件对能源的需求。

（4）承担联邦政府联系能源产业，促进信息共享，请求私营、国营业主和运营商提供援助的主要职责。

（5）维护能源中心关键资产和基础设施清单，并对这些资源进行持续监控，确定并降低能源设施的易损性。

（6）为准备、应对和恢复针对美国能源资源的袭击事件，影响或威胁影响美国大量人口的电力、石油、天然气、煤和其他形式的能源、燃料供应短缺和输送中断事件，制订准备、应对和恢复方面的政策和程序。

能源机构正常的恢复运行是业主的职责。

能源部承担其拥有和（或）控制的国家能源基础设施的所有准备、应急反应、恢复和减灾工作。

二、运作机制

应急支持功能 12 提供及时修复所需的联邦增援和适当资源。

应急支持功能 12 的主要机构和支援机构共同做好以下工作：

（1）承担联邦政府内的信息枢纽职责，接收能源供应和配电系统的实际损坏或预计损坏信息，系统设计和运行需求信息，以及准备、修复、恢复和减灾方面的信息。

（2）向联邦当局、州当局、部落当局和地方当局提出能源修复、援助和供应的优先重点建议。

（3）必要时，协助请求企业、州当局、部落当局和地方当局采取应急行动，满足国家能源需求。

（4）协助联邦部门和机构为运输、通信、应急反应行动和国防准备燃料。

（5）向联邦政府、州政府、部落政府和地方政府以及公众提供节省和有效利用能源方面的指导。

（6）利用联邦紧急事务管理局建立的通信系统向联邦政府、州政府、部落政府和地方政府当局提供援助。

三、组织

1. 总部级

应急支持功能 12 由能源部总部协调。当联邦紧急事务管理局通知能源部总部 24 小时值班的应急行动中心时，启动应急支持功能 12。

应急支持功能 12 一旦由联邦紧急事务管理局启动，应向国土安全部国家行动中心、本土常备组、国家应急反应协调中心派遣代表。

2. 区域级

应急支持功能 12 向联邦紧急事务管理局派出的 10 个区域办公室派遣区域协调员。这些协调员出席会议、参与演练，并提供区域问题和基础设施方面的专业知识。

应急支持功能 12 参与区域跨机构指导委员会的准备和协调工作。

应急支持功能 12 一旦由联邦紧急事务管理局启动，应向区域应急反应协调中心派遣代表。区域应急反应协调中心的应急支持功能 12 组组长协调任务指派、行动和其他支援工作，直到联合现场办公室成立为止，即时，履行使命的职责移交给联合现场办公室的应急支持功能 12 组组长。应急支持功能 12 向应急支持功能 5（应急管理）提供与突发事件有关的报告和信息。

3. 现场级

应急支持功能 12 一旦由联邦紧急事务管理局启动，应急支持功能 12 的代表将作为突发事件管理组的成员调用。

应急支持功能 12 一旦由联邦紧急事务管理局启动，应急支持功能 12 的代表也可作为快速需求评估组的成员调用。

应急支持功能 12 一旦由联邦紧急事务管理局启动，应急支持功能 12 的工作人员将参与联合现场办公室的工作。

4. 州、部落和地方政府

州政府、部落政府和地方政府负有列出能源设施修复重点的主要责任。州政府、部落政府和地方政府完全纳入应急支持功能 12 的统一行动。应急支持功能 12 启动时，其人员可部署到州应急反应中心。

5. 民间机构

应急支持功能 12 协调以下民间机构的信息和申请援助：电力协调委员会、石油和天然气协调委员会、电力可靠性组织、能源行业的各种协会。

四、行动

1. 突发事件前的行动

应急支持功能 12 与能源行业组织合作，制订并执行能源行业设施、运行安全和网络安全方面的方法和标准。

应急支持功能 12 与能源企业、联邦合作伙伴、州政府、部落政府和地方政府一起，开展能源应急演练，为能源紧急情况和其他紧急情况做好准备。

能源部应当与拥有和运营国家大部分能源基础设施的私营企业，共同制订基础设施设计和运行规范。

能源部协助各州制订州能源保障计划，以提高国家能源系统的可靠性和恢复能力。

应急支持功能 12 与联邦紧急事务管理局的各个区域办公室、私营企业、各州和部落政府，共同制订程序和开发产品，提高获取情况的手段，以便有效应对能源设施的破坏。

能源部监控能源基础设施，并与联邦官员、州官员、部落官员、地方官员和企业官员共享信息。

能源部开展能源设施的破坏预测，分析并模拟对电力、石油、天然气和煤炭基础设施的可能影响；分析市场对经济的影响；并确定破坏对其他重要基础设施和关键资源的影响。

2. 突发事件期间

突发事件发生后，私营企业通常组织基础设施快速恢复工作。一些私营企业的相关机构将参与应急支持功能 12 的规划和决策过程。

应急支持功能 12 一旦启动，能源部总部建立应急管理组，并启动能源部的灾害应急反应程序。

能源部评估突发事件对能源的影响，分析能源短缺的范围和持续时间，确定能源系统修复需求。

在应急反应和恢复运行期间，能源部与国土安全部、州政府、部落政府和地方政府协调，优化能源恢复计划，确定应急行动重点。

应急支持功能 12 与其他应急支持功能协调，及时提供准确的能源信息，提出减轻影响的方案，并协调能源系统修复和恢复工作。

应急支持功能 12 通过法定授权和豁免，促进能源系统修复。

能源部向私营企业提供专业知识，协助修复工作。这项支援包括能源系统的评估、先进能源系统中的最新技术开发和以前修复工作中的成功经验。

应急支持功能12协调能源设施损坏初步评估工作，以确定基础设施的损坏范围及其对区域和国家能源系统的影响。

在联合现场办公室内，应急支持功能12作为报告灾区重要基础设施和关键资源的损坏以及能源系统的运行状况的主要信息源。如果指派了基础设施联络官，则该联络官应提前与应急支持功能12协调对特定行业、跨行业或应急支持功能12有叠加影响的安全、保护和（或）修复问题。（详情，参见重要基础设施和关键资源支持附件）

3. 突发事件后

应急支持功能12参与突发事件后的减灾研究，以减少未来灾害的负面影响。

应急支持功能12协助联邦紧急事务管理局，审核能源企业依据斯塔福法提出的灾害开支补偿申请。

能源部领导并参与各种经验教训交流会，确保应对未来破坏情况的方法最有效。

应急支持功能12与管线和危险品安全管理局协调，确保国家天然气和危险品输送管线安全可靠。

五、职责

1. 主要机构—能源部

（1）承担能源应急反应及恢复问题收集和决策中心的职责。

（2）评估能源系统的损坏，监督维修恢复工作。

（3）收集、评估并提供能源供应、需求和市场影响方面的信息；起草情况报告和总结报告。

（4）确定修复能源系统所需的支持资源。

（5）必要时，将能源部的应急反应组部署到灾区，协助应急反应和修复工作。

（6）审核能源企业提出的电信优先服务申请，资助新增服务。

（7）承担总统第7号国土安全令（重要基础设施的确定、重点和保护）能源行业执行机构的职责。

2. 支援机构

表19

机　构	职　责
农业部	**农村发展司：** （1）为农村发展司公用设施计划资助系统内的发电、输配电装置的损失评估和修复工作提供技术支持和便利。 （2）必要时，收集并交流农村发展司公用设施计划资助系统的信息，评估影响和需求。 （3）提供农业部出资兴建的未出租或未协议销售的可居住住房单元信息（包括地点、类型、业主单位及管理单位），以便应急反应期间应急反应人员及其组织代表联系用房
	集合住宅管理司： 确定灾区内联邦出资兴建的集合住宅的闲置公寓业主，以便应急反应人员联系用房

续表

机　构	职　责
商务部	**国家海洋与大气管理局：** （1）通过国家环境预测中心及其地方天气预报办公室和河流预报中心提供当前天气预报信息和扩散模拟预报。 （2）通过国家海洋与大气管理局的各种灾害天气无线电广播、有线天气广播和应急管理人员信息网，向公众发布紧急事件信息
国防部	**美国陆军工程兵部队：** 与电力系统修复工作人员协调应急电力组的任务，确定应急发电机架设的优先重点
国土安全部	**基础设施保护办公室：** （1）管理国家基础设施保护计划。 （2）全面协调国家重要基础设施和关键资源保护工作。 （3）管理国家基础设施协调中心、国家资产数据库、国家基础设施模拟分析中心和国土基础设施威胁报告和分析中心（与国土安全部信息分析办公室协调）。 （4）管理全国安全保卫顾问组织。 （5）培训并部署基础设施联络员和顾问，支援突发事件管理工作。（详情，参见重要基础设施和关键资源支持附件） （6）编制并维护能源关键基础设施清单。 （7）编制并维护能源关键资产清单。 （8）确定并公布特定能源设施可能遭受的威胁。 （9）与能源部和私营企业协调评估能源基础设施最易遭受恐怖袭击的薄弱环节，协调保护措施。 （10）通过基础设施联络员，提供重要基础设施和关键资源受灾情况，建议优先修复和恢复的重点
	国家通信系统： （1）通过应急支持功能 2（通信），配合能源部工作，为电信企业提供新的供电路径或恢复供电。 （2）评估能源部列出的重要电力供应恢复所需电信设施的损坏情况
	科学技术管理局： 协调提供联邦科学技术资源
内务部	**土地管理局：** （1）提供联邦土地上的能源生产和供应信息。 （2）评估能源基础设施的损坏情况。 （3）必要时，提供工程和技术支援。 （4）收集并不断更新联邦土地和部落土地上重要能源基础设施信息
	开垦局： （1）在洪水影响能源生产时，提供水电设施和洪水控制行动评估方面的技术援助。 （2）派遣开垦局的人员协助修复损坏的水电设施。 （3）调整开垦局机构的运行模式，增加发电，弥补灾区损失。 （4）如果发生停电情况，利用水电厂内部的重新启动能力，协助电力系统恢复

续表

机　　构	职　　责
内务部	**矿产管理局：** （1）提供外大陆架机构能源生产和油井储量信息。 （2）评估海上设施的能源生产损失，评估修复进度表。 （3）快速审查并批准受损设施修复方案和（或）快速审查并批准石油、天然气临时管线恢复生产，帮助运营商减少能源生产的损失。 （4）必要时，提供工程和技术支援。 （5）协助国土安全部美国海岸警卫队编制外大陆架石油和天然气关键资产清单。 （6）监控外大陆架石油、天然气关键资产，维护资产清单
劳工部	**职业安全与卫生管理局：** 执行工作人员安全与卫生支持附件中规定的程序，为国家能源系统修复提供技术援助
国务院	（1）协调外国和国际组织的援助，以及能源供应和系统损坏信息 （2）协助实施国际能源应急协议
运输部	**应急支持功能1：** 运输部向联邦、州、部落和地方计划人员和应急反应组织提供运输基础设施情况和计划信息
	管线与危险物品安全管理局管线安全办公室（负责管理国家天然气、危险液体管线和液化天然气设施）： （1）确保国家管线输送系统安全可靠运行，不污染环境。 （2）回应限制豁免申请，以满足紧急能源供应需要。 （3）配合能源部电力供应和能源安全办公室，做好协调和信息共享工作，确保各机构管辖和监控的能源基础设施部门纳入能源保障体系且协调高效运行
	管线与危险物品安全管理局危险物品安全办公室： 协助州当局、部落当局和地方当局申请危险物品运送特别许可证，满足国家能源应急需要
	海运管理局： 承担海运信息中心职责，提供适于运送能源（包括石油产品和液化天然气）的美国籍船只的地点、容量和可用性信息。依照协议备忘录，与能源部和国土安全部海关边境保护局协调，参照国防事务自动豁免美国沿海航运法对运送能源产品的限制
环境保护总署	（1）回应州官员和地方官员申请环境保护总署行使执法裁量权，豁免机动车燃油环境要求限制，以应对自然灾害或燃油生产或配电系统的重大破坏时通常出现的能源供应短缺问题。 （2）组织收集机动车燃油供应信息，供评估执法豁免请求时参考。 （3）协助确定需要优先修复的重要供排水系统
核管制委员会	（1）管制全国民用核燃料和核材料，包括商用核电站使用的核燃料。 （2）提供核电站相关信息和技术评估报告
田纳西流域管理局	（1）评估田纳西流域管理局管辖范围内的电力供应情况、系统损坏情况和修复需求。 （2）必要时，向电网供应剩余电力。 （3）如遇请求，提供关键替换部件和设备。 （4）如遇请求，提供专业技术知识

第十三章　应急支持功能 13
——公共安全与保卫

协调机构：司法部

主要机构：司法部

支援机构：所有拥有公共安全保障能力的联邦部门和机构

一、引言

1. 目的

应急支持功能 13（公共安全与保卫），整合联邦公共安全保卫能力和资源，支持需要协调联邦应急反应的，可能发生或实际发生的突发事件所有管理活动。

2. 范围

应急支持功能 13，为需要协调联邦应急反应的可能发生或实际发生的突发事件期间，协调并提供联邦部门之间的支持，联邦政府支持州政府、部落政府和地方政府，支持其他应急支持功能，提供一种机制，包括执法、公共安全保卫能力和资源。

应急支持功能 13 对突发事件管理的支持，包括但不限于突发事件前后的军事和重要基础设施的保护、安全计划和技术援助、技术支持和一般执法援助。启动应急支持功能 13 的情形，包括需要大范围公共安全保卫，且州政府、部落政府和地方政府的安全保卫机关瘫痪或警力不足，或事件前后需要联邦机构之间相互提供安全保卫支持，亦或需要联邦政府提供特有的保护解决方案和能力的情形。

3. 政策

公共安全的主要责任在州政府当局、部落政府当局、地方政府当局、私人机构当局和某些联邦当局。私营机构当局主要负责保卫工作。因此，这些机构通常是公共安全保卫的第一线应急反应机构。设立应急支持功能 13 的目的是，提供安全和保卫两方面的支持。

在突发事件的大部分情形中，地方政府有权也有责任利用突发事件现场指挥系统开展执法活动。在大规模突发事件中，首先通过启动与相邻地区和（或）相邻的州政府当局的互助和援助协议获得更多的资源，并通过统一指挥机构管理突发事件的应急反应行动。本文件中所指的州资源应包括①州长征召的现役州国民警卫部队成员，或②按照美国法规第 32 编规定征召的国民警卫部队成员（在获得州法律授权履行执法、保卫和（或）公共安全职责，且经国防部长批准时）。

接到请求或情况需要时，联邦资源可通过应急支持功能 13 适当补充州机构、部落机构、地方机构或其他联邦机构的资源，并根据国家突发事件管理系统的原则和协议进行整合，纳入突发事件指挥体系。

应急支持功能 13 促进联邦机构、州机构、部落机构和地方机构之间，以及其他应急支持功能之间的公共安全保卫工作的协调，确保沟通和协调程序与上述突发事件管理任务和目标一致。

启动时，应急支持功能 13 协调联邦权力的行使（包括指派任务），协调拨付给应对这些情况的资源，并且可根据联邦现有权力和资源，提供保护和保卫资源、计划援助、技术支持和其他技术援助，支持突发事件运作。

如果联邦、州和地方警察部队（包括州控制的国民警卫部队）不足以应对民事骚乱或其他严重的执法突发事件，州长可通过司法部长申请美国法典第 10 编第 15 章规定的联邦军事援助。

根据美国法典第 10 编第 15 章规定，总统可将任何一个州的国民警卫部队的全部或部分置于联邦控制之下，予以布署。总统也可使用军事力量执行联邦法律或保护宪法权利。根据法律，总统拥有使用部队应对本土执法突发事件的最终决定权。协调国防部和司法部应对执法突发事件的程序由国防部民事骚乱突发事件应急预案规定。

对请求紧急情况联邦执法援助法规定的联邦执法援助，应在实际部署前与司法部长或其指定的人协调。

本附件不违背或取代联邦、州、部落或地方辖区、政府或机构的任何政策或相互间的互助协议和援助协议。联邦机构保留其法规、条例、政策或常规赋予的所有专职使命的职责。

与其他计划的关系：应急支持功能 13 通过各种跨机构的计划，为使用、整合公共安全保卫协调网络（为国家稳定而建的）提供了方便。预防和保卫计划包括但不限于以下计划：

（1）国家基础设施保护计划。

（2）行业计划。

（3）国家海上运输保障战略。

（4）区域海上安全保障计划。

（5）船只和设施安全保障计划。

与恐怖主义突发事件执法与调查附件的关系：应急支持功能 13 的活动不该与国家应急反应框架的恐怖主义突发事件执法与调查附件中所述的活动或其他犯罪调查执法活动混淆。

在恐怖主义突发事件期间，如接到请求，应急支持功能 13 将协调并支持司法部联邦调查局的工作。

二、运作机制

当需要联邦安全保障能力和资源支持突发事件应急反应时，启动应急支持功能 13。这种支持包括威胁或突发事件前以及突发事件后的情况。

应急支持功能 13 启动时，司法部在支援部门和机构的协助下，评估并回应联邦公共安全保障资源的申请，包括受灾州、部落或地方政府和联邦机构或其他应急支持功能提出的执法资源和计划或技术援助请求。

应急支持功能 13 可向国家行动中心、国家应急反应协调中心、区域应急反应协调中心、突发事件指挥所、联合现场办公室、联合信息中心和按恐怖主义突发事件执法与调查附件设立的行动中心派遣工作人员。

应急支持功能 13 通过协调与公共安全保障有关的联邦资源来管理支持工作，以保护生命、保护财产（包括重要基础设施），并动员联邦保障资源和技术及其他援助支持应急反应行动。

应急支持功能 13 与联邦官员、州官员、部落官员和地方官员协调，查明公共安全保障支援需求，并共同确定资源的优先重点。

应急支持功能 13 与支援机构保持沟通，确定能力、评估现有资源，并跟踪批准和资助的任务部署的资源。

三、行动

1. 总部级

应急支持功能 13 启动时，司法部向国家应急反应协调中心布署随叫随到的代表。

司法部评估对应急支持功能 13 的资源需求，与区域和现场应急支持功能 13 部门密切合作，协调应急反应援助和支持。

司法部可召集应急支持功能 13 支援机构开会或通过电话会议，协调联邦公共安全保障援助工作。

应急支持功能 13 可根据请求，向本土常备组、国家应急反应组或区域应急反应组或未来可能设立的其他机构提供专业技术知识。

2. 区域级和现场级

应急支持功能 13 代表可视情况参与早期评估工作。

应急支持功能 13 启动时，司法部随叫随到的区域代表布署到区域应急反应协调中心，协调任务分派和联邦公共安全保障支援，直到联合现场办公室建立为止。到那时，应急支持功能 13 的工作将由联合现场办公室组织实施。

应急支持功能 13 视需要，支持区域应急反应协调中心和联合现场办公室的各个部门工作。

地方级或区域级的应急支持功能 13 工作应当与执行核心任务的联邦执法机构密切协调。

按照国家应急反应框架规定的机制解决应急反应中，联邦公共安全保障资产的资源和任务之间的矛盾。

3. 突发事件管理活动

虽然州当局、部落当局、地方当局和私营机构负有公共安全保障的主要职责，但在州资源、部落和地方资源瘫痪或不足，或需要联邦部门之间的支援、或需要独一无二的联邦能力支持时，应急支持功能 13 将提供联邦安全保障援助，支援重要的准备、应急反应和恢复工作。如有必要，这些支持包括但不限于以下工作：

（1）*事件前的协调*：支持突发事件管理计划工作和事件前需要采取的行动，减轻威胁，降低灾害的危险性。包括制定可操作的战术性公共安全保卫计划，开展安全保卫技术评估和（或）脆弱性评估，部署联邦公共安全保卫力量，以应对特定威胁和可能的突发事件。

（2）*技术援助*：为安全保障工作提供专业知识和协调，开展技术评估（例如：脆弱性评估、危险分析、监控传感器架设等）。

（3）*专业化公共安全保卫评估*：确定需要应急支持功能 13 的哪些支持，分析潜在因素（例如：对人群规模、气候影响和其他各种影响情况的进行绘图、模拟和预测），这些因素可能影响公共安全保卫工作的资源分配和必须采取的行动。

（4）*一般执法援助*：在需要联邦协调应急反应的突发事件期间，向联邦机构、州机构、部落机构和地方机构提供基本的执法援助。这种援助包括例行的巡逻和情况需要时的逮捕行动。应急支持功能 13 标准运行程序规定了可能需要由另一个联邦执法机构、州执法机构或地方执法机构代为执法的情形和程序。

（5）徽章核发和证件查验：协助州当局、部落当局和地方当局，建立统一的徽章的核发和证件查验程序，以便向应急反应人员和需要进出控制区的其他人员签发徽章，并验证应急反应人员的证件。

（6）进出控制：提供安全保卫部队，支持州、部落和地方政府控制突发事件现场和重要机构的出入，或保卫联邦管辖的场所。

（7）现场安全保卫：提供安全保卫部队，对突发事件现场、重要基础设施和（或）重要机构周围采取保卫措施。应急支持功能13的职责不得与联邦紧急事务管理局的安全保卫办公室的现场安全保卫职责混淆，该办公室的职责是负责为联邦紧急事务管理局的机构（包括联合现场办公室）提供安全保卫。如果联邦紧急事务管理局的资源被摧毁，则联邦紧急事务管理局可请求应急支持功能13援助。

（8）交通和人流管制：为有公共安全保卫需求的人和单位提供紧急保护服务。

（9）武装保卫：为在高威胁环境中工作的应急反应人员和其他工人提供保卫，并为所有应急反应行动提供保卫。

（10）专业化安全保障资源：提供专业化的安全保障资源，如：交通屏障，化学、生物、放射性、核和高能量爆炸物探测设备，警犬和搜索犬，执法人员保护装置等。

四、职责

1. 协调机构和主要机构

司法部承担以下职责：

（1）作为总部和区域级应急支持功能13协调机构和主要机构，代表应急支持功能13各机构参加在应急支持功能领导组和区域跨机构指导委员会工作，并协调应急支持功能13支援机构的准备工作。

（2）应本土常备组请求，提供公共安全保卫问题方面的专业知识。

（3）管理应急支持功能13准备工作，并对行动准备状况进行评价，包括公共安全保卫工作的职位设置和描述。

（4）行动期间，应根据要求，保持各行动单位（受灾的区域办公室、国家应急反应协调中心、其他应急支持功能、地方联合反恐特遣队和国家联合反恐特遣队）之间的密切协调。

（5）确保应急支持功能13权限范围内的所有工作都与应急支持功能13的任务有关。如果出现冲突，司法部负责在接受任务指派之前予以解决。

（6）帮助解决公共安全保卫资源、专门技术和其他援助方面的需求冲突。协调其他区域对灾区的替补支持。

（7）分派任务，跟踪资源的分配和使用，并在必要时通过应急管理筹资机制和职权补偿提供援助的部门和机构。

（8）从现场单位获得初步情况评估，并对预期援助申请或当前援助申请做出适当的管理和回应。

（9）收集突发事件应急反应人员的联系方式信息，并向支援机构协调员报送。

（10）下达任务之前，对援助请求进行评估，确保应急反应机构获得危险性和任务要求方面的信息，适当接种疫苗，获得工作环境所需的证件和个人保护设备方面。

表 20

机　　构	职　　责
司法部	**美国烟酒枪械管理局：** 可在以下方面提供：特工、获得爆炸专家认证的特工、获得军火调查认证的特工、爆炸物和助燃剂检测犬训练队特工、医务工作者、危机谈判人员、情报官员、爆炸物执法官员、产业经营调查、消防研究工程师、司法化学专家、司法鉴定专家和其他方面的专家。专业化机构包括：专业化的高危险执法行动队、重特大爆炸和火灾突发事件现场协助联邦、州、部落和地方调查人员工作的国家行动队，国家行动队司法鉴定车，移动实验室和指挥控制车。必要时，美国烟酒枪械管理局将部署其现有资源，支持应急支持功能 13 启动
	缉毒局： 药品管理局持续运行计划协调员根据司法部的要求，可自主决定提供现有的人力和资源援助
	联邦调查局： 根据联邦法律、条例的规定和任务重点，可提供专业化资源和能力
	司法管理办公室： 司法管理办公室以其独特的方式，通过其所属的司法援助局、刑事受害人办公室和国家司法协会援助州、部落和地方司法机构，维持受突发事件（需要协调联邦应急反应的突发事件）影响的司法系统连续运转，并确保现有资源快速有效地用于支援地方应急反应。司法管理办公室： （1）可以直接形式或有杠杆效应的应急资金形式支援州、部落和地方执法；提供专业化技术设备贷款；为刑事受害人提供紧急支援服务；为地方执法政策的制订和实施提供紧急技术援助（如：协调市民志愿者工作，调查管理，确保社区志愿者按照应急反应策略开展工作）；提供与信息共享和技术应用有关的技术服务。 （2）为州、部落和地方各级司法部门维护司法系统的法律体系和持续运转提供关键性的服务
	美国联邦执法局： 可提供如下：联邦执法局局长、支持人员、战术医务人员、医务工作者、爆炸物探测犬训练管理队、司法安全保卫专家、重大突发事件（同等支援）应急反应组和技术运转支援。美国联邦执法局： （1）拥有执行高危险任务的专门行动小组。 （2）拥有多个突发事件管理小组，这些小组设备齐全，能够快速应对突发事件。 （3）拥有一个移动指挥中心，执行指定任务时可部署移动指挥中心。 （4）拥有一个装备专业车辆和设备的技术行动组，可支持执行指派的任务。 （5）如果犯罪胁迫妨碍司法程序实施时，美国联邦执法局负责保护联邦法官、法院职员、证人和其他受威胁的人。 （6）拘留联邦犯人，从逮捕或押还归联邦执法局时起，直到犯人按法院程序被判处徒刑，或按法院指令释放，或返回到美国假释委员会或监狱局的拘留所为止

2. 支援机构

每个支援机构保留其权限，必要时根据现有资源，负责提供人员、设备、场地、技术援助和其他支持。此外，可请求支援机构：

（1）在形势需要时，向国家行动中心、国家应急反应协调中心、区域应急反应协调中心、突发事件指挥所、联合现场办公室、联合信息中心和恐怖主义突发事件执法与调查附件规定的运行中心派遣人员。也可请求支援机构向未来建立的其他跨机构组织或机构派遣人员。

（2）根据请求，定期报告本机构的资产和应急反应能力。

（3）当主要机构请求时，提供行动所需的技术专门知识、数据和人员方面的支援。

表 21

机　构	职　责
农业部	**林务局执法和调查处：** 若请求地区或美国联邦执法局给予适当的授权，林务局执法和调查处可以向美国农业部林务局辖区或其他地点的应急反应行动提供训练有素的公共安全、执法、调查和保卫警力。林务局的执法官员和特工可携带轻武器，并拥有逮捕权。林务局执法和调查处的主要能力和资产包括但不限于： （1）林务局执法和调查处的工作人员承担突发事件指挥系统或国家突发事件管理系各层级多方面职责，经验丰富，还承担许多地方执法职责。 （2）调查支援包括专业化工作，可对荒野火灾原因和成因、文化资源掠夺和自然资源损害等开展调查。 （3）可在农村和边远地区实施行动，并拥有监视、侦察设备和技术。 （4）可寒冷天气或雪天开展工作。 （5）拥有高寒林间空地及偏远地区执法车，包括四轮驱动汽车，雪上汽车和各种极限地带特种越野车。 （6）K9 特警队（巡逻、跟踪和毒品探测）。 （7）骑警作业和家畜驮运作业。 （8）农村地区的抗议管理和从抗议者诡计中脱险。 （9）毒品执法和边境禁毒。 （10）直升机战术作业（直线下降、固定线路人员运输、货物悬吊操作和空中飞行管理） （11）船运作业。 （12）突发事件作业或机构安全保卫
商务部	**国家海洋与大气管理局：** （1）提供灾害期间的气象服务和影响空运的大气卷流预测。 （2）提供执法和安全保卫能力，提供航海和航空图、勘测结果、潮汐数据、大地测量数据和海岸地理编码图像。 （3）提供卫星船舶监视系统、跟踪基础设施支援，并通过国家海洋与大气管理局的灾害气象无线电广播、气象有线广播和国家气象局的应急管理者气象信息网向公众发布所获得的事件前后重要信息。

续表

机　　构	职　　责
商务部	（4）通过国家环境预测中心及其地方气象预报办公室和河流预报中心提供环境信息和扩散模拟预报。 （5）通过国家海洋与大气管理局的灾害气象无线电系统、气象有线服务和国家气象管理局的应急管理者气象信息网向公众发布事件前的重要信息。 （6）提供空中污染扩散预测结果或服务
国防部	**美国陆军工程兵部队：** 提供现实世界和虚拟世界安全保卫系统援助和专业知识
能源部	**国家核安全管理局：** （1）确保有能力恰当应对能源部国家核安全管理局管辖设施的突发事件和美国境内或境外的核或放射性突发事件。包括支援本土应急支持队、司法部联邦调查局、国土安全部、核管制委员会、环境保护总署、司法部长、国务院和其他部门，对放射性问题提出技术建议，以保护公众和环境。 （2）为能源部国家核安全管理局管辖的设施提供安全保卫支持。对除国家核安全管理局管辖设施以外地点的应急反应，可提高适当的援助
国土安全部	**基础设施保护办公室：** （1）与私营机构、联邦机构、州机构、部落机构和地方机构一起进行易损性评估和危险分析，并协调保护措施。 （2）与私营机构协调，保护关键基础设施和电信系统
	情报分析办公室： （1）利用各种来源的信息和情报，判定并评估对美国当前和未来的威胁。 （2）为了美国（包括本土、领土和领地）联邦、州、部落和地方各级的利益，提供各种信息支援，确保国土、公民和基础设施安全。 （3）履行情报收集和需求，威胁分析，生产管理，边境、化学、生物、放射性、核和爆炸性威胁，国土环境威胁分析，信息管理，情报计划和整合等使命
	科学技术委员会： 向应急反应单位、跨机构合作伙伴，以及州、部落和地方机构提供快速的科学技术专业知识
	运输安全管理局： 对各种形式的运输、运输基础设施、运输中的人和物品负主要安全保卫责任，国土安全部运输安全管理局对整个运输行业提供运输安全筛查、检查、易损性评估和执法服务。国土安全部运输安全管理局的工作焦点通常是运输行业的航空领域，但是，接到请求并经联邦当局批准，也可向其他运输形式提供类似的支援
	执法办公室联邦空中执法局： （1）提供执法人员，开展执法工作。 （2）协调爆炸物探测犬及州或地方机构训练管理人员的部署工作。 （3）向需要爆炸专业知识的地方，部署爆炸专家，提供技术、司法和情报支持工作，包括爆炸后的调查支持

续表

<table>
<tr><th>机　构</th><th>职　责</th></tr>
<tr><td rowspan="6">国土安全部</td><td>安全保卫办公室：
通过全国的联邦安全保卫主任，提供运输安全人员，开展安全保卫工作（例如：筛查和检查）</td></tr>
<tr><td>美国海岸警卫队：
（1）主要承担海上国土安全保卫职责。美国海岸警卫队拥有多种执法和保卫能力，地方安全由港口办公室主任负责领导，在战略上还有各种的专业部队，如：海上安全保卫队。
（2）可建立安全区，检查和调查船只和码头区的设施，监视和控制船只活动。港口办公室主任（他还担任联邦海上安全协调员）与联邦机构、州机构、部落机构、地方机构和私营机构组织协调地方安全计划工作。海上安全保卫队是快速应急反应部队，能够在全国部署，以应对出现的威胁。海上安全保卫队的能力包括：
①海上封锁和执法。
②反恐或武力保护。
③大规模杀伤性武器探测。
④爆炸物探测。
⑤商业港口保护或防止破坏活动。
⑥水下探测。
⑦探测犬训导小组</td></tr>
<tr><td>美国海关与边境保护局：
（1）可提供穿制服的执法官员，探测犬管理训导小组（探测人、尸体、毒品和爆炸物），骑警部队和跟踪组。
（2）可提供快速应急反应专门应急反应部队，能够在短时间通知全国调用以下单位，包括边境巡逻作战部队、边境巡逻搜索、外伤急救组、执法搜救人员、区域专业应急反应队、搜索和恢复潜水员及执法医务人员。
（3）可提供各种装备资产，包括固定翼和旋转翼飞机、指挥和控制飞机、指挥和控制车、移动通信中继器、海上船只、运输被扣留人员的车辆和其他专用车（例如：四轮驱动车、全地形车辆、沙地导轨车、雪地机动车）。
（4）可提供图像设备，如：货车或集装箱规格的 X 射线和 γ 射线系统、放射线探测设备、放射性同位素鉴定设备，跳伞应急反应能力，回溯放射性探测突发事件或可疑化学或生物应急反应情况的专业知识，对人和货物实施 24 小时不间断分析和跟踪能力</td></tr>
<tr><td>美国移民局和海关执法局：
（1）可提供执法官员，包括：特工、警察官员、检查员、移民执法特工和技术执法官员。
（2）可提供各种应急反应车辆，包括指挥控制车、有标记的巡逻车、安全大巴、有篷运输车和专用车。
（3）专业工作组，包括应急反应小组和危险品小组</td></tr>
<tr><td>美国保密局：
需要时，根据现有资源，可提供符合联邦法律和条例要求的专业化资源和能力</td></tr>
</table>

续表

机　构	职　责
内务部	**印第安事务局、土地管理局、开垦局、渔业与野生动植物管理局和国家公园管理局：** 如果申请的地区和（或）美国执法局给予适当的授权，可向内务部辖区内或其他地点提供穿制服的执法官员和特工。内务部主要的执法资源和能力包括： （1）特殊事件工作队的平民骚乱工作组，可处理大规模示威游行和特殊事件，可实施人群控制和战术上的执法行动。 （2）穿制服的执法官员，维持社区治安、武力保护、交通管制和现场安全。 （3）特工，开展调查作业，提供支援。 （4）农村和边远地区的执法工作能力，包括开放水域、山区和荒漠环境及冬季条件下的执法。 （5）高寒林间空地及偏远地区执法车，包括四轮驱动汽车，雪上汽车和各种极限地带特种越野车。 （6）骑警（农村和城市）、跟踪组、K9 特警队（巡逻、跟踪和毒品探测）。 （7）少量飞行器，包括固定翼和旋转翼飞机。 （8）少量海上小型飞机。 （9）少量移动通信站和移动指挥所。 注：车辆、船只、航空器和移动指挥所，由于其数量有限、种类不同、并且经常是偏远的乡村地区，故可用的不多。这可能会延长突发事件的应急反应时间。使用这些装备可能需要后勤支援，以便将装备运送到突发事件现场
财政部	如果申请的地区给予适当的授权，必要且合适时，还应当获得美国联邦执法局的适当授权，财政部可向其管辖地区或其他地点提供执法官员、调查人员和安全保卫人员。 美国造币厂和印钞局的警察局主要能力，包括但不限于：许多具有各级工作经验的人员，拥有突发事件指挥系统或国家突发事件管理系统中的许多功能，拥有护卫队和保卫人员，拥有人群或交通控制能力，拥有重大突发事件应急反应队和珍贵资产保卫队。美国铸造钱币的警察部门已建立几个支援应急支持功能 13 的小组
退伍军人事务部	在突发事件期间，提供人员，保护退伍军人事务部的医院或疗养院
环境保护总署	环境保护总署通过刑事执法、司法与培训办公室（该办公室下设国土安全处、国家反恐取证应急队或反恐应急队、犯罪调查处和国家执法调查中心），提供如下援助： （1）国土安全处：环境保护总署的执法力量之一，通过专业化培训向环境保护总署的计划和其他联邦执法行动提供反恐支援。 （2）国家反恐取证应急队或反恐应急队：是环境保护总署内受过专业化刑事证据保存训练的应急组，可保存和收集各种有害物污染的环境中刑事证据。 （3）刑事调查处：环境保护总署的执法力量之一，调查指控的各种违反联邦环境法规的犯罪。 （4）国家执法调查中心：环境保护总署的全国守法查验和执法工作的技术支持中心，擅长工业化学品的专业化刑事分析

续表

机　　构	职　　责
国家航空航天管理局	如有可能，可利用国家航空航天管理局的资产和能力，如：地球空间模拟和决策支援系统、带传感器的飞机、无人驾驶飞行器和搜救队。这些资产设计用于支持国家航空航天管理局的事件或财产管理，但接到请求时，也可用于应急支持功能 13 的任务
社会保障管理局	在突发事件期间，可调用其所属的保卫和调查单位
美国邮政总局	为工作人员保护、公共卫生、医疗预防、疾病监控、犯罪调查、应急反应、废物处理、邮件安全、抽样方法和生物恐怖主义应急反应工作提供支援
监察长办公室	总统整合与效率委员会和整合与效率执行委员会由大约 60 个联邦机构和组织中的监察长组成。如果发生需要协调联邦应急反应的突发事件，总统整合与效率委员会和整合与效率执行委员会可协调这些监察长的应急反应。这种协调可包括在监察长中确定执法官员，提供公共安全保卫支援，汇总技能、地理位置和其他相关标准方面的资料，使支援请求最大程度地与监察长办公室的资源匹配
民间机构	在关键基础设施和电信系统的保护工作中发挥关键性的作用，在配合政府开发安全保卫技术的研究中也起着重要作用。在应急反应期间，这些机构由国土安全部基础设施保护办公室协调。 **国家失踪儿童和被不道德地利用儿童救助中心：** 国家失踪儿童和被不道德利用儿童救助中心的使命是帮助儿童，防止儿童被诱拐和成为性奴，并帮助查找失踪儿童。国家失踪和被不道德利用儿童救助中心作为失踪儿童和被不道德利用儿童的情报交换中心，为执法机构提供援助，并与民间机构、非盈利的服务机构和州情报交换中心协调儿童的保护工作

上面列出的支援单位并非全部。应急支持功能 13 主要机构认为，还可以调用其他部门和机构的资源，参与公共安全保卫工作。如果需要，应急支持功能 13 保留调用本附件中未列出的机构和部门的权力。

第十四章　应急支持功能 14
——社区长期恢复

协调机构： 国土安全部联邦紧急事务管理局

主要机构： 农业部
国土安全部
住宅与城市开发部
小企业管理局

支援机构： 商务部、国防部、能源部、卫生与人道主义服务部、内务部、劳工部、运输部、财政部、环境保护总署、国家与社区服务团、三角洲地区管理局、美国红十字会、活跃在灾区的全国志愿者组织

一、引言

1. 目的

应急支持功能 14（社区长期恢复）为联邦政府协调州政府、部落政府、区域政府和地方政府、非政府组织和民间机构支援社区从巨灾影响中长期恢复，提供了一种机制。应急支持功能 14 通过估算并帮助有效利用恢复资金，为社区恢复规划和恢复工作提供技术援助（如影响分析），来履行其任务使命。

2. 范围

对于需要协调联邦应急反应的突发事件，可启动应急支持功能 14，消除重大长期影响（例如：对住房、政府工作、农业、工商业、就业、社区基础设施、环境、人类卫生和社会服务的影响），促进可持续地恢复。

应急支持功能 14 的支持范围因突发事件影响的大小和类型的不同而异。

3. 政策

应急支持功能 14 承认，在确定并实施减灾和社区长期恢复重点工作，以及领导社区制订恢复计划过程中，将把受灾的州政府、部落政府和地方政府及私营机构放在首位。应急支持功能 14 社区长期恢复和恢复规划工作将与州级、部落级或地方级利益相关方协调。

联邦机构在权限范围内，持续向州政府、部落政府和地方政府、私人机构和个人提供恢复援助，同时协调进一步援助需求评估，并通过应急支持功能 14 确定并解决问题。

应急支持功能 14 不对经济问题做决策。国家经济委员会、经济顾问委员会和财政部负责制订所有国家经济稳定政策。

联邦支持将根据突发事件的类型、范围和持续时间、长期恢复周期和联邦资源的可得性进行调整。应急支持功能 14 不是资助机构，其职责是估算、协调并利用支持长期恢复的资源。

社区长期恢复努力，通过基础设施、住房、农业、自然资源、社区福利和地方经济的永久性恢复，并关注减轻未来类似影响，使社区获得抵御灾害的弹性能力。

社区长期恢复方面的领导机构根据灾害类型指定。

二、运作机制

1. 评估

应急支持功能14为联邦政府支持州政府、部落政府和地方政府评估灾区长期恢复需求，以及联邦部门和机构之间交换评估信息提供协调机制。

2. 协调

应急支持功能14为联邦政府提供以下方面的协调机制：

（1）召集跨机构恢复专家会议，为长期恢复工作提供战略指导。

（2）确定并处理长期恢复事务，包括机构之间相互委托事务。

（3）避免双重援助、协调项目申请过程和计划需要的流水线援助过程，发现政策问题和项目问题并协调解决。

（4）确定公共机构、私人机构和非盈利机构在支援长期恢复方面的类似项目和工作，并促进类似项目和工作之间的协调。

（5）确定支持社区长期综合计划实施的联邦项目和机构，确定资源差额。

（6）确定可支持、促进长期恢复工作持续进行的联邦项目和机构。

3. 技术支持

应急支持功能14为联邦政府开展以下工作提供协调机制：

（1）与州政府、部落政府和地方政府，非政府组织和私人机构组织一起，共同支持严重受灾社区的长期恢复计划。

（2）将恢复计划与减灾实践联系在一起，鼓励更好的恢复方式。

（3）应用专业知识，从战略上帮助社区灾后恢复。

三、组织

1. 总部级

国土安全部联邦紧急事务管理局承担主要机构和支援机构的国家级应急支持功能14协调职责。接到请求时，应急支持功能14向国家应急反应协调中心派遣代表。主要机构负责协调应急支持功能14规划和恢复工作，并加强应急支持功能14的能力。

2. 区域级和现场级

当突发事件需要联邦实施重大的社区长期恢复援助时，应急支持功能14协调机构和主要机构共同确定是否需要启动应急支持功能14的部分功能。支援机构也有权请求应急支持功能14的协调机构启动应急支持功能14。通常在联合现场办公室的运作部门内组织应急支持功能14，但也可应要求支援其他部门。由哪些机构派出代表，根据突发事件的性质和严重程度确定。

四、行动

1. 事件前的计划和协调

主要机构和支援机构定期召开国家级和区域级会议，确保程序和计划或联系信息随情况变化不断更新，讨论从突发事件和演练中获得的教训，探索创造性利用联邦援助资源的方法，发挥援助资源的杠杆作用。

应急支持功能 14 应：

（1）为事件后评估、计划和工作建立协调机制，提出要求。机制和要求应当可以根据突发事件不同类型和量级进行调整。

（2）根据未来工作需要，对应急支持功能 14 的影响进行评价，开展其他研究。

（3）与那些拥有独立解决灾难性突发事件问题权力和职责的联邦部门和机构协调，制定国家长期恢复战略和规划。这些战略和规划应当包括适合残疾人进出的住房（突发事件期间临时安置和永久性安置的住房）、大量人群（包括那些有特殊需要的残疾人员）的异地安置、被污染的废墟管理、消除污染和环境恢复、公共设施和基础设施的修复和农业部门的恢复。

（4）制定规划、程序和指南。规定参与的机构，详细介绍可用的资源，并考虑不同的技术需求和各自的法定职责。

2. 突发事件临近前（事先有通知，如：飓风、洪水）

应急支持功能 14 应：

（1）尽早确定可快速实施的方案。尤其要基于现行的州规划、部落规划和地方规划，确定与关键基础设施有关的方案。

（2）与州政府和其他应急支持功能合作，开展有助于长期恢复的应急管理活动。

3. 事件后的规划和实施

应急支持功能 14 应：

（1）从联邦部门和机构、州政府、部落政府和地方政府收集信息，评估事件影响和需求。

（2）召集跨机构会议，制定针对突发事件的联邦行动计划，规定具体的参与机构，支持社区灾后恢复和减灾工作，并避免向受援人提供重复援助。

（3）促进机构和应急支持功能之间的信息共享，尽早协调问题的解决方案，及时实施联邦援助。

（4）协调确定合适的联邦计划，在许可的权力和资金范围内支持社区长期恢复规划的实施。这一过程确定工作计划，确定豁免范围，确定资助等级，确定弥补工作计划空白可能需要的进一步授权和新法规。

（5）可提供技术援助，如：影响分析、经济复兴和恢复规划方面的支援。

（6）与应急支持功能 6（大众关怀、紧急援助、住房安置与人道主义服务）、应急支持功能 8（公共卫生与医疗服务）和各州政府协调，确定有特殊需要人群的长期恢复需求，并将其纳入恢复战略。

（7）与应急支持功能 3（公用设施与公共工程）、应急支持功能 10（油品与危险品）和各州政府协调，以确定长期环境恢复问题。

（8）与动物福利和农业方面的利益相关人，以及服务提供商协调社区长期恢复工作。

（9）与相关的联邦部门和机构协调采纳社区长期恢复的建议（若建议包括项目撤销、补充资金申请或立法活动）。

（10）促进应急支持功能之间达成恢复决策，并提高对社区现有发展和减灾计划的了解。

五、职责

1. 协调机构

作为协调机构，国土安全部联邦紧急事务管理局应：

（1）在事件前和事件后召集实施应急支持功能 14 的会议。

（2）确保主要机构和支援机构在应急反应和长期恢复工作期间适当参与应急支持功能 14 的活动。

（3）协调应急支持功能 14 运作计划和程序的拟定和发布。

（4）在跨机构工作计划会议上代表应急支持功能 14。

2. 主要机构

（1）确定与支援机构的合作领域，并协调跨机构援助的交付、整合问题解决方案和规划工作。

（2）领导各机构技术方面的计划工作，领导各部门或机构提供的灾后技术方面的援助工作。

表 22

机　构	职　责
农业部	为农业部门提供紧急贷款和拨款；为恢复农村社区设施、经营、公用设施和住房提供技术援助；为农贸市场恢复、社区规划和社区发展提供技术援助，为资源保护提供援助
国土安全部	**联邦紧急事务管理局：** 为社区规划、部落规划和州规划提供技术援助；为恢复和减灾提供资助和保险；宣传和教育规划方面的知识，帮助社区参与规划制订工作；提供建筑科学专业知识和自然灾害易损性或危险性评估方面的专业知识
	民权与公民自由办公室： 提供与特殊需求人群事务有关的专业知识，确保特殊需求人群事务纳入整个恢复过程
	基础设施保护办公室： 提供重要基础设施保护措施方面的技术专业知识
	民间机构办公室： 提供民间机构能力和服务方面的专业知识；提供民间机构组织之间的协调
	运输安全管理局： 在国家紧急状态时，协调国家运输系统的安全保卫工作
住宅与城市开发部	提供建筑技术援助，提供住房安置、社区重新开发和经济恢复、公众服务、基础设施、抵押贷款、公共房屋修复和重建方面的援助
小企业管理局	（1）为业主、租赁人、各种规模的企业和非盈利组织提供长期贷款援助，支持因灾受损的财产的修理、更换、减灾、重新安置或按规范要求升级。 （2）向小企业提供贷款援助，帮助其应对突发事件造成的不利经济影响

3. 支援机构

应急支持功能 14 支援机构参与提供规划和技术方面的专业知识。

表 23

机　构	职　责
商务部	**经济与统计管理局：** 开展经济影响评估
	经济发展管理局： 提供经济恢复和增长援助、社区规划方面的技术援助和经济评估专业知识
	国家标准与技术研究院： 提供建筑科学方面的专业知识
	国家海洋与大气管理局： 提供自然灾害易损性分析，提供沿海地区管理和社区恢复方面的援助，提供地球空间技术（例如：地理信息系统）援助和沿海洪水信息，开展生态系统和损害评估，提供渔业恢复、动植物生长环境恢复和沿海社区重建方面的技术援助
国防部	**美国陆军工程兵部队：** （1）提供社区规划和土建工程方面的技术援助，提供自然灾害危险评估专业知识。 （2）支持与永久性宜居住房安置、废墟管理、公共设施和基础设施修复有关的国家开发战略和计划的制订工作
能源部	（1）协助从能源基础设施损坏的角度，评估突发事件对经济的影响。 （2）为能源基础设施的修复，提供适当的支持和资源。 （3）提供放射性废墟管理方面的技术性建议。 （4）提供能源效率、可持续利用方面的技术支持和技术（国家可再生能源实验室）
	国家核安全管理局： 提供放射性废墟管理方面的技术建议
卫生与人道主义服务部	提供长期恢复支持，包括但不限于： （1）与州官员、部落官员和地方官员合作，确定恢复公共卫生、私人医疗和卫生护理服务的基础设施方面的优先重点，加速社区全面恢复。 （2）为满足受灾人群长期的身体和行为卫生的需要，提供技术咨询服务和专业知识；鼓励短期和长期公共资金投入，以满足这些需求。 （3）协调卫生与人道主义服务部资助计划与受灾人群的联系工作。 （4）提供影响分析方面的技术援助，必要时，帮助制订恢复规划，为公共卫生、私人医疗和其他卫生护理服务提供基础设施支持。 （5）协调卫生与人道主义服务部所有可能的恢复资金筹措

续表

机　构	职　责
内务部	（1）提供社区计划方面的技术援助，提供自然、文化资源和历史遗产资源方面的专业知识和援助；为联邦拥有的土地和设施提供社区联络；提供自然灾害易损性分析方面的专业知识。 （2）与应急支持功能 11（农业和自然资源）协调自然、文化资源和历史遗产资源的长期恢复工作
劳工部	（1）实施突发事件失业救助计划。 （2）提供就业和再就业培训援助，提供经济评估方面的专业知识
运输部	提供运输规划、工程方面的技术援助，实施运输援助计划
财政部	确保经济和财政恢复能力和活力。包括确保公共支付系统和私营支付系统及资金流的可靠性，以及清除妨碍经济活动的因素
环境保护总署	（1）提供污染废墟管理、环境补救、流域保护、规划、管理和恢复方面的技术援助。 （2）提供饮用水和废水基础设施开发项目方面的技术援助，帮助确定财政援助方案。 （3）为企业和社区重建，提供环境友好型和可持续的技术方法
国家与社区服务团	（1）为社区长期恢复，提供训练有素的人力资源，如全国社区服务参与人（包括美国服务队成员、美国学习和服务志愿者、退休和高级志愿者计划的志愿者）。 （2）支持长期恢复委员会的发展和运作，帮助需要帮助的个人（特别是有特殊需要的居民）和需要帮助的社区。 （3）支援社区级民间志愿者组织（市民组织、非盈利组织和志愿者组织）的重建和恢复。 （4）支持民意调查、信息分发和登记工作。 （5）援助案例管理工作
三角洲地区管理局	（1）制订区域原地开发规划，并提供技术援助。 （2）促进并协调联邦对三角洲地区的投资。 （3）降低投资的分散性和重复性。 （4）提供地方或州政府的配套资金
美国红十字会	直接和通过其他机构提供长期的个人和家庭服务，管理病案，援助需要帮助的人，并提供卫生与人道主义服务
活跃在灾区的全国性志愿者组织	活跃在灾区的全国性志愿者组织是个论坛，组织成员通过这个论坛共享知识和资源，包括个人、家庭和社区恢复所需的知识和资源。 （1）提供民意调查、需求评估和信息发布，支持地方、部落、州和联邦政府的工作。 （2）提供查找房源、短期寄宿援助以及房屋修复和重建方面的援助。 （3）为需要获得永久性住房的人提供援助。 （4）与房主和地方政府一起清理废墟。 （5）发展、培训和运作社区长期恢复委员会，援助需要帮助的个人和社区。 （6）提供长期的个人和家庭服务，管理病案，援助需要帮助的人，并提供卫生与人道主义服务。 （7）帮助需要帮助的个人和家庭获得财政援助

第十五章　应急支持功能 15
——对外事务

协调机构：国土安全部

主要机构：联邦紧急事务管理局

支援机构：联邦政府所有部门和机构

一、引言

1. 目的

应急支持功能 15（对外事务），发生需要协调联邦应急反应的突发事件期间，确保现场部署足够的联邦资源，向灾区受众（包括政府、媒体、私人机构和地方居民，也包括有特殊需要的人群）提供准确、协调、及时、有用的信息。应急支持功能 15 为国家应急反应框架公共事务支持附件规定的突发事件信息发布政策和应急程序，提供运行机制和资源支持。国土安全部联邦紧急事务管理局的网站上公布的应急支持功能 15 的标准运作程序，有对外事务的更多信息。

本附件中概述的程序与国家应急反应框架（制定政策）、国家突发事件管理系统（提出标准）和应急支持功能 15 标准运作程序（规定联合信息系统的指南、协议和执行策略）三者一致。

2. 范围

应急支持功能 15 协调联邦行动，向联邦、州、部落和地方突发事件管理部门提供所需的对外事务支援。本附件详细说明了各部门在协调与受众的沟通工作中应当承担的支持职责。应急支持功能 15 适用于发生需要协调联邦应急反应的突发事件时，所有需要发布突发事件信息和对外事务支援的联邦部门和机构，或对外事务功能可能调用的部门和机构。

本附件的规定，适用于国土安全部公共事务部长助理决定启用本附件，以应对需要跨机构协调的任何重大突发事件。

应急支持功能 15 整合公共事务、国会事务、政府间事务（州、部落和地方政府协调的事务）、社区关系事务和应急支持功能 15（对外事务）协调指导下的私营机构事务于一体。联合信息中心的职责是，确保所有对外事务都经过应急支持功能 15 的协调。对外事务的计划和信息发布部门，负责为承担应急支持功能 15 职责的组织机构，制定内外部沟通策略，起草所有对外新闻稿件。这些功能在应急支持功能 15 标准运作程序和下面的运作机制一节有进一步的说明。

应急支持功能 15 为突发事件信息发布政策和应急程序的实施提供资源和机构。突发事件信息发布政策和应急程序中包含的突发事件沟通行动与国家突发事件管理系统中制定的模板一致。在启动应急支持功能的事件中，接受应急支持功能 15 指导的工作人员必须熟悉应急支持功能 15 的相关规定。

3. 政策

联邦对外事务功能的计划，承认州、部落和地方政府有向其市民提供信息的责任。本文件中没有任何部分可以诠释成削弱或侵占州、部落和地方政府的这些职责。如果发生州政府、部落政府和地方政府不能履行其职责的事件（尽管这种可能性不大），联邦政府会向受灾人群提供极其重要的作业卫生和安全信息。

全面整合州、部落和地方政府对外事务，并将其纳入应急支持功能15。

由于应急支持功能15整合多项职能，所以鼓励主要机构和支援机构参与应急支持功能15的培训和演练，确保启动应急支持功能时，各机构的人员既能够履行各自的职责，又能完成共同的任务。

协调对外事务工作，支持按国土安全部公共事务部长助理的指示，统一信息发布。

二、运作机制

应急支持功能15为需要协调联邦应急反应的突发事件，规定对外事务所需要的程序。对外事务的协调工作，由国土安全部公共事务部长助理领导的国家应急反应协调中心的应急支持功能15代表负责。应急支持功能15提供联邦资源和跨机构新闻官员与本土常备组之间的信息协调机制，确保信息发布。国土安全部公共事务办公室负责与所有相关部门和机构的公共事务代表协调信息。（更详细的资料，参见公共事务支援附件。）

应急支持功能15官员：在需要协调联邦应急反应的突发事件期间，应急支持功能15向统一协调人员提供对外事务官员。对外事务官员或应急支持功能15官员作为联邦协调官员（或联邦资源协调员）、统一协调组和首席联邦官员（若指派）的首席对外事务顾问。应急支持功能15也可向国家特殊安全事件提供同样的支持。

对外事务官员向应急支持功能15主任和统一协调组报告工作。具体职责包括协调和制定对外事务和沟通策略，支持统一协调组工作和突发事件行动计划；在联合现场办公室内和联邦、州、部落和地方的其他信息官员之间协调对外信息发布；协助政府官员、外来高官和其他重要人物参观现场。对外事务官员和应急支持功能15人员应当与弱势群体（有特殊需求的群体）顾问一起工作，确保信息能够送达弱势群体。对外事务官员不同于新闻官，新闻官可指派去直接支持首席联邦官员。

表24

部　门	对应急支持功能15提供的支援
对外事务部门	（1）向联邦协调官员或联邦资源协调员、首席联邦官员（若指派）和统一协调组的其他成员提供支援和建议。 （2）按照突发事件行动计划和特定突发事件指南和目标，实施信息沟通计划
公共事务部门	（1）与联邦政府、州政府、部落政府和地方政府协调信息发布，并建立联邦联合信息中心（建立何种类型的突发事件联合信息中心，参见公共事务支援附件。） （2）收集突发事件的信息。 （3）通过媒体和其他方式，用多种语言向受到突发事件直接或间接影响的个人、家庭、企业和工业提供易于理解的突发事件信息。 （4）监控新闻报道，确保发布准确的信息。 （5）开展合适的专项活动，如新闻发布会，政府官员和其他高官巡视突发事件现场的新闻报道。 （6）提供基本服务，如：通信服务，协助新闻媒体向公众传播信息。 （7）监控与媒体打交道的基调

续表

机　构	职　责
社区关系部门	（1）如有可能，联合联邦政府、州政府、部落政府和地方政府人员开展对外事务工作。组建现场工作组，并派往灾区各地。现场工作组一般由联邦、州、部落和地方政府雇用的训练有素且了解社区的人组成。 （2）与受灾的州政府紧密协调，确定社区领导（例如：基层领袖、政治领袖、宗教领袖、残疾人领袖、教育领袖、部落领袖、企业领袖、劳工领袖、种族领袖）和街道支持组织，协助快速传播信息，满足社区信息需求，建立对话和信息交流平台，促进联邦、州、部落和地方政府共同制订灾害恢复和相互支持计划。 （3）按联合现场办公室应急支持功能 15 协调员的指示，与其他部门一道共同部署管理官员和现场官员
国会事务部门	（1）代表灾区与国会办公室建立联系，通报与突发事件有关的信息。 （2）如有可能，在事件发生后 18 小时内向国会报送第一份多机构联合起草的简报，以后每日报送一份简报。 （3）安排国会议员及工作人员视察突发事件现场。 （4）对国会质询，做出回应。 （5）协助起草向国会提交和散发的书面材料。 （6）与地方联络官员协调所有国会事务问题，确保工作协调
州和地方协调	（1）促进联邦政府与州政府、部落政府和地方政府之间的互动。 （2）启动联邦政府、州政府、部落政府和地方政府之间信息共享系统。 （3）向州、部落和地方选择和指派的官员通报应急反应工作、协议和恢复工作。 （4）借助州市联盟、县郡协会和部落政府，对外发布信息
部落事务部门	（1）促进联邦政府与部落政府在突发事件管理运作的所有方面实行互动，并直接向对外事务办公室或统一协调组报告工作。 （2）如有可能且有必要，与其他部门和机构的突发事件专家建立部落关系专家组，并支持部落关系专家组开展工作。 （3）必要时，在部落关系专家组内部建立部落关系信息小组，及时与受灾部落沟通信息。 （4）组织并现场管理部落关系工作组，以便联邦政府建立与部落政府及其突发事件管理组织、社区、受害者和部落支持组织之间的关系
计划和信息组织部门	（1）制订突发事件信息沟通行动计划，组织并发布对外信息。 （2）发生需要协调联邦应急反应的突发事件后，通过新闻咨询、新闻发布和事先编写的材料，向公众宣传普及事件知识
私营机构部门	（1）协调联邦政府、州政府、地方政府和部落政府之间的信息沟通，确定需求，为企业恢复派送现有资源，促进企业在经济恢复中相互支持。 （2）通过公众宣教方法，如：媒体活动、研讨会、圆桌会议和训练，向私营机构传播应急反应、恢复和其他重要信息。 （3）与私营机构共享信息，帮助企业了解情况；建立公有企业－私营企业间的合作伙伴关系，提高应急反应和恢复工作效率

三、组织

国土安全部公共事务部长助理与国家应急反应协调中心协调，启动并指挥应急支持功能15的行动。联邦紧急事务管理局公共事务办公室根据国家应急反应协调中心的指示，向国家应急反应协调中心派遣一名公共事务人员担任应急支持功能15代表。应急支持功能15启动时，国土安全部国家行动中心的公共事务办公室和本土常备组共同协调应急支持功能15的活动。应急支持功能15协调员向支援部门和机构发出警报，并要求他们向应急支持功能15指定的地点派遣代表，或通过电信（例如：电话、传真、电话会议）可立即联系的代表，以提供需要的支援。

在需要协调联邦应急反应的突发事件期间，启动国家联合信息中心。国家联合信息中心承担联邦突发事件通信协调中心的职责。国家联合信息中心控制联邦跨机构虚拟分组通信线路和国家突发事件通信会议线路。

对外事务部门与国家应急反应框架中规定的统一协调员合作。承担应急支持功能15职责的各部门提供可随时快速部署到突发事件现场的代表。

四、职责

1. 主要机构——联邦紧急事务管理局

联邦紧急事务管理局支援应急支持功能15任务的资源包括：

（1）*应急报警系统*：联邦通信委员会将应急报警系统设计成为总统可利用无线电、电视和有线系统向全国快速发布重要紧急信息的工具。州当局、部落当局和地方当局也可利用应急报警系统发布警报和报警。还要求应急报警系统发布的所有信息为视频信息，以便有听力和视觉障碍的人也能接受这些信息。联邦紧急事务管理局正在架设一个基于卫星的分布式网络，作为正在改进的国家报警和警报系统的部分，为总统和授权官员向公众和州应急反应中心发布应急信息提供一个可供选择的通道。利用基于卫星的系统，联邦紧急事务管理局能更可靠地与所有州的接入点设施建立通信，特别是地面通信遭受破坏（如：洪水和地震）时，基于卫星的系统更显其优越性。当有管制权的联邦通信委员会管理应急报警系统时，联邦紧急事务管理局是白宫应急报警系统的执行机构。因此，联邦紧急事务管理局全面负责应急报警系统的运行。

（2）*国家级应急报警系统的启动和运行*：总统发出启动令后，联邦紧急事务管理局可在几分钟内接通全国的广播站和其他通信提供商。

（3）*州政府和地方政府使用*：州、部落和地方政府也可使用应急报警系统，但这只限于应急报警系统的志愿参与者，而且是国家先行启动后才可行。州政府、部落政府和地方政府应有维持应急报警系统运行的计划。联邦紧急事务管理局与州当局、部落当局和地方当局协调应急报警系统的管理问题。

（4）*移动应急反应支持系统*：联邦紧急事务管理局的移动应急反应支持系统为各种灾害的现场管理提供移动通信、运行支持、救生支持和发电设备。在需要协调联邦应急反应的突发事件期间，移动应急反应支持系统为联邦当局、州当局、部落和地方当局提供可部署的多媒体通信、信息处理、后勤和运行支持的无线电广播能力。移动应急反应支持系统是有价值的灾后恢复资源，可为公众和受灾人群提供新的服务。

(5) 国家应急准备网：国家应急准备网是联邦紧急事务管理局的电视广播网，能够在灾难性事件之前、期间和之后，向灾区的大部分公众提供幸存者和恢复方面的信息。国家应急准备网通过有线电视、卫星服务、个人数字设备、手机和网络广播，将信息传送给大部分公众和应急反应人员。作为国土安全部可升级的资产，国家应急准备网的频率范围很广，从简单的公众服务广播到每天 24 小时不间断向异地安置的灾民播报灾后恢复信息。

(6) 恢复信息无线广播支持：当一个地区的商业电台受到损害时，联邦紧急事务管理局将与地方广播公司一起，共同架设无线电台，支持恢复活动。恢复信息电台通过地方电台向更多的听众每小时播报官方应急反应和恢复信息。广播也可通过应急报警网系统的分布式站点实现。所有广播公司都应配备相应的设备，监听应急报警系统节目并予以转播，大部分主要的应急报警系统站点还应配备便携式遥控拾音设备，以便在联合信息中心安装。另一种方法是，使用电话或无线对讲机，将节目传送到应急报警网系统的分布式站点。恢复信息无线广播网由一组这样的设备组成并运行，其规模取决于突发事件的范围。

2. 支援机构

表 25

机　构	职　责
商务部	**国家海洋与大气管理局：** 国家海洋与大气管理局的气象无线电网络是全国性的无线电台网络，由附近的国家气象台办公室直接连续播报天气信息。国家海洋与大气管理局的气象电台一天 24 小时播报国家气象台的警报、观测数据、预报和其他灾害信息。国家海洋与大气管理局的气象无线电网络与应急报警系统共同构成一个覆盖各种灾害的无线电网络，提供统一的综合气象和应急信息。国土安全部部长可以利用国家海洋与大气管理局的气象无线电网络向全国的任何地方的目标发送警报。此外，国家海洋与大气管理局的气象无线电网络的启动，也同时启动了国土安全部联邦紧急事务管理局地方级的应急报警系统网络。国家海洋与大气管理局的气象无线电网络还可播报各类灾害的警报和灾后信息，包括自然灾害（如：地震和火山活动）、人为灾害（如：化学和环境突发事件）和与恐怖主义有关的灾害
司法部	**社区关系服务局：** 司法部的社区关系服务局通过国土安全部联邦紧急事务管理局的任务指派，提供安抚和调停种族、肤色、国籍冲突方面的培训和技术援助，提供冲突解决方案；提供社区文化方面的知识；提供社区紧张状况评估和化解矛盾服务
其他部门和机构	视突发事件的性质和范围而定，所有联邦部门和机构都应支持国家应急反应框架，必要时向应急支持功能 15 提供适当的支援
国家与社区服务团	全国与社区服务团提供多个训练有素的全国性的服务组织（包括美国志工团成员组织、美国学习和服务志愿者组织、退休与年长者志愿者组织），开展广泛的应急反应和恢复支援工作，服务重点是贫穷人群和有特殊需要的人群。支援工作包括： （1）信息分发、详细调查和需求评估。 （2）向避难场所和服务中心提供支援。

续表

机　　构	职　　责
国家与社区服务团	(3) 协调没有参加组织的志愿者。 (4) 支援呼叫中心工作。 (5) 由应急支持功能15协调机构或联邦紧急事务管理局的志愿者机构联络处指定的其他合适工作
美国红十字会	美国红十字会是国家应急反应框架若干应急支持功能，特别是应急支持功能6（大众关怀、紧急援助、住房安置和人道主义服务）的支援机构。美国红十字会与州当局、部落当局和地方当局一起工作，直接提供救灾服务，包括紧急避难、食品发放、基本急救支援、心理卫生咨询和灾害评估。按照应急支持功能8（公共卫生与医疗服务）的规定，美国红十字会支援卫生与人道主义服务部，提供血液产品

第三部分

美国国家应急反应框架

——突发事件附件

第一章　引　　言

一、目的

对专业化实施国家应急反应计划的特殊突发事件提出具体要求。

二、背景

突发事件附件是针对那些要求专业化应用国家应急反应计划的突发事件或危险情况而制定的，如以下事件或情况：

（1）生物突发事件。

（2）灾难性突发事件。

（3）网络突发事件。

（4）食品和农业突发事件。

（5）核（放射性）突发事件。

（6）油品和危险材料突发事件。

（7）恐怖主义突发事件执法与调查。

突发事件附件按字母顺序编排。灾难性突发事件附件中的政策和程序是重中之重，且适用于一切危险情况。类似地，任何突发事件只要与恐怖主义有关，就应运用恐怖主义突发事件执法与调查附件中的机制。

三、突发事件附件内容

这些附件介绍了与上述突发事件类型有关的政策、情况、运作机制和职责。

（1）政策：每个附件都解释了与该突发事件有关的特定法规，可能导致的专门行动或声明和可能适用的专门政策。

（2）情形：每个附件都描述了突发事件的情形以及预想的假定情况，并概述了在关键的假定情况不了解（例如：与高级决策人失去联系，有关当局不知如何运作）时，应当使用的方法。

（3）运作机制：每个附件都描述了适用于特定突发事件的运作机制，与国家应急反应计划其他部分的整合，独特的组织方式，通告与启动程序和突发事件特有的专业化行动。

每个附件还详细介绍了本类型突发事件特定的协调机构和部门职责，所需的专业化应急反应队伍或专有资源，以及其他需要专门考虑的事项。

（4）职责：每个突发事件附件都明确了本突发事件应急反应的协调机构和合作机构；有些情况下，职责由两个或多个部门联合承担。

这些附件中所述的重要职能常常涉及到所有参与突发事件的管理部门和机构，及其之间的支援或合作。在某些情况中，附件详细介绍的行动包括了国土安全部和其他部门的下属单位，以确保准备、预防、应对、恢复和减轻工作的无缝整合和转换。

协调机构和合作机构的职责规定如下：

四、协调机构

国家应急反应计划附件中所述的协调机构，在应急反应的关键环节和专业方面实施领导、提供专业技术知识和履行相关职责，支持国土安全部履行突发事件管理使命。根据国土安全第5号总统令，国土安全部全面负责本土突发事件的管理。指定为协调机构的联邦机构，与国土安全部紧密协调，负责执行附件中详述的程序。有些附件，诸如：网络突发事件附件、核（放射性）突发事件附件、油品和危险材料突发事件附件中，列出了多个协调机构。在这些附件中，根据突发事件的性质或地点，协调机构的职责可以共担或委托。

协调机构负责：

（1）像管弦乐队演奏一样，协调执行附件中规定的有关职能和程序。

（2）为固定机构和现场机构运作功能提供职员。

（3）通告合作机构，并向其分配任务。

（4）与合作机构以及相关州机构一起执行管理任务。

（5）与相关的私营机构组织一起工作，最大限度地利用现有资源。

（6）支持应急支援职能单位和其他组织，并持续向他们通报活动情况。

（7）制订支援突发事件管理和恢复工作的短期和长期计划。

（8）保有训练有素的人员，以提供适当的支援。

五、合作机构

当协调机构需要合作机构援助时，应通知合作机构。合作机构的职责如下：

（1）在国土安全部或协调机构请求时，运用各自的权力、专家、能力或资源，实施应急反应行动。

（2）参与制订突发事件管理预案和恢复工作计划，制定支援行动计划、标准运作程序、任务清单或其他附件。

（3）在国土安全部或突发事件附件规定的协调员提出请求时，提供人员、设备或其他资源的支持。

（4）参与培训和演习，不断提高预防、应对和恢复能力。

（5）推荐新的技术或程序，改进实施效果。

在本土突发事件中，国防部在接到请求或国防部长批准后，提供民用国防支援（DSCA）。因此，在大部分突发事件附件规定中，国防部被当作合作机构。关于民用国防支援的更多信息，请参见国家应急反应计划的基础计划。

第二章 生物突发事件附件

协调机构： 卫生与人道主义服务部

合作机构： 农业部、商务部、国防部、能源部、国土安全部、内务部、司法部、劳工部、国务院、运输部、退伍军人事务部、美国环境保护总署、总务管理局、美国国际开发署、美国邮政局、美国红十字会

一、引言

1. 目的

制定生物突发事件附件的目的是，明确当爆发已知或未知原因的疾病需要联邦援助并做出应急反应时，联邦各部门在应急反应中应采取的行动，扮演的角色和担当的职责。在本附件中，生物突发事件包括人类自然发生的生物疾病（传染性和非传染性的）以及恐怖主义事件。这一定义还包括环境中发现或在动物中诊断出的有可能传播给人类的生物病菌或病毒（即人畜共患疾病）。仅限于动物、植物或食品健康或安全的突发事件在其他附件中说明。采取本附件所述的行动，无须总统依据斯塔福法规定宣告紧急状态，也无需卫生与人道主义服务部部长宣告公共卫生紧急状态。本附件概述的生物突发事件应急反应行动，包括威胁评估与通告程序，实验室试验、联合调查或应急反应程序，以及与恢复有关的活动。

2. 范围

联邦政府制定应对生物恐怖主义事件或自然发生的已知或新型病菌引起的疾病爆发事件的目的是：

（1）通过疾病和环境监测手段检测事件。

（2）确定并保护处于危险中的人群。

（3）确定疾病源。

（4）评估公共卫生、执法和国际影响。

（5）控制和遏制任何可能的疾病流行（包括向州公共卫生当局、部落、区域和地方公共卫生当局提供指导）。

（6）加强并快速增加公共卫生医疗服务。

（7）确定原因并防止疾病再次发生任何潜在的复活、进一步爆发或扩大。

（8）评估残留生物污染的范围，视需要实施应急反应和恢复行动。

这类应急反应的特殊属性要求政府针对具体的卫生问题和疾病影响，分别考虑恐怖主义与自然爆发、传染性与非传染性等问题，制订相应的专门预案。

由相应组织制定具体运作指南，指出特定生物病菌（毒）的特殊性，并考虑相关规划，作为本附件的补充，成为帮助联邦、州、部落和地方公共卫生和医疗规划人员工作的指南。

3. 需要特别考虑的问题

侦查针对百姓群体的生物恐怖主义行动，可能有几种不同方式，每一种方式都有其特有的形态：

（1）一种袭击可能是暗中的，在这一情况中，生物制剂传播的第一证据可能在人或动物的疾病中表现出来。这种情况可以在给国内（或国际）公共卫生当局的临床病例报告或国内（或国际）卫生监控系统中出现的异常征兆形式中得到证实。

（2）恐怖主义引起的传染性疾病爆发在初始阶段可能很难与自然发生的爆发事件区分开来；而且，由于生物制剂和相关征兆的特殊性，在公共卫生和医疗当局开始怀疑恐怖主义是可能的原因之前，几天就已经过去了。在此情况中，只有在确定疾病一段时间之后，犯罪意向才会显现。

（3）环境监控系统，如生物监控系统，可检测环境中是否有生物制剂，并启动指导环境取样和加强临床监控，以排除或确认突发事件。如果确认了突发事件，则在第一个临床病例出现之前，可利用环境监控系统动员公共卫生、医疗和执法部门作出应急反应，或在确定第一个临床病例之后快速作出反应。

（4）本附件中列出的其他合作部门和机构可以通过其正常的运作和监控工作检测生物恐怖主义行为或生物突发事件。如果发生突发事件，则应根据批准的机构间应急反应协议，按照本附件中所述的卫生和执法评估过程进行通告。

二、政策

本附件支持国家应急反应框架、应急支持功能 8——公共卫生和医疗服务附件、应急支持功能 10——油品和危险材料应急反应附件、应急支持功能 11——农业和自然资源附件、应急支持功能 15——新闻发布附件、恐怖主义突发事件执法和调查附件和国际协调支援附件中规定的政策和程序。

卫生与人道主义服务部作为联邦政府负责公共卫生和医疗准备和规划的主要机构，对认为生物恐怖主义袭击事件或由已知病菌或新型病菌（包括新出现传染病）引起的自然爆发疾病事件做出应急反应。

美国农业部作为政府的主要机构，负责应对食品商业生产中使用的动物疾病爆发事件和恐怖袭击事件，还负责应对其管理权限范围内的食品加工屠宰机构的袭击事件。如果发生食品或动物事件，卫生与人道主义服务部可为美国农业部提供进一步的公共卫生和兽医传染病方面的支援。野生动物事件属于内务部的权限管辖之内，而涉及海洋动物的事件则由商务部管理和监控。

国土安全部长是本土突发事件管理的首席联邦官员。按照 2002 年的国土安全法，国土安全部长负责协调美国范围内的联邦政府针对恐怖主义袭击、大灾难和其他紧急事件（包括生物突发事件）进行的准备、应急反应和恢复行动。

州政府、部落政府、领地政府和地方政府主要负责检测和应对疾病爆发，并采取措施，将这类爆发事件的卫生、社会和经济影响降至最低。

总检察长负责领导调查个人或组织针对美国国内公民或美国驻外机构的恐怖主义活动或恐怖主义威胁的犯罪行为。通常，总检察长通过联邦调查局与其他联邦部门和机构合作保护国家安全，他还应协调其他执法部门的活动，检测、防止、先发制人并粉碎针对美国的恐怖主义袭击。如果任何机构或政府组织获悉涉及生物制剂的公开威胁或获得疾病不是自然原因导致的迹象，则必须通过联邦调查局的大规模杀伤性武器局通知司法部。

如果联邦调查局与卫生和人道主义服务部或美国农业部协商，认为威胁可信，则联邦调查局再立即通知国家应急反应中心和国家反恐中心。通过应急反应网络实验室测试样品，检验是否有生物威胁的生物制剂。任何机构或组织确定异常结果或怀疑试验结果时应与联邦调查局联系，以确保实验室应急反应网相应检测工作协商进行。联邦调查局与卫生与人道主义服务部或美国农业部协调后决定是否对样品进行进一步检验。所有相关的威胁和公共卫生评估结果都应向国家应急反应中心报告。从实验室应急反应网以外获得的人体取样的试验结果被认为是第一道关卡或筛查。

一旦得到可信威胁或疾病爆发，卫生与人道主义服务部将召集与应急支持功能8有关的合作伙伴开会，评估情况并确定采取相应的公共卫生和医疗行动。国土安全部将协调所有联邦部门和机构，提供非医疗支援和应急反应行动。卫生与人道主义服务部将领导所有联邦部门和机构公共卫生和医疗应急反应工作。

如果怀疑有犯罪活动，联邦调查局协调犯罪活动的调查。

卫生与人道主义服务部为州当局、部落当局、领地和地方当局提供指导，并与联邦调查局紧密合作，妥善处理怀疑疾病爆发由恐怖分子所为或具有犯罪性质的有关任何证据材料（如：实验室应急反应网的样品等）。如果证据材料与外国政府共享或是从外国政府购买的，则由卫生与人道主义服务部和联邦调查局视需要与国务院协商，并共享信息。

必要时，其他联邦机构应当支持卫生与人道主义服务部在生物突发事件应急反应准备、规划和应对中的工作，卫生与人道主义服务部则应担当本附件规定的角色，与国土安全部和州政府合作伙伴协调。如果突发事件应急反应升级，要求多个机构参与，则国土安全部将担当突发事件的协调人。卫生与人道主义服务部将作为协调机构负责公共卫生事务，其他机构也应负责其专业领域内的技术事务。

如果有可能污染环境，则卫生与人道主义服务部将与环境保护总署合作，制定并执行取样策略，并共享成果。

如果农业方面爆发重大动物传染病或人类食物传染病，卫生与人道主义服务部应在准备、规划和应急反应过程中与农业部合作，共同处理突发事件。

如果生物突发事件正在发展，卫生与人道主义服务部应与其他部门和机构合作，确定联邦政府公共卫生和医疗综合应急反应启动的事态临界点。事态临界点根据特定事件的情报而不是预定的危险等级来定。

与威胁或实际生物恐怖主义事件有关的联邦公告、声明或新闻稿应与国土安全部的公共事务办公室协调，若应急支持功能15已启动，应与应急支持功能15保持一致。

三、预案假设

在生物突发事件中，联邦官员、州官员、部落官员、领地和地方官员应高度协调，应对公共卫生和医疗紧急事件。生物突发事件还可能影响其他国家，或引起国际关注，因此涉及与国务院和国际卫生界的广泛协调（例如：向世界卫生组织和国际卫生条约中的其他国际卫生组织通告）。

疾病可能通过直接接触被传染的个人或动物、污水池（包括污染的表面或大气扩散）、带菌昆虫、或被污染的食品和水得以传播。污染物品也可用作为疾病间接传播工具。在间接传播中，手也可能起重要作用。

生物突发事件可能同时涉及多个辖区，需要国家总部和区域总部同时管理多个突发事件现场，并协调多个州、部落、领地和地方政府。

对接触传染和非接触传染的公共卫生紧急事件的应急反应，要求做出多种预案假定，考虑各种因素。

生物病原体的传入，不管是自然的还是故意的，首先是通过临床和医院的报告书检测。当然，也有其他检测方法，包括环境监控技术，诸如：生化袭击监控系统、传染病医疗症状监测系统。生物病原体的早期检测提供了采取前期有效措施的机会，以减轻疾病爆发的后果。日常的鱼类和野生动物卫生与疾病监控，包括在公有土地和公共实验室进行野生动物死亡率事件调查为早期检测生物病原体和生物恐怖主义行为提供机会。农业方面的动物卫生监控具有类似的效果。

没有哪一个机构拥有单方面应对影响多个辖区的非常规疾病爆发和污染事件中出现的许多复杂问题的权力、专业知识和人力物力资源。因此，国家应急反应要求各级政府的众多机构紧密协调行动，也要求政府机构与私人机构协调行动。

在接到州、部落、领地和地方卫生机构的申请或请求时，联邦政府应当向受影响的地区提供支援。卫生与人道主义服务部和其他联邦机构的应急反应行动，应根据爆发事件的进展灵活采取措施。

实验室应急反应网络应提供分析支持，对人类传染性疾病和可能的影响范围进行公共卫生评估，并通报评估结果。实验室应急反应网络还应对环境和临床取样做出权威性检验，还应对相关的食品取样分析检验予以支持（食品取样分析检验是人类生物传染病应急调查的一部分）。卫生与人道主义服务部、联邦调查局、美国农业部、美国环境保护总署和国土安全部早期协调有利于提高预防和调查工作效率，有利于确定传染病爆发事件的源头，提高成功抑制威胁的机会。（与实验室应急反应网络互补的是食品应急反应网络，它由地方级、州级和联邦级的国家食品试验实验室整合而成，能够对涉及食品的生物、化学或放射性污染事件做出应急反应。食品应急反应网络的组织结构模式，可以确保联邦机构和州级机构参与网络的共同组建、发展和运行。）

应对故意行为造成的传染病爆发，要考虑专门执法和国土安全要求，也要考虑国际法定义务和要求。

对故意行为造成的生物威胁或突发事件的调查，应进行犯罪和流行病联合调查。联邦调查局应与相关的州政府或地方政府机构和其他联邦机构如：国土安全部、卫生与人道主义服务部和美国农业部合作，协调犯罪活动的调查。

四、运作机制

1. 生物制剂应急反应

有效生物应急反应的关键要素包括（重要性与顺序无关）：

（1）快速检测生物传染病爆发事件，或快速检测进入环境的生物病原体。

（2）快速发布关键安全信息，快速分发人员保护设备，快速采取医疗预防措施。

（3）尽快鉴定和确认生物病原体。

（4）确定处于危险中的人群和动植物（包括动物、海洋生物和植物）。

（5）确定生物病原体的传播方式，包括评估传播能力。

（6）确定预防和处置的敏感性。

（7）确定公共卫生和医疗措施、人道主义和精神卫生方面的牵连关系。

（8）如有可能，对传染病进行控制和遏制，不能遏制时（例如：流感大流行），应采取减轻策略。

（9）考虑执法可能牵连的问题，考虑并确定评估潜在威胁的方法。

（10）加强并快速增加地方卫生医疗资源。

（11）采取适当的公共卫生和医疗措施，保护处于危险中的人群和动植物。

（12）发布征募公众支援信息，向负责部门提供有关危险存在的信息。

（13）对环境污染进行评估，消除污染或处置环境中的生物病原体，提出饮水安全建议，对于被污染（或接触过污染环境）的动物、农作物、植物或海洋生物制成的食物，提供安全食用的咨询意见。

（14）跟踪并防止疾病二次爆发或新疾病的爆发。

（15）必要时采取防范对策和措施。

根据国家应急反应框架及其附件（如：应急反应支援功能8）规定的政策和程序，联邦政府的主要职责是向州、部落、领地和地方公共卫生和医疗部门提供支援。

2. 疾病爆发检测

1）疾病爆发的确定

公共卫生和医疗当局可以根据生病人数和地方医疗护理机构接收的人数增加的速度，作为判断生物突发事件的初始征兆。

支持这一工作的工具是国家生物监控集成系统。国家生物监控集成系统通过集成并分析来自国内和国际人类卫生、动植物卫生和食品及水监测系统的监控数据，大大提高了单个系统的监控能力。跨领域的综合分析提高了情况判别能力，减少了检测需要的时间，从而能够更快、更有效地做出应对生物突发事件应急反应的决策。

由于认定了疾病爆发的性质，所以决策的关键是，整合监测信息，鉴定引发疾病的生物制剂，判断是自然爆发还是人为故意造成，确定处于危险中的人群和动植物群。

2）实验室确认

在测定可疑疾病可能爆发时，应将实验室样本分配给有条件的实验室。当怀疑恐怖主义袭击事件时，应向联邦调查局提供调查用到的样本信息，并向公共卫生部门和突发事件应急反应部门提供流行病学调查所需的信息和生物制剂特性信息，以利于采取公共卫生和医疗干预措施和及时进行环境清理。如果联邦、州、部落、领地或地方卫生监视系统或网络检测认为是未知原因的流行病，则由常规的公共卫生实验室系统或动物卫生实验室系统进行实验室分析。

3）鉴定（分析和确认）

采样和所做的分析必须满足能够获得引起疾病爆发的生物制剂的特性。实验室应急反应网络和食品应急实验室反应网络履行联邦政府职责，快速分析生物制剂。如果怀疑是恐怖主义制造的突发事件，则采样和检测活动应与联邦调查局和实验室应急反应网络的成员协调。

3. 可疑物质

由于对可疑的生物恐怖主义生物制剂不能现场进行确定性或可靠性的检验，故所有可能的生物恐怖主义样品都必须送到实验室应急反应网络所属的实验室检验，以便专家运用事先建立的联邦规程或试剂进行分析。送检过程中最重要的工作是建立并遵循运送和保管执法程序。

如果实验室应急反应网络在联邦调查局或指定的执法人员提交的环境样品上获得阳性的结果，则应采取以下行动：

（1）实验室应急反应网络立即将阳性结果通知联邦调查局地方官员和相关的公共卫生官员。

（2）联邦调查局派驻地方的办事处发布地方通告，并与联邦调查局总部的大规模杀伤性武器运作局联系。

（3）联邦调查局总部召集联邦调查局派驻地方的办事处、卫生与人道主义服务部和相关的联邦应急反应官员、州、部落、领地和地方政府应急反应官员参加的电话会议，对威胁进行初步评估，评价后果，对初步信息和检验结果进行评估，并安排进一步的检验。

（4）联邦调查局总部立即向国土安全部通报情况。需要不断报告情况进展。

（5）原始样品可能送到卫生与人道主义服务部疾病控制和防护中心，供实验室应急反应网络分析确认。必要时，联邦调查局将指挥对生物材料和证据进行进一步法医学检验。

（6）卫生与人道主义服务部对保护措施和个人保护设备的使用提供指导，诸如：预防、处理、机构连续运行。

（7）卫生与人道主义服务部、美国环境保护总署和合作机构对污染区域的确定提供支持。美国环境保护总署应当就污染区域的确定和是否原地避护决策方面提供数据。美国环境保护总署还应就单位内部和外围地区的污染消除方面发挥作用。

4. 通告

除了国家应急反应框架中要求的通告外，由卫生与人道主义服务部内部机构或由联邦、州、部落、区域或地方公共卫生合作伙伴怀疑或确定的任何疾病爆发都应立即引起卫生与人道主义服务部的关注（如应急支持功能8附件所述）。

影响或涉及动物、植物健康或野生动物的任何潜在的重大生物病原体、疾病爆发或疑似生物恐怖主义行为都应向美国农业部（动物和植物卫生机构）和内务部（野生动物保护机构）通告。

在这些初步通告之后，应实施应急支持功能8附件所规定的程序。卫生与人道主义服务部或农业部发现动植物疾病恐怖活动或犯罪疑似指标升高时，应向联邦调查局总部报告。在这种情形下，联邦调查局总部与卫生与人道主义服务部和（或）农业部一道复核可采取的执法行动和情报，检验疾病的技术特征和流行病学特点，确定是否有故意犯罪动机的可能。如果联邦调查局、卫生与人道主义服务部和（或）农业部共同认定所掌握的情报表明存在恐怖主义威胁，联邦调查局应立即与国家反恐中心和国家应急反应中心联系，通报这一情况，必要时通知白宫。如果确实为恐怖主义者所为，则联邦调查局、卫生与人道主义服务部和（或）农业部，以及相关的州、部落、领地、地方政府卫生官员应当联合执法，开展流行病学调查，确定引起疾病爆发的病原体及其对公共卫生和公共安全的威胁范围，圈定可疑分子。

如果生物威胁制剂的环境检测结果值超过特定值，则负责机构应在实验室确认后2小时内与卫生与人道主义服务部、联邦调查局和国家应急反应中心联系。联邦调查局和卫生与人道主义服务部及国土安全部应召集相关的联邦官员、州、部落、领地和地方政府官员会议，对威胁做出初步评估，讨论威胁和公共卫生危险。评估活动和应急反应活动的协调将涉及来自受灾州、部落、领地和地方辖区的官员。

5. 启动

一旦接到有要求或可能要求大量的联邦公共卫生和医疗援助的可能造成威胁或疾病爆发的通告，卫生与人道主义服务部应请求联邦紧急事务管理局启动应急支持功能 8，并召集所属机构和应急支持功能 8 的合作机构召开会议，评估情况，确定应当采取的公共卫生和医疗措施。国土安全部协调所有非医疗机构的支持、讨论和应急反应行动。

通告之后，需要立即采取行动，首先是确定受灾和受伤的人群以及突发事件涉及的地理范围。初期的公共卫生和医疗应急反应包括以下部分或全部活动：

（1）受影响人群的流行病学调查（追踪接触者）。

（2）发布关键的安全信息和必要的医疗预防措施信息。

（3）加强医疗护理机构内的具有临床体症和征兆病人的监控。

（4）进一步收集和分析潜在的相关信息（例如：与护士联系的电话、实验室试验订单、学校缺课情况、药品柜台销售情况、有病的动物异常增加、野生动物死亡、商业鱼产量下降等信息）。

（5）组织和部署联邦公共卫生和医疗应急反应资源（与州官员、部落官员、领地和地方官员一起），包括医疗人员、人用和兽用医疗物品和物资（例如：国家战略储备和国家兽医储备物资）。

如果怀疑疾病爆发事件是故意行为引起，联邦调查局可建立联合行动中心（若建立联合行动中心，其组织结构上可纳入现场联合办公室），协调联邦政府、州政府、领地政府和地方政府之间的调查和情报活动。现场联合办公室和设在华盛顿的联邦调查局战略信息与行动指挥中心负责公共卫生的官员应归入已建立的机构组织，协调执法和公共卫生调查的互动。

五、行动

1. 控制流行病

遏制和控制影响大批人群的流行病应当采取以下步骤：

（1）卫生与人道主义服务部帮助并协调州政府、部落政府、领地政府和地方政府的公共卫生和医疗机构开展流行病学调查工作。

（2）卫生与人道主义服务部评估流行病爆发事件中还未开展调查到的机构，确定调查需求，将评估结果通知相关的州政府、部落政府、领地政府和地方政府调查机构。

（3）国土安全部协调卫生与人道主义服务部和州官员、部落官员、领地和地方官员向公众发布信息，确保信息沟通及时、一致、准确，便于行动。信息应缓解焦虑，减轻任何不必要的担心或紧张，并在采取必要的控制措施时，赢得公众的合作。公共卫生和医疗信息应由权威卫生部门向公众发布（例如：美国公共卫生部部长）（参见公共事务支援附件）。

（4）按照国际卫生条例，如果流行病爆发事件最初发生在美国，卫生与人道主义服务部应与国务院协调，立即通报相关的国际卫生机构，并与之协调。确定了流行病的种类后，根据国内运作程序，在爆发早期就可进行通报和协调。卫生与人道主义服务部应建议国家应急反应中心何时通报国际卫生机构。

（5）公共卫生系统应从地方开始启动，采取相应的应对措施，保护受影响人群，包括参与应对突发事件活动的先遣应急反应人员和其他工作人员。这些措施包括，为身处危险中的人群和虽未接触疾病但有可能二次传播或环境中有感染危险的人群，进行大规模接种疫苗或预防注射。

（6）卫生与人道主义服务部与其合作组织一道对突发事件进行评估，并向相应的公共卫生和医疗当局提出隔离、检疫隔离或就地避护的建议，防止疾病扩散。

（7）受灾州的州长或领地行政领导人可根据州或地方法律实施隔离措施，或要求人与人之间保持适当距离。有自治权的部落首领也可在法定权限内发布宵禁令、隔离令、保持适当距离令和检疫隔离令。为了防止疾病进入或州间扩散，卫生与人道主义服务部可根据美国法典批准的权力采取必要的联邦行动。如果联邦权力介入，则在执行和强制隔离和（或）检疫隔离措施的同时，还应对州、部落、领地和地方政府进行援助。

（8）如果疾病爆发的源头已鉴定为起源于美国以外的地方，不管是恐怖活动造成，还是自然发生，卫生与人道主义服务部都应与国土安全部和其他支援机构协调一致，对进入美国的，有可能受到感染的人、货物、邮件或运输工具进行检验，并将其隔离。

（9）流行病爆发的范围可能要求大规模隔离或检疫隔离受影响的或可能受影响的人。有些类型的事件，可能需要对食品、动物和其他农产品进行检疫隔离，以防止疾病进一步扩散。此外，家畜或家禽可能需要接种疫苗或减少数量，限制动物运输，限制受感染蓬舍设备的搬运。这种情况下，卫生与人道主义服务部和美国农业部将与州、部落、领地和地方卫生部门和执法部门共同提出最行之有效的并在法律上可强制执行的隔离和检疫隔离方法。如果认为有必要限制州间旅行，包括限制国际旅客的到港，则卫生与人道主义服务部将与国务院、国土安全部、运输部和州、部落、领地和地方政府部门密切合作，采取任何可能使用的措施。如果必须对外国国民实施隔离和（或）检疫隔离，则卫生与人道主义服务部应通过国务院通知受影响的外国政府。

2. 消除污染

对有些类型的生物突发事件（例如：炭疽热），有必要评估污染范围，并对受害者、应急反应人员、动物、设备、运输工具、建筑物、关键基础设施和室外大面积区域进行污染消除。消除污染和相关活动应按照应急援助功能 8、应急援助功能 10、应急援助功能 11 和应急援助功能 14——社区长期恢复附件、恐怖主义事件执法和调查附件和灾难性突发事件附件中所述的任务和职责、资源和能力及程序进行。（注：用于生物污染消除（例如：高度感染性生物制剂的灭活，如：炭疽热芽孢杆菌的灭活）的化学药品必须符合联邦杀虫剂法、杀菌剂和杀鼠剂法的规定，符合美国环境保护总署注册登记的使用范围。如果在应对紧急事件期间，应急反应组织想使用一种没有登记的化学生物制剂灭活某种病原体，则必须向美国环境保护总署提出申请，并获得美国环境保护总署的批准。）

3. 特别事务

1）国际通报/国际建议

生物突发事件可能涉及国际上规定可报告的疾病。除了病例报告以外，涉及全球公共卫生的生物突发事件还必须向国际公共卫生当局报告。如果生物突发事件是由外国方面行动造成的，则它可能与生物武器公约规定的生物武器有关；这方面的任何案例都可能引发国务院的外交方面问题。

按照国际卫生条例规定，一旦生物突发事件被肯定，就将成为国际社会高度关注的公共卫生事件，卫生与人道主义服务部应当与国务院和国土安全部一起，通过相应的区域办公室、泛美卫生组织向世界卫生组织报告。必要时，卫生与人道主义服务部与国务院协调向其他国际卫生机构通报。

2）资源分配

如果保护人员生命的关键资源不能满足国内需要，则卫生与人道主义服务部部长应向国土安全部长提出分配联邦稀少公共卫生和医疗资源的建议。

六、职责

本附件中的程序依据国家应急反应框架制订。各部门各机构的具体职责在相应的应急支持功能附件和突发事件附件中都有说明。

第三章　灾难性突发事件附件

协调机构：国土安全部联邦紧急事务管理局

合作机构：指定承担主要职责或应急支持功能支持职责的所有联邦部门和机构（和其他组织）

一、引言

1. 目的

国家应急反应框架的灾难性突发事件附件，概述了先发制人地加速实施和协调应对灾难性突发事件的国家整体战略和内容。

详细的具体运作国家应急反应框架灾难性突发事件补充文件另行出版。

2. 范围

按国家应急反应框架的定义，灾难性突发事件是任何自然或人为的突发事件，包括造成特别重大的伤亡、损坏或毁坏，对人群、基础设施、环境、经济、国家道德和政府功能有严重影响的恐怖主义活动。灾难性突发事件可能对全国造成持续不断的长期影响；几乎迅速超过灾区的州政府、部落政府、地方政府和私人企业正常拥有的资源；严重妨碍政府运行和应急服务，使国家安全遭受威胁。因此，迫切需要制订协调的国家预案，以确保联邦政府和全国援助加速实施。

为加强不堪负重的州政府、部落政府和地方政府的应急反应工作能力，则必须动员联邦政府资源乃至全国的资源，国家应急反应框架的灾难性突发事件附件制订了预先落实并快速部署关键重要资源的方案，这些资源包括：医疗队、搜救队、可运输的帐篷、医疗设备等抢救生命、阻止突发事件发生所急需的各类资源。

一旦发生灾难性突发事件，政府应与受灾的州和突发事件指挥机构协调，依据国家应急反应框架灾难性突发事件补充文件的规定部署联邦资源，将各种物资组成突发事件专用包。也可以由国土安全部长决定，在灾难性突发事件发生之前，做这项工作。

如果灾难导致州政府、部落政府或地方政府不能建立或保留有效的突发事件指挥机构，则联邦政府可在国土安全部长的指导下建立由统一协调组（UCG）领导的统一指挥机构，救护生命，保护财产，维护关键基础设施或关键资源运行，遏制事件，保护国家安全。一旦州政府、部落政府或地方政府重新建立起突发事件指挥系统，联邦政府应将其角色和作用转向协调和支援州政府、部落政府或地方政府的工作。

国家应急反应框架灾难性突发事件补充文件制订的主要功能是，针对事先无通知或通知时间很短，明显需要联邦政府紧急援助，事先制订的预案和预定的资源不可用，且需要资源和资金不确定的灾难性突发事件。国家应急反应框架灾难性突发事件补充文件中规定的特定资产和应急反应，以及其他选定的联邦资源和资产也可部署用于支援提前预警的灾难性事件（例如：强飓风），支援州政府、部落政府和地方政府的请求。

二、政策

灾难性突发事件往往启动总统宣布重大灾难程序，由国土安全部长或被选派人执行国家应急反应框架的灾难性突发事件附件或国家应急反应框架灾难性突发事件补充文件。

在资源调用和部署期间，所有部署的联邦资源都仍然由其所在的联邦部门或机构控制。有些联邦部门和机构有权按照自己的条令直接部署到突发事件现场。

到达国家后勤中转集结区的联邦资源原地待命，在接到州政府或地方政府突发事件指挥机关的请求后，参加当地的应急反应工作。

依据国家应急反应框架灾难性突发事件补充文件规定，单方面部署到国家后勤中转集结区的联邦资产不要求州政府分摊费用。但是，如果州政府依据斯塔福法申请使用联邦部署的资产，则可能要分摊费用。

对于事先无通知或通知时间很短的灾难性突发事件，应当调用、部署已在国家应急反应框架灾难性突发事件补充文件的执行计划中确定的联邦资源，除非确信列出的措施在灾难性突发事件地点不需要。

如果应急反应期间，认定突发事件是自然灾难，则应启动执行计划中那些尚未启动的保留措施。

鼓励各州政府与联邦政府合作制订灾难性突发事件预案，作为州准备活动的一部分。

联邦政府应与州政府、部落政府、地方政府、私人组织和非政府组织共同制订启动并执行国家应急反应框架的灾难性突发事件附件的优先级预案，其内容应包括以下 2 种情况：资源和能力的需要超过或挑战州政府和地方政府应急反应的资源和能力水平时；联邦政府临时充当通常应由州政府、部落政府和地方政府担任的角色时。

多处或连续发生的灾难性突发事件或威胁可能大大降低联邦应急反应的规模、速度和力度。当多个地点争相请求同一资源时，联邦政府出于审慎考虑，可能会减少有限资源的分配。

三、情形

灾难性突发事件的初期应急反应一般始于基层，由地方政府、部落政府和（或）州政府组织应急反应人员实施。然而，也会出现超过州政府、地方政府或部落政府承受能力的情况，致使地方各级政府初期失去建立或维持应对突发事件指挥系统的能力。在这种情况下，为保证联邦快速应急反应，国土安全部联邦紧急事务管理局将协调所有应急反应活动，直到地方政府、部落政府和（或）州政府有能力或已重新建立起突发事件指挥系统时为止。

1. 运转连续性或政府连续性

灾难性突发事件发生后，一些政府部门（州、部落和地方政府部门），以及非政府组织和私人企业可能遭受严重的安全威胁。联邦政府及其合作伙伴必须准备弥补可能出现的政府管理真空，以确保政府和政府部门及私人企业连续运转。突发事件也可能使受灾区域的重要基础设施和关键资源（如：能源、运输、通信、执法、公共卫生和医疗护理系统）遭受严重毁坏。

2. 突发事件的情形

有些应急支持功能的正常程序可能要加速或改进，以适应突发事件的急需。所有应急支持功能必须研究规模效率，最大限度的利用有限资源，使其有限资源发挥最大的效益。一旦发生灾难性突发事件，期望联邦政府或其他国家机构在以下一个或多个方面提供快速援助：

（1）大规模疏散撤离（应急支持功能5——应急管理）：虽然大规模疏散主要由州政府、部落和地方政府负责，但也可能要求联邦支援，甚至需要联邦政府组织、指挥大规模疏散撤离行动。可能需要将受灾地区大量的人员（包括地方医院、私立医院和护理机构中的病人，以及有特殊需要的群体）、家养宠物和服务性动物撤离到其他州的安全地区。可能需要有效协调运输和避难方面工作和资源。整个受灾区域，应急反应能力、伤员和被疏散人员的接收能力可能严重不足。在宣布重大灾害时，联邦紧急事务管理局将支援州政府撤离宠物和动物。州政府、部落政府和地方政府以及联邦机构的突发事件应急反应工作常常涉及空中运输（应急支持功能5）、搜救（应急支持功能9）和公共安全与保卫（应急支持功能13）。大规模疏散撤离的所有运作必须与运输部或联邦航空管理局协调，联邦航空管理局负责灾难性突发事件之前、期间和之后的国家领空和空中交通管理。

（2）大众关怀、住房安置和人道主义服务（应急支持功能6——大众关怀、紧急援助、住房安置和人道主义服务）：受灾地区，由于资源或设施被污染，且资源快速运入灾区的能力受到影响，致使向人、家养宠物和服务性动物提供临时避难所、食品、紧急救护和其他基本生活支援的工作变得很复杂。

（3）搜救（应急支持功能9——搜救）：从事搜救活动（例如：寻找、解救困陷在坍塌建筑物中的受害者，并给他们提供现场医疗处理）的资源和人员有限。如果要在污染的区域进行搜救，则适当装备的人员和资源更少，很难满足联邦快速应急反应的要求。

（4）污染消除：

①受害者消毒（应急支持功能8——公共卫生与医疗服务）：州官员、地方官员、部落和领地官员主要负责受害者的筛查和消毒工作。应急支持功能8可以向他们提供技术援助，提高他们的能力，以满足消毒工作的需要。

②环境评估和消除污染（应急支持功能10）：涉及化学、生物或放射性大规模杀伤性武器的突发事件可能产生重大环境污染，为保护公众和应急反应人员，急需用于支持紧急决策的环境污染等级方面的情报。建筑物、关键基础设施和其他区域的环境污染消除和清理的需求也可能超过州政府、部落政府和地方政府的能力。

（5）公共卫生和医疗支援（应急支持功能8）：可能会出现对公共卫生和医疗支援，包括精神卫生服务的重大需求。医疗机构、伤员撤离、上下交通工具、接收点和避难所及其他支持现场运作的地点都需要医疗和精神卫生支援。此外，任何污染都将加大对技术援助和资源的需求。

（6）医疗设备和供应品（应急支持功能8）：有效预防和治疗的药品和管理有效预防工作的合格医疗人员往往都很短缺。及时广泛的预防可以防止疾病扩散，减少疾病影响。

（7）伤员运输（应急支持功能8）：如果伤员、受感染者和死亡人员非常多，可能需联邦政府提供资源管理伤员、受感染者。

（8）公共安全与保卫（应急支持功能13——公共安全与保卫）：可能要求联邦资源支援，加强州政府、部落政府和地方政府保护公众安全，保卫受灾区域的能力。负责应对突发事件的执法和应急管理官员也是受灾人群，无能力履行其职责。

（9）公共信息（应急支持功能15——对外事务）：在灾难性突发事件期间，当州政府、部落和地方政府的公共信息沟通渠道被毁坏时，联邦政府必须立即提供资源援助，帮助并发布明确一致的公共指导信息和统一的灾区信息。

（10）重要基础设施（重要基础设施和关键资源支援附件）：重要基础设施和关键资源包括维持美国人生活方式必不可少的资产、系统、网络和功能。对重要基础设施和关键资源的恐怖主义袭击或其他自然或人为的灾难可能严重损毁政府功能和企业相关功能，产生的叠加影响远远超出突发事件实际发生的地点。联邦政府应促进信息快速共享，帮助分析重要基础设施和关键资源所受的影响，接纳合理化建议，加快重要基础设施和关键资源所有人和经营者援助申请的处理。

四、预案假定

灾难性突发事件会导致大量伤亡，成千上万的人离乡背井。灾难性突发事件应急反应期间，重点工作是抢救人的生命。

灾难性突发事件的性质和范围有可能迅即瘫痪州政府、部落和地方政府的应急反应能力，需要联邦政府紧急支援。

突发事件后的 24～48 小时（或更长），不可能获得详细可信的一般工作情况。因此，应急反应活动，不必等到详细了解全面情况或得到关键需求评估后才开始。

灾难性突发事件的性质和范围将包括重大自然灾害，也包括人为灾害，如化学、生物、放射性、核袭击（或高当量的爆炸）和网络袭击。

灾难性突发事件有其独特的特性，要求应急反应预案或战略具有足够的灵活性，能有效地满足新情况的需求。

灾难性突发事件可能在没有或几乎没有预警的情况下发生。某些突发事件发生很长一段时间以后才被检测到。

有时候，在相邻地区或不相邻地区，同时或相继发生多起突发事件。有些突发事件，如大规模杀伤性生物武器袭击，可能大面积扩散，没有确定的突发事件现场。

灾难性突发事件会产生环境影响，严重挑战政府和社区及时恢复的能力。

在经由正常的国家应急反应框架协议申请之前，联邦资源必须能够调用和部署。

可能会发生有组织的或自发的大规模撤离疏散。

受灾区内现有的医疗护理系统预计很快不堪重负，如果仍保持运转，需要从这些机构中撤离现有的病人，以适应病人不断增加的工作负荷。而且，在撤离期间需要特别关照有特殊需要的人群，包括私立医院和延伸护理机构中的留住人员。

大量的人将暂时或永久性无家可归，临时安置可能需要延长期限。一些转移的人群将需要专门照顾和医疗护理援助，根据他们的特殊需要帮助其料理日常生活。

大量的家养宠物和服务性动物将需要适当的照顾、避难、医疗护理和运输。

有些灾难性突发事件会有相当大的国际影响，包括对边境地区人群健康和福利的影响，对跨境贸易、转运、执法协调和其他方面的影响。

五、运作机制

1. 州政府、部落政府、地方政府、非政府组织和私营企业的应急反应

国家应急反应框架和国家应急反应框架的灾难性突发事件补充文件规定了州政府、

部落政府、地方政府、非政府组织和私人企业的应急反应运作机制和职责。本附件提出了灾难性突发事件预期将要发生或发生之后，联邦政府应当采取的前期应急反应行动，其目的是快速提供关键资源，援助并加强州政府、部落政府、地方政府、非政府组织和私人机构的应急反应工作。

2. 联邦政府应急反应

根据国家应急反应框架对灾难性突发事件前期联邦应急反应的规定，国家应急反应框架的灾难性突发事件附件运用加速方法提供联邦资源，以抢救生命，遏制突发事件发展。

联邦政府灾难性突发事件前期应急反应的指导原则包括以下几个方面：

（1）主要任务是抢救生命、保护财产和重要基础设施、遏制事件发展，保卫国家安全。

（2）国家应急反应框架中规定的有关援助请求的标准程序可以加速；在极端情况下，根据现行法律，在特大灾难性突发事件后也可以暂时停止执行。

（3）动员和部署预定的联邦应急反应资源，而且，必要时可以紧急启用，救助生命，保卫安全。

（4）通报并与各州全面协调，但是协调过程不得延迟或阻碍联邦重要资源的快速动员和部署。

（5）一旦发现存在灾难性突发事件的条件（如：大规模伤亡、大规模撤离疏散），国土安全部长应立即开始实施国家应急反应框架的灾难性突发事件附件。一旦接到国家应急反应中心发出国家应急反应框架的灾难性突发事件补充文件已经实施的通报，联邦部门和机构应立即：

①采取行动，按照国家应急反应框架的灾难性突发事件补充文件启动、调用和部署与突发事件相关的特定资源。

②采取行动，保护辖区范围内的生命、财产和重要基础设施，并在受灾区域范围内提供援助。

③开始实施国家应急反应框架突发事件相关和适用的附件（包括灾难性突发事件附件）中规定的与具体灾害有关的行动。

④按照国家应急反应框架应急支持功能附件的规定，履行各自的职能和职责。

在应对灾难性突发事件时，联邦政府按照国家应急反应框架的灾难性突发事件附件采取的行动包括：

（1）对无通告或紧急通告的灾难性突发事件，联邦部门和机构没有或几乎没有时间评估州政府、部落政府和地方政府的请求，因此，所有联邦部门和机构应按照国家应急反应框架的灾难性突发事件补充文件假设情景，采取行动，动员并部署资源。

（2）对于那些潜在的灾难性突发事件，联邦部门和机构有时间与州政府、部落政府和地方政府，以及私人机构和非政府机构协调，应预先部署国家应急反应框架的灾难性突发事件补充文件规定的资源和其他联邦资源，以满足特定假设情景的预期需求。

（3）对无通告或紧急通告的灾难性突发事件，联邦部门和机构没有或几乎没有时间评估州政府、部落政府和地方政府的请求，联邦部门和机构应按照国家应急反应框架的灾难性突发事件补充文件预定的假设情景类型，采取行动，动员并部署资源。为实现这一目标，国防部应准备提供以下范围的支援能力：航空、通信、国防协调官员或国防协调部门、医疗处理、病人撤离、消除污染和后勤。

必要时或总统指示时，承担应急支持功能主要职责或支援职责的所有联邦部门机构和组织应立即开始履行各自的职责。

动员并准备应对突发事件的资源和能力（如：医疗队、搜救队、设备、可运输的帐篷和预防治疗药品等），将这些资源和能力部署到突发事件现场邻近的国家后勤中转集结区。制订现场灾难性突发事件应急反应策略（如国家应急反应框架的灾难性突发事件补充文件所述），包括预先确定突发事件特定的关键资源需求和相应的部署策略将加速关键能力的及时提供。

动员联邦政府区域机构，准备接收和处理来自事发地区的伤员。指示联邦机构优化服务（有些情况下，可能减少或推迟某些常规服务），直到抢救生命行动结束。灾难性突发事件现场应急反应预案的制订，包括预先确定伤员和大众关怀支援需求和可利用的设施，会扩展应急反应组织，加速资源的利用率。

启动与非政府组织和私人企业的补充支援协议。

灾难性突发事件一旦引发对联邦支援的高度需求，且构成国家安全隐患时，可能要求联邦部门和机构从日常职责转向应急反应支援工作。

六、职责

本节概述国家应急反应框架中灾难性突发事件附件规定的联邦部门和机构职责。关于联邦部门和机构在国家应急反应框架的灾难性突发事件附件中的职责，请参阅单独保存的国家应急反应框架灾难性突发事件补充文件。关于联邦部门和机构的更多职责，请访问国家应急反应框架的资源中心网站（www. fema. gov/nrf），参阅各个应急支持功能附件、支持附件和分灾种突发事件附件。

1. 协调机构（国土安全部）的职责

（1）确定灾难性突发事件是否发生，实施国家应急反应框架灾难性突发事件附件。

（2）通知所有联邦部门和机构实施国家应急反应框架灾难性突发事件附件和灾难性突发事件补充文件。

（3）一旦实施国家应急反应框架的灾难性突发事件附件：

①按照国家应急反应框架的灾难性突发事件补充文件要求，动员并部署（或准备部署）国土安全部管理的队伍、设备和其他资源。

②确定、准备并运行对部署联邦资源运输和接收具有支持意义的关键的设施。

③按照国家应急反应框架的灾难性突发事件补充文件和国家应急反应框架标准协议启动国家级设施和力量。

④与突发事件指挥机构建立并保持通信联络，确保对重要资源需求显示在公共即时运作图上。一旦确定了特定资源需求，建议国土安全部联邦紧急事务管理局按照国家应急反应框架灾难性突发事件补充文件重新设定重点，并相应调整资源流动运行计划表。

⑤设法与受灾州建立联系，协调联邦支援资源的部署。

2. 合作机构的职责

一旦接到国家运作中心通报国土安全部长已执行国家应急反应框架的灾难性突发事件附件，联邦部门和机构（以及美国红十字会）应：

（1）按照国家应急反应框架的灾难性突发事件补充文件的规定，启动并部署（或准备部署）各机构管理或应急支持功能管理的队伍、储备的设备和其他资源。

（2）必要时，提供应急支持功能。

（3）着手评估突发事件可能的后果和资源需求。

（4）着手制订短期和长期应急反应和恢复战略。

承担一项或多项应急反应主要职责的联邦部门和机构，以及州政府、地方政府、部落政府和领地政府的官员根据以下分工确定：

（1）大众关怀：国土安全部联邦紧急事务管理局。

（2）大规模撤离疏散：国土安全部联邦紧急事务管理局。

（3）搜索与营救：国土安全部联邦紧急事务管理局、美国海岸保卫队、内务部和国防部。

（4）清除污染：环境保护总署。

（5）受害者消毒：州、地方、部落和区域官员。

（6）环境评估和清除污染：国土安全部、美国环境保护总署（重要基础设施和环境司）。

（7）公共卫生和医疗支持：卫生与人道主义服务部。

（8）医疗设备和医疗用品供应：卫生和人道主义服务部。

（9）病人运送：卫生与人道主义服务部和国防部。

（10）大规模伤亡：卫生与人道主义服务部。

（11）住房安置：国土安全部、住房与城市发展部。

（12）公共信息和突发事件信息：国土安全部。

（13）运输：运输部。

（14）私营企业支援：国土安全部。

（15）后勤：国土安全部。

（16）重要基础设施和关键资源支持：国土安全部。

国家应急反应框架灾难性突发事件补充文件列出了国家应急反应框架的灾难性突发事件附件启动后应采取的具体行动清单。以下联邦部门机构和其他组织作为合作机构承担其行业有关的专门职责：

（1）美国农业部。

（2）国防部。

（3）能源部。

（4）卫生与人道主义服务部。

（5）国土安全部。

（6）运输部。

（7）退伍军人事务部。

（8）美国环境保护总署。

（9）美国红十字会。

第四章　网络突发事件附件

协调机构： 国防部

国土安全部情报分析与基础设施保护司国家网络安全处

司法部

合作机构： 商务部、能源部、国土安全部、国务院、运输部、财政部、情报部门、国家标准技术研究院、管理与预算办公室

一、引言

1. 目的

本附件讨论多学科、多手段、协调一致地准备、应对和恢复那些对国家和国民经济运行影响重大，涉及国家范围的重大网络突发事件的政策、组织、行动和职责。

2. 范围

本附件描述联邦部门和机构与请求援助的州政府机构、地方政府机构、部落政府机构以及私营机构之间的，联邦网络突发事件应急协调框架。网络突发事件附件主要依据是“保护虚拟空间国家战略”中描述的国家虚拟空间安全应急反应体系。国家虚拟空间安全应急反应体系采用政府—企业合作形式，构建快速鉴定、信息交换、应急反应和补救机制，以减轻虚拟空间恶意行为造成的损害。

这一框架可用于在任何虚拟空间的国家重大突发事件，包括重大网络威胁和破坏；针对因特网或关键基础设施信息系统的破坏性网络袭击；技术紧急事件或总统宣告的灾难。

本附件描述了国家应急反应计划在国家重大网络突发事件中的专业化应用。国家重大网络突发事件可能导致同时启动应急支持功能2（通信功能）和网络突发事件附件。

当两个附件同时启动时，国土安全部情报分析与基础设施保护司国家网络安全处除了继续承担本附件职责外，还要履行应急支持功能2中所述的职责。

二、政策

（1）本附件中讨论的程序遵从联邦政府的网络安全原则。

（2）本附件是对非战争时紧急情况下国家电信支援预案（以下称国家电信支援预案）的补充。

（3）本附件遵循国家应急反应计划框架和运行原则，也遵循以下法律性文件的规定：

①国土安全法非联邦网络安全细则（公法第107－276号第223节）。

②国土安全第5号总统令（HSPD－5）。

③国土安全第7号总统令（HSPD－7）。

④联邦信息安全管理法（FISMA）。

⑤第12472号总统行政命令：国家电信安全应急准备职责划分。

⑥1934年通信法第706节及其修正案（47U. S. C. 606）。

⑦1950 年国防生产法及其修正案。

⑧1947 年国家安全法及其修正案。

⑨第 42 号国家安全令：国家电信和信息安全系统的国家安全政策。

⑩第 12333 号总统行政命令：美国情报活动及其修改稿。

⑪国家虚拟空间安全战略。

三、运作机制

1. 概述

国家重大网络突发事件表现为多种形式：有组织的网络袭击、肆意的漏洞利用（如病毒或蠕虫程序）、对网络有重大影响的自然灾害，或对关键基础设施或主要资产造成大范围损坏的其他突发事件。

大规模网络突发事件，毁坏因特网，使关键的基础信息系统超负荷运行，破坏政府和私营机构的资源。这一量级破坏的综合结果，可能威胁生命、财产、经济和国家安全。快速识别、信息交换、调查、协调一致的应急反应和补救经常可减轻这一种恶意的虚拟空间破坏造成的损害。

在应对国家重大网络突发事件时，联邦政府在管理政府间（联邦、州、地方和部落）和政府—企业间（必要时）的协调中担当重要角色。联邦政府的职责包括：

（1）提供潜在威胁、突发事件和袭击的迹象和预警。

（2）政府内外的信息共享，包括最佳范例、情报调查、突发事件应急反应协调和突发事件影响减轻。

（3）分析网络的脆弱性、漏洞利用和袭击方法。

（4）提供技术援助。

（5）进行调查、取证分析和起诉。

（6）追溯网络袭击的源头。

（7）采取措施抵御袭击。

（8）领导国家级的恢复工作。

这些活动要求联邦政府、州政府、地方和部落政府以及非政府机构（如私营企业和学术界）协调一致工作，才能获得成效。

2. 组织

（1）跨机构突发事件管理组（IIMG）：一旦接到可能或实际发生突发事件报告，国土安全部长可启动跨机构突发事件管理组。跨机构突发事件管理组根据国土安全部成员和联邦部门网络突发事件的要求组建。国家网络应急反应协调组（NCRCG）向跨机构突发事件管理组提供网络威胁专门技术、分析和建议。

（2）国家网络应急反应协调组：国家网络应急反应协调组由联邦机构的高级代表组成，他们的作用和职责是预防、调查、抵御、应对和减轻网络突发事件和袭击，并协助恢复工作。如果国家重大网络突发事件要求联邦应急反应和跨机构协调，则国家网络应急反应协调组将召集会议，协调各方行动，共享信息。

国家网络应急反应协调组是一个跨机构的平台，承担技术应急反应和恢复、执法、情报和防御措施等各种职责的组织，通过这个平台协调一致地工作，准备并采取卓有成效的应急反应行动，应对突发事件。

国家网络应急反应协调组的职能如下：

（1）向成员机构、部门领导和跨机构突发事件管理组提供网络安全、突发事件和威胁方面的知识。

（2）协助审查危险评估，向全国网络突发事件管理组提供战略情况和决策支援，包括预防、准备、应对和恢复。

（3）综合信息，起草政策，建议采取的行动，包括使用或分配联邦资源，为机构和部门领导、跨机构突发事件管理组和其他相关官员提供服务支持。

（4）必要时，向总统行政办公室提供协助支持。

在实际或潜在的国家重大突发事件期间，国家网络应急反应协调组与国土安全应急反应中心协调一致，通过信息共享机制，收集并报告政府和非政府组织（学术界、产业界和公众）的重要信息。通过这种协调和传播活动，提升美国计算机应急准备组现有资源的价值，发挥其作用。

（1）美国计算机应急准备组：美国计算机应急准备组与管理和预算办公室，共同协调联邦部门和跨机构的预警。美国计算机应急准备组维护每天 24 小时不间断运行中心，与所有主要联邦网络运营中心和私营因特网服务供应商、信息共享机构和供货商保持连通。配合国土安全应急反应中心，充当收集公众和私营机构信息，并向相关部门通报信息的枢纽。还向跨机构突发事件管理组提供技术和运行支持，并与突发事件影响范围内的私营和公共机构互动。

（2）情报联盟——突发事件应急响应中心（IC - IRC）：情报联盟——突发事件应急响应中心每天 24 小时不间断运行，以便情报联盟成员之间共享网络事件信息，保持情报联盟通过网络收集、分析和传播情报的能力。情报联盟——突发事件应急响应中心负责与其他突发事件应急反应组织（包括美国网络应急反应准备组和国土安全应急反应中心）的行动协调，以便这些组织能够发挥情报联盟的分析能力，提前发现潜在威胁的迹象。

（3）国防部（DOD）：国防部运行着计算机应急反应组的 24 小时值守网络。这些计算机应急反应组通过全球网络联合部队协调，以识别、减轻和（必要时）应对网络袭击。美国战略司令部（USSTRATCOM）和全球网络联合部队持续不断地分析网络威胁情报。全球网络联合部队的执法与反情报中心集合国防部的执法与反情报组织，共同应对网络突发事件。

3. 行动

1）突发事件前的行动

联邦部门和机构保持计算机突发事件应对能力，以便能快速应对其网络上发生的网络突发事件（包括持续很久的事件）。执法部门、情报部门和国防部还具有改进国家准备能力的机制，以应对网络突发事件。司法部（DOJ）拥有由训练有素的检察官组成的处理网络犯罪的体系。联邦调查局（FBI）和美国特勤局（DHS/USSS）有专门从事高端技术调查的特工。国际网络犯罪执法网能够使调查人员快速从外国获得电子数据和证据。

2）通报和启动程序

当确定国家重大网络突发事件迫在眉睫或正在进行时，执行本附件中的程序。国家网络应急反应协调组将召集会议，并立即通告国土安全部情报分析与基础设施保护司国家网络安全处。通告通过联邦政府、非政府机构和公众之间建立的现有信道进行。这些信道包括：

（1）国家网络报警系统：该系统提供由美国计算机应急准备组管理的基础设施，为所有用户及时提供中继和可行的计算机安全更新，发布预警信息。

（2）国土安全信息网络联合区域信息交换系统：该通信网络通过一个保密系统提供各州和大城市与国土安全应急反应中心的实时交互连通，并以敏感但不保密的级别向所有用户输送信息。

（3）国土安全应急反应中心：这是国家级网络的主要集线器，用于本土突发事件管理的通信和运行。

（4）网络预警信息网络：该网络向政府和参与产业提供带外连通（即：不依赖因特网或公用电话交换网）。该网络设计提供安全可靠的免于瘫痪的网络能力。

（5）国土安全信息网的美国计算机应急准备组信息汇聚平台：这是一个安全合作工具，用于私营机构和公共机构成员之间在相互信任环境中主动交流网络脆弱性、漏洞和突发事件信息。

（6）美国计算机应急准备组公共网站：该网站是美国计算机应急准备组向公众传递信息的主要渠道。网站信息包括当前网络安全问题、当前网络活动和脆弱性方面的相关信息。

3）初期行动

国家网络应急反应协调组的成员单位（国土安全部情报分析与基础设施保护司国家网络安全处、情报联盟、联邦调查局、国防部和其他政府机构）应当分清各自的职责，密切配合工作，相互协调行动，才能有效应对网络突发事件或袭击事件。

发生国家重大网络突发事件时，国土安全部情报分析与基础设施保护司国家网络安全处通过国家网络应急反应协调组协调国家通信系统（NCS），向联合电信资源管理局（JTRB）提供援助。

美国计算机应急准备组应急反应中心追踪潜在的网络突发事件，一旦证实，及时报告国家网络应急反应协调组。国家网络应急反应协调组再通报国土安全应急反应中心，在与跨机构突发事件管理组协调后，向国土安全部长提出建议，国土安全部长负责宣布国家重大突发事件。当国家重大网络突发事件迫在眉睫或正在进行时，应实施本附件中所述的行动。

4）后续行动

在接到其他联邦机构、州政府、地方政府和部落政府以及私营机构申请时，国土安全部协调其他联邦机构的技术和其他援助，应对关键信息系统的重大突发事件。联邦援助请求的处置方案参见国家应急反应计划的第Ⅴ节相关规定。

5）挑战和需要考虑的事项

应对和恢复国家重大网络突发事件，必须考虑目前有效管理重大网络突发事件的挑战，必须综合考虑虚拟世界突发事件产生的现实世界后果和现实突发事件网络方面的后果两个方面。只有综合考虑两方面的后果，才能适当汇聚资源战胜挑战。可能的挑战包括：

（1）同时发生多个网络事件的管理：同时发生多个网络突发事件或威胁可能大大妨碍应急反应人员管理网络突发事件的能力发挥。进行战略规划和训练有助这一问题的解决。

（2）通信有效性和安全：人为的基础设施破坏可能阻碍协调应急反应和恢复工作所需

的通信。这类事件发生时，日常的通信信道往往不可用，为了协调公共机构和私营机构能够工作，需要一个安全可靠的通信系统。

（3）专业技术可得性和应对激增的能力：联邦机构必须确保在政府范围内开发并保持足够的专业技术，以应对、调查大范围网络袭击事件。此外，必须规划、训练并保持应对激增技术能力和分析能力，以应对持续发生的网络突发事件。

（4）与私营机构协调：大量的虚拟空间由私营机构拥有并运行；因此，联邦政府对虚拟空间活动实施控制的权力应受限制。

四、职责

1. 协调机构的职责

除了国家网络应急反应协调组外，还有一些联邦部门和机构在保证虚拟空间安全和协调突发事件应急反应方面起着核心作用，并承担职责。

表1

机构	职　责
国防部	负责计算机安全和计算机网络防御的国防部机构，可以担负起支持国家应急反应工作中职责，在以下四个主要方面发挥作用：①国防支援民防；②情报和信息共享；③执法调查；④保卫国土的军事行动。 国防部资源包括情报组织（国家安全机构、国防情报机构、国家地球空间情报机构、国家侦察组织和军事情报组织），国防刑事调查组织（执法和反情报），网络运行安全中心和计算机应急反应组。这些机构与其他联邦机构合作，必要时，提供袭击感测和预警能力，收集和分析情报，以查明袭击的特点，获得网络威胁的属性，参与信息共享，提供减轻技术，进行网络侵入诊断，并提供专业技术知识。 国防部的能力还包括保卫国防部的全球信息网的军事行动单位。国防部在法律和政策授权时可采取行动，阻止或防范对国家安全有急迫威胁的网络袭击
国土安全部情报分析与基础设施保护司国家网络安全处	国土安全部情报分析与基础设施保护司国家网络安全处是虚拟空间安全的枢纽机关，其任务是对关键基础信息系统进行分析、预警、信息共享、降低脆弱性、减轻损失，协助国家的恢复工作。该机构除了协助联邦部门和机构、州政府、地方政府和部落政府、私营机构和国际组织之间的互动和合作（网络犯罪的调查和起诉、保卫国土的军事行动或以下规定的其他活动除外）。具有网络专业技术的其他联邦部门和机构与国土安全部合作，并支持国土安全部完成其任务。 国土安全部情报分析与基础设施保护司国家网络安全处负责准备并应对网络威胁、攻击和突发事件，并在预防和保护工作中，与国土安全部情报分析与基础设施保护司国家通信系统处和国土安全部美国特勤局密切配合。支持司法部和其他联邦执法机构，调查和起诉虚拟空间威胁和袭击犯罪。必要时，还应向国土安全部长和总统行政办公室报告网络突发事件有关的协调和应急反应工作。与国务院协调，向外国政府通报网络突发事件和解决方案。国土安全部和国务院与跨机构团体协调，与外国和国际组织合作，加强对美国重要信息基础设施和美国依赖的那些外国重要信息基础设施的保护

续表

机构	职　责
司法部联邦调查局	司法部和联邦调查局与其他执法机构共同领导国家对网络犯罪的调查和起诉工作。司法部长有责任领导对美国国内个人或组织进行的恐怖主义行为或恐怖主义威胁，或国外针对美国公民或国外机构的属于美国联邦刑事管辖的恐怖主义行为或恐怖主义威胁的犯罪调查工作。司法部应与其他负有保护国家安全职责的联邦部门和机构合作，还应协调执法界其他成员的活动，实施侦察、预防、压制并粉碎针对美国的恐怖主义袭击。 司法部与其他执法机构和情报机构工作，利用其权力追踪网络袭击的源头。司法部还应与私营机构一起，开展网络犯罪预防、调查和起诉。司法部与国土安全部协调，为国土安全部分析网络基础设施恐怖主义袭击脆弱性和恐怖主义威胁提供调查资料

2. 合作机构的职责

表 2

机构	职　责
国土安全部美国特勤局	美国特勤局与联邦调查局和其他执法机构共同协助国家对网络犯罪的调查和起诉工作。与司法部共同协助国土安全部分析网络基础设施恐怖主义袭击的薄弱环节，提供本土调查资料
国务院	在制定和执行与虚拟空间安全有关的对外政策时，国务院与国土安全部情报分析与基础设施保护司国家网络安全处一起协调联邦政府的工作。国务院参与以下工作，以支持美国国家网络安全目标： （1）主持跨机构国际重要基础设施保护工作组的工作。该工作组提供了解决双边、多边或其他性质的国际网络安全问题的跨机构协调机制。 （2）作为国家网络应急反应协调组的成员参与工作，提供国家重大网络突发事件有关的对外政策建议和帮助。 （3）管理30个联盟和理念相通国家的外国高级领导人通信录，以便通报国际重大网络突发事件。美国可以利用这些通信录选择外国政府，向其国家高级领导人通告紧急网络突发事件；扩充美国计算机应急准备组发布技术监视和预警通告的范围
情报联盟	通过情报联盟突发事件应急反应中心与国防部、美国计算机应急准备组和其他突发事件应急反应组织协调，并共享信息，保护情报联盟网络的完整性。情报联盟突发事件应急反应中心利用程序确保中央情报局局长和总统了解可能危及情报联盟完成任务能力的任何活动。如果发生网络紧急事件，情报联盟行使其权力，并利用其资源和专业技术知识，向外界提供威胁分析，并协助查明网络袭击的性质
其他合作机构	作为合作机构列出的其他联邦部门和机构，在接到请求时，利用其网络技术专业知识，支持本附件的实施

3. 其他联邦机构

表 3

机构	职　　责
科学技术政策办公室	科学技术政策办公室（OSTP）主任，负责协调联邦政府任何情况（包括危机或紧急情况、袭击、恢复和重建）下的规划，提供国家安全和应急准备通信。主持联合电信资源管理局工作，在涉及通信的国家重大突发事件期间，将承担联邦通信主要职责的决策人集中在一起工作。科学技术政策办公室在通信方面的职责和权力在 1934 年通信法、第 12472 号总统行政命令、应急支持功能 2 和国家电信支援计划中有明确规定
国土安全理事会或国家安全理事会	总统国土安全助理和总统国家安全事务助理按总统指示分别协调跨机构的本土和国际突发事件管理政策
管理与预算办公室	管理与预算办公室根据联邦信息安全管理法（FISMA）的要求，并在美国计算机应急准备组、情报官员主任和部门及机构总监的帮助下，确保部门和机构在应对网络突发事件时，维持工作连续性，正确实施恢复计划
特定行业机构	按照国土安全第 5 号和第 7 号总统令的指示，所有联邦部门和机构的领导应根据保护国家安全的法律、政策和自己的职责，提供及时、全面合作、人力物力资源和支持

4. 其他机构

表 4

机构	职　　责
州政府、地方政府和部落政府	联邦政府利用现行的国土安全、应急管理和其他信息共享机制，为各州安全情报和信息共享提供中央级协调。 此外，如果发生国家重大网络突发事件，应当鼓励州政府、地方政府和部落政府机构启动各自的突发事件管理框架或应急反应支援框架，并通过国家突发事件管理机构协调，申请外部资源，以应对突发事件。参与制定各具体场所的网络突发事件应急反应预案（包括协调前期战略，接收、使用事先确定的州资源），各州快速有效地支援地方应急反应的能力会大大提高。国土安全部可帮助制定这类预案
非政府组织	联邦政府认识到私营机构和非政府组织在预防、准备、应对和恢复网络突发事件方面会起到关键作用。因此，联邦政府主要通过国土安全部，与私营机构和非政府组织保持多条线路通信，以便重大安全信息不间断交流。信息共享机制为关键机构共享信息，更好地保护大家公用的基础设施提供了方便。可以通过信息共享机制和相互间的交流，向私营机构和非政府机构提供网络脆弱性和有效解决方案等方面信息，帮助他们提高保护重要基础设施的能力。 如果发生网络突发事件，联邦政府应与私营机构协调一致，做好应急反应工作。国土安全部情报分析与基础设施保护司国家网络安全处担当起虚拟空间安全工作枢纽的角色，促进与非政府组织和私营机构互动合作和信息共享，做好重要基施信息系统的分析和预警工作，降低系统的易损性、减轻事件带来的损失，协助国家做好恢复工作。

续表

机构	职　责
非政府组织	虽然，私营机构和学术界有他们自己内部的网络安全管理系统和各种安全机制，然而，广泛的网络破坏要求高层次合作和行业、跨行业的合作。因此，应当鼓励私营机构和学术界通过现有的机制，与各行业机构、各信息共享机构、各类协会、国土安全部和执法部门进行充分合作，共同应对网络突发事件。 此外，司法部和执法当局也应与私营机构合作，预防、调查并起诉网络犯罪。例如，与保护网络关键基础设施方面的机构，如 InfraGard（为保护关键信息安全基础设施的合作机构）和电子犯罪特遣队（ECTF），一起工作，改进并扩大私人企业和政府（特别是联邦调查局和国土安全部美国特勤局）之间的信息共享。InfraGard 和电子犯罪特遣队促进私人企业和联邦执法部门之间业已开始的对话和及时交流，以便企业既能够保护自己的资产，又能向政府防止恐怖主义和其他犯罪的部门提供信息

第五章 食品和农业突发事件附件

协调机构： 农业部

卫生与人道主义服务部

合作机构： 商务部、国防部、能源部、国土安全部、内务部、司法部、劳工部、国务院、运输部、退伍军人事务部、美国环境保护总署、总务管理局、美国国际开发署、美国邮政管理局、美国红十字会

一、引言

1. 目的

食品和农业突发事件附件描述了与国家农业和食品系统所有突发事件有关的作用和职责，这些突发事件要求运用国家应急反应框架确定的以下五项关键原则协调联邦应急反应：

（1）建立合作伙伴。

（2）逐级应急反应。

（3）灵活、适用和可扩展的运作能力。

（4）统一指挥，协调一致。

（5）随时准备行动。

2. 范围

本附件概述的规程适用于要求协调联邦应急反应的所有实际发生和可能发生的突发事件。只要有事件发生或有可能发生，无论总统是否依据斯塔福法宣布紧急事件，也无论卫生与人道主义服务部长是否宣布公共卫生紧急事件，亦或农业部长是否宣布紧急事件，都可以采取本附件所描述的行动。

国家对影响食品和农业突发事件的应急反应协调的目的是：

（1）通过疾病报告、病虫害监测、常规检查、消费者投诉和（或）环境监控检测事件。

（2）确定主要的协调机构。

（3）确定突发事件或疾病爆发的源头。

（4）控制和遏制影响源的扩散。

（5）确定并保护处于危险中的人群。

（6）对公共卫生、食品、农业和执法情况进行评估。

（7）评估残留的生物、化学或放射性污染的范围，清除污染，并在必要时予以处置。

食品和农业突发事件可能威胁公共卫生、动物健康、食品生产、水产养殖、家畜生产、野生动物、土壤、牧场和农业水源，且常有一连串的影响，包括对经济冲击。应对这一特殊类型的突发事件要求针对具体的（如：故意污染与自然爆发、动植物与加工的食品等）卫生、农业问题和疾病影响分别制订应急预案。负责特定疾病管理或预案制订工作的组织应制定帮助联邦、州、部落和地方公共卫生和农业当局实施具体运作的指南，将对本附件做进一步的补充说明。

3. 需要特别考虑的事项

对故意、非故意污染食品（包括掺假劣质食品）、动植物或病虫害爆发事件的检测有几种不同方式，每一方式都有其独特之处。

对食品或农业的恐怖袭击在初始阶段可能很难与自然发生的事件区分；而且，有些病原体在疾病征兆出现几天或几周后，公共卫生当局、食品、农业和医疗当局才开始怀疑是恐怖主义分子所为。

突发事件的性质不同，最易受攻击的人群（包括儿童，老人、免疫低下的弱势群体）中的受害人比例也不同。

通过使用高度传染性的动物疾病、外来植物病、大批出现外来害虫或其他污染物，对国内的动物群和植物群实施破坏性袭击或威胁可能导致严重的经济损失和公共卫生后果。因此，应当考虑实施早期干预，需要食品专家和农业专家、管理当局、非政府组织、政府间组织和那些可以对监视系统中的异常提供早期鉴定的其他机构进行早期检测。

食品或农业突发事件很可能涉及食品和农业供应链日益全球化的国际贸易。

二、政策

本附件支持国家应急反应框架、应急支持功能 8——公共卫生和医疗服务附件、应急支持功能 10——油料和危险材料应急反应附件、应急支持功能 11——农业和自然资源附件、恐怖主义突发事件执法与调查附件和联邦食品和农业污染消除及处理角色和职责文件中规定的政策和程序。

如果一个机构怀疑威胁涉及生物、化学或放射性制剂，或发现人为造成病例的迹象，则必须通过联邦调查局、大规模杀伤性武器局向司法部报告。联邦调查局接到报告，应立即报告国家应急反应中心和国家反恐中心。

根据国家应急反应框架分级别反应原则和合作原则，应尽可能在最基层指定主要协调部门。因此，地方政府或州政府负责食品或农业的部门是协调所有其他政府部门、非政府组织和私营企业的初期领导机构。如果突发事件的级别逐级升级，由卫生与人道主义服务部或美国农业部部长宣布食品或农业紧急状态，或由州政府申请宣布食品或农业紧急状态，这时由卫生与人道主义服务部或美国农业部担当领导协调机构。必要时，美国农业部和（或）卫生与人道主义服务部将获得其他联邦机构的支援，担当本附件中所述的角色，并与国土安全部和州政府相应机构协调。如果突发事件进一步升级，国土安全部长应协调联邦政府可用的资源，应对恐怖袭击、巨灾或其他紧急事件，或开展灾后恢复工作。国土安全部长担当这一角色时，将得到其他协调机构和合作机构的支持。对那些国土安全部长还未履行管理职责的本土突发事件，协调机构应根据各自权限担当起本土突发事件的管理职责。

参与的联邦政府机构、州政府机构、部落政府机构和地方政府机构可依据法律和政策采取紧急行动，保护公众，化解直接危险，收集紧急事件信息。在州政府声明或联邦政府宣布紧急状态之前，各级政府都应当采取这些紧急行动。也鼓励私营企业采取降低危险，减轻灾害后果的行动。

州政府、部落政府和地方政府主要负责食品和农业突发事件的监测和应急反应，也负有采取措施，将突发事件或疾病爆发的卫生和经济后果降至最低的责任。

三、预案假设情况

病原传播的第一证据可能表现为人、动物或植物疾病。这可以在给国内或国际公共卫生当局或农业当局的临床病例报告中得以证明，也可以通过国内或国际人和动物健康和农作物生产监控系统中出现的异常征兆来证明。

食品和农业监控系统可以检测是否存在放射性、化学或生物制剂，启动监控系统，指导环境和产品取样，加强人和动物监控，排除或确认病例。如果病例得到认可，则在第一个人或动物病例出现之前，食品和农业监控系统就可考虑动员公共卫生、医疗和执法部门做出应急反应，或在确定第一个人和/或动物病例之后快速做出反应。

食品和农业突发事件经常跨辖区分布。对这类突发事件的应急反应可能要求同时协调事件现场各级（地方政府、部落政府、州政府、领地政府、国家和国际，以及私人企业）组织的应急反应行动。

故意的食品污染、掺和有害物的食品或农业恐怖主义事件，特别是针对美国大产业的具有重大后果的事件，有可能使许多州政府、部落政府和地方政府的应急反应能力瘫痪，也将严重挑战联邦现有的应急反应能力。

食品或农业突发事件可能包括生物、化学或放射性污染，这可能要求同时实施其他联邦预案和程序。

食品和农业突发事件一般难以迅即识别，只能在检测到生物、化学或放射性生物制剂或相关当局接到公众、动物或植物受污染影响已报告之后才能认定。

在食品和农业系统日益全球化的今天，没有一个组织具有这样的权限、专业知识和资源，能够单方面采取行动应对食品或农业突发事件中可能出现的如此多的复杂问题。

四、应急反应机制

1. 概述

食品和农业突发事件附件的主要功能是：

（1）支持联邦政府、州政府、部落政府和地方政府应急反应人员在应对实际发生或可能发生的需要联邦应急反应的突发事件中有效协调和沟通，也支持非政府组织、国际政府组织和国外政府之间的有效协调和沟通。

（2）将食品和农业突发事件对公共卫生和经济影响降到最低。

（3）在食品和农业突发事件之后，尽快将应急反应工作转向恢复阶段工作。

对食品或农业突发事件有效应急反应的关键要素包括以下方面：

（1）快速鉴定、检测并确认突发事件。

（2）对食品破坏或掺和有害物的食品、高度传染性的动物传染病，或外来植物疾病或植物病虫害的蔓延，实施协调一致的应急反应。

（3）确定处于危险中的人群和动植物群。

（4）确定病原体的传播方式，评估传播效率和进一步的传播危险。

（5）确定对公共卫生和经济的影响。

（6）控制污染、消除并处理污染物，确保受影响的基础设施有效恢复。

（7）采取适当的措施，保护处于危险的人群和动植物群。

（8）向公众发布应对食品或农业突发事件的建议。

（9）与所有相关方面沟通情况。

（10）评估环境污染和清理范围，消除污染并处理受污染的家畜尸体、植物或食品。

（11）评估威胁，评估执法效果。

主要的联邦功能是依据国家应急反应框架中详细规定的政策和程序，向州政府、部落政府和地方政府公共卫生、食品和农业机构提供支援。

2. 突发事件监测和确定

1）突发事件的确定

无论是人为故意造成或自然发生的对食品污染、高度传染性动植物疾病，或经济破坏大的动植物病虫害蔓延，其最初的迹象识别往往是州政府部门、部落政府部门或地方政府部门做出的。根据公共医疗卫生供应机构获得的病人数量大增的报告，兽医或动物卫生官员获得的生病动物数量增长报告，或州政府官员、农业推广机构或公众报告的大量植物的反常现象就可识别这些事件的最初迹象。其他信息来源可包括例行的公立（或私立）实验室监控、检验报告、消费者投诉系统和各种服务热线。因此，对信息的最关键要求是监控信息、确定事件原因、确定事件的性质是人为故意还是自然发生，确定处于危险的人群、动植物群。

2）实验室检验

例行监控和实验室检验，可对食品污染、环境污染、高度传染性动植物疾病，或经济破坏大的动植物病虫害蔓延进行识别和确认。

附属于国土安全部的实验室网络整合联盟是一套协调运行的实验室网络系统，也是美国国土安全基础设施之一，该系统为恐怖主义行为和其他要求综合实验室反应的事件的早期检测和后果有效管理，提供了及时有效、高质量的可解释结果。实验室网络整合联盟为全国相关的高级实验室在人类卫生、动物卫生、食品、农业和植物突发事件检测、应对和恢复等方面提供了跨机构的组织结构。实验室网络整合联盟可以整合并充分利用全国各相关实验室的试验能力，包括已建立的实验室网络（诸如：食品应急反应网络、实验室应急反应网络、国家动物卫生实验室网、国家植物诊断网，以及那些负有实验室准备和应急反应职责的联邦机构所属的其他实验室网络）的试验能力。

3. 通报

一旦发生需要联邦协调应急反应的那些涉及食品污染、动植物传染病，或经济破坏性大的植物害虫蔓延的潜在或实际发生的突发事件，应立即上报农业部长和卫生与人道主义服务部长，以引起部长们的注意。美国农业部长和卫生与人道主义服务部长再经由国家应急反应中心通报国土安全部长。卫生与人道主义服务部长再通知副部长做好应急反应准备。根据应急支持功能 8 的附件和应急支持功能 11 的附件以及各部门的政策，还应将突发事件向指定官员报告，以引起其注意。如果怀疑恐怖主义活动与该突发事件有关，则应按照恐怖主义突发事件执法与调查附件规定的程序进行通报。

发生需要联邦协调应急反应，且涉及食品和动植物的潜在或实际发生的突发事件，相应的部门（卫生与人道主义服务部、美国农业部或美国环境保护总署）官员应立即通报相关的工业部门，以引起这些部门的注意。

4. 国际通报

一旦确认被污染食品或掺和有害物的食品或农产品越过国界，进入美国，卫生与人道主义服务部和（或）美国农业部应通知国务院和其他国际组织，如：世界卫生组织、食品和农业组织。此外，如果国际贸易伙伴确认从美国出口的食品或农产品被污染或掺和有害物质，则受害的贸易伙伴将通知美国农业部、卫生与人道主义服务部和国务院。在这两种情况下，如果某联邦机构怀疑食品或农产品被污染或掺和有害物质是犯罪行为和（或）恐怖主义行为，则应向国土安全部、美国联邦调查局和其他相应的执法机构通报。

5. 启动

一旦接到可信的食品或农产品被污染或掺和有有害物质威胁，或在人类或动植物中爆发自然或人为故意的疾病，卫生与人道主义服务部和美国农业部应当与国际有关组织、联邦政府、州政府、部落和地方政府部门，以及关键的工业企业协调，确定需要的资源数量和可供资源的数量。卫生与人道主义服务部和美国农业部应当与应急支持功能 8 和应急支持功能 11 的合作伙伴协调工作，对情况进行评估，并确定采取哪些公共卫生、食品和农业方面的行动措施。随后的措施可包括：

（1）确定流行病学调查的指标。

（2）对有一定临床迹象和征兆的病人和动物加大监控力度。

（3）对有疾病或其他病虫害蔓延迹象的植物加大监控力度。

（4）必要时，根据确定的流行病学调查指标，对人用的食品和动物饲料加工、批发、零售和其他企业进行检查。

（5）加强动植物污染检查。

五、应急反应行动

应当采取以下步骤，遏制和控制食品或农业突发事件：

（1）卫生与人道主义服务部和美国农业部应当协助州政府、地方政府和部落政府有关部门：

①确保受灾地区的食品和农业基础设施安全可靠，以备必需。

②对受灾地区的食品和农业企业进行检查，确保需要时能继续运行。

③开展实验室，对受污染的食品、动物或植物进行检验。

④对鉴定的食品、动物或植物进行产品追溯调查（向前和向后追溯）。

⑤对被污染的食品、动物或植物实施禁运、扣留、查封、召回或报废处理。

（2）必要时，美国环境保护总署应当批准联邦政府其他部门和州政府部门，以及产业界提出的杀虫剂使用申请，以控制或减轻植物害虫危害，清除动物养殖企业、农业企业和食品加工企业的生物污染。

（3）卫生与人道主义服务部、美国农业部和美国环境保护总署应当：

①向负责协调食品设施清洗和消除污染的州政府、部落政府和地方政府有关部门提供技术援助和指导。

②向负责协调受污染食品、动物尸体或植物处置的州政府、部落政府和地方政府有关部门提供技术援助和指导。

③协调联邦政府、州政府、部落政府和地方政府有关部门，开展对食品和农业企业的调查、应对、污染消除、处置和恢复工作。

④协调国土安全部、州政府机构、部落政府机构、地方政府机构和其他联邦机构（如

应急支持功能15——对外事务已经启动，还应包括应急支持功能15）开展公众信息发布方面的工作，确保发布的公共信息准确无误，相互协调一致。

（4）美国农业部、卫生与人道主义服务部或州政府应当确定控制或缓解生物制剂所使用的杀虫剂为注册登记有效性的药品，及可得性。必要时，可向美国环境保护总署申请杀虫剂注册登记豁免。

（5）对美国农业部或卫生与人道主义服务部控制能力范围内的事件，国土安全部应协调其他联邦机构提供可能需要的支援。

（6）如果食品或农业突发事件与恐怖主义袭击有关，或演变成重大灾害，或符合国土安全第5号总统令中规定的紧急事件，国土安全部应协调联邦政府资源。美国农业部和卫生与人道主义服务部应保留下一节中所述权力和职责。

六、职责

本节简要介绍在应对需要协调联邦应急反应的实际发生或可能发生的食品污染或动植物传染病的突发事件中，有关联邦协调机构的职责。本附件中的程序依据国家应急反应框架的原则制订。各部门和机构的具体职责在相应的应急支持功能中有更详细的说明。

1. 协调机构的职责

1）卫生与人道主义服务部的职责

卫生与人道主义服务部在确保食品、动物饲料、食品加工的动物和动物治疗的安全方面负有领导责任，卫生与人道主义服务部通过疾病控制和预防中心与各州政府协调，研发并实施监控人群健康的系统。（注：卫生与人道主义服务部通过食品和药品管理局对所有本土和进口的食品拥有法定监管职责，猪肉、家禽和蛋制品的监管由美国农业部食品安全和检查局（FSIS）负责。食品和药品管理局还对动物饲料和食用动物拥有法定监管职责，负责家养宠物和服务性动物处方和非处方药品的审批。）

2）美国农业部的职责

美国农业部在以下方面负有领导责任：通过食品安全和检查局确保肉制品、家禽制品和蛋制品安全；通过动植物卫生检验局协调传染病应急反应工作；通过食品与营养服务局（FNS）提供营养帮助。（注：美国农业部通过食品安全和检验局对猪肉、家禽和蛋产品拥有法定监管职责。）

2. 合作机构的其他角色和职责

表5列出了合作机构的其他角色和职责。

表 5　合作机构的角色和职责

职能＼机构	ARC	DHS	DOC	DOD	DOE	DOI	DOJ	DOL	DOS	EPA	HHS	USAID	USDA	USPS	VA
协调		■									■		■		
生物制剂的快速鉴定		■									■		■		
实验室确认		■			■						■		■		
事件爆发信息传播		■				■					■		■		
控制和遏制爆发		■									■		■		
消除污染和处置										■	■		■		
食品安全和食品防护											■		■		
公共卫生											■		■		
公共信息发布		■									■		■		
执法事务		■					■				■		■		
经济或市场事务			■					■	■				■		
支援服务(供应、设施、咨询、运输)	■	■		■	■						■		■	■	■
国际协调									■			■			

注：应急支持功能 8 和 11 中有更多的说明。

ARC——美国红十字会；DHS——国土安全部；DOC——商务部；DOD——国防部；DOE——能源部；DOI——内务部；DOJ——司法部；DOL——劳工部；DOS——国务院；EPA——环境保护总署；HHS——卫生与人道主义服务部；USAID——美国国际开发署；USDA——美国农业部；USPS——美国邮政管理局；VA——退伍军人事务部。

第六章　核（放射性）突发事件附件

协调机构： 国防部
能源部
国土安全部
国家环保局
国家航空与航天局
核管制委员会

合作机构： 农业部、商业部、国防部、能源部、卫生与人道主义服务部、国土安全部、内务部、司法部、劳工部、国务院、交通部、退伍军人事务部、环境保护总署、核管制委员会

一、引言

1. 目的

国家应急反应框架的核事件或放射性事件附件规定了在核物质或放射性物质泄露事件发生后，联邦政府以及相关部门和机构应急反应和短期恢复工作的原则、任务、机制和职责。这些事件可能会发生在联邦所属或许可的工厂、私有企业、城市中心或其他任何场所，程度可能轻微，也可能是灾难性的；起因可能是疏忽，也可能是故意行为。本附件适用于那些性质严重和影响范围大，需要联邦政府向州政府、部落政府或地方政府提供应急反应支持的核物质或放射性物质泄露事件。

本附件的目的是：

（1）规定联邦政府机构在应对各类核物质或放射性物质泄露事件中的作用和责任。

（2）讨论应对核物质或放射性物质泄露事件中，国家应急反应框架中没有涉及到的联邦政府所具有的特别权限、能力和资产。

（3）讨论应急反应运作机制与国家应急反应框架其他要素的整合，包括特定的组织、通报和启动程序，以及相关的专门行动。

（4）规定联邦领导、协调和通报应急反应活动的指导方针。

鉴于可能发生的事件和受其影响的机构种类较多，本附件根据权限、职责和能力，将联邦政府机构分别指定为“协调机构”和“合作机构”，并规定了相应的运作机制和策略。此外，还规定了，在国土安全部领导多个联邦机构实施大规模应急反应时，其他机构和部门如何向国土安全部提供支持。

2. 范围

本附件适用于两类核事件和放射性事件：①疏忽和意外导致的泄露事件；②故意破坏造成的泄露事件。这些事件包括对公众健康与安全、国家安全和环境所构成实际或者潜在威胁的放射性材料泄露事件。第一类事件包括商业机构或武器生产机构的泄露事件、放射源丢失事件、核材料或放射性材料运输过程中的泄露事件、本土核武器事故和虽发生在境外却影响

美国领土、领海或领地的核材料或放射性材料的事件。第二类事件包括但不限于运用放射性散布装置、核武器或简易核装置蓄意发动的攻击。

本附件适用于以下情况：联邦政府依据其权限单独采取的应急反应行动的事件，以及超过（或预计超过）州政府、部落政府或地方政府应对能力的事件。针对具体事件的联邦级应急反应由许多因素决定，其中包括州政府、部落和地方政府官员的应对能力，放射性物质的类型、数量以及管辖权，对公众和环境的影响、可能的影响程度及影响区的大小。

如果任何机构或政府部门察觉到涉及针对核或放射性材料（设备）的公开威胁或行为，或者察觉到非偶然疏忽或意外引起的迹象，应当经由联邦调查局通报司法部。总检察长负责调查在美国境内个人或组织的恐怖行动或恐怖威胁，或针对驻外美国公民或机构的恐怖活动（这些行为属于美国联邦刑事管辖范围）。总检察长通过联邦调查局，与其他从事国家安全保卫工作的联邦部门、其他执法部门相互配合，侦查、防范和挫败针对美国的恐怖袭击和恐怖主义活动。本附件规定了负责核事件或放射性事件调查的协调机构和合作机构应当履行的职责，也规定了在美国联邦调查局履行其执法和刑事调查任务时，这些机构应当提供的技术支持和援助。恐怖事件执法和调查附件对联邦调查局的应急反应行动有更详细的规定。

针对蓄意破坏引发的核事件或放射性事件的应急反应行动，依照国家应急反应框架协调，必要时，也可以依照恐怖主义事件执法与调查附件和灾难性突发事件附件协调。

3. 政策

适用于本附件的法规性文件包括国土安全第5号总统令（本土突发事件的管理），国家应对大规模杀伤性武器战略，2002年的美国国土安全法，2006年的卡特里娜飓风后应急管理改革法和国土安全战略。

协调机构可以在自己的法定权限范围内独立采取适当的应急行动，保护公众，减轻迫在眉睫的威胁，不失时机地收集相关信息。下面是协调机构在履行职责中适用的一些主要法律，其中有些可适用于多个协调机构：

（1）综合环境反应、赔偿和责任法（CERCLA）——该法律授予联邦政府应对可能危及公众健康或环境的有害物质释放或威胁释放的权力，也授予联邦政府强制相关责任机构对有害物质释放做出反应的权力*。综合环境反应、赔偿和责任法通过国家油品和有害物质污染突发事件应急预案实施。现场级的运作由联邦现场协调机构负责组织实施。联邦现场协调机构可以协助州和地方政府应对泄露事件，必要时也有权力直接指挥州和地方政府的应急反应行动，保护公众健康和环境。典型的应急反应行动包括但不限于：空气监测，污染程度评估，控制释放，清除污染，处理、贮存和处置废料。拥有现场协调有害物品紧急情况应急反应权力的四个联邦机构是：美国环境保护总署、美国海岸警卫队、国防部和能源部。

（2）1954年的原子能法及其修订案——该法律规定了国防部和能源部负有保护核材料、核机构、核信息，及其控制的核武器安全的责任。1954年的原子能法及其修订案和1974年的能源重组法为能源部和核管理委员会提供法定权力，也是核管理委员会监管全国民用核副产品、原材料和特殊核材料，确保公众健康和安全，实行常规防范和保卫，保护环境的法律依据。对核管理委员会管理（或协议委托州政府管理）的机构、活动或材料的突发事件，

---

* 综合环境反应、赔偿和责任法定义的释放不包括美国核管理委员会许可的那些机构核事故中原材料、副产品或特殊核材料的释放。

核管理委员会有权对这些机构或材料进行独立地评估；评价被许可人所采取的保护措施；对被许可人进行监管（监测、建议、协助和指导）；必要时向媒体和公众发布信息。该法律还规定了美国环境保护总署管理其他直接或间接影响公众健康的放射性事件的职责。

（3）1988 年 11 月 18 日第 12656 号总统行政令——该行政令指示能源部长“管理能源部下属的所有与核设施有关的应急预案制订工作和应急反应工作。”

（4）美国法典第 50 部（战争与国防法）——该法律第 797 条规定，蓄意违犯国防部长颁布的有关保护或保卫国防部管辖、管理和保护的军事设施、财产或场地的规章，蓄意违犯国防部长的命令或者其指定的军队指挥官的命令，将视为犯罪。如用于核（放射性）事故或事件，则该法律授予军事指挥官在事故或事件现场周围设立临时军事保护区的权利，以保护被国防部保管的核武器和核材料。本法律通过国防部第 5200.08 号条令，即“国防部设施资源安全条令”予以执行，“国防部及设施源安全条令”是该法律第 797 条法定权力的自然、合法的延伸。

（5）公共卫生服务法——该法指令美国环保总署支持州政府和地方政府的突发公共卫生事件准备和应急反应工作。支持工作包括提供培训，技术咨询和直接援助。该法要求设立的环境卫生管理机构，其使命包括放射性卫生管理。放射性卫生局履行放射性卫生管理职责。1970 年的第 3 号重组计划创建了美国环境保护总署，放射性卫生局的一些放射性卫生管理职能转移至美国环境保护总署。

国家应急反应框架，如其前身国家反应计划一样，取代了 1996 年 5 月 1 日颁布的联邦放射性应急反应计划。

联邦紧急事务管理局负责本附件的维护和修订。联邦紧急事务管理局通过联邦放射性应急准备协调委员会履行这项职责。

当国土安全部启动国家应急反应框架机制（包括应急支持功能及其相应支持附件和本附件）时，应对核（放射性）突发事件的跨机构预案（如国家油品和有害物质污染突发事件应急预案）将被纳入国家应急反应框架的支持预案或作为国家应急反应框架的操作性补充文件。

如果突发事件的应急管理不属于国土安全部领导，则由其他联邦机构的应急反应预案规定主要的联邦应急反应方案。在要求联邦政府协调的事件中，联邦协调机构可以根据国家应急反应框架及其相应附件规定的程序，向州政府、部落政府和地方政府调配联邦资源，协调联邦机构的各项援助。

有些联邦机构有权直接对专门的核事件或放射性事件做出应急反应。本附件中没有任何条款可以改变或妨碍联邦部门和机构履行其法定职责。本附件既不授予这些机构任何新的权力，也不改变这些机构现有的任何授权。

联邦应急反应行动应当符合卫生和安全相关的法律和政策。例如，如果遭受放射性物质污染的地区不具备相应的个人防护设备和能力，那么应急反应行动可能会延迟，直到该地区污染物消散至对应急人员不构成安全威胁为止，或至个人防护设备和能力符合安全要求为止。

联邦政府已经为放射性事件设立了保护行动指南，以及放射性散布装置或简易核装置的专门保护行动指南。

联邦协调中心和工作队依照商定的跨机构执行预案提供后勤支持。鼓励州政府、部落政府和地方政府与联邦政府协调工作，但应保持与其权责相当的后勤支持能力。

联邦政府应对任何核事件或放射性事件的应急反应行动，应当与州政府、部落政府和地方政府或对受影响地区有管辖权的联邦机构相互协调。应对威胁联邦政府直接管辖土地的核事件或放射性事件，需要与负责管理这片土地的联邦政府机构协调，确保事件管理活动符合联邦法规的土地使用和占用规定。对部落土地，由于部落政府与联邦政府有特定的关系，联邦政府、州政府和地方政府对部落居住地没有管辖权，或有很小一点管辖权。更详细的规定，请参阅部落关系支持附件。

4. 总部的预案制订与准备

现行法律规定，联邦放射性准备协调委员会为放射性事件应对预案的制订，以及准备工作的政策和程序，提供全国性论坛。联邦放射性准备协调委员会还为联邦政府支援州政府、部落政府和地方政府应对放射性突发事件，提供政策指导。联邦放射性准备协调委员会是本附件规定的协调和合作机构组成的跨机构组织，委员会主席由联邦紧急事务管理局担任。

联邦放射性准备协调委员会也协调各成员机构，调查研究州政府、部落政府和地方政府放射性突发事件的准备工作，确保州政府和地方政府准备工作重复性最小，而收益最大。联邦放射性准备协调委员会协调每个机构的预案制订工作，对每一项需求予以确认，并对应急反应系统的总体要求、各部门专项预案、工作程序和设备进行审核。

作为核事件或放射性事件应急准备工作的一部分，联邦机构应参与检验、评价应急反应预案的演习活动。

5. 区域应急反应预案的制订和准备工作

协调机构应当设置一些区域办公室或派出机构，一方面可协助联邦机构了解区域情况，另一方面也是联邦机构区域预防、准备、应对放射性事件和恢复工作的一个信息共享、咨询和协调平台。这些区域办公室可以向州政府和地方政府提供技术帮助，也可以对放射性应急预案和演习进行评价。

联邦紧急事务管理局区域援助委员会是联邦政府区域级的主要协调机构。区域援助委员会的成员组成仿照联邦放射性准备协调委员会的成员组成，由联邦紧急事务管理局区域代表担任主席。各州派出代表参加区域援助委员会会议，参与区域演练活动，协助联邦机构了解区域情况，协调联邦机构开展区域预防、准备、应对放射性事件和恢复工作。区域援助委员会也向州政府和地方政府提供技术援助，协助评价放射性应急预案和演练活动。

二、可能的情形

核事件或放射性事件可能是由于蓄意行为或是意外事故，或一般性的管理不善造成，可发生在各种原料生产、运输过程中，也可能发生在工业生产过程中，包括：

（1）商业核设施。

（2）联邦核武器设施。

（3）放射性材料源、工业使用或浓缩的原料，天然放射性物质衍生废弃物。

（4）涉及核材料或放射性材料的交通事故。

（5）国内核武器事故。

（6）国外发生的核材料或放射性材料事件。

（7）与核设施、核材料或放射性材料有关的恐怖主义事件，包括使用放射性扩散装置或简易核爆炸装置。

最常见的核事件或放射性事件是：因小量的放射性物质的丢失、被盗或管理不善，或天然放射性物质衍生废弃物使人受到感染或散入环境造成的事故。借助联邦机构的帮助，地方机构就可以处置这些事故。一般情况下，放射性材料的数量越大，对人类健康和环境的威胁越大，需要实施的管控、安全保卫措施力度也越大。

事实上，几乎所有的设施或工业生产（包括材料运输）都有可能遭受到蓄意破坏，如恐怖活动，或发生某种泄露的事故（包括火灾）。大部分固定设施，如美国的核武器设施，商业核燃料循环设施（铀浓缩、核燃料制造、核反应堆和核废料处置），和一些非燃料循环产业（如辐射源和放射性药物制造商）也有事故危险，也可被某些蓄意行为破坏而造成危害，如恐怖主义活动。

放射性散布装置是指恶意用来将放射性物质散布到环境中的任何装置。放射性散布装置所造成的危害主要是污染，且使污染地区许多年无法利用。国家在放射性散布装置方面所花的代价是非常大的。其中，美国最关心的安全问题是潜在的核武器恐怖袭击。一个核装置可直接来自某个核国家，也可由核武器部件改装而成，恐怖分子还可以用基本核裂变材料（铀-235或钚-239）制造。城市地区即使一次小型核爆炸也可能导致10多万人死亡（受伤的人更多），还会造成大量的基础设施破坏和数千平方公里的土地污染。

三、预案假设

放射性事件不会立刻就可确认，一般要到放射性物质被检测到，或者接触人群出现辐射反应并被公共卫生部门确诊时，才能确定。

核恐怖行动或放射性恐怖行动，特别是针对美国国内人口集中地区的恐怖行动，可能会产生严重后果，甚至超过很多地方政府、部落政府和州政府的应对能力，也挑战联邦政府现有的应对能力。

核或放射性恐怖行动或威胁可能会同时触发一系列的反恐执法和调查机制的启动。

核或放射性事件还可能需要多处同时实施国家油品和有害物质污染突发事件应急预案，处理环境中泄露的放射性、化学或生物污染。

涉及放射性污染的事件可能需要实施保护性的措施，如撤离人员和建立庇护所。州政府、部落政府和地方政府主要负责实施公众保护措施。

减轻核事件或放射性事件的影响，需要联邦政府做出迅速反应。联邦政府应对核或放射性恐怖威胁或袭击事件的应急反应包括但不限于如下方面：

（1）对需要联邦政府整体做出反应的核威胁或实际发生的事件采取应急反应行动。

（2）在核恐怖袭击中，核蘑菇云扩散的时间可能很长，扩散的区域也很大，要求跨州或跨辖区联合对事件做出应对。

（3）恐怖袭击可能在多处同时发起，每个事发地都要同时进行应急反应和犯罪现场调查。

四、职责

1. 总则

突发事件的管理应当尽可能在最基层实施；为适应突发事件管理工作的需要，应当根据突发事件的大小、范围、复杂程度，对应急反应行动做出相应调整（如国家应急反应框架所述）。根据国土安全第 5 号总统令，“国土安全部部长是本土突发事件管理的首席联邦官员。国土安全部部长负责协调联邦机构针对美国国内恐怖袭击、重大灾害和其他紧急事件的准备、应对以及灾后恢复工作。国土安全部部长应当协调用于应对恐怖袭击、重大灾害和其他紧急事件或灾后恢复的联邦政府资源……”。本土突发事件管理包括对恐怖袭击的预防、准备、应对和灾后恢复（但国土安全第 5 号总统令第 8 段中提到的，由司法部长负责并指定联邦调查局协调的执法活动除外）。国土安全部部长行使本项职权时，其他协调机构和合作机构应当予以支持。在那些不需国土安全部部长履行协调管理职责的事件中，其他协调机构应当依据各自法定职权，承担机应职责。上述事件包括但不限于：放射性源丢失、发现无人照管的放射性源、以及核设施中发生的、被有管辖权的协调机构定义为紧急事件类别的事件或紧急情况。

（1）协调机构根据其法定职责和能力，领导核事件或放射性事件的应急反应工作，提供专门技术和专家，推动应急反应工作进展。协调机构是指拥有、保存、管理核材料和核设施（或放射性材料和放射性设施）的联邦机构，或指定对核事件或放射性事件应急反应行动负责的联邦机构。这些联邦机构拥有核管理或放射性管理的职权、专业技术和应对国家应急反应框架中未提及的核事件或放射性事件的特有能力。表 6 列出了这些协调机构名称。各个协调机构的具体任务由他们在事件中相关领域的具体职权范围决定，本附件后面有详细说明。

（2）合作机构包括在核事件或放射性事件中向国土安全部和协调机构提供其他技术和资源支持的联邦机构。本附件后面的表 10 中列出了合作机构可提供的能力。

（3）其他联邦机构也可根据应急支持功能附件和支持附件，向国土安全部和协调机构提供支持。

2. 协调机构

在应对核事件或放射性事件中，协调机构包括下列联邦机构：

（1）国防部或能源部（具体由哪个部承担协调职责，根据事件涉及哪个部拥有或监管的核或放射性材料、设施而定）。

（2）国防部或能源部（具体由哪个部承担协调职责，视事件涉及哪个部监管的核武器、特殊核能材料或机密而定）。

（3）国家航空航天局（当事件涉及到国家航空航天局监管的核材料时）。

（4）核管理委员会（当事件涉及到核管理委员会或其委托州政府特许的核材料或设施时）。

（5）国土安全部海关与出入境管理局（放射性物质进口过程中疏忽造成的事件和边境检测到的放射性材料事件）。

（6）国家环境保护总署（上述情况以外的环境事件的应对和清理）或国土安全部海岸护卫队（涉及海岸“特定地区”的核或放射性事件）。

（7）国土安全部（处理所有涉及核或放射性设施或材料的有计划袭击事件，包括放射性散布装置和简易核装置）。

表 6 是协调机构及其可能涉及的核或放射性事件一览表。各协调机构的具体职责在表 7 中有进一步描述。

表6　核或放射性事件协调机构

事件中涉及的核或放射性设施或材料	职　责
核设施： （1）由国防部或能源部拥有或管理的核设施。 （2）核管理委员会（或其委托的州政府）特许的核设施。 （3）非经联邦机构或其委托的州政府许可拥有、运作的核设施，或过去和现在许可的不具有应对突发事件经济能力的核设施	（1）国防部或能源部。 （2）核管理委员会。 （3）国家环境保护总署
运输中的放射性材料： （1）国防部或能源部运输的放射性材料，或为国防部或能源部运输的放射性材料。① （2）核管理委员会运输或其委托的州政府运输的放射性材料。 （3）非经联邦机构或其委托的州政府许可在沿海的特定地区运输的核材料（关于“特定地区”的进一步解释见海岸护卫队职责列表）。 （4）其他情况下运输的核材料	（1）国防部或能源部。 （2）核管理委员会。 （3）美国海岸护卫队。 （4）国家环境保护总署
空间飞行器中影响美国境内的放射性材料： （1）由美国航空航天局或国防部监管的放射性材料。 （2）不由美国航空航天局或国防部监管，但影响沿海特定地区的放射性材料。 （3）其他情况	（1）美国航空航天局或国防部。 （2）美国海岸护卫队。 （3）国家环境保护总署
外国、来源不明或未经许可的放射性材料：② （1）进口的放射性材料因疏忽引发的事件。 （2）沿海特定地区外国或来源不明的放射性材料引发的突发事件。 （3）其他情况	（1）海关边境保护局。 （2）美国海岸护卫队。 （3）国家环境保护总署
核武器	国防部或能源部（依据事件发生时的监管方）
任何涉及核或放射性材料或设施的故意袭击，包括放射性散布装置或简易核装置③,④	国土安全部

注：当国土安全部部长行使本土突发事件管理职责时，通常由其他协调机构和合作机构予以支持。对国土安全部部长不须履行管理职责的事件，协调机构应依各自法定职责，担当负责机构。

①协调机构是国防部或能源部之一，具体由事件发生时何者保管这些材料决定。

②国土安全部国内核探测办公室（DNDO）协助宣告放射性探测结果不明的警报。

③在计划性袭击事件中，国土安全部依照国土安全第5号总统令第4段的规定，履行本土事件管理职责，同时担当本文件规定的处理计划性袭击事件的协调机构。

④处理计划性袭击时，司法部依照国土安全第5号总统令第8段的规定，履行其执法协调职责。

表7列出了各种法律法规规定的各协调机构的特殊职责。

表7　协调机构在核或放射性事件中的特定的关键职责

机　　构	职　　责
国防部	如表6所述，国防部是如下放射性事件联邦应急反应行动的协调机构：国防部保管的核武器；国防部设施，包括美国核动力船只；或其他国防部管辖范围内的材料（如，国防部运输或为国防部运输的放射性材料）。 依据综合环境反应、赔偿和责任法、第12580号行政命令和国家油品与有害物品突发事件预案规定，国防部负责应对其管辖、监管或控制下的设施或船舶上泄漏的危险物质，包括运输过程中的事故。应对这些情况时，国防部履行联邦现场协调职责，负责采取综合环境反应、赔偿和责任法规定的一切应急反应行动，包括现场和非现场的应急反应行动。 对国防部管辖、监管或控制下的设施或船舶上发生或起因的所有突发事件，国防部有责任： （1）减轻突发事件的后果。 （2）通报州政府、部落政府和地方政府，提出正确的保护行动建议。 （3）将对公众的放射性危害减到最小。 对国防部保管的核武器、特殊核材料和保密设施发生的放射性事件，国防部应划出军事区。国防部应与州、地方政府协调，确保在军事区以外采取正确行动，保护公众健康和安全。国防部应当领导保卫国家安全信息、保密数据、器械和材料的所有应急反应工作。国防部也可以将那些通常不属国防部控制，但在突发事件中设为军事区的地区作为国防部的管辖范围。 国防部协调其所属空间飞行器（或其重大参股投资的空间飞行器）上发生的核材料或放射性材料事件的联邦应急反应。参股投资是指，美国政府参与了广泛设计或投入了财力；提供设备、飞行器或发射运载装置，拥有所有权；或广泛参与运行操作。向外国单纯的出售或供应太空船材料不属于联合投资的范畴。 如果涉及国防部设施或材料的意外或疏忽突发事件，依据国土安全第5号总统令规定，应由国土安全部负责协调联邦全面应急反应工作，则国防部应根据国家应急反应框架和国家突发事件管理系统的有关规定，向国土安全部提供支援，包括根据本附件的规定，担任协调机构。国防部应当管理国防部机构或军事区范围内的应急反应工作
能源部	如表6所示，能源部是联邦应对能源部设施或涉及能源部的核材料或放射性材料泄露事件（如，各种放射性物质的使用、存储和运输；核燃料的运输；核武器或特殊核材料的制造、组装和运输；太空探险放射性源料的生产与运输；放射性和混有放射性的废料存储和运输过程中的泄露事件）的协调机构。 依据综合环境反应、赔偿和责任法、第12580号行政命令和国家油品与有害物品突发事件预案规定，能源部负责其管辖、保管或控制下的设施或船舶上危险物品泄漏事件（包括运输事故）的应急反应工作。应对这些事件时，能源部履行联邦现场协调职责，采取综合环境反应、赔偿和责任法规定的所有应急反应行动，包括现场和非现场的应急反应行动。 对能源部所有或运行的设施发生的突发事件，或能源部的核材料或放射性材料运输事故，能源部负责：

续表

机　　构	职　　责
能源部	（1）减轻事件后果。 （2）向州、部落和地方政府通报情况，并提供适当的保护建议。 （3）将公众放射性危险降至最小。 对能源部保管的核武器、特殊核材料或机密装置的放射性事件，能源部应划出“国家安全区”。能源部应当与州、地方政府协调，确保在“国家安全区”以外正确实施确保公众建康和安全的措施。能源部应当领导保卫国家安全信息、保密数据、器械和材料的所有应急反应工作。能源部也可以将那些通常不属能源部控制，但在突发事件中设为“国家安全区”的地区作为能源部的管辖范围。 无论核武器或特殊核材料归能源部管辖，还是归国防部管辖，能源部都应当派遣突发事件应急反应队，与国防部专业化队伍共同减轻核武器事故的后果。 如果是涉及能源部设施或材料的意外或疏忽突发事件，依据国土安全第5号总统令规定，应由国土安全部负责联邦全面应急反应，则能源部应根据国家应急反应框架和国家突发事件管理系统的有关规定，向国土安全部提供支援，包括根据本附件的规定，担任协调机构。能源部应当管理其所属机构或“国家安全区”范围内的应急反应
国土安全部	国土安全部部长是本土突发事件管理的首席联邦官员。本土突发事件管理包括恐怖袭击（除司法部长负责并委派联邦调查局执行的执法协调活动外）、重大灾害或其他紧急事件的预防、准备、应对和灾后恢复工作。 对于有预谋的袭击，根据国土安全第5号总统令第4段的规定，国土安全部也是应对本附件规定的有预谋的袭击事件的协调机构。 根据国土安全法规定，国土安全部掌管突发核事件应对小组（NIRT）。 国土安全部海关与边境保护局协调入境放射性材料意外事件的联邦应急反应工作。 对于边境发生的突发事件，国土安全部海关与边境保护局在入境港口和巡逻哨卡配置放射性检测设备和非介入式检查技术设备，检测来自外国的个人、货物、信件或运输工具所携带的放射性物质
国土安全部美国海岸护卫队	如表6所示，国土安全部美国海岸护卫队是联邦应对海岸特定地区核材料或放射性材料泄露事件的协调机构，这些事件包括： （1）非经联邦机构或其委托的州政府许可拥有的核材料或放射性材料的运输泄露事件。 （2）非国防部或美国国家航空航天局管辖的空间飞行器上发生的核材料或放射性材料泄露事件，且对海岸的特定地区造成影响的事件。 （3）涉及外国或未知来源的放射性材料的事件。 本附件中所述的海岸“特定地区”，是指海岸的如下区域（“海岸”地区见《国家油品和有害物质污染突发事件应急预案》定义）： （1）船舶，见联邦法规第33编第160部定义。 （2）从海岸线至专属经济区外缘的海域。 （3）在下列美国海岸护卫队管辖的沿海设施范围内：第33编第126部（危险货物处理），第127部（液化石油气或液化天然气），第128部（客运枢纽），第140部（外大陆架活动），第154~156部（石油和大量危险品运输设施的滨水部分，如《国家油品和有害物质污染突发事件应急预案》描述），第105部（海上安全设施）。

续表

机　构	职　责
国土安全部美国海岸护卫队	对于有跨边界影响的事件，应急反应过程中应当只有一个现场协调员，根据《国家油品和有害物质污染突发事件应急预案》来决定由哪个机构承担领导工作。美国海岸护卫队应当初步划出易受攻击的区域范围，以决定是否需要移交其他协调机构负责。 美国海岸护卫队在预防和应急反应期间协调各机构的应急反应工作，在应急反应的后期将协调职责移交给其他合适的机构
环境保护总署	如表6所示，环境保护总署是联邦应对那些发生在非经联邦机构（也非联邦机构委托州政府）许可拥有、经营的机构，或虽经许可拥有、经营但财力不济而无应对能力的机构内的环境事件的协调机构。环境保护总署也是联邦应对那些虽发生在海岸地区和内陆地带但不需美国海岸护卫队处置的核材料或放射性材料泄露事件的协调机构。这些事件包括： （1）非经联邦机构（也非经联邦机构委托州政府）许可拥有、经营的核材料或放射性材料在运输中的泄露事件。 （2）非国防部、也非国家航空航天局管理的空间飞行器上发生的，不属于美国海岸护卫队管辖的突发事件。 （3）那些不属海关和边境防卫局或美国海岸护卫队管辖，对美国或其领土、领海或水域存在现实、潜在或可察觉的放射性影响的，国外、来源不明或无执照的放射性材料泄露事件。 环境保护总署担任协调机构时，负责协调联邦环境应急反应行动。对于国土安全部领导的应急反应行动，环境保护总署一般应根据国家油品和有害物质污染突发事件应急预案（本附件的操作性补充文件）的规定向国土安全部提供支持。有些事件，环境保护总署也可以依据公共卫生服务法的授权进行管理
国家航空与航天局	如表6所示，国家航空与航天局是联邦应对那些国家航空与航天局所属的空间飞行器（或其重大参股投资的空间飞行器）上发生的核材料或放射性材料泄露事件的协调机构。对于涉及国家航空与航天局保管的放射性材料泄露事件，国家航空与航天局应当划出“国家安全区”，并与州政府和地方政府官员协调，确保在“国家安全区”之外正确实施保护公众健康和安全的行动。对国土安全第5号总统令规定由国土安全部承担全面管理职责的意外或疏忽事件，若涉及国家航空与航天局管理的空间飞行器，国家航空与航天局应依据国家应急反应框架和国家突发事件管理系统的规定，向国土安全部提供支援，包括依据本附件规定担任协调机构。国家航空与航天局应当管理“国家安全区”内的应急反应工作
核管制委员会	如表6所示，核管制委员会是联邦应对那些由核管制委员会（或其委托州政府）许可的机构或许可的活动中发生（或引发）的突发事件的协调机构。上述设施包括但不限于：商用核电厂、核燃料循环设施、核管理委员会监管的能源部下属的气体扩散设施、独立的核废料存储装置、放射性药物制造厂，以及科研性质的核反应堆。

续表

机　　构	职　　责
核管制委员会	持有核管制委员会许可执照的机构，其主要责任是，采取行动减轻突发事件的后果，向州政府、地方政府和部落政府提供正确的保护措施建议。核管理委员会： （1）对事故和事故现场外潜在后果进行独立评估，必要时，提出保护措施建议； （2）对被许可人进行监督，包括监测、评价保护措施、建议、协助，必要时进行指导； （3）如有必要，向被许可机构派遣由技术专家组成的核管理委员会现场工作队。 在一些涉及公共健康与安全或国防安全的特定情况下，核管理委员会可以下令转让特殊核材料，或接管某些核机构。 核管制委员会应在突发事件应急反应中，与州政府和地方政府官员密切协调，提供建议和指导，必要时，还应支援州政府和地方政府的应急反应工作。 对国土安全第5号总统令规定由国土安全部承担全面管理职责的意外或疏忽事件，若涉及核管制委员会管理的核机构，核管理委员会应依据国家应急反应框架和国家突发事件管理系统的规定，向国土安全部提供支援，包括依据本附件规定担任协调机构

五、联邦主要放射性应急反应队伍

国土安全部和协调机构在履行职责的过程中，可能请求专业应急反应队伍，应对核事件或放射性事件。根据应急支持功能或其职权规定，有些应急反应队伍是单一的合作机构，也有些队伍由多个机构组成。下面介绍联邦主要的核或放射性应急队伍，本附件的应急反应机制章节将详细介绍这些队伍的启动程序。

1. 联邦放射性监测和评价中心（FRMAC）

联邦放射性监测和评估中心负责协调所有环境放射性监测、采样、应急反应工作评估。联邦放射性监测和评价中心是能源部领导的跨部门的机构，核事件或放射性事件中可请其援助。能源部在应急反应初期领导联邦放射性监测和评价中心，而在清理工作中则会将联邦放射性监测和评价中心的领导权转移至环境保护总署。联邦放射性监测和评价中心设在事件发生地点或附近，其工作由国土安全部、协调机构、其他联邦机构，以及州政府、部落政府和地方政府协调。

联邦放射性监测和评价中心通常包括来自能源部、环境保护总署、商业部、国土安全部全国通信系统、美国陆军工程兵部队，以及其他必要的联邦机构的代表。无论由哪个部门担任协调机构，联邦放射性监测和评价中心一旦启动，能源部会在应急反应初期通过联邦放射性监测和评价中心或能源部后果管理本部团队协调所有联邦环境与农业放射性监测和评价活动。当联邦放射性监测和评价中心转至环境保护总署领导后，环境保护总署承担协调放射性监测和评价活动的职责。（关于联邦放射性监测和评估中心领导权的移交，见本附件的恢复章节）

法律规定，有些联邦放射性突发事件参与机构有制订预案和应急反应的职责。联邦放射性监测和评价中心协调的监测和评价活动并不改变这些参与机构的职责，而是对他们职责的补充。

2. 能源部航空测量系统

美国能源部航空测量系统通过空中平台检测地面沉积的放射性物质。这些平台包括配备放射性测量仪器、航空测量仪器和计算机分析设备的固定翼和旋转翼飞机，一般用于寻找丢失的放射源，进行空中测量，绘制污染地图。

3. 能源部突发事件应急反应小组

能源部突发事件应急反应小组由科学家、技术专家和危机管理专家组成，配备相应的设备，随时准备应对美国核武器突发事件，保卫核武器装运安全。

4. 能源部国家大气排放咨询中心

美国能源部国家大气排放咨询中心具备计算机化的应急准备和应急反应预测模拟能力。国家大气排放咨询中心在事件现场外为现场应急反应提供远程支持。国家大气排放咨询中心可提供放射性泄露物质空中运移和对下风人群健康和安全影响的实时计算机预测。一般，随着测量数据的不断输入，模拟预测效果会不断改进。

5. 能源部放射性应急援助中心或培训基地

美国能源部放射性应急援助中心或培训基地为各类放射性泄露事件处置提供医疗咨询、专业培训和现场援助，此外，还通过细胞遗传学生物计量测定实验室，提供放射性辐射剂量评估。

6. 能源部放射性援助工作小组

美国能源部放射性援助工作小组分设在各区域办公室、现场办公室和国家实验室。他们可以从各区域办公室派往事件现场，应对突发放射性事件。放射性援助工作小组为现场应急反应人员提供放射性技术援助，保护现场应急反应人员和一般公众的健康和安全，保护环境，并协助检测、鉴定和分析，对核物质或放射性物质的突发事件做出应急反应。派出的放射性援助工作小组可提供传统的野外监测、评估和搜索。

7. 核事故反应小组

核事故反应小组包括①上述美国能源部的资源和②环境保护总署所属的履行支持职能（包括放射性应急职能和有关职能）的机构。2002 年国土安全法规定，美国国土安全部有权启动核事故反应小组。核事故反应小组一旦启动，受国土安全部领导、指挥和控制。核事故反应小组不启动时，各机构仍归各自的上级机构管辖。

8. 跨机构模拟与大气评价中心

跨机构模拟与大气评价中心是一个跨机构的中心，负责联邦空气中有害物释放后果预测的模拟、协调和预测结果发布。跨机构模拟与大气评价中心，通过与国土安全部、能源部、国防部、商业部国家海洋与大气局、环境保护总署、国家航空与航天局以及核管理委员会合作，向各级突发事件指挥部提供统一的联邦大气有害物浓度预报。跨机构模拟与大气评价中心在现场以外，为突发事件应急反应提供远程支持。国家大气排放咨询中心是跨机构模拟与大气评价中心临时机构。

9. 环境、食品与健康顾问小组

该顾问小组包括环境保护总署、农业部、食品与药物管理局、疾病预防控制中心和其他联邦机构的代表。顾问小组向突发事件应急反应总指挥部、美国国土安全部，联邦联合办公室统一协调小组、协调机构，必要时包括州政府、部落政府和地方政府，提供协调一致的环境、食品、卫生和动物健康方面的建议。顾问小组使用跨机构模拟与大气评估中心、联邦放射性监测评价中心，以及其他有关机构提供的信息资料。顾问小组就下列事项提供建议：

（1）应州政府、部落政府、地方政府和联邦放射性监测评价中心的咨询请求，开展环境评价（实地监测）。

（2）紧急保护措施指南及其应用。

（3）针对联邦放射性监测评价中心提供的数据和评价结果，提出保护行动建议。

（4）采取保护行动，防止牛奶、食品和水遭受污染或降低其污染程度，防止放射性物质摄入或降低摄入剂量。

（5）提出将放射性影响造成的农业资源损失减至最小的建议。

（6）评价食品、动物饲料和水质监测项目的有效性，确保其有效运转。

（7）提出环境恢复前的转移、返回和其他方面的放射性防护措施。

（8）提出恢复、返回和污染清除行动建议。

（9）向公众和工作人员提供健康和安全建议或信息。

（10）估计放射性释放对人类健康和环境的影响。

（11）突发事件指挥部或协调机构请求的其他事项。

10. 环境保护总署放射性应急反应小组

放射性应急反应小组提供的资源，包括人员、专用设备、专业技术知识，以及实验室服务，协助协调合作机构，以及州政府、部落政府和地方政府的应急组织保护公众和环境避免因放射性事件遭受不必要的放射性辐射。放射性应急反应小组是国家油品和有害物质污染突发事件应急预案指定的特别小组，也是联邦放射性监测和评价中心的一部分。放射性应急反应小组提供以下服务：

（1）用野外应急反应设备监测、采样，进行实验室分析，对分析数据进行评价。

（2）提供遏制放射性事件发展、污染清理和恢复方面的技术咨询和协助。

（3）协助制订并实施长期监测计划和长期恢复计划。

（4）协调固定实验室，深入分析并评价特定地点采集的大量应急样本。

11. 环境保护总署放射性监测网（RadNet）

放射性监测网是由一系列固定和可移动的放射性监测站组成的网络。固定监测站组成一个全国范围内的环境监测网络，评估全国放射性事件的影响。可移动监测站在放射性紧急情况下，可以对特定地点进行紧急放射性监测，以便对局部影响做进一步评估。

可用于核事件或放射性事件应急反应的还有其他资源，国家应急反应框架或其附件对这些资源的主要职责有明确的规定。

六、应急反应机制

本应急反应机制适用于：本附件中所述的那些需要联邦政府协调的实际发生或可能发生的核事件或放射性事件。

1. 总则

核（放射性）设施或材料的所有机构或运营机构（如：能源部、国防部或核管理委员会许可的机构）的主要责任是：减轻突发事件的后果，报告突发事件，向州政府、地方政府和部落政府机构提供正确的保护建议，并将放射性对公众的危害降到最低。对固定设施内发生的核（放射性）事件，其所有机构或运营机构有责任在核设施范围内采取行动，或依据法律义务（如契约规定、被许可人义务和综合环境反应、赔偿和责任法规定的义务）在核设施范围外实施应急反应和恢复行动。州政府、地方政府和部落政府的主要责任是保护核（放射性）事件的周边地区的生命、财产和环境安全，但这并不表示可以减轻核（放射性）设施或材料的所有机构或运营机构应负的法律义务。

州政府、部落政府和地方政府，以及核（放射性）设施所有机构或运营机构，或相关活动的组织机构，应该通过正规沟通渠道和应急预案请求援助。但也可以直接向国土安全部或其他政府机构，或同时向事先安排好的或有关的州政府请求援助（这些有法定职权的机构只要接到通知即可提供援助）。

鼓励州政府、部落政府和地方政府参与联邦放射性监测评价中心的放射性监测和评价活动。

2. 通报

核（放射性）设施的所有机构或运营机构或核（放射性）物质的所有机构或运输机构，一般会最早得知事件情况，需立即通报州政府、部落政府和地方政府管理机构和协调机构。

联邦政府、州政府、部落政府和地方政府一旦得知发生核事件，应该拨打202－282－8101电话，按照通报的法定要求，通知协调机构和国土安全部国家行动中心。例如，一旦联邦法规第40编第302部列出的危险物品泄漏的剂量到达报告量值时，都应该拨打1－800－424－8802电话，报告国家行动中心。此外，州政府、部落政府和地方政府的执法机构应该联系当地联邦调查局或反恐部队，报告正在发生的恐怖活动、事件、场所或调查结果。协调机构应向国家行动中心报告，必要时，还应向其他联邦机构通报。如果州政府直接向一个没有管辖权限的联邦机构请求援助，则该联邦机构应当通知负责该项请求的协调机构。

3. 启动

一旦接到通知，协调机构应依照其权限启动应急反应。国土安全部审查事件情况后，决定是否按照国家应急反应框架承担全面领导应急反应工作的职责。

如有需要，协调机构和合作机构应向国家应急反应框架下的各机构（如现场联合办公室、国家行动中心等）派出代表。对于斯塔福法规定的事件，联邦紧急事务管理局可能向联邦机构分配任务以支持此类行动。

对那些国土安全部不承担应急反应领导职责的事件，协调机构可以请求国土安全部启动国家应急反应框架下的相关机构，支援应急反应行动。协调机构也可以请求其他联邦机构的帮助。

也可请求协调机构在国家突发事件管理系统规定的突发事件统一指挥部中担任适当的职务，并在相应的现场机构* 协调联邦放射性应急反应活动。必要时，协调机构和合作机构也应为突发事件统一指挥部中的其他部门提供人员。

对于任何核（放射性）事件，协调和合作机构可建立派出机构，协助州政府、部落政府和地方政府的事件应急反应组织，监督并支持核设施所有者或运营者的应急处置工作，接到请求时向核设施所有者或运营者提供技术支持，并充当事件情况的联邦信息源。

表8概述了联邦主要核（放射性）事件应对机构的启动过程。

---

* 合适的现场机构可能包括事件指挥部或地区指挥所，应急反应中心，应急反应机构和应急控制中心等。

表8　联邦主要核（放射性）事件应对机构的启动过程

联邦机构和资源	启动过程
跨机构模拟与大气评价中心	国土安全部，协调机构和有权向跨机构模拟与大气评价中心提出请求的机构（由跨机构模拟与大气评价中心标准操作程序规定）可以直接请求或拨打202－282－8101电话通过国家行动中心值班室申请启动跨机构模拟与大气评价中心。 跨机构模拟与大气评价中心启动后，国家行动中心值班室应确保相关联邦机构都能得到通知，以便获得联邦多机构大气扩散及其后果的官方统一预测结果
顾问小组	国土安全部、协调机构、州政府、部落政府和地方政府可以拨打疾病预防与控制中心应急反应中心电话770－488－7100，请求顾问小组支援。 联邦放射性监测评价中心启动后，能源部应请求启动顾问小组
联邦放射性监测评价中心和能源部下属机构（大气监测系统、事件应急反应小组、放射性援助工作队，放射性紧急援助中心或训练基地、国家大气排放咨询中心和后果管理本部团队）	协调机构、州政府、部落政府和地方政府可以向能源部或国土安全部请求联邦放射性监测评价中心或其他机构援助。也可拨打能源部值班室24小时值班电话202－586－8100请求联邦放射性监测评价中心和能源部国家核安全局所属的其他机构援助。 请求放射性援助工作队援助也可以直接通过能源部区域办公室申请。 接到请求后，能源部可以先派遣一支放射性援助工作队。如果情况要求更多援助，能源部会发布预警或启动其他资源
核事件应急反应队	当国土安全部经与环境保护总署和能源部商讨后，判断事件性质严重性，需要启动核事件应急反应队时，应启动核事件应急反应队。国家应急反应中心应将核事件应急反应队启动的消息向环境保护总署和能源部通报
放射性应急反应队	国土安全部和协调机构可以拨打国家应急反应中心电话1－800－424－8802，请求环境保护总署的放射性应急反应队支持

4. 突发事件指挥系统的执行

本土突发事件的初期应急反应通常由基层政府组织实施。基层应急反应人员有责任启动并实施突发事件指挥系统，管理突发事件应急反应工作。联邦机构应加入地方突发事件指挥部，支持地方政府的应急反应工作。本附件涉及的大多数事件都需要跨机构、跨辖区的应急反应，因此，突发事件指挥系统的指挥指责应当由总指挥部承担。

协调机构应加入最高级别的地方指挥部或总指挥部（例如，已建立的区域指挥部）。其他机构依据突发事件管理系统的原则，也可加入地方指挥部或总指挥部的工作。

必要时，联邦主要放射性应急反应机构也应加入地方指挥部或总指挥部的工作。能源部放射性援助工作队尤其要加入地方指挥部或总指挥部的运作部门。

鉴于联邦放射性监测评价中心的首要功能是为突发事件应急计划工作提供信息，依据突发事件管理系统的原则，联邦放射性监测评价中心的行动计划工作应并入地方指挥部或总指挥部的计划部门。联邦放射性监测评价中心人员应当参与突发事件指挥系统的监测采样计划的制订，并确保监测采样计划纳入突发事件行动计划，且与其一致。大气监测系统通常向联邦放射性监测评价中心报告工作，并根据突发事件行动计划进行操作。联邦放射性监测评价中心的组织机构应当保持灵活性，以适应突发事件的具体情况。

在事件的初期阶段，如联邦放射性监测评价中心由能源部负责管理，则联邦放射性监测评价中心应当设在地方指挥部或总指挥部内，协调所有放射性监测和评估工作，对州政府、部落政府和地方政府，以及协调机构和国土安全部的工作提供支持。

顾问小组应加入地方指挥部或总指挥部计划部门，向地方指挥部或总指挥部和协调机构提供技术方面的专家意见。必要时，顾问小组也可承担现场联合办公室、州政府、部落政府和地方政府应急反应中心之间的联络和协调工作。

七、应急反应活动

表9给出了协调机构和合作机构在支援州政府、部落政府和地方政府应急反应活动中的特殊能力和职责。

表9　核（放射性）事件应急反应活动

应急反应活动	联邦机构能力或职责
突发事件安全保卫	（1）突发事件期间，国防部、能源部或国家航空与航天局可为各自管辖的特殊核材料设立军事区或国家安全区，保卫机密信息、保密数据、保密设备和保密材料的安全，将非联邦的土地纳入联邦政府控制下。必要时，国防部、能源部或国家航空与航天局可协调事发地区和周边的安全。 （2）对发生在其他联邦机构或私营机构内的事件，由设施所有机构或运营机构提供机构范围内的安全保障。如果放射性材料泄露超出了这些机构的范围，州政府、部落政府或地方政府应确保泄露区的安全。 （3）州政府、部落政府或地方政府负责军事区或国家安全区以外公共场所发生的放射性事件（如运输事故）的安全保卫工作。 （4）可以启动应急支持功能13（公共安全和保卫），提供更多的保卫力量（如向军事区或国家安全区提供更多的安全保卫力量）
不明材料的鉴定	国土安全部本土核监测办公室和联合分析中心应当对州政府、部落政府、地方政府或协调机构提出的不明核（放射性）材料鉴定请求做出回应。本土核监测办公室协调放射性物质监测警报的技术判定，并根据需要推荐联邦人力物力等技术资源
大气烟柱模拟	（1）当国土安全部协调整个联邦应急反应时，跨机构模拟与大气评价中心应当对大气扩散及其后果做出机构间协调一致的、统一的联邦预测。跨机构模拟与大气评价中心的预测用于风险管理决策、新闻发布和具体应急反应决策。跨机构模拟与大气评价中心也可以对其他需要联邦协调的事件做出预测。 （2）最初用默认的假设值做烟柱模拟，随着现场获得的真实数据不断补充，烟柱模拟将逐步精确。 （3）协调机构的责任是确保所有应急反应组织均能共享跨机构模拟与大气评价中心的模拟结果

续表

应急反应活动	联邦机构能力或职责
再进入和专项环境监测和采样	(1) 联邦应急反应机构可以直接向州政府、部落政府和地方政府提供放射性监测和评估数据，以支持各级政府的保护行动决策。 (2) 如联邦放射性监测评价中心还未成立，协调机构承担联邦监测评估工作中与州政府、部落政府和地方政府的协调责任。必要时，协调机构也可以通过应急支持功能10提供支持。 (3) 一旦设立联邦放射性监测评价中心，由该中心承担联邦监测评估活动的协调责任。能源部应当根据国家突发事件管理系统的突发事件指挥系统规定的方案，为联邦放射性监测评价中心的数据收集与发布提供机制。在联邦放射性监测评价中心开始运转前，联邦现场应急反应人员应当持续向州政府、部落政府和地方政府直接提供数据，并与能源部后果管理总部小组（CMHT）或后果管理应对小组就放射性监测和评估数据进行协调。 (4) 能源部和其他联邦机构在接到请求时，应当为再进入重要基础设施和其他重要活动提供放射性安全方面的帮助。 (5) 协调机构负责确保所有相关的应急反应组织均能共享联邦放射性监测评价中心的监测评价结果。 (6) 联邦放射性监测评价中心最初由能源部领导，但在恢复或补救工作中其领导权应移交至环境保护总署。 (7) 对涉及恐怖活动的突发事件，任何参与应急反应的联邦机构均可提出对应急反应人员和公众安全敏感的信息共享问题，这是个令事件指挥层到统一协调组都无法回避的问题
应急工作人员安全监管	(1) 每个应急反应机构都有监控各自工作人员安全的职责。 (2) 必要时，职业安全与卫生管理局，通过工作人员安全与卫生保障附件的规定，提供这方面的支持和常规监管
保护措施建议	(1) 联邦保护措施包括在放射性材料泄露事件中公众如何避免或减少接触放射线的建议和帮助。建议内容包括避难、撤离，使用碘化钾预防，以及其他药物对抗等紧急行动。也包括长期措施，如食物限制，临时或永久迁居，以避免残余放射线通过摄取方式对人体造成伤害，或使伤害减到最小。 (2) 在采取正式保护措施建议之前，应当在应急反应机构中共享卫生和安全支援信息。联邦保护的具体措施建议由顾问小组提出，建议内容基本上依据环境保护总署的保护行动指南。 (3) 联邦保护措施建议由突发事件指挥部或总指挥部（包括协调机构）和跨机构协调团队来协调。协调机构负责确保所有应对组织均能共享到顾问小组提出的建议。 (4) 州政府、部落政府和地方政府有责任采取他们认为适当的保护措施
人群监控	(1) 卫生与人道主义服务部经与协调机构的协商后，通过应急支持功能8（公共卫生与和医疗服务），协调联邦对接触人群的监控。 (2) 卫生与人道主义服务部协助地方政府和州政府卫生部门登记潜在接触人群，估算辐射剂量，长期监控此类人群的长期潜在影响

续表

应急反应活动	联邦机构能力或职责
实验室分析	联邦机构为一些类型的分析提供实验分析手段。包括卫生与人道主义服务部所属的食品与药品管理局的食物和农作物分析，疾病预防与控制中心的生物鉴定分析，以及环境保护总署和能源部进行的环境取样分析
环境监测和环境清除采样验证分析	（1）根据现行法律法规规定，此项工作的责任通常是由核（放射性）设施或材料的所有机构或运营机构负责。 （2）必要时，环境保护总署可依照应急支持功能 10 提供支持
公共信息发布	对于国土安全部负责领导的联邦应急反应事件（根据国土安全第 5 号总统令），国土安全部或应急支持功能 15（对外事务）协调联邦突发事件公共信息发布。其他情况下，由协调机构发布联邦突发事件公共信息
人群放射性污染清除	（1）对可能的受害者的放射性污染清除工作在基层实施，由地方政府、部落政府和州政府负责。 （2）卫生与人道主义服务部经与协调机构的协商后，通过应急支持功能 8（公共卫生与医疗服务），协调联邦各部门开展人群放射性污染清除工作。 （3）州卫生官员认为必要时，可请求卫生与人道主义服务部协助并支援州政府、部落政府和地方政府监测内部污染，管理放射性污染清除药品
应急反应工作人员的放射性污染清除	（1）联邦放射性监测评价中心对参与其工作的联邦、州、地方应急反应工作人员的放射性污染清除工作提供支援。 （2）各机构负责各自上述以外其他应急反应工作人员的放射性污染清除
应急设备放射性污染清除	（1）联邦放射性监测评价中心对参与其工作的联邦、州、地方应急设备的放射性污染清除工作提供支援。 （2）联邦各机构负责各自未纳入放射性监测评价中心的其他应急设备的放射性污染清除
死亡管理	死亡管理主要是各州的职责。卫生与人道主义服务部协调联邦援助
污染动物的管理	（1）美国农业部对污染动物（包括宠物、家畜、家禽和野生动物）提供评估、监控、污染清除等援助。 （2）美国农业部依应急支持功能 3（公用事业和公共工程）和应急支持功能 10 的规定，对污染动物尸体的污染清除和处理提供援助
污染农作物的管理	美国农业部根据应急支持功能 11（农作物和自然资源）以及应急支持功能 3 和应急支持功能 10 的规定，为受污染的动植物产品（包括食物、饲料和农作物）提供评估、保存和处理支援
放射性废料的存储和处置	（1）根据现行法律法规规定，此项工作的责任通常是由核（放射性）设施或材料的所有机构或运营机构负责。 （2）必要时，环境保护总署可依照应急支持功能 10 提供支持。 （3）国防部工程兵部队和其他联邦机构在放射性散布装置或简易核装置事件中也可提供援助

续表

应急反应活动	联邦机构能力或职责
受污染废墟的清除	（1）根据现行法律法规规定，此项工作的责任通常是由核（放射性）设施或材料的所有机构或运营机构负责。 （2）应急支持功能3（由美国工程兵部队）和应急支持功能10（由环境保护总署）共同提供支持
环境恢复	（1）根据现行法律法规规定，此项工作的责任通常是由核（放射性）设施或材料的所有机构或运营机构负责。 （2）必要时，环境保护总署可依据应急支持功能10提供支持。 （3）对放射性散布装置或简易核装置突发事件，美国工程兵部队和其他联邦机构可提供进一步援助

八、恢复

国土安全部协调联邦应急反应时，应当与有管辖权的州政府、部落政府和地方政府采取一致步骤，依照国家应急反应框架的规定，全面协调联邦恢复工作。

协调机构应当根据法定职责和权限，遵循国家应急反应框架机制，负责管理联邦放射性清除方面的技术工作。

对于所有其他放射性突发事件，协调机构应当与有管辖权的州政府、部落政府和地方政府，以及业主或运营商（如适用）采取一致步骤，协调环境恢复或环境清除工作。协调机构虽然是恢复工作的领导机构，但也可以请求具有环境清除经验、环境恢复经验或能力更强的合作机构（如环境保护总署、美国工程兵部队）予以支持。

州政府、部落政府和地方政府主要负责受影响地区的恢复规划工作。（这里所用的“恢复”概念包括任何继续致力于在受影响地区公众保护和恢复正常活动的所有行动）。恢复规划工作一般要到事件得到控制，保护公众健康、安全和财产安全的直接行动结束后，才能启动。应州政府、部落政府和地方政府的请求，联邦政府可以协助制订和执行恢复规划。

私人业主或运营商主要负责本机构内恢复规划工作和事件清理工作，也可根据相关法律义务（如：合同约定的义务、持照人的义务和综合环境应急反应、赔偿和义务法规定的义务），承担本机构范围外的恢复工作。

经与国土安全部、统一协调小组，以及州政府、部落政府和地方政府协商后，能源部放射性监测评价中心主任与环境保护总署派驻的高级代表密切合作，在双方认可的时候，平稳地将放射性监测评价协调职能移交给环境保护总署。职能移交前应满足以下条件：

（1）当前的紧急情况已经稳定。

（2）放射性物质的场外泄漏已经停止，几乎或完全没有可能发生场外进一步泄漏。

（3）已进行了场外放射性情况和当前后果的评估。

（4）已制订了与受影响的州政府、部落政府和地方政府，以及相关联邦机构共同开展大范围的监测计划。

（5）环境保护总署已得到其他联邦机构为联邦应急反应提供所需资源、人才和资金的充分承诺。

协调机构经与其他参与机构和相关州政府、部落政府和地方政府协商后，认为满足下列条件时，通常应终止放射性监测评价活动：

（1）对公众健康和安全的威胁或对环境的威胁已完全消失。

（2）州政府、部落政府和地方政府的资源足以应对当前的情况。

（3）各相关机构一致认为应终止监测评价活动。

九、联邦能力和资源

除了应急反应工作前期的特定工作外，协调机构以及其他联邦机构，可能还会针对具体核（放射性）事件贡献相关的专门知识。表10列出了这些机构可以提供具体的支持。

表10　应对核（放射性）突发事件的其他联邦机构及其能力

机　构	能　力
农业部	（农业部其他方面职责可参见应急支持功能11附件和食品与农业突发事件附件） （1）协助规划，协助进行应急规划区内以摄入方式接触的农业样品的采集。 （2）评估事件对农作物、土壤、家畜、家禽和加工企业的损害情况，并把评估结果融入损害评估报告。 （3）对报告数据进行评价，评估事件对农业的影响。 （4）为可能接触放射性辐射或被放射性物质污染的宠物和家畜的筛查和污染清除工作提供支持和建议。 （5）协助动物尸体处理工作规划的制订和实施。 （6）对农作物、生肉、肉制品、家禽、禽制品及蛋制品进行检验，并协助收集样本，确保食用安全。 （7）与卫生与人道主义服务部共同协助监督食品生产、加工、储存和销售，从源头上排除食品污染，确保产品安全，使污染程度低于导出干预水平
商业部	（1）根据需要提供事故现场或附近的天气观测资料。 （2）针对突发事件管理工作特定需求，进行量体裁衣式的天气预测。 （3）一旦跨机构大气模拟评价中心启动，参与跨机构大气模拟评价中心的工作，并提供大气运移扩散的模拟预测和评估报告，提供地表天气观测报告和气象预报。 （4）在跨机构大气模拟评价中心尚未启动时，按照既定的程序向协调机构提供大气运移扩散的模拟预测和评估报告。 （5）维护并进一步开发HYSPLIT运移和扩散模型。 （6）将全国气象观测和数值模拟预测系统的数据归入应急反应监测和评估专用档案。 （7）为放射性仪器校准工作提供援助和参考材料。 （8）支持放射性防护材料的测试和评价工作。 （9）当放射性物质可能跨越国界时，通过世界气象组织所提供的机制，向国际水文气象服务和相关机构提供大气运移和扩散模拟结果。 （10）提供放射性测量服务和仪器设备。 （11）协助开展海洋及河口污染监测资料的收集和评估工作。 （12）提供建筑物运行中（如暖通空调）的污染控制和净化方法建议和援助。 （13）为材料分析和环境取样提供实验室支持

续表

<table>
<tr><th>机构</th><th>能力</th></tr>
<tr><td>国防部</td><td>（1）本土突发事件中，应非军事部门的请求，提供国防支持。除了承担法律规定的义务外，国防部各部门对非军事部门请求的援助应得到国防部长的批准。危急情况下，无需非军事部门的请求，总统或国防部长可直接下令国防部各部门援助非军事部门的活动。军队支援和紧急应对的详细说明请参见“国家应急反应框架核心文件”。
（2）可提供国防部所属和资助的机构（资源），以应对放射性事件。这些机构（资源）包括：
①大规模杀伤性武器民防援助小组（大规模杀伤性武器国家技术服务小组）——国民警卫队对可疑的大规模杀伤性武器攻击进行评价，通过现场检测和后方专家提供的信息向地方应急反应人员提出采取正确行动的建议，并协助其他州和联邦军队到达。每个国民警卫队由 22 人组成，配有未知危险环境中作业的个人防护装备，包括：核、生物和化学探测器，采样分析设备，消毒设备，以及与后方专家联络的卫星通信设备。这些国民警卫队是州政府管辖的武装力量，可以由联邦政府调用。名义上每个州都有一个大规模杀伤性武器的国家技术服务小组，此外，关岛、波多黎各、美属维尔京群岛，以及哥伦比亚特区也都设有这样的技术服务小组。
②化、生、放、核综合应急反应快速部队（CBRN（chemical，biological，radiological，and nuclear）Enhanced Response Force Packages），属国民警卫队系列，其职责是向州长提供快速反应能力，能够实施事故现场（包括受损建筑物内）搜索、伤员营救与消毒、伤员鉴别分类、初步治疗、转运中的伤势稳定等功能，任务包括解救废墟中被困人员。化、生、放、核综合应急反应快速部队下辖 4 个小组，分别是搜索营救、消毒（污染清除）、医疗和保卫小组，小组成员都是来自国民警卫队的其他部队。指挥控制小组指挥化、生、放、核综合应急反应快速部队的全部活动，协调联合特遣部队州级指挥官和突发事件指挥官。联邦紧急事务管理局的每个分区至少有一支这样的化、生、放、核综合应急反应快速部队。
③化、生、放、核高爆后果管理应急反应部队（CCMRF）——必要时，提供现役和预备役军人组成的后备力量，旨在增援国家技术服务小组和化、生、放、核综合应急反应快速部队。化、生、放、核高爆后果管理应急反应部队的具体功能，包括但不仅限于，加强指挥与控制，提供搜救技术，处理爆炸物，空运疏散，专门的医疗应急小组，支持化学、生物和核探测或污染清除工作。
④国防部顾问团——可独立或作为后果管理应急反应部队一部分部署的各类小组，向突发事件指挥官提供潜在健康危险，放射性损伤处理，调查数据评估，人群监控等的指导和咨询意见。顾问团包括后果管理顾问小组、美国空军放射性评估小组、美国陆军放射性顾问医疗小组和武装部队放射生物学研究所的放射医学咨询小组。
（3）根据应急反应法规，向所有需要采取紧急行动的非军事紧急情况提供紧急援助，拯救生命，防止人员伤亡或减轻巨大财产损失。如果发生情况，时间不允许事先由较高总部批准，当地的军事指挥官和国防部授权的部队和机构的负责官员可不受任何国防部可能发出的后续指示限制，采取必要行动响应行政当局请求。所有这些必要的行动称为“紧急反应”。</td></tr>
</table>

续表

机　构	能　力
国防部陆军工程兵部队	（详细信息，参见应急支持功能3——公用设施和公共工程附件） （1）作为合作机构，为放射性散布装置或简易核装置突发事件，提供应急反应和污染清除支持。 （2）接到请求时，参与其他机构或与其他机构协调一致，履行以下任一项或所有职责： ①放射性调查。 ②大面积污染清除。 ③记述现场特征。 ④污染水和残骸管理。 ⑤现场补救
能源部	（1）制订并维护联邦放射性监测评价中心的政策和工作程序，确定联邦放射性监测评价中心组成，并保证联邦放射性监测评价中心的运行准备就绪。 （2）不论指定谁为协调机构，能源部作为联邦放射性监测评价中心技术领导机构，都应协调紧急情况下联邦放射性监测评价工作。 （3）与负有监测评价职责的州政府和地方政府相关机构保持技术方面的联络。 （4）安全地保存一套完整的可解析、可检索的所有放射性监测数据，确保联邦放射性监测评价中心数据的技术完整性。 （5）向协调机构和州政府提供监测数据和解释，包括辐射量等值线图、剂量预测、以及需要的其他任何放射性评估报告。 （6）与其他联邦机构合作，提供放射性监测评价所需的人员和设备，提供现场分析人员和设备，支持评估工作。 （7）必要时，可请求其他联邦机构提供人力支援和技术援助。 （8）通过相关的联邦机构为所有具有放射性监测职能和能力的其他机构（例如，私营承包商）安排咨询和支持服务，提供放射性污染处理和人群监测方面的技术和医学专业知识。 （9）经与州和协调机构协商后，与环境保护总署的高级代表密切配合，在双方同意的时间内，促成联邦放射性监测评价协调职责向环境保护总署平稳地移交。 （10）与其他联邦机构和州政府机构共同提供人员和设备（包括出入监视器），支持大面积初步筛查。帮助州和地方政府对离开污染区的人员进行筛查和消毒，并提供工作建议。 （11）为应急反应工作，提供全国大气释放咨询中心所做的放射性柱运行轨迹和沉淀预测图。 （12）在资料有限或没有的情况下，依据能源部在开发简易核装置和放射性散布装置源项方面的独特经验，向跨机构模拟与大气评价中心和（或）协调机构提供源项估计。 （13）为联邦放射性监测评价中心的管理、实施、运行和标准化，修订、保存、整理、出版所需的文件。 （14）保持并提高大气监测系统的大面积放射性监测能力。 （15）保持并提高医疗援助能力、顾问小组的能力，以及放射性紧急援助中心（训练基地）应对核（放射性）事件和事故的训练水平。

续表

机　　构	能　　力
能源部	(16) 保持并提高联邦放射性监测评价中心的大气危险预测模拟能力，实际大气和地面放射性测量结果对模拟结果的修正能力。维持并提高国家大气排放咨询中心模拟核爆炸直接结果（爆炸、热、辐射、电磁脉冲）的能力。 (17) 保持并提高应急反应人员快速评估紧急情况的能力，向决策者建议建策的能力（包括：评估放射性支援工作队所面临的危险，以及采取哪些行动可最大程度地降低危险）。 (18) 保持并提高事件应急反应小组应对美国核武器的应急反应能力。 (19) 保持并提高后果管理后方小组和后果管理应急队初步计划制订、协调，以及数据收集和评价能力，以便在联邦放射性监测评价中心建立之前（或代替联邦放射性监测评价中心）开展这些工作。 (20) 保持并提高能源部核（放射性）咨询小组的咨询能力和技术援助能力（作为本土应急支援团队的一部分，所应承担的搜索、诊断和后果预测等援助的能力）。 (21) 保持并提高放射性伤员分类能力，以及对现场数据进行远程核谱分析确定放射性物体是否含有的特殊核材料等方面的能力。 (22) 为每一次能源部国家核安全局参与的应急反应行动指派一名高级能源官员。该官员应被安排在突发事件指挥部或总指挥部的适当位置上，负责协调和调用放射性事件现场的国家核安全局工作人员。国家核安全局现场人员应当支持高级能源官员的工作，并受其指挥
卫生与人道主义服务部	(更详细的资料，请参见应急支持功能8) (1) 开展流行病学监测，提供放射性接触症状检测方法方面的指导。 (2) 农产品取样，监测污染，评估污染程度，为联邦放射性监测评价中心保护行动的实施提供建议或依据。 (3) 为接触放射性材料或受污染一般人群和应急反应工作人员提供正确的医疗处置意见。 (4) 通过国家战略储备的部署，提供相应的医疗对策。 (5) 派出评估和治疗小组，为那些接触放射性材料或受污染的人员提供服务。 (6) 为放射性事故对当地居民健康影响评估工作，提供建议和指导。 (7) 负责长期公众监督管理和后续个人数据的收集，收集和处理血样和体液（物质）样品，为受害者的医疗评估和伤员分类提供建议。跟踪患者治疗和长期健康状况
国土安全部海关与边境保护局	(1) 对于发生在边境上的突发事件，在入境口岸和边境巡逻检查站配备放射性检测设备，运用非介入检测技术，查验来自境外的人员、货物、邮件或运输工具所携带放射性物质。 (2) 借助其国家调查中心（National Targeting Center）广泛的分析和调查能力，发现并阻截可疑的核（放射性）材料。 (3) 通过海关与边境保护局的大规模杀伤性武器远程检测中心，国土安全部海关与边境保护局和其他联邦执法人员可每天24时不间断鉴别、阻断可疑有害物质。该中心也可为其他协调机构提供链接，用于其他类型的突发事件的协调和伤员分类等。 (4) 通过海关与边境保护局实验室和科学服务中心，向全国战略要地的大规模杀伤性武器应急反应小组派遣人员，检查、确认潜在的放射性威胁材料。设立临时围堵范围，降低可能存在的危险

续表

机　　构	能　　力
国土安全部本土核探测办公室	（1）协助部署增强型全球核检测系统，检测并报告试图进口的下列装置和材料，境内拥有、储存、运输、研发或未经授权使用的核爆炸装置、裂变材料或放射性材料。 （2）通过本土核探测办公室联合分析中心，发布经过技术整理的核（放射性）检测预警。必要时，建议联邦采取技术应对措施
国土安全部联邦紧急事务管理署	担任核（放射性）突发事件应急管理的协调机构
国土安全部美国海岸警卫队	（1）鉴于其独特的海洋管辖权和能力，随时准备为其他机构海上作业提供安全保卫、指挥控制、运输等支持。 （2）参与国家应急反应中心值班，由海岸警卫队人员提供一年365天24小时的电话监听
内务部	（1）提供人力和物力资源，包括人员、设备和实验室支持，为土壤受放射性同位素影响的评估提供咨询与援助。 （2）提供人力和物力资源，包括人员、设备和实验室支持，为地理信息系统数据库（用于分析和评估被污染地区）的建设提供咨询与援助。 （3）负责联邦承认的部落政府、联邦政府、州和地方政府机构之间的联络，协调救灾活动。此外，如果放射性突发事件发生在海岛地区，内政部为国土安全部提供海岛地区的经济、社会和政治方面咨询与援助
司法部联邦调查局	（1）负责领导美国境内个人或有组织恐怖活动或恐怖威胁的刑事调查，或针对境外美国公民或机构的恐怖活动或恐怖威胁的刑事调查（这些恐怖活动或恐怖威胁，美国联邦有刑事调查管辖权）工作。 （2）管理、领导和协调与恐怖行为或威胁应急反应有关的所有执法和调查活动，包括战术行动，犯罪现场调查，危机谈判，情报搜集和传送。 （3）协调侦查、防范、制止和粉碎所有针对美国的恐怖袭击活动。 有关联邦调查局应急反应职能的进一步详细情况，请参见恐怖主义突发事件执法和调查附件
劳工部职业安全与卫生管理局	（1）向美国国土安全部、协调机构、州政府、部落政府和地方政府提供应急反应工作人员实施本附件的政策和作业时的卫生和安全方面的咨询和技术帮助。 （2）帮助制订现场卫生和安全计划。 （3）按照工作人员安全和卫生援助附件，监测应急反应工作人员的安全和健康状况。 （4）为应急工作人员消毒提供技术帮助
国务院	（1）代表美国政府领导人向国际原子能机构通报事故，履行《核事故早期通报公约》。 （2）代表美国政府领导人向外国政府通报。应当立即通知加拿大和墨西哥，协商跨国界的合作行动。 （3）代表美国政府领导人请求或接受《国际原子能机构核事故或放射性紧急情况援助公约》缔约国的援助

续表

机　构	能　力
运输部	（详细信息，请参见应急援助功能 1——交通运输附件） 为评价放射性材料运输及事故对交通基础设施的影响，提供技术建议和帮助
退伍军人事务部	通过放射性急救队，提供医疗援助，包括：直接处置病人，协助并培训地方卫生保健人员，处理和治疗放射性接触人员和核污染的伤亡人员，评估放射性对人类健康的影响，并向地方政府、州政府和联邦政府当局提供咨询和技术建议
环境保护总署	（详细信息，请参见应急支持功能 10） （1）提供人力物力资源，包括人员、设备和实验室（及移动实验室）支持，协助能源部检测环境放射性污染程度。 （2）协助制订并实施长期监测计划和长期恢复计划。 （3）提供全国放射性监测网的环境监测数据，评估事件的全国影响。 （4）配合联邦放射性准备协调委员会编写《保护行动指导手册》。 （5）推荐紧急情况下环境可接受的放射性和辐射水平。 （6）准备公众卫生和安全信息及建议。 （7）估计放射性物质释放对人类健康和环境的影响。 （8）与其他联邦机构合作，提供执法人员和设备，实施执法行动，调查无关恐怖活动的核（放射性）事件的犯罪行为
国家航空航天局	（1）在准备发射航天器时，如涉及大量的能源部所有的核材料，配合美国能源部工作，提供更多的专业化的放射性监测设备和放射性事件应急反应人员。然而，美国航空航天局各中心保有的可用于应对放射性事件的放射性监测设备数量有限。 （2）与环境保护总署和国家海洋与大气管理局商定，向国家航空航天局的轨道飞行器下达监测发生在地球大气层内的突发事件，以获得更多的数据
核管制委员会	（1）提供技术援助，包括源项估计，扩散柱和剂量评估计算。 （2）为联邦放射性监测和评估活动提供援助

第七章　大规模疏散撤离突发事件附件

协调机构：国土安全部联邦紧急事务管理局

合作机构：农业部、商务部、国防部、能源部、卫生与人道主义服务部、国土安全部、司法部、运输部、退伍军人事务部、总务管理局、美国红十字会、活跃在灾区的全国性志愿者组织、国家与社区服务团

一、引言

1. 目的

突发事件大规模疏散撤离预案是国家应急反应管理体系框架的一个附件，其目的是概述需要联邦政府做出协调反应的突发事件大规模疏散撤离的功能、各机构角色和职责，为全面整合联邦政府、州政府、部落政府和地方政府的支援工作提供指导方针。

2. 范围

（1）突发事件大规模疏散撤离预案。

（2）确立了联邦政府提供大规模疏散撤离支援的准则。

（3）建立了联邦层面大规模疏散撤离支援工作的运作机制。

（4）明确了参与联邦大规模疏散撤离支援的机构和组织。

（5）规定了联邦机构支援州政府、部落政府和地方政府大规模疏散撤离的预案制订、准备和运作中的角色和职责。

（6）确定了改进联邦大规模疏散撤离支援工作中联邦政府、州政府、部落政府和地方政府间协调的方针。

3. 法律依据

（1）2002 年国土安全法。

（2）罗伯特·T·斯塔福灾害救济和应急援助法（第 93 – 288 号公共法律）及其修正案。

（3）国土安全第 5 号总统令：本土突发事件管理。

（4）2006 年通过的卡特里娜飓风后应急管理改革法。

（5）2006 年宠物疏散撤离和运输标准法。

（6）1990 年美国残疾人法（ADA）。

（7）1973 年康复法第 504 和 508 节及其修正案。

（8）1964 年民权法第Ⅵ章。

（9）1975 年反年龄歧视法。

（10）第 13166 号行政命令，改进对英语交流困难人群的服务。

（11）第 13347 号行政命令，残疾人应急准备。

4. 政策

2006 年通过的卡特里娜飓风后应急管理改革法授权各州使用城市地区安全项目资金或

国土安全拨款项目资金，制订灾时大规模疏散撤离预案。国土安全部联邦紧急事务管理局第一位的任务是加强州政府、部落政府和地方政府的预案制订和实施能力，第二位的任务是在接到请求联邦政府支援疏散撤离时或需要时，能够实施国家级的疏散撤离支援和（或）实施联邦政府组织的疏散撤离工作。

根据美国残疾人法，运输提供人必须允许残疾人与为其服务的动物相伴。国土安全部联邦紧急事务管理局承认并保证与美国印地安人政府和阿拉斯加土著部落政府之间的关系为“政府对政府”的关系。

5. 预案制订的假设前提

下列情况下应采取联邦疏散撤离措施：

（1）当州政府、部落政府或地方政府表示其资源可能或已经瘫痪，且州长或部落官员申请联邦援助时。

（2）在灾难性突发事件中，当州政府和地方政府无能为力，且总统指示应实施联邦大规模疏散撤离支援时。

联邦机构与州政府、部落政府和地方政府一起，共同确保接收疏散撤离人员的各州州长在疏散撤离行动前同意接收来自灾区的灾民。

突发事件可能导致灾区的关键运输基础设施遭受重大破坏，阻碍疏散撤离工作。联邦政府应提供援助，以应对州或地方政府的大规模疏散撤离援助请求，并与受支援的州政府、部落政府或地方政府进行协调。

州政府、部落政府和地方政府认识到，在群众运送方面，与联邦支援机构协调很有必要。联邦机构应当与州政府、部落政府和地方政府协调行动。联邦机构应当支援州政府、部落政府和地方政府，确保接收疏散撤离人员的各州州长在疏散撤离行动前同意接收来自灾区的疏散撤离人员。

灾区的州政府应当与其他州的州政府共同决定疏散撤离的目的地，并做好相应的交通运输管制。

预防性疏散撤离的联邦资源需求根据预期的灾害大小和可能受影响州的州长申请来确定。当疏散撤离遇到家养宠物问题时，运用州级政府对家养宠物疏散撤离的政策和指导原则。州政府、部落政府和地方政府预案制订人应当知道，有些人如果要求他们不带宠物疏散撤离，他们可能选择不疏散撤离。

若有可能，疏散撤离区的居民在事件后可能需要返回原住地。必须有计划和方案，以便于疏散撤离的居民返回家园。

有特殊需要的人群在某些功能方面可能需要更多的支援和帮助。

6. 需要考虑的重要事项

（1）*实施大规模疏散撤离所需的时间提前量*：在下达疏散撤离命令前可能需要 72 小时启动预案。在开始疏散撤离前可能需要 48 小时调用资源，以便在下达疏散撤离命令时有足够的资源。

（2）*天气预报的局限性*：预报热带天气系统的行走路线、强度和行进速度中的可变因素（对疏散撤离而言是最可能和经常的原因）使决策人在热带风暴来临长达 5 天前调动代价高昂的资源是极其困难的。在一些案例中，这一阶段的风暴没有充分的理由需要疏散撤离。

(3) 避难场所和运输之间的依存关系：大规模疏散撤离的运输解决方案取决于需要疏散撤离的人数、私人交通工具的数量、有行动和医疗特殊需要的疏散撤离人数、可供疏散撤离的时间和至避难场所的距离以及避难所可用性。如果避难所距离乘车点太远，则运输工具（巴士、火车和飞机）不能循环使用，在可供疏散撤离的时间内只能运送一趟。因此，疏散距离可能大大降低疏散撤离能力，下降规律呈指数型。确定和预先指定尽可能近的一般人群避难所和特殊需要人群的避难所非常关键。指定家养宠物避难所或宠物收容所及其距离对成功疏散撤离也同等重要。

(4) 儿童的特殊需要：在大规模疏散撤离期间，充分考虑儿童的特殊需要是极其重要的。在没有事先通知的疏散撤离中，无论学校、托儿所、夏令营、医院、还是其他场所可能有大量的儿童远离父母。在疏散撤离期间，儿童与其分离的父母团聚非常重要，要完成疏散撤离任务，必须对此加以考虑。

(5) 有特殊需要的人群：必须向灾区有特殊需要的市民提供食宿。这些特殊需要包括在交流、活动、保持独立和医疗护理方面提供实际和（或）功能性帮助。

(6) 动物：当需要撤离动物时，对动物的运输、避难场所和照管方面的安排也是很重要的。国家应急反应管理体系框架对各类动物有专门的疏散撤离要求。

(7) 服务性动物：美国残疾人法规定，服务性动物如导盲犬、信号犬或其他专门训练的动物，给残疾的人提供帮助，这些帮助包括但不限于给视力有障碍的人导向，提醒听力有障碍的人有入侵者或声音，提供最低限度的保护和援救工作，牵引轮椅或捡拾跌落的物件。根据美国残疾人法规定，服务性动物有权和与其所服务的人进出相同的设施。

(8) 家养宠物：作为大规模疏散撤离一部分的家养宠物预案制订和收容是很关键的。历史证明，许多居民如果迫使他们不带宠物疏散撤离，他们会拒绝疏散撤离或抵制救助。因此，没有预先制订的预案，家养宠物的跟踪、装车、运输、照管、喂食和避难可能会大大影响普通群众安全疏散撤离的能力。国土安全部联邦紧急事务管理局应该按照联邦法律规定，在与巴士公司和航空公司签署的运输合同中约定，当服务性动物与其主人或看管人相伴时，应当为服务性动物的疏散撤离提供服务。对家养宠物，应该提供可供选择的其他疏散撤离方法。

国土安全部联邦紧急事务管理局应该与州政府、部落政府和地方政府协调，帮助确定并提供家养宠物可以疏散的场所；为家养宠物的照管、免疫和检疫提供后勤支援；为用于疏散家养宠物的车辆提供技术规范；与私营企业协调家养宠物疏散撤离的方案。

①应急反应功能6——大众关怀、紧急援助、住房安置和人道主义服务功能——将鼓励接受灾民的城市或州的州政府机构、部落政府机构和地方政府机构制订预案，尽可能在普通避难所附近设置宠物避难所。应急反应功能6将为动物主人的识别、跟踪、团聚和社会支援提供协调。应急反应功能6还就宠物问题，包括宠物疏散撤离、照管和避难，与相应的政府和非政府支援机构协调。

②应急反应功能8——公共卫生与医疗服务功能——将帮助向避难和救助的动物提供应急兽医医疗、传染病监控，报告与应急有关的动物卫生服务，管理被咬伤的人员病例。

③应急反应功能15——对外事务功能——将与州、部落和地方政府一起工作，确保动物疏散撤离、应对指导和状态变化等以及时、合适的方式予以公告。

(9) 环境污染：应对大规模危险材料（HAZMAT）突发事件时，疏散撤离工作可能会受影响。疏散撤离决策人应就乘车场地和疏散撤离路线与危险材料管理官员磋商。在联邦层面，负责应急反应功能10——油品与危险材料应急反应——的机构和跨机构的模拟与大气评价中心对各种灾害的危险材料进行评估。对于放射性突发事件，核/放射性突发事件应急反应的联邦协调机构、联邦放射性监控和评价中心，以及环境、食品与卫生顾问团负责向决策人提供进一步的支持。

(10) *受害者污染消除*：在应对危险材料突发事件中，需要消除污染时，主要由州政府、部落政府和地方政府官员负责受害者筛查和污染消除。必须配备合适的人员和设备。既没有进行适当污染消除，也没有污染消除的证明，相邻州（或地区）可以拒绝接收受污染的疏散撤离人员或病人。这方面的联邦资源有限，需通过应急反应功能8——公共卫生与医疗服务功能——协调。

(11) *有预警和没有预警的事件*：应急反应机制适用于有预警的事件（例如：飓风、洪水）以及没有预警的事件（例如：工业事故、恐怖袭击）。

(12) *关键基础设施*：大规模疏散撤离可能涉及到受影响区域和全国范围内的许多重要基础设施和关键资源。疏散撤离可能直接影响重要基础设施和关键资源的运行、供应和配送体系。国家应急反应管理体系框架中的重要基础设施和关键资源应急反应预案详细说明了重要基础设施和关键资源影响信息的快速共享和分析的程序，以及在接受重要基础设施和关键资源业主和经营者申请紧急援助时需要考虑的优化建议和方案。

二、应急反应机制

1. 情况

疏散撤离工作通常由州政府、部落政府和地方政府负责。然而，大规模疏散撤离有时超出了这些政府的能力。如有可能且实际可行，在有事件预警且事件发生后留在原地的公众会有不安全的情况下，则应组织公众预防性撤离可能的突发事件地区。在接到请求联邦政府支援疏散撤离工作时，国土安全部联邦紧急事务管理局应与州政府或部落政府协调联邦支援。

2. 一般原则

联邦对大规模疏散撤离工作的支援程度应与突发事件的规模大小相当，并在州级或部落级组织实施。单独一个州的疏散撤离可从州应急反应中心、区域应急反应协调中心或现场联合办公室获得支援。多个州发生突发事件由区域应急反应协调中心协调。灾难性事件导致的大规模疏散撤离应当请求国家级的协调。无论突发事件的规模如何，只要涉及实施疏散撤离行动的主要功能，都应当实施多个指挥机构之间协调。

3. 应急反应功能

联邦政府的大规模疏散撤离支援行动应当要求各个不同的应急支持功能予以合作。例如：

(1) *应急反应功能1——交通运输支持功能*。为疏散撤离行动和疏散撤离路线条件提供运输技术支持和分析。

(2) *应急反应功能3——公用工程和工程技术功能*。确保疏散撤离路线上的废墟清除和清理。

(3) *应急反应功能5——应急管理功能*。为大规模疏散撤离行动提供情况信息和协调。

(4) *应急反应功能6——公众照管、紧急援助、住房和人道主义服务功能*。为大规模疏散撤离行动提供所需的非医疗性的大众关怀方面的信息和协调，包括住房和人道主义服务。

(5) *应急反应功能 7——后勤管理和资源支持功能*。为大规模疏散撤离行动和运输工作提供物品和服务。

(6) *应急反应功能 8——公共卫生与医疗服务功能*。帮助州政府、部落政府和地方政府确定公共卫生需求和灾民医疗需求，包括病人的疏散撤离，儿童与大人团聚等。

(7) *应急反应功能 11——农业和自然资源支持功能*。为家养宠物的疏散撤离提供信息和协调。

(8) *应急反应功能 13——公共安全与保卫支持功能*。为州、部落和地方公共安全和保卫措施（如：人群控制、交通指挥和疏散撤离中的逆向车流管制）提供支援。

(9) *应急反应功能 15——对外事务支持功能*。确保为现场调度足够的联邦资源，向灾区公众提供及时、准确、一致的信息。大规模疏散撤离工作还必须与其他应急反应功能协调。

4. 协调与沟通

大规模疏散撤离中，被疏散的人群可能来自不同的辖区。当疏散撤离需要联邦支援时，将利用现有的联邦协调机构（如：国家应急反应协调中心、区域应急反应协调中心、现场联合办公室、受灾州的应急反应中心和接受灾民州的应急反应中心）提供行动协调。

大规模疏散撤离行动所需的所有设施和支援都将通过应急反应功能获得，下列应急反应功能如果已经启动，应当要求他们这么做。但是，有些联邦机构在接到突发事件通知后，有权直接赶赴现场，应对事件。应急反应功能一旦启动，应按照本预案提供这些资源。

(1) 国土安全部联邦紧急事务管理局负责并确保按照应急反应功能 6 做好协调疏散撤离工作，以保证有足够的避难资源和食品资源。

(2) 国土安全部联邦紧急事务管理局负责并确保州和地方疏散撤离预案包含运输、道路上的废墟和车辆清除、避难所和其他要素的综合信息，并确保这些预案与联邦、州、部落和地方各级相关的应急反应功能共享。

(3) 国土安全部联邦紧急事务管理局在支持并协调州政府、部落政府和地方政府的应急反应中，负责并确保与应急反应功能 15 协调一致，以便及时、适当地向公众发布足够的大规模疏散撤离行动信息。

(4) 国土安全部联邦紧急事务管理局在支持并协调州政府、部落政府和地方政府的应急反应中，负责并确保与应急反应功能 9——搜救功能协调，确保向被营救出的人员提供疏散撤离机会。

5. 交通运输

交通运输功能负责提供交通资源，确保所有受影响人群的疏散撤离，并向那些自己无法疏散撤离的个人和家庭提供足够的交通运输工具，包括无障碍交通运输工具。

(1) 国土安全部联邦紧急事务管理局签订并维护能够提供巴士和航空疏散撤离支援的合同。如有必要，国土安全部联邦紧急事务管理局可以签订更多的其他交通运输合同。如果商业运输不可能，则可向国防部和其他联邦部门请求更多的运输支援。应急反应功能 8 支持州政府、地方政府和部落政府申请国防部支援病人的运送，国防部可以提供空运和地面支援力量。必要时，经国防部长批准，可以运送病人。

(2) 国土安全部联邦紧急事务管理局负责确保有足够的资源用于疏散撤离工作，包括但不限于，确保疏散撤离路线沿途的燃油供应和基本车辆服务，确保联邦疏散撤离车辆配备空间定位设备。

（3）国土安全部联邦紧急事务管理局和应急反应功能 1 共同负责与州政府机构、部落政府机构和地方政府机构协调疏散撤离路线，尤其应确定疏散撤离运输所需的基础设施状况。

（4）应急反应功能 1 应当就受灾地区的人员疏散和应急反应队伍及供应物资的流入问题，在州政府、部落政府和地方政府和联邦现场应急反应人员之间进行协调。

（5）国土安全部联邦紧急事务管理局通过几方面行动来支援大规模疏散撤离，包括通过应急反应功能 7 和国土安全部联邦紧急事务管理局的后勤部门来处理和协调物品、设备和应急反应人员运送的请求。

（6）国土安全部美国海岸警卫队应当与应急反应功能 1 共同协调水上疏散撤离预案的制订和实施。

6. 燃油供应

燃油供应功能负责并确保疏散撤离中有足够的燃油供应（主要是汽油和柴油）。考虑事项包括疏散撤离沿途向自行疏散撤离车辆、政府提供的运输车辆和应急反应车辆提供燃油。

国土安全部联邦紧急事务管理局应当：

（1）与州政府、部落政府和地方政府以及应急反应功能 12——能源支持功能协调，确保疏散撤离路线沿途有足够的预先准备的燃油（汽油和柴油）供应。

（2）与应急反应功能 12 及州政府、部落政府和地方政府协调，确保在疏散撤离路线沿途专门安排油料补给或输送。

（3）与应急反应功能 12 和应急反应功能 13 协调，设立并控制专用加油站，供疏散撤离期间应急反应人员使用。

能源部、应急反应功能 12 或其他授权的政府机构可临时解除或放弃其他联邦机构的各种要求或规定，以利疏散撤离，包括：

（1）运输部的连续驾驶时间要求。

（2）州运输局的卡车载重限制。

（3）商务部或国土安全部的琼斯法执法。

（4）环境保护局的燃油质量要求。

7. 大众关怀、紧急援助、住房和人道主义服务

应急反应功能 6 的使命是为没有或暂时失去资源的个人和家庭提供避难所或住房、食物、生活基本用品，帮助家庭团聚，以满足这些人的需求。在疏散撤离中，应急反应功能 6 必须与提供疏散撤离服务的机构认真协调。

（1）国土安全部联邦紧急事务管理局应与州政府机构、部落政府机构和地方政府机构，以及应急反应功能 6 的支持机构协调，确保足够的避难设施和照管设施，包括有特殊需要的人群使用的那些设施，以接纳疏散撤离人员。

（2）应急反应功能 6 应当在大规模疏散撤离中满足食品和避难请求需要，并提供安全保卫，支援州政府、部落政府和地方政府的疏散撤离工作。

（3）应急反应功能 6 应当在突发事件之前、期间和之后与州政府主要的大众关怀机构共同确定可能接受灾民的州。

（4）国土安全部联邦紧急事务管理局的志愿者机构联络处应当就联邦支援的疏散撤离行动，与灾民撤离州和灾民接受州的全国灾害志愿者组织分支机构、其他非政府组织和私营机构进行协调。

8. 公共卫生与医疗支援

必须确定疏散撤离人员的医疗护理和特殊需要，并提供适当的援助。公共卫生与医疗支援包括可以监控有医疗和功能需要的疏散撤离人员的专门运输；照顾那些普通避难场所无法满足其需要的疏散撤离人员；在接收地点安排人员监控个人援助。

（1）应急反应功能 8 对州政府、部落政府和地方政府的卫生护理机构提供支援，包括疏散撤离前对市民中的伤病员进行分类，以及在指定的中转地和接收地提供医疗支援。

（2）应急反应功能 8 应当根据州政府机构、部落政府机构和地方政府机构的请求，与有特殊需要人群的避难所协调医疗支援工作。

（3）应急反应功能 8 支援州政府、部落政府和地方政府疏散撤离病人，包括医院、收容所和私人疗养院的病人，以及在疏散撤离中心被确定为有医疗问题的人。应急反应功能 8 负责疏散撤离在国家灾害医疗系统野战医院住院或门诊治疗的病人。

（4）应急反应功能 6 应当协调疏散撤离中的医疗急救工作，而应急反应功能 8 则应当与州政府机构、部落政府机构和地方政府机构协调中转地和接收地的紧急医疗护理工作。

（5）应急反应功能 8 应当支持应急反应功能 11 与州政府、部落政府和地方政府的协调，在疏散撤离的中转地和接收地点提供兽医急救和护理。此外，动物必须在中转地和接收地接受筛查，确定健康状态，确定动物传染病的潜在带菌动物。

9. 公共安全与保卫

在要求大规模疏散撤离的突发事件中，州政府和地方政府执法机构主要负责提供公共安全与保卫。在大规模疏散撤离期间，州政府执法机构、部落政府执法机构和地方政府执法机构应当按照其相应的预案和方案开展安全与保卫工作。但是，州政府、部落政府和地方政府公共安全机构和其他私营机构的资源可能迅速捉襟见肘，会请求州内，其他州（根据互助契约）或联邦政府（通过应急反应功能 13）提供后勤或行动支援。

应急反应功能 13 可在以下与疏散撤离有关的功能方面帮助州政府、部落政府和地方政府：

（1）对预先确定的运输设施进行安全评价。

（2）指定疏散撤离地点的现场保卫。

（3）交通管制和/或运输保卫。

（4）疏散撤离人员携带违禁武器的筛查。

（5）派遣部队保卫。

（6）预案制订和技术方面的一般性支持。

此外：

（1）如果州政府、部落政府和地方政府提出请求，应急反应功能 13 应当与州政府、部落政府和地方政府协调，确保中转地、接收地点和乘车点的安全，实施交通管制或人群控制。还可以在这些地点提供如下支援：公共安全、安全评价、进出控制和专业化的保卫人员。

（2）应急反应功能 13 应当负责与联邦机构协调，对联邦政府管理的疏散撤离人员的避难设施提供安全保卫。

三、应当采取的行动

1. 预先应急反应行动或初期行动

国土安全部联邦紧急事务管理局与受灾州的州长共同确定对州政府、部落政府和地方政府请求的支援，包括可能需要的联邦级的市民疏散撤离。州政府、部落政府和地方政府提供其疏散撤离预案和信息，以及已经采取的任何有助于疏散撤离的行动信息。所有空运疏散撤离行动，包括乘坐民用和军用飞机，都必须与运输部或联邦航空管理局协调。协调时应当考虑州政府、部落政府和地方政府确定的特殊需要人群和服务性动物或家养宠物。

国土安全部联邦紧急事务管理局应当与可能接纳灾民州的州长共同确保大众关怀服务，支援疏散撤离人员的接纳工作。

国土安全部联邦紧急事务管理局应当与州政府、部落政府和地方政府一起，制订切实可行的返回计划，并在时机合适时组织实施。

国土安全部联邦紧急事务管理局应当与管理重大事件之前、期间和之后国家空域的运输部/联邦航空管理局共同制订并实施利用飞机进行疏散撤离的预案。

化学污染、生物污染、放射性污染和核污染可能影响选择的疏散撤离路线。跨机构模拟与大气评估中心对空中危险材料的释放提供官方的联邦预测。应急反应功能 10 提供各种灾害环境污染范围的评价，包括地面取样和监控。联邦放射性监控与评价中心协调放射性突发事件的联邦级环境污染取样和监控评价。联邦跨机构的环境、食品和卫生顾问团为突发事件指挥和其他决策人提出放射性突发事件的协调意见和建议，包括疏散撤离和就地避难方面的建议。

指派到国家应急反应协调中心、区域应急反应协调中心和现场联合办公室的运作和预案制订人员履行以下职能：

（1）确定行动要求并列出重点。

（2）必要时，与现场联合办公室的后勤部门和应急反应功能 7 协调，以获得疏散撤离所需的供应、设备和人员。

（3）负责并确保资源的跟踪。国土安全部联邦紧急事务管理局的后勤部门确保车辆定位设备、跟踪软件（或系统）和通信设备完好，确保主要疏散撤离地点与所有疏散撤离车辆之间的通信联络。

（4）与州政府机构、部落政府机构和地方政府机构以及应急反应功能 15 协调，确保公众（包括有特殊需要的人群）知道疏散撤离的时间、中转站、主要路线和疏散撤离方式。

（5）与州政府机构、部落政府机构和地方政府机构以及应急反应功能 13 协调，确定是否需要联邦政府提供公共安全和保卫支援。

2. 后续行动

过渡到运作管理工作的运作机构履行如下疏散撤离职能：

（1）国土安全部联邦紧急事务管理局确保充足的车辆和驾驶员，并将车辆派往接人地点。

（2）国土安全部联邦紧急事务管理局确保在接收现场有运输资源，包括无障碍运输工具，以便将被疏散者运送到一般大众避难所或能满足特殊需要的避难所。

（3）国土安全部联邦紧急事务管理局、国防部和其他涉及航空疏散撤离的主要联邦政府、州政府和地方政府应与运输部或联邦航空管理局保持持续协调，以便空运撤离顺利通过各种导航服务，包括空中交通管制、流量管理和空域管理措施。

（4）联邦应急反应人员还应与应急反应功能2——通信功能协调，以便与地方通信基础设施保持连接。

（5）国土安全部联邦紧急事务管理局确保疏散撤离中使用的每辆联邦车辆都有载客名单。

（6）应急反应功能6确保有足够的联邦资源支持疏散撤离路线沿途的食物和避难物资供应。

（7）应急反应功能6与非政府组织和州指定的大众关怀领导机构一起工作，确保有足够的资源，支持联邦政府在灾民接纳州的工作。联邦紧急事务管理局志愿者机构联络处通过特设（尚没有纳入大众关怀工作）机构的信息鉴别、信息共享和报告，支援州政府的大众关怀工作。

（8）应急反应功能8协调为病人和那些有医疗需要的人群提供医疗中转和后送卫勤工作。

（9）应急反应功能11确保在受灾州和接纳州之间的家养宠物和服务性动物的疏散协调和信息发布工作。

（10）应急反应功能12应当与联邦紧急事务管理局、其他联邦机构、各州政府和能源供应企业协调，确保疏散撤离路线沿途应急反应人员和市民能获得足够的燃油。私营燃油销售商应开放专用零售出油口，向应急反应人员和（或）疏散撤离人员供应燃油。应急反应功能12应当将所有信息向应急反应功能5通报，以便应急反应功能5了解情况，提高大规模疏散撤离的协调力度。

（11）国土安全部联邦紧急事务管理局应当与州执法机构、部落执法机构和地方执法机构以及应急反应功能13协调，确保用于疏散撤离的联邦运输财产的安全。

（12）应急反应功能15应当支持州政府、部落政府和地方政府工作，确保市民知道疏散撤离路线和疏散撤离可用的资源，以及登记场所。联邦对外事务应急反应部门应当通过广播互联端口和公共通告行文和发布系统，以图示化和网络方式支持州政府、部落政府和地方政府发布疏散撤离命令；与应急反应功能15协调，对视听障人群和不会说英语的人群发布疏散撤离命令。应急反应功能15还应通过私营机构，支持州政府、部落政府和地方政府，帮助指导疏散撤离，并向家庭、学校、疗养院和医院提供疏散撤离指导。

3. 重返家园

国土安全部联邦紧急事务管理局应当：

（1）与州政府、部落政府和地方政府协调，制订灾民重返家园的计划。

（2）与应急反应功能3、应急反应功能10（油料和危险材料应急反应功能）、应急反应功能12、应急反应功能13和应急反应功能14（社区长期恢复功能）协调，确保重返灾区人员的安全，确保基础设施对重返家园人口的承载能力。

（3）与州政府、部落政府和地方政府一起工作，协调灾民重返家园工作，提供所需车辆，包括无障碍车辆。

（4）确定住房（包括重返家园）安置方案，让疏散撤离人员暂时离开原住地居住下来。

四、职责

1. 州政府、部落政府和地方政府的职责

州政府、部落政府和地方政府在其相应的辖区内有权力，也有责任制订本辖区的疏散撤离预案，组织运输，提供蔽护场所，保卫公共安全，保护个人安全和非联邦财产的安全。在大规模疏散撤离期间，州政府、部落政府和地方政府可能面临的特殊挑战是向州内、或有互助契约的州、或联邦政府申请后勤和行动方面的更多支持。

州和地方运输机构在疏散撤离预案制订和实施过程中所起的作用非常重大。州运输部应当与公路巡逻警察或州警察部门协调，制订措施，限制或控制联邦公路和州级公路上的交通流量，以加速疏散撤离进度。运输机构和学区的公交车应当运送那些无个人车辆可使用的疏散撤离人员。智能运输系统、便携式摄相机和交通计数监测器可提供关键的疏散撤离行动的反馈信息，但这要视条件和备用电源情况而定。可利用可变信息标志牌，向疏散撤离人员提供快速导向，州和地方运输机构可通过应急无线电广播，向疏散撤离人员和官员提供不断更新的信息，帮助疏散撤离。公众信息可用英语和当地居民合适的语言和方式播报。

在疏散撤离中，州政府的具体作用各州可能不尽一样。（然而，无论涉及到哪个联邦机构，只要启动空运疏散撤离，都应当与运输部/联邦航空管理局协调。）通常，州法律都会规定州长有宣布紧急情况的权利，并承担保护本州居民健康和安全的特别权力和职责。与疏散撤离有关的特别权力包括：

（1）制订、修订或废除法规，发出提供生活必需品和供给品及设备的指令。

（2）指挥州和地方执法官员，包括州国民警卫队。

（3）规定疏散撤离路线、运输方式和目的地。

（4）控制灾区进出和占用灾区房屋。

（5）命令、指导、强制或建议疏散撤离。

负责保护市区、县和教区居民的健康和安全，包括下达辖区疏散撤离命令，提供现场急救人员的权利。

2. 协调机构：国土安全部联邦紧急事务管理局的职责

国土安全部联邦紧急事务管理局的各分区和总部为州政府、部落政府和地方政府制订大规模疏散撤离预案，包括为可能的多州协调提供指导和技术帮助。州级预案、部落预案和地方预案应当：

（1）建立在最糟的情景假设之上。

（2）确定预案的不足之处和能力缺陷。

（3）依据本州政府结构和本州应急反应预案。

（4）对于事先确定的差距，提出整合联邦支援力量或其他州支援力量的方案。

（5）确定对联邦支援的请求。

（6）列出有特殊需求的人群，包括病人和其他有医疗需求的人群。

（7）列出动物疏散撤离需要考虑的事项。

（8）制订装（上）车/卸（下）车行动预案，包括确定所有必须的资源和工作人员的角色和责任。多州预案还必须提出协调各州资源的方案。

国土安全部联邦紧急事务管理局应当：

（1）为大众关怀工作确定后勤支援预案。

（2）按国家应急反应管理体系框架中的规定，受理并协调州和地方政府提请联邦帮助运送物品、设备和应急反应人员的请求。

（3）拟订与灾民接纳州的州政府进行通信的协议。

（4）联邦紧急事务管理局的后勤部门建立运输管理小组，其活动纳入医疗管理小组（应急反应功能8）和大众关怀管理小组（应急反应功能6）。

3. 合作机构的职责

表11

机　构	职　责
农业部	在国土安全部联邦紧急事务管理局的任务分配部门授权时，通过应急反应功能7向动员中心提供人员和支援。 通过应急反应功能6，为撤离人员住房安置提供人员和支援
商务部 国家海洋与大气管理局 国家电信与信息管理局	提供疏散撤离行动区域的天气和其他环境方面的信息。 与国土安全部联邦紧急事务管理局协调，支持应急报警系统，并通过国家海洋与大气管理局的天气无线电系统、天气有线服务和应急管理天气信息网络针对各种灾害向公众发布灾前和灾后重要信息。 提供近实时运移、大气释放的扩散和预测情况报告，以便避难和疏散撤离时采取保护措施。 国家电信与信息管理局提供无线电频谱管理，快速分配无线电频谱，支持应急反应工作
国防部	经国防部长批准，在接到申请，且条件许可时，按照国家灾害医疗系统的规定帮助运送病人，支援疏散撤离工作
	美国陆军工程兵部队： 为应急反应功能3的工作准备和实施，提供后勤资源。 作为实施应急反应功能3职责的一部分，在接到国土安全部联邦紧急事务管理局申请时，美国陆军工程兵可协助搭建现场办公室
能源部	通过应急反应功能12，为疏散撤离路线沿途的燃料供应提供协调和资源，为疏散撤离应急车辆提供协调和资源
卫生与人道主义服务部	提供特殊需要人群和医疗避难点方面的信息。 向中转地和接待点提供工作人员，尽可能提供简便的医疗和心理健康服务。 灾后，支援联邦紧急事务管理局帮助病人重返家园
国土安全部	**运输安全管理局：** 通过应急反应功能1和应急反应功能13，向联邦、州、部落和地方大规模疏散撤离的预案制订者、机场和运输机构提供大规模疏散撤离运输安全和执法技术协助和资源，并确保向预案制订者、机场和运输机构提供联邦运输安全指南和规程

续表

机　　构	职　　责
国土安全部	**美国海岸护卫队：** 为水上疏散撤离提供技术协助、资源和协调支援 联邦紧急事务管理局： 按国家应急反应管理体系框架中的规定受理并协调向联邦政府提出的运送物品、设备和应急反应人员的民用运输支援请求
司法部	根据联邦支援的级别和类型，通过应急反应功能13，向州执法机构、部落执法机构和地方执法机构派出相应级别和相应类型的联络员，并提供资源和指导，确保疏散撤离行动安全。 应急反应功能13的任务包括运输设备的安全评价，疏散撤离地点的现场安全，交通管制和安全，武器筛查，武力保护，一般预案制订和技术协助，中转点、沿途载客点和疏散撤离车辆上的人群控制，公共安全保安评价，出入控制和其他安全事务
运输部	**通过应急反应功能1：** 监控和报告运输系统和基础设施的损毁情况； 发布服务时间和延期通告； 提供疏散撤离和其他空中应急反应行动必须的空域导航服务（例如：空中交通管制、流量管理、临时飞行限制等）
退伍军人事务部	接到请求时，指派、部署现有的内科医生、外科医生、精神卫生专家和其他卫生服务人员
联邦总务服务管理局	签订电信支援合同，安排联邦疏散撤离队伍所需的设备，或根据应急反应功能7规定的职责征用物资和设备或签订供应和设备合同
美国红十字会	向联邦紧急事务管理局派遣应急反应功能6（大众关怀）的联络员，与州政府大众关怀方面的牵头机构和联邦紧急事务管理局一起受理资源请求，支持联邦疏散撤离，并提供大众关怀方面的信息
全国灾害志愿者组织	通过与州或地方志愿者机构共享信息和通信，向受灾州提供大众关怀方面的支援
国土安全部的基础设施保护办公室	国土安全部的基础设施保护办公室是国土安全部协调重要基础设施和关键资源保护预案的执行机构，负责与政府和私营合作伙伴协调，负责收集重要基础设施和关键资源的恢复和保护信息、影响分析和优先考虑的重点建议。国土安全部基础设施保护办公室负责与现场联合办公室和其他现场机构（包括州应急反应中心和地方应急反应中心）的联络

五、附录

附录A　联邦和国家机构的疏散撤离职能

表11　联邦和国家机构的疏散撤离职能

合作机构	应急反应协调功能	大规模疏散功能										注释
		协调（联邦）	协调（非联邦）	运输	安全	大众关怀	装货清单/登记在册	燃油供应	特殊需要	家养宠物	公共信息	
国土安全部联邦紧急事务管理局	应急反应功能1,6,8，9，11,12,15	■	■	■	■	■	■	■	■	■	■	尽管联邦紧急事务管理局并不能直接提供每一项功能，但它负责确保每项功能得到充分满足
美国海岸警卫队	应急反应功能1			■					■			协调经由水上的疏散撤离。还负责协调处理由搜救队救出的人员，帮助他们疏散撤离到合适的地方
国土安全部运输安全管理局	应急反应功能1,13			■	■							通过应急反应功能1和应急反应功能13，协助联邦、州、部落和地方预案制订人员评价并确认大规模疏散撤离所需的多模式运输安全。协助机场运作人员制订机场安全预案；提供监管；协调联邦航空安全工作。通知机场运作人员和运输公司面临的威胁

续表

合作机构	应急反应协调功能	大规模疏散功能										注释
		协调（联邦）	协调（非联邦）	运输	安全	大众关怀	装货清单/登记在册	燃油供应	特殊需要	家养宠物	公共信息	
美国农业部	应急反应功能 11					■				■		为陪伴和服务性动物的疏散撤离和安置提供指导。为确定疏散撤离人员住所提供人员和支援
商务部国家海洋与大气管理局	应急反应功能 5										■	提供疏散撤离区域和沿途路线天气信息。协助公众通过应急预警系统联络
能源部	应急反应功能 12							■				与联邦紧急事务管理局、其他联邦机构、各州和能源企业协调，为疏散撤离路线沿途提供燃油，并为疏散撤离期间的应急反应车辆提供燃油

续表

合作机构	应急反应协调功能	大规模疏散功能										注释
		协调（联邦）	协调（非联邦）	运输	安全	大众关怀	装货清单/登记在册	燃油供应	特殊需要	家养宠物	公共信息	
运输部	应急反应功能1	■	■									与航空公司和机场协调，确定何时中止空运并列出哪几个机场优先用于疏散撤离，确保这些机场尽可能长时间的运作（只适用于运输部负责的职能）
国防部	应急反应功能8			■			■		■			在国家灾害医疗系统启用后，根据请求和能力，帮助应急反应功能8运输（有特殊医疗需要的病人）。国防部按照国家灾害医疗系统的规定管理他们运送的所有病人。利用美国北方司令部的跟踪系统跟踪国家灾害医疗系统运送的病人

续表

合作机构	应急反应协调功能	大规模疏散功能										注释
		协调（联邦）	协调（非联邦）	运输	安全	大众关怀	装货清单/登记在册	燃油供应	特殊需要	家养宠物	公共信息	
国防部	应急反应功能 1			■								在没有商业运输时，经国防部长批准，国防部还可根据应急反应功能 1 提供一些疏散撤离运输
国防部美国陆军工程兵	应急反应功能 3											支援疏散撤离路线沿途损坏的道路、桥梁和其他结构的修复
卫生与人道主义服务部	应急反应功能 8					■			■	■		向中转站和沿途上车点提供工作人员，提供卫生和医疗服务
司法部	应急反应功能 13				■	■						向州、部落和地方政府执法机构提供保卫支援。必要时，保护中途上车点、转运站和大众关怀场所的疏散撤离人员安全

续表

合作机构	应急反应协调功能	大规模疏散功能										注　释
		协调（联邦）	协调（非联邦）	运输	安全	大众关怀	装货清单/登记在册	燃油供应	特殊需要	家养宠物	公共信息	
美国红十字会	应急反应功能6					■						负责与联邦紧急事务管理局协调，确保获得足够的避难场所信息，并负责协调各疏散撤离人员接收点的接收工作
活跃在灾区的全国性志愿者组织	应急反应功能6					■						为受灾州的大众关怀工作提供支援

附录B　大规模疏散撤离程序

联邦资源的请求、资源确定、派遣、签发和运送工作通常按照以下程序步骤（图1）实施：

（1）确定大规模疏散撤离所需人力物力资源。这些资源包括设备供应或服务。

（2）地方政府应努力以现有的人力物力资源满足需要。如果地方政府没有这些资源，应将资源需求送交州政府。

（3）州政府接到资源需求申请时，应设法用现有的资源和商业资源来满足地方政府提出的需求申请。如果州政府与邻近州签有应急援助合同或互助协议，可以根据这些合同或协议请求邻近州的资源。如果州政府无法满足资源需求，应当请求联邦政府援助。

（4）如果没有设立现场联合办公室，区域应急协调中心受理经确认的联邦援助请求，并确定是否能满足联邦援助请求，以及如何满足联邦援助请求。

（5）如果已设立现场联合办公室，则应将联邦援助请求提交到联邦援助请求受理处，受理处应当确定分段储备区是否有资源可满足这些要求。如果不能立即获得所需资源，则应将该请求移交后勤处。

（6）现场联合办公室后勤处长可以调用后勤基地的资源，满足这些资源请求。

（7）直接把任务分配给另一个联邦机构来满足这些请求；或必要时，向行政财务处提交一份物品和服务申请单，并推荐供应商。

（8）如果现场联合办公室不能提供这些资源需求，后勤处长将需求送交国家应急协调中心。

（9）国家应急协调中心受理并决定怎样满足这些需求。

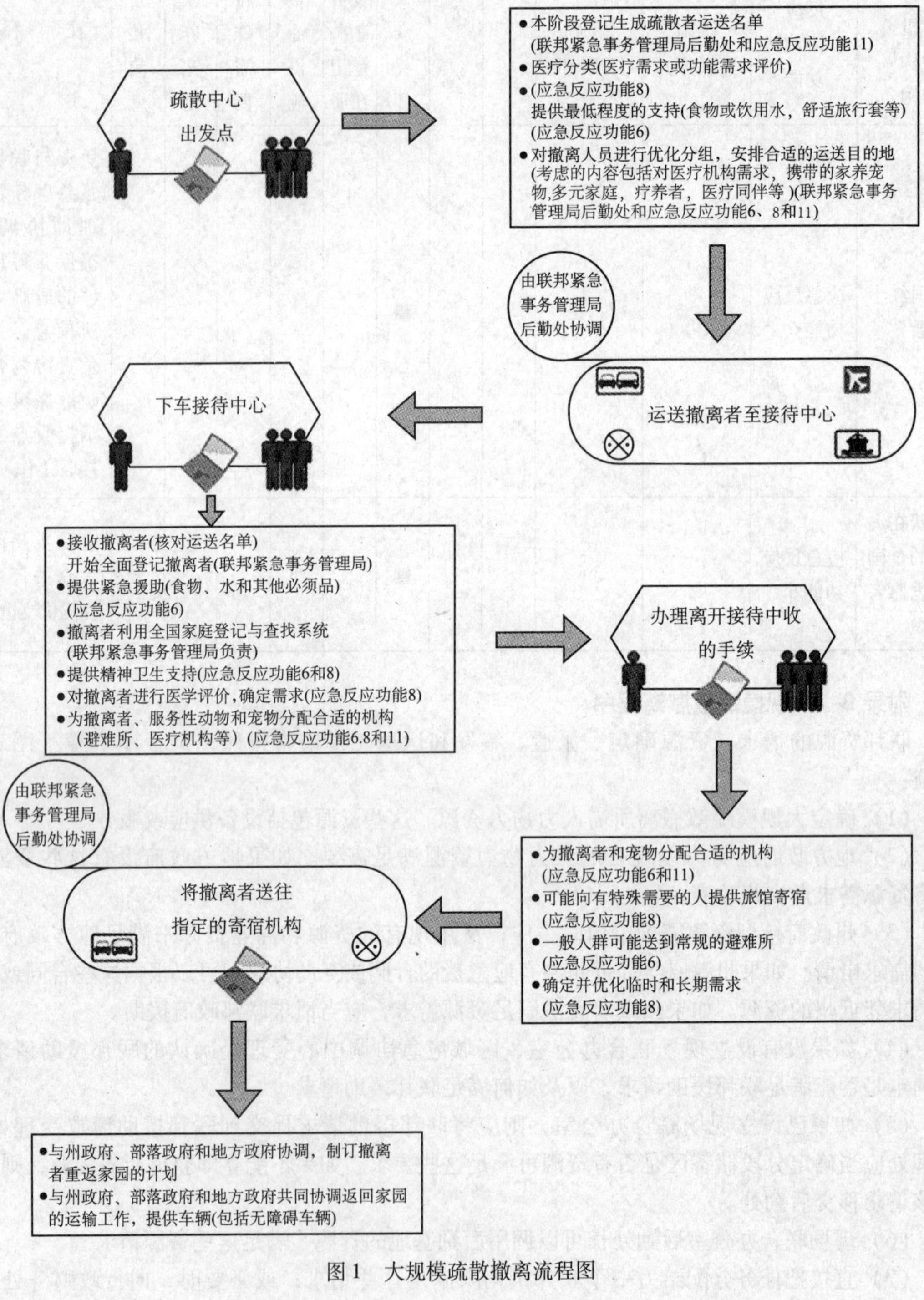

图 1　大规模疏散撤离流程图

第八章　恐怖活动突发事件执法与调查附件

协调机构：司法部联邦调查局

合作机构：国防部、能源部、卫生与人道主义服务部、国土安全部、国务院、美国环境保护总署

一、引言

1. 目的

本附件的目的是便于联邦部门有效执法与调查，以应对美国国内的所有恐怖主义威胁和行为，不管这些威胁和行为是否可信和（或）是否升级为国家重大突发事件。为此，本附件确立了一个全国性的、统一协调的、及时有效的执法与调查应急反应组织系统，以应对美国国内的恐怖主义威胁或恐怖主义行为。

2. 范围

本附件是个战略性文件，该文件：

（1）提出了联邦反恐执法与调查应急行动的规划方针，概述了联邦恐怖活动执法与调查工作的运作机制，以应对美国国内的恐怖主义威胁或实际发生的恐怖主义突发事件。

（2）确认每次威胁或恐怖突发事件的特点、各辖区的能力与职责，预防或减轻具体威胁或突发事件所需的执法与调查活动各有不同的特点，并针对这些特点进行了概括性分析。

3. 政策

美国把恐怖主义看作是国家安全的潜在威胁和暴力犯罪行为，并采用一切手段与这一危险作斗争。行动中，美国将极力阻止这些犯罪，并采取先发制人的行动，以便直接（或帮助其他政府）抓捕和追捕实施恐怖主义袭击或计划恐怖主义袭击的犯罪分子。

为确保根据总统令制定的政策以协调的方式执行，本附件为执行联邦执法与调查的有关联邦机构、州机构、地方和部落机构，应对潜在的或实际发生在美国的恐怖主义威胁或事件（特别是涉及大规模杀伤性武器或涉及生化放核爆材料的那些突发事件）提供全面指导。

4. 联邦机构

美国国内恐怖主义威胁或事件的执法与调查应急反应工作是州政府、地方政府、部落政府和联邦政府的共同职责，也是一项多机构参与的、高度协调的任务。为了支持这项任务，以下联邦机构在执法与调查应急反应的某些方面担当主要职责：

（1）国防部。

（2）能源部。

（3）卫生与人道主义服务部。

（4）国土安全部。

（5）司法部联邦调查局。

（6）美国环境保护总署。

根据国土安全第 5 号总统令，“司法部长负责领导对美国国内由个人或团伙进行的恐怖

主义行为或恐怖主义威胁、或针对国外的美国公民或机构的恐怖主义行为或恐怖主义威胁的犯罪调查，按照 1947 国家安全法和其他适用法律、第 12333 号总统行政命令和司法部长根据行政命令批准的程序，这些恐怖主义行为及其在美国国内收集相关的情报活动属于美国联邦刑事管辖范围。通常，司法部长指挥联邦调查局，与其他从事保护国家安全活动的联邦部门和机构合作，同时协调其他执法部门，采取侦察、预防和先发制人的行动，粉碎针对美国的恐怖主义袭击。对属于美国刑事管辖的恐怖主义威胁或实际突发事件，美国联邦各部门和机构应按照美国法律尽全力采取一致行动，保卫国家安全，协助司法部长确定犯罪者，并将其绳之以法。司法部长和国土安全部长应为两个部门之间的合作和协调建立适当的关系和机制。”

尽管本附件中没有正式规定，但其他负有职责，拥有资源、能力或专门技术的联邦部门和机构也应当支持与恐怖主义有关的执法与调查工作。这些机构应当参与联邦计划和应急反应行动，应当指派联络官员，必要时提供支援。

5. 部署、使用优先重点

除了国家应急反应计划基本计划中规定的重点以外，对恐怖主义威胁或事件执法与调查应急反应基于以下优先重点：

（1）保护生命、健康或将危险降至最低，这是应急反应行动的首要目标。

（2）防止威胁行为实施，或防止现有的恐怖主义行为扩大或加剧。

（3）查找、接近、安全缴获、控制、抑制、清除或处置尚未失去功能的大规模杀伤性武器，并与相关部门和机构（如：国防部、能源部和环境保护总署）协调，处理化学、生物、放射性、核（或爆炸性）材料。

（4）抓捕并成功追捕恐怖主义威胁或恐怖主义事件的罪犯。

6. 预案假定情况和考虑的事项

除了国家应急反应计划的基本计划中规定的预案假定情况和考虑事项以外，恐怖主义威胁或事件（尤其是涉及大规模杀伤性武器和化生放核爆材料的威胁或事件）的执法与调查应急预案基于以下假定情况和需要考虑的事项：

（1）恐怖主义威胁或事件可能发生在一天的任何时间，没有或几乎没有预警，可能涉及一个或多个地理区域，且可能导致规模伤亡。

（2）恐怖分子实际涉及或疑似涉及，加大了突发事件管理的复杂性。

（3）威胁或真实事件的应急反应，包括联邦调查局执法与调查活动在内的多方面行动。

（4）如果受到威胁，则可能没有突发事件现场，没有外部后果，因此，可能不需要建立传统的突发事件指挥系统的各个部分，诸如：突发事件指挥所或现场联合办公室。

（5）恐怖行动，特别是涉及核、放射性、生物或化学材料，目标针对美国人群集中区的恐怖行动，可能造成重大后果，可能会摧毁许多地方政府、州政府和部落政府的应急反应能力，将严重挑战联邦现有的应急反应能力。

（6）如果是生物袭击，后果可能是暂时在一定地理区域上散布，因而没有确定或圈定的突发事件现场。应急反应行动可能要在多个州多个辖区内同时进行。

（7）使用传染性病原发动的生物袭击可能要求联邦政府、州政府、地方政府和部落政府的卫生官员采取隔离措施，遏制疾病的爆发。

（8）如果被化生放核爆物质或其他有害物污染的地区，缺乏合适的个人保护设备和保护能力，则进入污染区的应急反应行动可能要延迟，一直到有害消散至应急反应人员可安全工作的浓度为止，或一直到合适的个人保护设备到达且具备保护能力为止，两种情况快者为准。

7. 情况

恐怖威胁或事件的复杂性、范围和潜在后果要求具备快速处置情况的决策能力。处置恐怖行动要求各级政府具备超常规的执法协调能力、犯罪调查能力，以及超常的保护措施、高超的应急管理能力和丰富的专业技术知识。突发事件可影响一个或多个地点，其中每一个地点都可能既是突发事件出事地点、危险地点，也是犯罪地点。

二、应急反应机制

1. 指挥和控制

联邦调查局是恐怖行动或威胁犯罪调查和美国国内的情报收集活动的领导机构。联邦调查局通过其指挥所或联合行动中心管理调查和情报收集活动。指挥所或联合行动中心，应与州执法机构、地方和部落执法机构协调应对和处置威胁或突发事件所需的联邦执法资源。

联邦调查局地方分局局长设立指挥所，分级灵活地控制威胁。该指挥所通常由指挥、行动和行动支持三个职能组组成，必要时，受指派参与其他机构的工作（图2）。

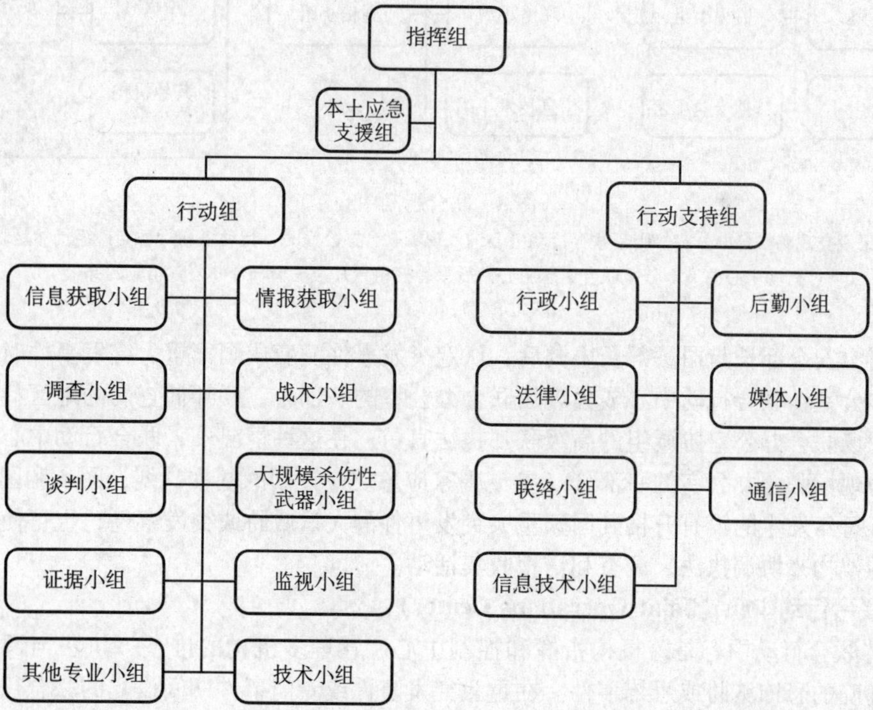

图2 联邦调查局指挥所

当威胁或突发事件超过联邦调查局地方分局的能力和资源时，地区特别行动署可申请区域和国家资源援助，以增强现有能力。如恐怖主义威胁或事件可能涉及大规模杀伤性武器和生化放核爆材料，传统的联邦调查局指挥所将向联合行动中心过渡，在现场联合办公室启动前，可能暂时包括第四项职能组（即后果管控组）（图3）。

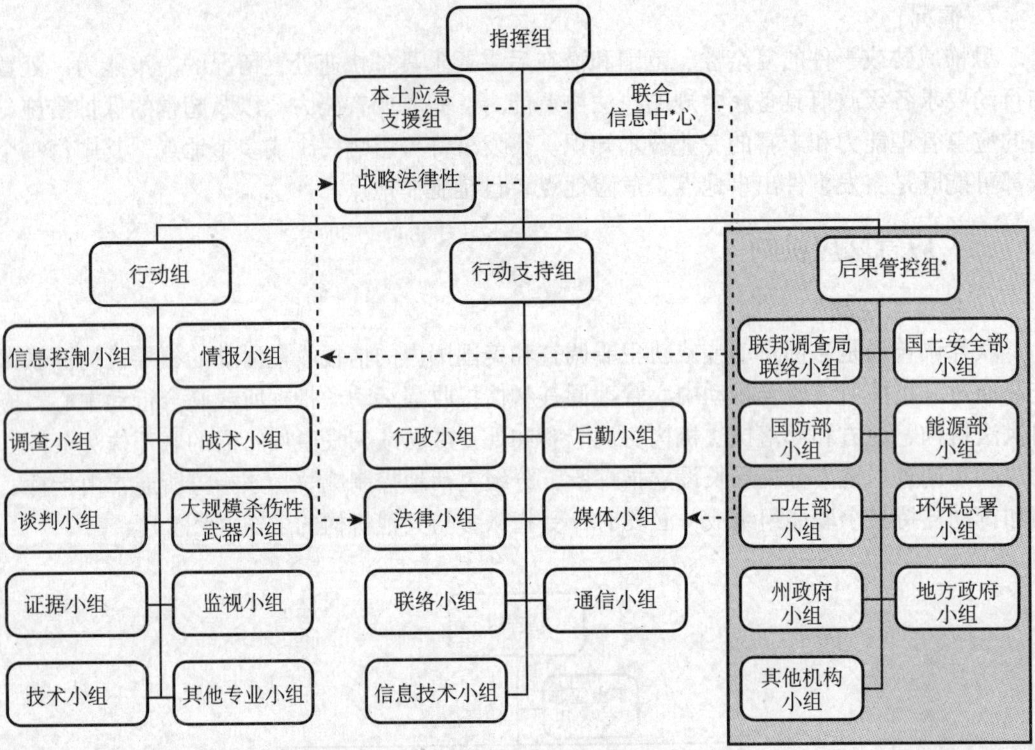

图3　联合行动中心

如果设立现场联合办公室，则当联合行动中心纳入现场联合办公室时，行动组和行动支持组仍然是联合行动中心的一部分，联合信息中心和后果管控组合并为现场联合办公室相应的部分

当国土安全部长与司法部长协调后，认定突发事件演变成国家重大突发事件时，设立现场联合办公室，联合行动中心成为现场联合办公室的一部分，联邦调查局的地区特别行动署长担任现场联合办公室协调组的高级联邦执法官员。在这种情况下，联合行动中心的后果管控组成为现场联合办公室的一部分（参见国家应急反应计划的基本计划，图4和图7）。

对于每年发生的没有升格到国家重大突发事件的大量威胁或突发事件，也可使用联合行动中心的架构来协调执法、调查和情报收集活动。

2. 联合行动中心（Joint Operations Center）

（1）联合行动中心是跨机构指挥和控制中心，管理多机构的准备、执法与调查，以应对的的确确的恐怖威胁或恐怖事件。在重大突发事件或专门事件期间设立的联合行动中心类似于突发事件指挥系统的区域指挥所，组织协调多机构、跨辖区的执法调查行动。按照国家突发事件管理系统中规定的基本原则，联合行动中心组织结构是模块式的，可大可小，并可根据威胁、突发事件或特殊事件管理实际进行裁减组合，以满足特定行动的需要。

（2）突发事件前设立联合行动中心并配备人员，采取先发制人的行动，支持具体的重大事件管理。如果某一事件期间发生重大突发事件，这一监测模式可快速扩大到全面运行模式。联合行动中心是个战略管理工具，借助这个管理工具，可以从一个地点有效协调多个现场的执法调查、情报收集和作业活动。联合行动中心可以是管理威胁、重大突发事件或特殊事件的唯一机构，也可以按照国家应急反应计划，将其归并入其他管理机构。

（3）历史上，执法公共安全功能（诸如：抢先采取有效的巡视和交通管制措施），是通过突发事件指挥系统的运作部分管理的。犯罪调查，情报的收集、分析和发送是敏感的执法行动，要求一个保密的环境和严密的组织管理机构。联合行动中心的任务就是协调这一专业化的执法调查和情报活动。它为敏感信息或保密信息的接近和传播提供了控制机制。在国家突发事件管理系统中，重要信息和情报的管理属于突发事件指挥系统中的第六功能块。联合行动中心的架构支持这一功能块，并强化了重大突发事件和特殊事件的全面管理。

（4）国家突发事件管理系统为突发事件指挥系统和联合行动中心提供了统一管理本土突发事件的组织框架。

（5）联合行动中心由指挥组、行动组、行动支援组和后果管控组四个主要业务部分组成。

3. 指挥组

（1）联合行动中心的指挥组，向联邦调查局地区特别行动署提供制定解决危险情况的战略决策及其执行建议和意见，负责批准执法调查和情报人员的部署和使用。当联合行动中心并入现场联合办公室后，联邦调查局地区特别行动署长担任现场联合办公室协调组的高级联邦执法官员，指挥组仍然担任联邦调查局地区特别行动署的国家重大突发事件顾问，由地区特别行动署主管助理或另一个联邦调查局高级官员领导。

（2）指挥组内联邦调查局代表包括地区特别行动署主管、主管助理和一位被称作危机管理协调员的执行官员。突发事件所在区的联邦调查局现场办公室地区特别行动署主管，负责制定管理重大突发事件或特殊事件的联邦调查执法活动的总体战略，并与其他机构决策人和联邦调查局总部协调战略的实施，并在发生本土重大突发事件和特殊事件时，负责协调其他事件管理人员，共同实施联邦执法活动。危机管理协调员确保地区特别行动署制订的策略传达到联合行动中心的每一个人，确保联合行动中心人员和设备的配备，以便有效地执行地区特别行动署的战略。危机管理协调员还要确保信息在联合行动中心范围内有效流动，及联合行动中心和其他指挥中心控制中心之间有效流动。

（3）联合行动中心指挥组包括地方政府机构、州政府机构和联邦机构有决策权的高级官员，具体组成人员视威胁和突发事件情况确定。联合行动中心指挥组按照统一指挥原则，全盘考虑并确定执法调查和情报收集战略、策略和重点。联邦执法调查、情报收集和行动方案应在可能大的范围内共同确定，但最终决策权归联邦调查局地区特别行动署。

（4）策略法律组、联合信息中心工作组和本土应急支援组，这 3 个专业小组直接向指挥组提供指导和专业知识。

（5）策略法律组由联邦调查局、美国政府律师委员会和地区或州律师委员会的法律顾问组成，负责向指挥组提供危机解决方案方面的法律指导。

（6）联合信息中心工作组由参与工作的地方、州和联邦公共安全机构的新闻发言人组成，现场联合办公室设立后，并入现场联合办公室。联合信息中心管理并统一发布协调的公共信息。联合行动中心应急支援组的新闻小组向联邦调查局地区特别行动署提供联邦调查局所需的专业知识和指导，并与联合信息中心协调，确保媒体策略与调查执法总体战略一致。

（7）本土应急支援组是跨机构专业组，由联邦调查局、国土安全部应急准备与应急反应司、联邦紧急事务管理机构、国防部、能源部、卫生与人道主义服务部和美国环境保护总署相关领域专家组成。向联邦调查局地区特别行动署提供大规模杀伤性武器威胁和突发事件方面的指导。

4. 行动组

（1）行动组处理所有与威胁和重大突发事件或特殊事件有关的侦察、情报收集和执行方面的事务。

（2）行动组内的每个小组都可提供与突发事件处置方案有关的专业知识。

（3）行动组内的小组按模块化设置，可根据具体的威胁和重大突发事件或特殊事件配置人员。

（4）行动组通常由信息整理处（以前称信息管理处）、情报处、调查处和现场行动处组成。

5. 信息整理（或信息管理）处

（1）信息整理处是联合行动中心接收所有信息的中枢。信息整理的目的是，评价电话记录、电子邮件、传真报告和其他信息与威胁、关键突发事件或特殊事件的相关性，检查信息是否先前报告过，并将重要信息输入信息管理系统。信息整理处通过这一过滤机制，确保只有最新的相关信息才能送达联合行动中心。

（2）信息整理协调员负责指挥并指导信息整理处所有人员，并协调本小组与联合行动中心所有其他小组的活动。信息整理处内的人员负责接收输入的信息、处理新信息、适当地追溯信息源头，并按程序对进入指挥所的证据性材料分组。

6. 情报处

（1）情报处负责相关可信的侦察情报和战略情报的收集、分析、归档和传送。情报处将来自各种源头的历史情报与威胁、重大突发事件或特殊事件有关的新的特定情报融合在一起，形成情报产品和情况报告，送达联合行动中心的所有单位、联邦调查局总部战略情报行动中心（SIOC）和现场联合办公室的协调组。这些信息也与国土安全部的国土安全行动中心（HSOC）、国家反恐中心（NCTC）共享，必要时，在充分考虑行动安全的前提下，还与其他政府机构共享。

（2）情报处一般根据功能和职责进一步分组。这些分组负责与危机现场或目标有关的情报工作，建立重大事件调查文件夹和数据库（包括目标、交通工具和组织等内容），分析并确定下一步战略性情报活动走向，与情报界以外的成员进行联络，编写定期简报和危机情况或调查情况报告。情报处负责收集并评价与威胁、危机或特殊事件有关的所有情报，为地区特别行动署进一步制订和修订战略目标服务。

7. 调查处

（1）调查处监督并指导与威胁、重大突发事件或专门事件有关的所有调查活动。调查处通过指导调查信息的收集和管理来执行地区特别行动署的战略。调查处成员来自对威胁、重大突发事件或特殊事件犯罪调查有特定管辖权的机构。调查处的协调员通常是联邦调查局负责调查最重大的违法事件主管。

（2）调查处内的各分组负责审查所有获取的信息，确定其侦察价值。调查处选定、跟踪和评价调查线索，并将调查结果归入相应案例文档。专案人员或首席调查者管理所有证据和资料，必要时，为出庭准备资料。分析人员协助专案人员或首席调查员，确保所有调查资料都可得出符合逻辑的结论。调查处内的记录检查分组负责审查案例文档和数据库，确保有调查价值的所有项目都能得到识别和评价。调查处负责收集和评价调查活动的所有报告，为地区特别行动署进一步制订和修订战略目标服务。

8. 现场行动处

（1）现场行动处由一些具有各种专业技能方面的专家组成，根据威胁、重大突发事件或特殊事件的特定需要行动。现场行动协调员的职责是，确保专业单位的活动与地区特别行动署的战略一致，并支持地区特别行动署战略的实施。

（2）现场行动处可包括部署到危机现场或分级准备的战术、谈判、大规模杀伤性武器或化生放核爆材料、证据响应、监视、技术或任何其他专业单位的代表。现场行动处的任务是向地区特别行动署提供当前信息，在处理威胁、重大突发事件或特殊事件过程中提供专业化协助。联合行动中心和危机现场之间的信息交流，由现场行动处派驻联合行动中心的代表负责。这样可确保联合行动中心和前方决策者都能充分了解情况。现场行动处负责协调其在联合行动中心内的行动，确保每一方都了解其活动对另一个现场单位的影响。

（3）在威胁、突发事件或特殊事件期间，派往现场协助行动的地方政府、州政府和联邦执法专业单位与相应的联邦调查局现场行动单位之间的行动协调由联合行动中心负责。联邦政府应派出特定使命的单位，帮助联邦调查局保持其各自的指挥链，各指挥链之间的行动协调由联合行动中心的代表负责。联合行动中心在战略上管理专业单位的活动。在危机现场，通过前方的指挥机构，诸如：战术指挥所、谈判指挥所和证据响应组指挥中心，从专业角度管理战术层面的活动。

9. 行动支持组

（1）根据威胁、重大突发事件或特殊事件的特定需要，在联合行动中心内设置行动支援组，配备各种专业领域的技术专家。行动支援协调员负责并确保各行动支援组的活动与地区特别行动署的战略一致，并支持地区特别行动署战略的实施。

（2）行动支援可以包括行政、后勤、法律、媒体、联络、通信和信息管理，其使命是支援联合行动中心的调查、情报和行动等工作。

（3）行政和后勤部门的职责类似于突发事件指挥系统的财政和后勤部分。然而，他们的任务只支持与执法调查、情报和行动有关的活动；不承担与突发事件其他方面的行政和后勤职能。

（4）法律与媒体部门制订具体的法律程序，管理媒体事务，支援联合行动中心的调查和情报工作。这些部门围绕与调查有关的具体目标（而不是附属于指挥组的战略法律组和联合信息中心处理的总体战略目标）开展工作，诸如：签发搜查证和新闻稿。

（5）联络部门由来自协助联邦调查局应对威胁、重大突发事件或特殊事件的外部机构代表组成。联络部门也可包括对威胁、重大突发事件或特殊事件没有明确权力或管辖权，但对潜在调查有兴趣的机构的代表。例如：与受影响区相邻的其他辖区的执法机构可向联合行动中心派出代表，了解潜在威胁情况。联络部门的代表还可包括消防部门的人员、公用工程公司的工人或工程专家。

（6）通信部门管理无线电和电话通信，支持联合行动中心的工作。通信部门建立联合行动中心的通信网。也建立联合行动中心与其他指挥中心和控制中心之间的通信网络，确保信息共享及时、可靠。

（7）信息技术部门负责联合行动中心各部门内部和部门之间的计算机系统运行。指派到信息技术部门的信息技术专家和协助者负责并确保联合行动中心运行期间所使用的信息管理系统工作不间断运行。

10. 后果管控组

（1）联合行动中心的后果管控组，由那些提供后果专业技术的机构派出的代表组成，以支援执法活动。联合行动中心不承担后果管理职能；但是，联合行动中心应确保与应急管理有关的执法活动，与相关人员保持全过程及时沟通和协调。

（2）国土安全部的代表协调联合行动中心后果管控组的行动，必要时，加快启动联邦突发事件管理应急反应。联邦调查局和国土安全部的代表为后果管控组筛查威胁或突发事件情报。联合行动中心后果管控组的代表监控执法犯罪调查，并可提供影响一般公共或关键基础设施的决策建议。如果是需要联邦管理的突发事件，则这种运行模式可使突发事件管理保持连续性。

（3）向后果管控组派驻代表的机构，也可指派人员到联合行动中心内的其他部门工作。视突发事件的性质和资源需求情况，别的专业部门也可有支援联邦调查局工作的其他工作组。

（4）如果恐怖主义突发事件的威胁迫在眉睫，联合行动中心后果管控组可向区域应急协调中心主任提出建议，按斯塔福法启动并预先部署少量资源。

（5）在突发事件期间，司法部长可以经由国防部常务秘书长向国防部长请求协助执法和犯罪调查。一旦国防部长批准申请，命令可直接下达到相关单位，也可通过参谋长联席会议主席下达。在申请援助时，如果已指定首席联邦官员，联邦调查局地区特别行动署主管应通知首席联邦官员。

（6）当需要联合行动中心，但现场联合办公室尚未启动，或事件还未达到国家重大突发事件程度时，应设立后果管控组。

（7）当现场联合办公室设立后，后果管控组的代表也可转到现场联合办公室其他部门，承担相应的工作。

三、应急反应

（1）恐怖主义威胁情报可通过任何来源或任何方式获悉，并可通过情报源分析揭示其真伪。接到恐怖主义威胁时，所有地方政府、州政府和联邦机构或部门都有责任通报联邦调查局。如下所述，联邦调查局将评估恐怖主义威胁的可信性，必要时，通告国土安全应急反应中心、国家反恐中心和其他部门机构。

（2）一旦接到美国国内的恐怖主义威胁，联邦调查局在一流跨机构专家协助下，对威胁的可信性进行正式评估。对于大规模杀伤性武器或生化放核爆材料威胁的评估包括以下三个方面：

①技术可行性：对实施威胁的个人或组织获得或生产这些材料的能力进行评估。

②操作的可行性：对以威胁的方式，投掷或使用这些材料的可行性进行评估。

③行为判定：对威胁人实施威胁的可能性进行心理评估，评价任何书面或口头威胁内容。

（3）进行威胁评估，确定威胁是否可信，确定演变中的恐怖主义突发事件是否涉及大规模杀伤性武器或生化放核爆材料。每次威胁的情报变化不定，这将影响联邦应急反应的级别。如果威胁可信，应紧急动用联邦资源，采取灵活的应急措施，抢先准备，防止和（或）化解危险情况。联邦应急反应的重点是采取执法或调查行动，防止和化解威胁，保护公众安全和福祉。此外，意外事件预案的重点是应对可能的后果，并按要求事先落实所需的特定资源。在实际损伤或损失之前，当确认存在可能造成重大毁坏事件的化学、生物、放射性、核或爆炸性（CBRNE）装置或大规模杀伤性武器时，或情报和情况显示这类装置存在的可能性很大时，威胁就大大增加。在这种情况下，威胁演变成大规模杀伤性武器或化学、生物、放射性、核或爆炸性（CBRNE）恐怖主义活动，应采取紧急行动，确定、缴获大规模杀伤性武器或生化放核爆材料，并部署联邦资源增援州、地方和部落当局，以减少或阻止恐怖主义分子使用大规模杀伤性武器或生化放核爆材料。应该注意的是，如果发生没有预警的突发事件，也应进行威胁评估。在这种情况下，重点评估犯罪意图、威胁范围和第二套装置或第二地点的可能性。

（4）联邦调查局负责管理恐怖主义威胁预警系统，确保重要的恐怖信息送达负责反击恐怖威胁的美国反恐执法机构。这些信息应与国土安全部和国家反恐中心协调一致，并通过保密的传输设备传送。恐怖主义威胁预警系统发送的每条信息都是一个警报、一个忠告或一个评估报告。如果恐怖威胁可信并且具体，它就是一个警报；如果威胁可信，但在时间和目标两个方面不确定，则它就是一个忠告，或一个评估，通报恐怖活动的事实和（或）威胁分析结果。

（5）一旦认定威胁可信，联邦调查局总部启动战略情报行动中心，协调并管理国家级的恐怖主义突发事件应急反应行动。通常，战略情报行动中心机构与联合行动中心现场运作机构镜像对应。战略情报行动中心配备来自其他联邦机构的联络官员，负责与联邦调查局协调，并提供援助。战略情报行动中心作为执法行动的枢纽，与国土安全应急中心保持直接联系。战略情报行动中心一旦确定威胁可信，就立即通告国土安全应急中心。这种通告可能导致启动国家应急反应计划的相关部分，以配合联邦调查局行动。

（6）联邦调查局领导与突发事件有关的犯罪调查，战略情报行动中心是所有与应对突发事件调查执法有关的情报枢纽。按照国家应急反应计划要求，必要时，受影响的联邦机构启动总部级应急反应中心。联邦调查局总部开始与其他联邦机构联络，以启动其他联邦机构的应急反应中心，并向战略情报行动中心派出联络官。此外，联邦调查局总部开始与负责现场办公室的地区特别行动署主管沟通，告知可能的行动过程，并讨论部署本土应急支援团队。联邦调查局地区特别行动署主管根据威胁或突发事件的具体情况确定初步行动重点。然后将这一信息发送给联邦调查局总部，以协调资源的落实和部署。

（7）在联邦调查局地区特别行动署主管的运作控制下，联邦调查局设立联合行动中心，联合行动中心是威胁或突发事件犯罪调查、执法和情报活动现场协调的枢纽。当指派首席联邦官员负责恐怖主义突发事件时，联邦调查局地区特别行动署主管向首席联邦官员提供全面及时的合作和资源，必要时，在其权限范围内支持首席联邦官员的工作。首席联邦官员（或由国土安全部长指派的临时首席联邦官员）可选择使用联合行动中心作为临时战略管理机构，以便确定州、地方和部落的需求和工作重点，协调联邦应急反应。联邦调查局地区特别行动署主管配合首席联邦官员工作，包括必要时向首席联邦官员提供突发事件信息，配合首席联邦官员协调与公众的沟通，批准联邦机构间的沟通交流，以便首席联邦官员向公众发布信息。然而，现已认识到，在某些情况中，在调查工作和影响执法工作的问题上，特别是在应急反应的早期阶段，联邦调查局地区特别行动署主管可能需要直接面对媒体或公众的询问。

(8) 联邦调查局地方现场办公室启用危机管理组，在受影响的地区设立联合行动中心，设置地点可能与现有的应急反应机构在一起。在确定联合行动中心的位置时，应考虑到该机构能容纳其他联邦现场活动的机构，如现场联合办公室、联合信息中心和其他支援组。而且，外部机构也会增援联合行动中心，包括来自本土应急支援组（若部署）的代表，这些代表，在从联邦调查局指挥所向联合行动中心过度期间，提供跨机构的专业知识，维持机构间工作的连续性。

(9) 联邦调查局局长和国土安全部中负责应急准备和应急反应的副部长，经与司法部长和国土安全部长磋商后，可根据可信的威胁评估和地区特别行动署主管的申请，请求国家安全理事会授权，部署本土应急支援组，协助地区特别行动署主管减轻危机形势。本土应急支援组是一支可快速部署的跨机构组织，负责提供专家意见和联邦政府处置恐怖主义威胁或事件方面的能力支援，包括执法、犯罪调查和应急管理援助、技术和科学建议，并可据生化和核放射性武器的具体情况指导突发事件预案的制订工作。

(10) 本土应急支援组到达联邦调查局的指挥所或联合行动中心后，担任地区特别行动署主管的独立顾问组，提供行动方针建议。在联合行动中心建立之前，视情况需要，可向本土应急支援组布置任务。联合行动中心人员配齐之前，本土应急支援组可承担联合行动中心的一些跨机构的特殊职能。本土应急支援组的应急管理部分并入联合行动中心机构的后果管控组。

(11) 在实际大规模杀伤性武器或化学、生物、放射性、核或爆炸性（CBRNE）突发事件发生之前，执法、情报和调查活动通常应有优先重点。当突发事件导致使用大规模杀伤性武器或化生放核爆材料时，营救和救生通常是重点。在突发事件管理中，这些活动可以交错进行，也可以同时进行，这取决于具体威胁情况和突发事件应对策略。

(12) 执法或情报目标一旦实现，且不存在进一步的紧急威胁，联邦调查局地区特别行动署主管可以解散联合行动中心，并根据事前的方案下令恢复日常的执法和调查工作。

(13) 一旦发生突发事件并在出事地点设立突发事件指挥部，联邦调查局的人员并入突发事件指挥部，以加强联邦调查局的能力，完成其使命（图4）。联邦调查局的人员在突发事件指挥部主要有三项特定的工作。首先，联邦调查局特工（SA）或联合反恐特遣队（JTTF）相关人员，从突发事件指挥官或他（她）指派的人那儿接收一份最初的简报，并作为统一指挥部的成员与突发事件指挥官密切配合工作。然后，联邦调查局的代表向地方现场办公室通报当前的情况，必要时，申请增加人力物力资源。当联邦调查局的更高级特工到达现场时，他（她）将在统一指挥部中担任联邦调查局的代表。

(14) 首先到达的特工或联合反恐特遣队成员作为副指挥参与行动部门工作。这一职位负责部署和协调联邦执法与调查的资源，支持突发事件行动计划的实施。还应指派一位联邦调查局特工担任突发事件指挥所计划科副科长之职。这一职位允许联邦调查局特工随情况更新，并作为申请更多执法与调查资源的通道。必要时，该特工还将联邦目标写进突发事件行动计划。来自联邦调查局的人员还可在运作部门组成一个独立的小部门。在整个突发事件过程中，突发事件现场总指挥、联合行动中心的指挥组和现场联合办公室的协调组（若已设立）的行动和活动，应当连续不断，完全协调。

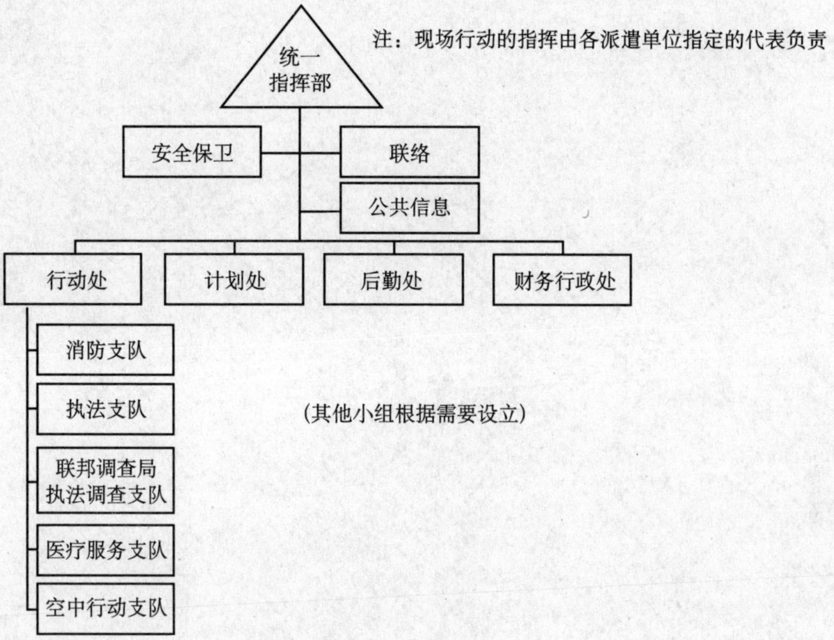

图4　现场协调

第四部分

应急支持功能附件和支持附件概述

——协调联邦援助使之支持《美国国家应急反应框架》

本文档特别为应急管理者而编写，作为请求和提供所有形式联邦援助时过程、角色和责任的概述。本概述同时也给出 15 种应急支持功能附件和 8 种支持附件的概要，包括它们的目的、能力、成员和运作设想。完整的附件可在在线的国家应急反应框架资源中心找到。

更多关于国家在突发事件中如何实施应急反应的信息，请参阅《国家应急反应框架》。

第一章　引　言

国家应急反应框架为所有应急合作伙伴提供了实施应急准备和国家统一应对灾害和突发事件（从最小的突发事件到大规模的灾难事件）的指导原则。该框架界定了国家应急反应的主要原则、任务和组织结构。国家应急反应框架提出了社区、部落政府、州政府、联邦政府、私营机构和非政府组织如何将这些原则运用于协调有效的国家应急反应行动中。国家应急反应框架长期有效，其组成要素可以在任何时间、任何级别的应急反应中实施运用。

本概述支持国家应急反应框架，并为国家应急反应框架提供相关的进一步指导。本概述特别对请求和接受联邦政府援助的基本过程进行了阐述，概述了关键应急反应能力和紧急支持功能附件及其支持附件所提供的必要支持要素。

本概述包括以下主题：

（1）关键的应急反应参与者：需要援助或提供援助的组织和实体。

（2）联邦援助：介绍了州政府、部落政府、地方政府和其他联邦伙伴请求获得联邦援助的程序。

（3）应急支持功能附件：摘要介绍了15个应急支持功能，将联邦政府的资源和能力组织成运作层面上的提供援助功能的主要机制。

（4）支持附件：摘要介绍了8个支持附件，其中叙述了所有突发事件通用的基本保障内容。

国家应急反应框架还包括突发事件附件，它描述了需要启用国家应急反应框架机制的实施处置的特定类别的突发或危险情况。本概述文件不直接介绍或概述突发事件附件。读者可在国家应急反应框架资源中心（http：//www. fema. gov/NRF）了解突发事件附件。

有关请求和接受援助及其法律的详情请参见美国国家应急反应框架资源中心网站。该资源中心网站也提供应急反应合作指南，斯塔福法及其他法律和规定。

第二章　主要参与者

一、地方政府

地方政府（县政府、市政府或镇政府）日常用自有的资源应对紧急情况。需要额外的资源时，地方政府还将依赖于与周边邻区的互助和援助协议。国家突发事件管理系统提供了互助和协助协议方面信息。

当本地区资源和邻区援助不能满足突发事件应对的需要时，可以申请州政府的援助。

二、部落政府

部落政府与其他政府一样，同样需要应对紧急情况和灾害。他们可以根据互助和援助协定请求邻区政府援助，或向邻区政府提供援助。

美国政府与印第安部落有信任关系，并承认印第安部落自治政府的权利。因此，部落政府有责任协调资源，应对当前或潜在的突发事件。当本地资源不足时，部落领袖可以请求州政府或联邦政府的援助。

对某些类型的联邦援助，部落政府应当与州政府共同请求，但作为主权实体，他们也可以选择直接与联邦政府联系，请求其他类型的援助。为了获得斯塔福救灾和紧急援助法规定的联邦政府援助，州长必须代表部落请求总统宣布发生灾害。

三、州政府

如果地方政府需要援助，州政府应当为地方政府提供帮助。各州都有自己的资源，包括应急管理和国土安全机构、警察机构、卫生机构、运输机构，以及突发事件管理团队、专业队伍和国民警卫队。

如果需要额外资源，州政府可以通过州际互助和援助协议，如紧急情况管理援助协议，请求其他州的援助。由国家应急管理协会管理的紧急情况管理援助协议是美国国会批准的组织，提供州际互助和援助执行的形式和框架。*

如果某一事件超越了地方政府和州政府的能力，州长可以寻求联邦援助。州政府应当与受灾社区共同应对突发事件，联邦政府提供需要的援助。

四、联邦政府

联邦政府配备了各种各样的能力和资源，可协助各州政府应对突发事件。联邦部门和机构遵循后文所述的程序提供这种援助。此外，联邦部门和机构之间也可相互请求和接受援助。

---

* 紧急情况管理援助协议的详细信息，请参见 http：//www. emacweb. org/。

五、非政府组织

非政府组织和志愿者组织是应对突发事件的至关重要的合作伙伴。非政府组织和志愿者组织通过应急反应行动中心及其他机构，协助地方政府、部落政府、州政府和联邦政府提供避难场所、应急食品供应、咨询服务和其他重要的服务，帮助灾民应对灾难，促进灾后恢复。这些团体往往提供专业服务，帮助诸如残疾人等有特殊需要的群体。

为了最有效地动员这些重要的合作伙伴，地方政府、部落政府、州政府和联邦政府应当协调志愿者组织（如灾害志愿者组织、社区组织、基于信仰的组织和其他组织），制定志愿者服务和捐赠物品的管理计划，确定适当的任务和责任，对志愿者进行培训，灾前开展预案和运作程序演习。

六、私营机构

私营机构是国家经济繁荣的基础，也是地方政府、部落政府、州政府和联邦政府突发事件管理活动的重要伙伴。私营机构掌管着全国大部分关键基础设施和重要资源，因此，灾难或紧急情况发生后可能需要它们的援助。私营机构还在应急反应和恢复过程中，有偿或无偿地提供至关重要的物资和服务。

第三章 联邦援助

联邦政府的救灾援助常常被当作总统的重大灾害或紧急情况宣布和斯塔福法的代名词。事实是，联邦政府援助可以通过各种机制和行政机构，用各种各样的方式，向州政府、部落政府、地方政府和联邦其他机构（部门）提供。没有总统的重大灾害或紧急情况宣布，联邦政府也可以提供援助，而且并不总是由国土安全部协调。

不需要国土安全部协调的联邦突发事件援助，可能会由联邦部门和机构根据他们的权限实施。国土安全部长可以监督这些事件，并可能启动框架机制向政府部门和机构提供支持，而不承担全面领导联邦突发事件应急反应工作的职责。

一、联邦政府对州政府的支持

1. 斯塔福法

联邦政府对州政府和地方政府支持的形式多种多样。斯塔福法是最广为人知的向重大突发事件提供援助的法律。

当发生超过或预计将超过地方政府、部落政府或州政府能力的突发事件时，州长可以根据斯塔福法请求联邦政府援助。斯塔福法授权总统在宣布紧急状况或重大灾害后，向州政府、地方政府、某些私人非营利性组织和个人提供财政和其他援助，以支持他们开展灾害事件应急反应、灾后恢复和减轻灾害影响方面的工作。

大部分突发事件因规模原因无法获得总统的紧急状况或重大灾害宣布。但是，如果州政府和地方政府的资源不足以应对突发事件时，州长可请求总统宣布。在请求总统宣布之前，州长必须启动州应急反应预案，并确保州政府和地方政府已采取所有适当的行动或动员，这些行动包括但不限于：

（1）对受影响的地区展开了调查，以确定私人损失和公共损失的程度；

（2）与联邦紧急事务管理局官员对损失进行联合初步评估，估计所需联邦政府援助的类型和数量。

通常，只有州长可以请求总统宣布紧急状况或重大灾害。在特殊情况下，总统也可以主动宣布。州长首先应当判断灾害的严重程度和规模，如果认为有效的应急反应超出了州政府和灾区地方政府的能力，需要联邦援助时，应当通过联邦紧急事务管理局区域管理官员向总统请求宣布紧急状况或重大灾害。

州长的请求包括：

（1）本州拥有哪些资源及其数量，处理灾难的后果已经使用了哪些资源及其数量。

（2）州长对斯塔福法规定不应由联邦政府承担的费用，做出州政府和地方政府承担的保证。

（3）对需要联邦政府援助的种类和数量做出的估计。

（4）指定州政府协调官员。

联邦紧急事务管理局区域管理官员对损失和所需的联邦政府援助进行评估，并向联邦紧

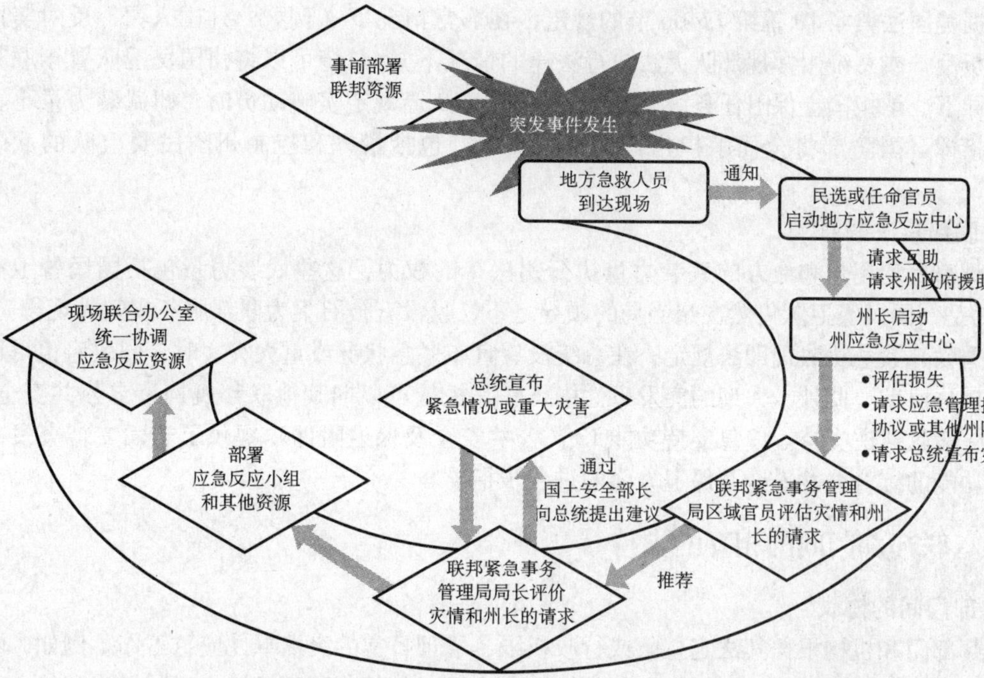

图1　斯塔福法支持州政府应对紧急状况或重大灾害的步骤与流程

急事务管理局官员提出建议。然后，联邦紧急事务管理局官员，通过国土安全部长向总统建议行动方案。州长、相应的国会议员、联邦部门和机构应立即发布总统对紧急状况或重大灾害的宣布。

2. 斯塔福法规定以外的联邦政府对州和地方政府的援助

尽管斯塔福法是联邦政府向州政府、部落政府和地方政府提供援助的最常见的机制，但不是唯一的机制。很多时候，联邦援助并不需要国土安全部协调，也可以在没有总统重大灾难或紧急状况宣布时予以提供。

在这种情况下，联邦部门和机构根据自己的权限向各州提供援助，或直接向部落和地方政府提供援助。例如，根据综合环境应急反应、补偿和责任法，地方和部落政府可以直接向环境保护机构和（或）美国海岸警卫队请求援助。

这种援助通常是由联邦机构根据权限予以协调，而不是由国土安全部协调。国土安全部长可以监督此类事件，并根据需要，启动应急反应框架机制，支持联邦部门和机构，但不承担事件应对的全面领导职责。

3. 国防部和国防部对行政当局的支持

美国国防部及其下属机构的首要任务是国防。正因为如此，调动国防资源须经国防部长批准，或听从总统的指令。国防部下属许多机构都负有应对严重的紧急情况，拯救生命，保护财产和环境，减轻人类痛苦的使命，并在必要时根据各自的权限范围提供支援。国防力量支援应评价其合法性、死亡率、危险性、成本、适当性和对战备的影响。当授权联邦军队军事人员、文职人员和资源支持地方行政当局时，部队的指挥权仍归国防部长。突发事件现场的国防力量和州长指挥下的国民警卫队应当与各级应急反应组织密切配合。

根据美国法典第10篇第12406节的规定，在非常情况下（例如，外国入侵、反对美国政府的叛乱，或总统用常规部队无法执行法律的情况下），总统可以将州国民卫队置于联邦政府领导下，承担国土保卫任务。依据美国法典第10篇规定实施动员时，州武装力量不再受州长指挥，国防部将全面承担指挥和部署责任，包括指挥和控制州国民警卫队的武装力量。

4. 联邦执法援助

各州都有调用州和地方的武装力量执行州法律的权力，这些武装力量包括国民警卫队（其前提是，国民警卫队仍然在州当局的领导之下，且没有被召集为联邦服务或归入现役）。

根据联邦紧急执法援助法规定，在总统没有宣布紧急状况或重大灾害时，州政府也可请求联邦执法协助。此外，大型的突发事件中，联邦机构可以向其他联邦机构请求公共安全、保卫或一般的执法支持。应急支持功能13（公共安全及保卫附件）提供了全面支持突发事件管理功能的综合公共安全及保卫方面的进一步指导。

二、联邦部门间的相互的支持

1. 部门间的协议

联邦部门和机构根据其法定权限或行政权限，管理日常的突发事件应急工作。例如，农林部和内务部下属的各机构，根据现行的协议备忘录，与其他联邦机构、州属机构和地方机构，负责森林火灾灭火工作。

这些类型的应急反应，不需要国土安全部的协调，也不需要有管辖权的联邦机构领导。在这些情况下，国土安全部长可以监控此类事件的应急反应，接到请求时，也可启动应急反应框架机制向其他部门和机构提供援助，但不承担全面领导突发事件应急反应的职责。

2. 国土安全部协调的联邦部门间的相互支援

当一个对处理突发事件负有主要职责的联邦机构，超出跨机构援助机制（例如，行政命令、谅解备忘录、协议备忘录等），请求其他联邦机构援助时，可以通过国土安全部请求其他联邦部门的援助。这种情况下的援助：

（1）由国土安全部按照国家突发事件管理系统，通过应急反应框架设立的机构间协调方式予以协调。

（2）一般由对处理突发事件负有主要法定职责的联邦机构，根据经济法的规定提供经费，但法律规定由其他法定机构提供经费的除外。

（3）根据机构间互助谅解备忘录和协议实施（更多信息见财政管理支持附件）。

第四章　应急支持功能概述

引　言

联邦政府和许多州政府根据15项应急支持功能，组织其拥有的大部分资源和能力，也组织一些私营机构和非政府组织资源和能力。应急支持功能将这些资源归类，并规定其战略用途。

在突发事件应急反应工作中，应急支持功能是协调联邦部门和机构（以及一些私营机构和非政府组织）应对能力和资源的重要机制。当联邦部门或机构请求国土安全部援助，或国土安全第5号总统令规定的其他情形发生时，针对斯塔福法和非斯塔福法规定的突发事件可能会有选择地启动相关应急支持功能。但并非所有事件都会启动应急支持功能。

为支持总部、区域和（或）现场应急反应活动，也可能启动应急支持功能。突发事件指挥系统根据相关机构的能力、任务和要求为它们分配任务，加强和支持现场联合办公室、区域应急协调中心或国家应急协调中心等其他部门，以更具协作性方式全方位地应对突发事件。

虽然应急支持功能通常是由为国家应急协调中心、现场联合办公室或区域应急协调中心某个具体部门所落实的管理目标，但资源却可能会分派到统一协调结构中的任何地方。无论应急支持功能由哪个部门落实，该部门与现场联合办公室的其他部门都应当保证能够制定适当的任务计划，并予以执行。举例来说，如果某个州请求帮助疏散民众，现场联合办公室会调用负责应急支持功能1（运输功能）、应急支持功能6（大众关怀、紧急援助、住房与人道主义服务功能）和应急支持功能8（公众卫生与医疗服务功能）的工作人员。这些工作人员便会组合成行动部门的一个小组或分支机构，以确保疏散工作有效协调。

应急支持功能成员的任务和责任：

每个应急支持功能附件都明确了相应的主要负责机构和协调机构。将几个应急支持功能整合起来，每个应急支持功能都指定相应的机构承担主要职责，以确保应急准备、应急反应和恢复工作无缝地整合与过渡。

（1）应急支持功能协调机构。应急支持功能协调机构是管理与监督具体应急支持功能的主体。协调机构承担突发事件管理过程中应急准备、应急反应和恢复工作3个阶段的全部工作责任。应急支持功能协调机构通过“统一指挥”的方式（由主要负责机构与相应支援机构集体议定的方式）履行职责。

（2）应急支持功能的主要机构。应急支持功能的主要机构是联邦政府中对某一具体应急支持功能拥有重要权力、重要作用和重要资源或能力的机构。应急支持功能附件中明确规定了若干个应急支持功能的主要机构，同时规定了各主要机构的具体职责。应急支持功能的主要联邦机构是在联邦协调官员（对非斯塔福法规定的突发事件，由联邦资源协调官员）

的领导下实现应急支持功能使命的联邦政府的执行机构。

(3) 应急支持功能的支援机构。支援机构拥有完成应急支持功能任务的专门能力或拥有向主要机构提供支援的资源。

第一节 应急支持功能1

——交通运输

一、目的

应急支持功能1（交通运输）在本土受到威胁或应对突发事件过程中通过帮助联邦政府、州政府、部落政府和当地政府，自愿者组织，非政府组织和私营机构管理运输系统和基础设施向国土安全部提供交通运输方面的支持。应急支持功能1还参与防灾、备灾、应急响应、灾后恢复和减灾等活动。应急支持功能1贯彻执行运输部的法定责任，包括交通管理或领空管理，确保国家运输系统安全，不受外来侵害。

二、能力

应急支持功能1包含了相当多的联合运输的专业技术和公私营运输企业的关系。运输部在应急支持功能1的支援机构的协助下为本土突发事件提供运输功能支持，包括下列活动：

(1) 监测和报告突发事件造成的交通运输系统和基础设施破坏和损失状况。

(2) 当交通系统或基础设施遭受破坏、无法使用或不堪重负时，确定其他临时替代运输方案。

(3) 在运输部的航空、海运、地面、轨道和管道运输相关部门的直接领导下开展应急反应工作。

(4) 协调运输系统和基础设施修复和恢复。

(5) 根据应急支持功能1承担机构的权限和资源条件，协调和支持运输企业之间的防灾、备灾、应急反应、恢复重建和减灾活动。

三、应急支持功能1的参与机构

协调机构： 运输部

主要机构： 运输部

支援机构： 农业部、商务部、国防部、能源部、国土安全部、内务部、司法部、国务院、总务管理局、邮政局

四、运行机制概述

应急支持功能1向国土安全部统一提供运输规划（预案）和应急管理等相关重要信息，包括总部、区域、州和地方各级的预防、准备、应急反应、恢复重建和减灾能力。应急支持功能1将运输部及其支援机构的能力和资源整合并纳入国家应急反应框架和国家突发事件管理系统。

国家应急反应协调中心根据因威胁或突发事件的范围和程度而发布的运作指令指派任

务，启动应急支持功能 1。国家应急反应协调中心通知运输部危机管理中心，后者是运输部应急反应归口管理单位，也是运输部启动应急支持功能 1 的正式对外联络渠道。

一旦接到威胁或突发事件（即将发生的或已经发生）通知，视具体情况采取以下行动：

（1）主动向运输部长办公室、国家行动中心各部门、本土防备小组、反恐安全小组、运输部调度室和区域调度室和区域应急运输协调员报告。

（2）必要时，启动运输部应急反应小组。

（3）应急支持功能 1 的工作人员到国家应急反应协调中心报到。

（4）向突发事件管理计划小组、本土防备小组、反恐安全小组、国家应急反应协调中心、区域应急反应协调中心、现场联合办公室、疏散联络小组派遣工作人员。

（5）动员区域应急运输协调员和代表。

（6）视需要，通知并请求应急支持功能 1 的支援机构参与。

应急支持功能 1 紧急情况下开展的初期应急反应活动包括：

（1）监测并报告突发事件对交通运输系统和基础设施的破坏状况和损失。

（2）当交通系统或基础设施遭受破坏，无法使用或不堪重负时，确定其他临时替代运输方案。

（3）实施适当的空中交通和空域管理措施。

（4）协调监管豁免，发放豁免证书。

完整的附件及其他相关信息，请访问美国国家应急反应框架资源中心网站（www. fema. gov/nrf）。

第二节　应急支持功能 2

——通信支持功能

一、目的

应急支持功能 2（通信支持功能）支持通信基础设施恢复，帮助遭受网络袭击后系统和应用程序的恢复，协调联邦政府应对突发事件的通信工作。应急支持功能 2 实施国家科学和技术政策办公室预案规定的非战时紧急情况下通信支持的任务。

当联邦政府、州政府、部落政府、地方政府和现场救援人员的通信系统遭受破坏时，应急支持功能 2 也向他们提供了通信支持，还向现场联合办公室及其现场工作队提供通信和信息技术方面的支持。

随着通信和信息技术学科交叉渗透速度加快，全国通信系统和国家网络安全部门应当紧密合作，协调网络事件的应急反应。这种学科交叉渗透要求通信和信息技术行业提高能力，加强协调，提升应急支持功能 2 应对各种突发事件的能力。

二、能力

应急支持功能 2：

（1）协调联邦政府帮助业界恢复公共通信基础设施，帮助州政府、部落政府和地方政府应急通信，帮助恢复公共安全通信系统和现场救援网络等行动。

（2）为联邦部门和机构实现、协调国家安全和应急准备方面的通讯服务提供支持。

（3）为现场联合办公室及其现场工作队提供通信支援。

（4）解决突发事件造成或与其相关的网络安全问题。不过，对于以网络性质为主的突发事件，应当根据网络事件附件处置，应急支持功能 2 支持网络突发事件的应急反应。

三、应急支持功能 2 的参与机构

协调机构： 国土安全部国家保护和项目理事会网络安全与通讯办公室国家通信系统处

主要机构： 国土安全部国家保护和项目理事会网络安全与通讯办公室国家通信系统处

国土安全部联邦紧急事务管理局

支援机构： 农业部门森林局、商务部、国防部、国土安全部、内务部、美国联邦通讯委员会、总务管理局

当发生或预期发生对通信基础设施有重大影响时，国土安全部联邦紧急事务管理局启动应急支持功能 2。一旦启动，应急支持功能 2 将向受影响的地区和现场联合办公室及其现场工作队提供通信支持。应急支持功能 2 的支持是可扩展的，以满足具体突发事件的特定需求，将根据应急支持功能 2 支援机构的人员和设备列表清单，抽调应急反应人力和物力资源。

四、运行机制概述

国家通信系统：

（1）作为应急支持功能 2 的主要机构，执行科技政策办公室 1993 年 6 月 11 日向国家通信系统经理提交的备忘录内容，承担包括恢复影响地区通信的主要责任。

（2）协调联邦政府在各种情况（包括第 12472 号行政命令规定的危机或紧急情况，攻击、恢复和重建）下的国家安全应急准备通讯计划的制订工作，并为联邦政府提供国家安全应急通讯准备。

（3）启动应急支持功能 2 时，指定一名联邦应急通信协调员领导应急支持功能 2 的实施工作。

（4）为每一项通信基础设施的功能恢复指定一名组长负责。

（5）协调通信基础设施的恢复，支持并协调联邦部门和机构的国家安全应急准备通信服务。

联邦紧急事务管理局：

（1）在州政府、部落政府和地方政府紧急通讯发生故障时，提供短期的恢复支持。

（2）调配人员支持战术性通信功能，指定一名组长负责战术性通信功能。

（3）协调国家通信系统协调和支援机构，制定相关的战术性通信功能说明文件、政策和程序。

（4）为州、部落和地方各级应急反应人员提供通信支持。

（5）协调公共安全通信系统和现场救援通信网络的恢复工作。

（6）向现场联合办公室及其现场工作队和现场其他联邦应急反应与恢复机构提供通信

和信息技术支持。

完整的附件及其他相关资讯，请访问美国国家应急反应框架资源中心网站（www. fema. gov/nrf）。

第三节　应急支持功能 3
——公用设施与公共工程支持功能

一、目的

应急支持功能 3（公用设施与公共工程支持功能）协助国土安全部协调和组织联邦政府的能力和资源，为那些需要联邦政府协调的灾害或突发事件的应急准备、应急反应和恢复工作，提供服务、技术帮助、工程专业知识、施工管理等方面支持。

二、能力

设计应急支持功能 3，是为本土突发事件管理（包括应急准备、应急反应和恢复行动）不断变化的需求提供公用设施与公共工程及相关方面的支持。

应急支持功能 3 的行动包括：

（1）事前和事后对公用设施与公共工程进行评估。

（2）为拯救生命和维持生命提供约定的服务支持。

（3）提供技术援助，包括工程方面的专业知识、施工管理、承包和房地产方面的服务。

（4）紧急修复损毁的公用设施与公共工程和关键设施。

（5）实施并管理国土安全部联邦紧急事务管理局的公共援助计划及其他恢复计划。

三、应急支持功能 3 的参与机构

协调机构：美国国防部美国陆军工程兵部队

主要机构：美国国防部美国陆军工程兵部队
国土安全部联邦紧急事务管理局

支援机构：农业部、商务部、国防部、能源部、卫生与人道主义服务部、国土安全部、内务部、劳工部、国务院、运输部、退伍军人事务部、环境保护总署、总务管理局、核管制委员会、田纳西流域管理局、美国红十字会、全国与社区服务团

四、运行机制概述

在应急反应活动中，美国国防部美国陆军工程兵部队是提供应急支持功能 3 技术援助、工程与施工管理方面的资源（人力和物力）和支持的主要机构。

国土安全部联邦紧急事务管理局是提供应急支持功能 3 的恢复资源和支援（包括根据斯塔福法制订的，由国土安全部联邦紧急事务管理局提供援助的公共援助计划）的主要机构。公共援助计划提供的联邦政府灾害追加援助，用于废墟的清运和处置，紧急保护措施，以及灾害损毁的公共设施和某些合格的私有非营利组织的设施的维修、更换或恢复。

与联邦政府、州政府、部落政府和地方政府官员保持密切的协调，确定潜在的支援需求，跟踪应急反应和恢复活动的进展状况。

州政府、部落政府和地方政府官员共同确定工作的优先重点。联邦应急支持功能3的支持应当融入联邦政府、州政府、部落政府、地方政府、非政府组织和私营机构的应急反应工作，统一运作。

必要时，支援机构应当派遣应急支持功能3的现场工作代表，参与协调支持工作。

完整的附件及其他相关资讯，请访问美国国家应急反应框架资源中心网站（www. fema. gov/nrf）。

第四节　应急支持功能4
——消防支持功能

一、目的

应急支持功能4（消防支持功能）为那些需要协调联邦应急反应的突发事件引发或并发的森林火灾、农村与城市火灾的调查和扑灭，提供联邦政府支持。

二、能力

应急支持功能4提供的消防管理和协调活动包括：

（1）调查和扑灭美国领土上发生的火灾。

（2）提供人员、设备和物品，支持州立消防机构、部落和地方机构参与农村和城市灭火行动。

三、应急支持功能4的参与机构

协调机构：农业部森林局

主要机构：农业部森林局

支援机构：商务部、国防部、国土安全部、内务部、国务院、环境保护总署

四、运行机制概述

应急支持功能4依靠国家跨机构动员指南列明的现有消防及其支持组织，根据国家突发事件管理系统规定的方法和程序运行。情况评估和资源需求确定主要由地方突发事件指挥官负责。

各州可以根据现有的协定，选择请求州际和州内消防援助和资源。州内资源应当依据地方或全州范围的互助和援助协议提出请求。州际资源，包括其他州的国民警卫队消防资源，应当依据应急管理援助协议，或其他相关协议，或州与州之间的互助和协助协议提出请求。

除森林火灾外，请求联邦消防资源的援助应当由区域应急反应协调中心或现场联合办公室应急支持功能4代表提交到相应的区域协调中心。请求森林火灾的消防资源援助应根据国家跨机构动员指南向区域协调中心提出，由现场联合办公室予以协调。当请求的资源超出区域协调中心现有的能力时，请求将由区域协调员转给位于爱达荷州博伊西市的国家跨机构协

调中心。如果所需资源全国都短缺，国家跨机构协调中心将向国家应急支持功能 4 协调员报告。

国家跨机构协调中心将在国防协调官员和国家应急反应协调中心的协调下，向联邦政府请求灭火和突发事件管理活动所需的联邦军队和军用资源。

关键资源的短缺由基层政府判定并提出。必要时，关键资源短缺的解决程序依照现场联合办公室，再国家跨机构协调中心，最后向国内准备组顺序依次报告。

实际灭火行动的管理依据国家突发事件管理系统的指挥与管理分系统的突发事件指挥子系统。

火势和损失评估信息依据国家突发事件管理系统的规定程序，通过规定的渠道，直接送达到总部一级和区域一级。

完整的附件及其他相关资讯，请访问美国国家应急反应框架资源中心网站（www. fema. gov/nrf）。

第五节　应急支持功能 5
——应急管理功能

一、目的

应急支持功能 5（应急管理功能）负责支持联邦政府对国内突发事件管理的全部工作。应急支持功能 5 规定了支持国家的应急反应协调中心、区域应急反应协调中心，以及现场联合办公室运作的核心管理和行政职能。

二、能力

应急支持功能 5 协调联邦所有部门和机构的防范、准备、应急反应和灾后恢复各阶段的应急支持功能。

应急支持功能 5 的准备活动包括：

（1）落实并部署预警，启动资源（人力和物力）。

（2）确保国家应急反应协调中心、区域应急反应协调中心、最初处置机构和现场联合办公室设立或启动时，有训练有素和经验丰富的工作人员担当相应的职位。

在事发后的应急反应阶段，应急支持功能 5 负责支持和计划功能。应急支持功能 5 对跨机构的计划和协调的支持和促进活动包括：

（1）预警和通告。

（2）为国土安全部和联邦紧急事务管理局以及其他联邦部门和机构应急反应小组配备和部署人员。

（3）编制突发事件行动预案。

（4）应急反应行动的协调、指挥和控制。

（5）后勤管理。

（6）信息的收集、分析和管理。

（7）协助请求联邦援助。

(8) 资源的获取与管理。

(9) 联邦政府员工的安全和健康。

(10) 设施管理。

(11) 财务管理。

三、应急支持功能5的参与机构

协调机构： 国土安全部联邦紧急事务管理局

主要机构： 国土安全部联邦紧急事务管理局

支援机构： 农业部门、商务部、国防部、教育部、能源部、卫生与人道主义服务部、国土安全部、住房与城市发展部、内务部、司法部、劳工部、国务院、运输部、财政部、退伍军人事务部、环境保护总署、美国联邦通讯委员会、总务管理局、国家航空和航天局、核管理委员会、人事管理局、小企业管理局、田纳西流域管理局、美国邮政局、美国红十字会

四、运行机制概述

国家应急反应协调中心由承担应急支持功能5和其他应急支持功能的人员组成，一旦启动，即对可能的事件或发展中的事件实施监控，支持区域和现场的应急反应行动。一旦发生突发性灾难性事件，国土安全部长或其指派的人可以根据事件大小，按灾难性事件补充预案实施指挥。

区域应急反应协调中心，按要求必须由承担应急支持功能5和其他应急支持功能的人员组成，应当协调应急反应行动和负责情势报告，直到现场联合办公室开始启动。现场联合办公室一旦启动，区域应急反应协调中心应承担监控任务。

完整的附件及其他相关资讯，请访问美国国家应急反应框架资源中心网站(www. fema. gov/nrf)。

第六节　应急支持功能6

——大众关怀、紧急帮助、住房安置和人道主义服务

一、目的

在地方政府、部落政府、州政府应急反应和灾后恢复的需求超过他们自身能力时，应急支持功能6（大众关怀、紧急帮助、住房和人道主义服务）协调联邦政府各部门和机构提供大众关怀、紧急帮助、住房和人道主义服务。

二、能力

应急支持功能6可归纳为以下4个方面主要功能：

(1) 大众关怀：包括提供避难场所、食品供应、急救、应急物品的分发，收集并向其家庭成员提供遇难者信息。

(2) 紧急帮助：提供个人、家庭和社区需要的紧急帮助，确保超出地方政府一级可以

解决的传统的“大众关怀”范围的紧急需要得到满足。这些服务包括：帮助疏散（包括登记和疏散跟踪），家人团聚，为有特殊需要的人群提供帮助和服务，为家庭宠物和动物提供疏散、避难和其他紧急服务，支持专用庇护所，支持医疗庇护所，非常规的庇护所管理，捐赠物品和服务的协调，志愿者组织援助的协调。

（3）住房安置：包括住房预订援助，如租金补助、住房维修、贷款援助、住房置换、预制房屋订购、永久性和半永久性的住房建设、推介、鉴定，并联系其他来源的房屋。这类援助受“国家灾害住房安置战略”指导。

（4）人道主义服务：包括实施灾害援助计划，帮助灾民恢复非住房的损失。包括被毁个人财产的替代计划，提供灾害贷款、食品供应券、危机心理咨询、灾害失业、灾害法律服务等帮助，为有特殊需要的人群提供支持和服务，以及获得其他联邦政府和州政府的福利。

三、应急支持功能6的参与机构

协调机构： 国土安全部联邦紧急事务管理局

主要机构： 国土安全部联邦紧急事务管理局

支援机构： 农业部、国防部、卫生与人道主义服务部、国土安全部、住房与城市发展部、内务部、司法部、劳工部、运输部、财政部、退伍军人事务部、总务管理局、小企业管理局、社会保障管理局、美国邮政局、美国红十字会、国家与社区服务团、活跃在灾区的全国性志愿者组织、其他志愿者组织和民间支持组织

四、运行机制概述

国土安全部联邦紧急事务管理局将与地方政府、部落政府、各州政府、志愿者组织以及私营部门密切配合，协调联邦政府应急反应行动和灾后恢复行动。

应急支持功能6帮助应当在尽可能低的组织层面上管理和协调，例如，现场联合办公室和区域反应协调中心层面上实施。

只有那些在现场联合办公室或区域反应协调中心不能满足的请求或解决不了的问题，才提升到国家应急反应协调中心负责应急支持功能6的部门予以解决。

早期的应急反应活动将集中于灾民的紧急需求。

完整的附件及其他相关资讯，请访问美国国家应急反应框架资源中心网站（www.fema.gov/nrf）。

第七节　应急支持功能7

——后勤管理与资源支持

一、目的

应急支持功能7（后勤管理与资源支持功能）协助国土安全部，为管理联邦政府相关后勤部门、重要的公共与民间相关部门和非政府组织的资源，提供综合性的、全国性的灾难后勤规划、管理和维持能力，以满足灾民和现场救援人员的需要。

二、能力

应急支持功能 7 为联邦政府、州政府、部落和地方政府提供后勤管理和资源支持。总务管理局和国土安全部联邦紧急事务管理局提供的支持包括：

（1）总务管理局提供：紧急救援物资、机构工作场所、办公设备、办公用品、通讯（按照科学及科技政策办公室的国家非战时紧急情况通讯支持预案）、签约服务、运输服务、应急反应急需的人员和其他应急支持功能未明确的需求支持，包括额外和富余财产。

（2）国土安全部联邦紧急事务管理局后勤工作，为联邦机构、公共及民间部门的合作伙伴和非政府组织的后勤能力的协同实现，提供全国范围的整合方法。

三、应急支持功能 7 的参与机构

协调机构： 总务管理局
国土安全部联邦紧急事务管理局

主要机构： 总务管理局
国土安全部联邦紧急事务管理局

支援机构： 农业部、商务部、国防部、能源部、卫生与人道主义服务部、国土安全部、内务部、劳工部、运输部、退伍军人事务部、国家航空和航天局、人事管理局

四、运行机制概述

总务管理局的活动主要是在国家应急反应框架的核心文件规定的各组织内部展开。

国土安全部联邦紧急事务管理局的后勤工作采用供应链管理方式管理国家应急后勤流程，重点是所有的合作伙伴和相关机构的端对端供应链流程，从物资和服务需求规划开始，到送达至州或部落政府，到送达至灾民手中，直至这些部门与机构的库存补充。

国家应急后勤流程的各个环节都可以进行供应链规划。战略规划由联邦紧急事务管理局后勤管理理事会制订，该理事会成员由总务管理局下属的应急反应和恢复办公室、公共建筑服务中心和联邦采购服务中心专家组成。

总部和区域一级的后勤管理机构由国土安全部联邦紧急事务管理局管理。

当区域一级的后勤支援机构由总务管理局区域行政官员、区域应急协调员或代理协调员指挥时，总部一级的后勤支援机构应当由总务管理局应急协调员指挥。

在现场，国土安全部联邦紧急事务管理局和总务管理局应当支持应急支持功能 7 的实施，为现场联合办公室、区域应急反应协调中心、国家应急反应协调中心、联邦动员中心、国家后勤中转站的后勤部门派遣工作人员，执行物资订货，提供设备、物品和服务，跟踪物资去向，帮助选址与运作，协调运输，管理并支持信息系统及其他行政管理系统运转。

供应和服务需求的最初决定由区域一级运作组织与受灾的州政府共同做出。总部一级根据资源请求的上报。联邦政府提供现有的资源，包括人员、设备、物资和用品。对那些联邦政府暂不能提供的资源请求支援，将通过直接采购或募捐方式获得。

一旦得知发生了需要联邦政府做出协调应急反应的事件，总务管理局应急协调员应当初步确定，应急支持功能 7 支援机构中哪些机构应立即行动，哪些机构应待命。

完整的附件及其他相关资讯，请访问美国国家应急反应框架资源中心网站（www. fema. gov/nrf）。

第八节　应急支持功能 8
——公共卫生与医疗服务功能

一、目的

应急支持功能 8（公共卫生与医疗服务功能），为应对需要协调联邦政府应急反应的公共卫生和医疗灾害以及那些可能或实际发生的需要协调联邦应急反应的事件，抑或正在发展中的公共卫生和医疗紧急情况，提供协调联邦援助机制，以弥补州、部落和当地资源的不足。公共卫生与医疗服务，包括应对与灾民和应急反应人员心理健康、行为健康、药物滥用有关的医疗服务需求，涵盖对那些在流行病与各种灾害准备法和国家应急反应框架术语表中所列的“处于危险中”的或“有特殊需要”的人群提供医疗服务。还包括那些突发事件之前、之中和之后可能有医疗和其他服务需求的人群。

二、能力

公共卫生与医疗服务，包括灾民和应急反应人员因精神健康和药物滥用导致的行为卫生方面的需要，还包括核心文件规定的有医疗服务需求（如需要额外医疗应急援助）的人群，以及牲畜和动物的卫生与医疗服务。

应急支持功能 8 向州政府、部落政府和地方政府提供的补充援助，包括下列核心功能：

（1）公共卫生或医疗需求评估。

（2）卫生监测。

（3）医疗护理人员。

（4）卫生、医疗、兽医设备和用品。

（5）病人疏散。

（6）病人护理。

（7）药品、生物制品和医疗器械的安全和保障。

（8）血液和血液制品。

（9）食品安全。

（10）农业安全和保障。

（11）各种灾害的公众卫生和医疗咨询、技术援助和支持。

（12）行为卫生保健。

（13）公共卫生和医疗信息。

（14）带菌者控制。

（15）饮用水、废水和固体垃圾处置。

（16）大规模死亡管理，受害人辨认，尸体无害化处理。

（17）兽医医疗支援。

三、应急支持功能8的参与机构

协调机构：卫生与人道主义服务部

主要机构：卫生与人道主义服务部

支援机构：农业部、国防部、能源部、国土安全部、内务部、司法部、劳工部、国务院、运输部、退伍军人事务部、环境保护总署、总务管理局、美国国际开发署、美国邮政局、美国红十字会

四、运行机制概述

卫生与人道主义服务部部长领导应急支持功能8的应急反应工作。应急支持功能8一旦启动，由负责应急准备与反应的助理部长协调，各子功能由应急管理小组通过部长运营中心协调。启动初期，卫生与人道主义服务部召集音频和视频电话会议，召集应急支持功能8的政府支援部门与机构，以及州政府、部落政府和地方政府的公共卫生和医疗机构的代表，讨论有关情况，并确定适当的初步应急反应行动。

卫生与人道主义服务部发布警报，并请求支援机构向应急管理小组派遣联络代表。

卫生与人道主义服务部可能指派一名高级卫生官员担任现场联合办公室的联邦高级卫生官员。

区域应急支持功能8的工作人员随时准备快速部署，组成突发事件应急协调先遣小组，向受灾地区提供应急支持功能8的初步支持。随着形势的演变，突发事件应急协调先遣小组将得到卫生与人道主义服务部和伙伴机构的增援，过渡为能够提供应急支持功能8所有子功能（包括医疗的指挥和控制）的完整的突发事件应急协调小组。

整个事件应急反应期间，区域反应协调中心每天都派代表参加区域应急支持功能8的24小时值班。必要时，现场联合办公室也应派代表参加区域应急支持功能8的24小时值班。

完整的附件及其他相关资讯，请访问美国国家应急反应框架资源中心网站（www. fema. gov/nrf）。

第九节　应急支持功能9
——搜索与营救

一、目的

应急支持功能9（搜索与营救）在发生或可能发生需要联邦政府予以协调应对的突发事件时启动。一旦启动，将迅速部署联邦搜索与营救应急反应系统的搜索与营救力量，向州政府、部落政府和地方政府提供专业化的拯救生命的援助。

二、能力

搜索与营救能力，包括危险点监视、通信、遇险人员位置确定、协调和执行救援行动，包括解救或疏散，以及通过公共和民间资源提供医疗援助和民事服务，保护受困人的人身和

财产。

应急支持功能9在发生要求联邦政府协调应对的突发事件（或潜在事件）时，提供下列专业搜索与营救服务：

（1）（城市）建（构）筑物倒塌的搜索与营救。

（2）水上搜索与营救。

（2）陆地或荒野搜索与营救。

（3）空中搜索与营救。

三、应急支持功能9的参与机构

协调机构： 国土安全部联邦紧急事务管理局

主要机构： 国土安全部联邦紧急事务管理局
国土安全部美国海岸警卫队
内务部国家公园管理局
美国国防部

支援机构： 农业部、商务部、国防部、卫生与人道主义服务部、国土安全部、司法部、劳工部、国家航空和航天局、美国国际开发署

四、运行机制概述

紧急搜救行动根据国家搜索与营救预案和国际空中和海上搜救手册美国国家搜索与营救附录进行，该附录定义了搜救责任，并向联邦政府机构提供了非战时搜救要求、指南。

在要求联邦政府协调应对的突发事件发生时，联邦政府根据国家搜索与营救预案开展搜救援助，增强州和地方的搜救能力。国家搜索与营救预案规定了搜救责任，并向联邦政府机构提供非战时搜救要求、指南。

搜索与营救功能的启动，取决于突发事件的性质、规模大小和突发性，以及灾区是否有搜救队伍驻扎。

针对要求联邦协调应急反应的突发事件，当发生很可能引起建（构）筑物倒塌事件时，国土安全部联邦紧急事务管理局启动国家城市搜索与营救应急反应系统。应急支持功能9组织结构模仿国家城市搜救应急反应系统，该系统包括城市搜救特遣队、突发事件支持队和城市搜救运作系统说明书中定义的技术专家。

针对要求联邦协调应急反应的突发事件，当发生水上或海上人员遇险时，国土安全部美国海岸警卫队启动国家城市搜索与营救应急反应系统。应急支持功能9组织结构模仿国家搜索与营救预案，国际空中和海上搜救手册美国国家搜索与营救附录及其补充文件中所概述的搜救应急反应组织框架。国土安全部美国海岸警卫队依据一个特定的指挥中心（指挥现场区、指挥区或指挥部门）或最接近的国土安全部美国海岸警卫队救援协调中心、救援分中心或灾区联合救援协调中心，协调应急支持功能9的运作。

针对要求联邦协调应急反应的突发事件，当在内陆或荒野地区发生人员遇险情况，内务部国家公园管理局启动联邦城市搜索与营救应急反应行动。应急支持功能9组织结构模仿国家搜索与营救预案，国际空中和海上搜救手册美国国家搜索与营救附录，以及内务部其他相关的搜救程序和搜救手册中介绍的组织框架。内务部依据其区域办公室协调应急支持功能9

的运作。

国防部所属的美国空军救援协调中心协调与航空有关事件的国防部搜救应急反应行动。应急支持功能 9 组织结构模仿国家搜索与营救预案，国际空中和海上搜救手册美国国家搜索与营救附录，以及空军救援协调中心运作指南介绍的组织框架。国防部所属的美国空军救援协调中心依据其救援协调中心协调初期救援行动。如果需要大量动用国防部的人力和物力，并（或）启动联合特遣队，美国空军救援协调中心将与联合特遣队共同协调国防部的应急反应行动。

完整的附件及其他相关资讯，请访问美国国家应急反应框架资源中心网站（www. fema. gov/nrf）。

第十节　应急支持功能 10
——油品与有害物品应急反应

一、目的

应急支持功能 10（油品与危险物品应急反应）在发生或预计将要发生油品或有害物品泄漏或释放失控时，需要联邦政府予以支持应对的突发事件时启动。应急支持功能 10 提供联邦政府应对发生或预计将要发生油品或有害物品泄漏（或失控释放）事件的应急反应协调。

二、能力

应急支持功能 10 包括适当的准备、应对因发生或预计将要发生油品或有害物品事故引起的威胁公众健康、社会安全或环境的突发事件，及其恢复行动。一般的行动可以包括（但不仅限于）：

（1）预防，尽可能减少或减轻释放。

（2）检测和评估污染范围（包括取样分析和环境监测）。

（3）平抑释放，防止污染蔓延。

（4）分析环境清理和废物处置备选方案。

（5）实施环境清洁作业。

（6）油品和危险物品的贮藏、处理和处置。

具体行动的例子包括：

（1）饮用水供应采样，确定是否有故意污染。

（2）利用护堤、堤坝或集水池平抑释放。

（3）覆盖受污染的土壤或污泥。

（4）建筑物与构筑物去污。

（5）采取排放控制，围栏、警告标志或其他安全（或现场）控制的预防措施。

（6）消除排放区高度污染的土壤。

对化学、生物或放射性的大规模杀伤性武器袭击事件，应急支持功能 10 视需要也可以提供技术专家，提供科学和技术专门知识，协调其他应急反应机构的科学和技术问题，协调其他应急支持功能 10 的总部机关、区域机构和现场机构。

三、应急支持功能 10 的参与机构

协调机构： 环境保护总署

主要机构： 环境保护总署

国土安全部美国海岸警卫队

支援机构： 农业部、商务部、国防部、能源部、卫生与人道主义服务部、国土安全部、内务部、司法部、劳工部、国务院、运输部、总务管理局、核管制委员会

四、运行机制概述

对于环境保护总署主要负责的突发事件，环境保护总署应急管理办公室主任和固体垃圾与应急响应办公室主任承担应急支持功能 10 的领导职责。

对于国土安全部海岸警卫队主要负责的突发事件，国土安全部海岸警卫队的突发事件管理与准备办公室主任承担应急支持功能 10 的领导职责。

在现场联合办公室一级，应急支持功能 10 通常提供一个代表，以协调应急支持功能 10 的特派任务，并向现场联合办公室提供应急支持功能 10 的现场活动信息。

完整的附件及其他相关资讯，请访问美国国家应急反应框架资源中心网站（www. fema. gov/nrf）。

第十一节　应急支持功能 11

——农业与自然资源

一、目的

应急支持功能 11（农业和自然资源）支持州政府、部落政府和地方政府以及其他联邦机构开展以下工作：

（1）提供营养援助。

（2）必要时，控制并消灭高度传染性的动物或人畜共患疾病的爆发，控制并消灭对经济具有高度破坏性的动物疾病的爆发，控制并消灭对经济具有破坏性的植物病虫害的爆发。

（3）确保商业性的食品供应安全。

（4）保护自然文化资源和历史遗产资源。

（5）应急反应或疏散中，为家庭宠物提供安全与卫生服务。

二、能力

应急支持功能 11 包括以下 5 项主要职能：

（1）提供营养援助：包括与州级机构共同确定营养援助需求，获得适当的粮食供应，安排供应品分发，批准救灾食品券计划。这些工作由农业部食品与营养计划署协调。

（2）对动植物病虫害做出应急反应。包括实施联邦政府、州政府、部落政府和地方政

府综合应对高度传染性的动物或人畜共患疾病的爆发，综合应对巨大经济破坏性的植物病虫害的爆发。应急支持功能 11 与应急支持功能 8（公共卫生与医疗服务）相互协调，确保对自然灾害中的动物事务或兽医事务的支持。这些工作由美国农业部动植物卫生检疫局协调。

（3）确保商业食品供应安全：包括实施日常食品安全检查和其他服务，确保食品安全进入商业领域。包括屠宰加工厂、批发、零售点、入境口岸进口机构的食品安全检查和检验，食品样本实验室分析，疑似掺假产品的控制，工厂关闭，食源性疾病监测以及现场调查。这些工作由美国农业部食品安全与检验服务局协调。

（4）保护自然文化资源和历史遗产资源：包括采取相应的应急反应行动，以维持、保护、修复、恢复和复原自然文化资源和历史遗产资源。还包括提供灾后最初的损失评估，为自然文化资源和历史遗产资源保护和恢复工作的效果评估提供技术援助和资源。这些工作由内务部协调。

（5）保护家庭宠物安全和卫生：与应急支持功能 6（大众关怀、紧急帮助、住房安置和人道主义服务）、应急支持功能 8、应急支持功能 9（搜索与营救）和应急支持功能 14（长期社区恢复）共同支持国土安全部联邦紧急事务管理局，以确保为家庭宠物安全和卫生提供综合应急反应。应急支持功能 11 的工作由美国农业部动植物检疫局协调。

三、应急支持功能 11 的参与机构

协调机构： 农业部

主要机构： 农业部
内务部

支援机构： 农业部、商务部、国防部、能源部、卫生与人道主义服务部、国土安全部、内务部、司法部、劳工部、国务院、运输部、环境保护总署、总务管理局、国家档案与记录管理局、美国邮政局、历史文物保护顾问委员会、美国红十字会、国家遗产应急工作队

四、运行机制概述

应急支持功能 11 一旦启动，其在国家应急反应协调中心的全国应急反应由美国农业部协调。美国农业部召集相应的支援机构和非联邦合作伙伴对情况做出评估并确定相应的行动。然后，向支援机构发出警报，并请支援机构派出代表。

总部根据美国农业部协调员指示运作。当需要的援助涉及自然文化资源和历史遗产资源保护，内务部向总部指示和协调。当突发事件需要一个以上的应急支持功能 11 的职能部门协助时，美国农业部提供的全面指导。

区域一级的应急支持功能 11 在美国农业部协调员领导下运作，协调员根据具体事件所需要的援助确定。当突发事件需要一个以上的应急支持功能 11 的职能部门协助时，美国农业部提供区域反应协调中心的区域联络点，向统一协调小组派遣应急支持功能 11 的代表。紧急情况需要时，应急支持功能 11 将有工作人员在现场联合办公室 24 小时值班。

完整的附件及其他相关资讯，请访问美国国家应急反应框架资源中心网站（www. fema. gov/nrf）。

第十二节　应急支持功能12
——能源支持

一、目的

应急支持功能12（能源支持）的目的是促进恢复被破坏的能源系统及其组成部分。当突发事件要求协调联邦应急反应时，由国土安全部长启动应急支持功能12。能源部领导下的应急支持功能12，是保证国家连续、可靠的能源供应职责中不可分割的一部分。能源部采取预防性措施、修复和恢复行动实施应急支持功能12。

这里的“能源”概念，包括生产、提炼、运输、发电、输送电、保存、建设、分配、维护和控制能源系统和系统组件。所有的能源系统都是重要的基础设施。

二、能力

应急支持功能12收集、评价并共享能源系统的破坏信息和灾区能源系统破坏后果评估信息，还提供能源的恢复进程信息，如预计的时间表、修复工作完成的百分比和相关的地理信息。法律授权和豁免，应急支持功能12促进能源系统恢复。应急支持功能12还向公用事业机构提供专门技术、现场评估，并帮助政府和私营机构克服能源系统恢复工作中的困难。

应急支持功能12提供一定的联邦政府追加援助和资源，以便及时恢复。

综合的讲，应急支持功能12的主要机构和支援机构应当：

（1）充当联邦政府联络点，接受能源供应和分配系统实际或预计损害信息和请求系统设计与运行的信息，以及准备、修复、恢复和减灾程序的信息。

（2）向联邦政府、州政府、部落政府和地方政府建议能源恢复、援助和供应的优先次序。

（3）必要时，协助产业部门、州政府、部落和地方政府请求采取应急措施，满足国家对能源的需求。

（4）协助联邦部门和机构确定交通运输、通信、应急行动和国防急需的燃料存储地点。

（5）向联邦政府、州政府、部落和地方政府及公众提供能源保存和高效利用方面的指导。

（6）为联邦政府、州政府、部落和地方政府使用国土安全部联邦紧急事务管理局建立的通信系统，提供帮助。

三、应急支持功能12的参与机构

协调机构： 能源部

主要机构： 能源部

支援机构： 农业部、商务部、国防部、国土安全部、内务部、劳工部、国务院、运输部、环境保护总署、核管制委员会、田纳西河流域管理局

四、运行机制概述

应急支持功能12由能源部总部机关协调。当国土安全部紧急事务管理局通知能源部总

部机关 24 小时值班的应急反应中心时，启动应急支持功能 12。

应急支持功能 12 一旦由国土安全部紧急事务管理局启动，应当：

（1）向国土安全部国家行动中心、本土准备小组和国家应急反应协调中心派遣代表。

（2）向区域反应协调中心派遣工作组。区域反应协调中心的应急支持功能 12 组长的任务、行动和其他支持职责直到现场联合办公室成立，其执行使命的职责转到现场联合办公室应急支持功能 12 组组长为止。应急支持功能 12 向应急支持功能 5（应急管理）提供事件的报告和信息。

（3）向突发事件管理小组或快速评估小组派遣人员。

（4）向现场联合办公室派遣人员。

完整的附件及其他相关资讯，请访问美国国家应急反应框架资源中心网站（www. fema. gov/nrf）。

第十三节　应急支持功能 13

——公共安全与保卫

一、目的

应急支持功能 13（公共安全与保卫）将整合联邦公共安全与保卫方面的能力和资源，以支持对需要联邦协调应急反应的（预计或实际发生的）突发事件，开展应急反应活动。

二、能力

应急支持功能 13 为联邦机构间的相互支持和协调，联邦政府对州政府、部落和地方政府的支持和协调，以及联邦政府对那些与非调查性的执法、公共安全与保卫能力和资源有关的其他应急支持功能的支持和协调，提供了一种机制。

当地方政府、部落政府或州政府公共安全与保卫能力被破坏（或不足），或者需要专门的联邦公共安全与保卫能力时，应急支持功能 13 提供联邦公共安全与保卫援助，以支持重点防备、应急反应和恢复工作。必要时，应急支持功能 13 可能包括（但不仅限于）下列活动：

（1）事发前的协调：包括制订公共安全与保卫运作与战术预案；开展技术安全性和（或）脆弱性评估；在应对威胁或预计的事件中，部署联邦公共安全与保卫资源。

（2）技术援助：提供专门技术，协调安全预案制订工作，进行技术评估（例如，脆弱性评估、风险分析、监视传感器系统构建，等等）。

（3）公共安全与保卫方面的专业性评估：确定应急支持功能 13 所需要的支持和分析因素（例如，人群大小、天气影响和其他条件的绘图、建模和预测），这些因素可能会影响到公共安全与保卫的资源分配和必要的行动。

（4）一般的执法援助：对那些需要协调联邦政府应急反应的突发事件，向联邦政府、州政府、部落和地方政府机构提供基本的执法援助。这些援助可能包括例行巡逻和必要时的逮捕行动。应急支持功能 13 标准作业程序，描述了必要时由另一个联邦执法机构，州政府执法机构或地方政府执法机构代为执行的情况和程序。

(5) 证件与资格审查：协助州政府、部落和地方政府当局建立需进入控制区的应急反应人员和其他人员的证件发放与资格审查的统一程序，并核实现场应急人员证件。

(6) 出入控制：为州政府、部落和地方政府或联邦机构的工作场所提供安全保卫部队，控制事件现场和关键设施的出入。

(7) 现场安全：对事件现场、关键的基础设施、重要机构采取保卫措施，提供安全部队。应急支持功能 13 的责任，不应与国土安全部联邦紧急事务管理局安全办公室的现场安全责任混为一谈，后者负责提供国土安全部联邦紧急事务管理局下属机构（包括现场联合办公室）的安全保卫。国土安全部联邦紧急事务管理局安全保卫力量不堪重负时，可请求应急支持功能 13 的援助。

(8) 交通及人群控制：向公众提供应急保护服务，以满足公众安全保卫需求。

(9) 应急反应人员的安全保卫：向高度危险环境下工作的应急反应人员和其他工作人员提供人身和作业安全保卫。

(10) 提供专业化的安全装备：提供交通障碍物，化学、生物、放射性、核子和高性能爆炸物的探测装置，警犬分队，执法人员防护装备等安全装备。

三、应急支持功能 13 的参与机构

协调机构：司法部

主要机构：司法部

支援机构：所有拥有公共安全保卫能力的政府部门和机构

四、运行机制概述

应急支持功能 13 在下列情况下启动：需要广泛的安全保卫工作，州政府、部落政府和地方政府的警力不堪重负或不足，联邦政府部门相互间安全保卫支持，或灾前、灾后需要联邦政府提供安全保卫方案或独特能力时。

应急支持功能 13 一旦启动，司法部向国家应急反应协调中心部署随时待命的代表。

司法部评估应急支持功能 13 的警力需求，协调邻近区域的援助和现场警力的应急反应行动。

视情况需要，应急支持功能 13 可以向国家行动中心、区域应急反应协调中心、现场指挥部、现场联合办公室、联合信息中心和应急反应中心提供人员，充实这些机构的力量。

完整的附件及其他相关资讯，请访问美国国家应急反应框架资源中心网站（www. fema. gov/nrf）。

第十四节　应急支持功能 14

——长期社区恢复

一、目的

应急支持功能 14（长期社区恢复）为协调联邦政府对州政府、部落政府、区域和地方政府，非政府组织以及私营机构的援助提供了一种机制，使社区从非同寻常灾难的长期影响

中恢复。

应急支持功能 14 主要包括：确定恢复资金来源，促进资金供应和利用，提供技术援助（如影响分析），制订社区恢复规划等。

二、能力

当突发事件需要联邦政府针对重大的长远影响做出协调反应时，启动应急支持功能 14，确保受灾社区持续性的恢复。长远影响包括（但不限于）对住房、政府运行、农业、商业、就业、社会基础设施、环境、人类健康和社会服务的影响。

应急支持功能 14 为联邦政府的下列工作提供协调机制：

（1）集中各机构的恢复方面的专家，为社区长期恢复提供战略指导。

（2）找出并解决长期恢复中的问题，包括那些现有机构管辖权不明的任务。

（3）避免重复援助，协调援助申请受理程序和预定的援助条件，简化援助程序，确定并协调政策与实际相矛盾问题的解决方案。

（4）确定公共、私人和非营利性机构共同感兴趣的项目和活动，促进相互间的协调，同样是对长期恢复的支持。

（5）确定适当的联邦计划和机构，以支持执行全面和长远的社区规划，并查明现有资源的缺口。

（6）确定合适的联邦项目并落实实施机构，支持社区长期综合规划的实施，确定现有资源缺口。

（7）确定合适的联邦项目并落实实施机构，支持社区长期恢复活动持续进行。

（8）与州政府、部落和地方政府、非政府组织和私营企业组织合作，支持重灾区的长期恢复规划工作。

（9）将恢复工作与彻底降低风险工作结合起来，鼓励抗灾能力更强健的恢复。

（10）关键处，应用专业知识帮助社区灾后恢复的做法。

三、应急支持功能 14 的参与机构

协调机构： 国土安全部联邦紧急事务管理局

主要机构： 农业部
国土安全部
住房与城市发展部
小企业管理局

支援机构： 商务部、国防部、能源部、卫生与人道主义服务部、内务部
劳工部、运输部、财政部、环境保护总署、国家与社区服务团、三角洲
区域管理局、美国红十字会、活跃在灾区的全国性志愿者组织

四、运行机制概述

应急支持功能 14 应国家应急反应协调中心请求，向其派出代表。主要机构负责协调应急支持功能 14 的规划和恢复活动，并加强应急支持功能 14 的能力。

区域和现场运作：当突发事件有可能需要联邦政府为社区长期恢复提供重大援助时，应

急支持功能 14 协调机构和主要机构开会决定，是否需要启动应急支持功能 14 的各项子功能。支援机构也有权利要求应急支持功能 14 的协调机构启动应急支持功能 14。

应急支持功能 14 通常由现场联合办公室运作部门组织，必要时也可支持其他部门。机构的代表性，取决于的事件性质和严重性。

完整的附件及其他相关资讯，请访问美国国家应急反应框架资源中心网站（www. fema. gov/nrf）。

第十五节　应急支持功能 15
——对外事务

一、目的

应急支持功能 15（对外事务）确保联邦政府在发生需要联邦协调应急反应的突发事件时，有足够的人力物力部署到受灾地区，向灾区公众（包括政府、媒体、私营企业、当地民众和特殊需要的人群）提供准确、协调一致、及时和易于理解的信息。

二、能力

应急支持功能 15 协调联邦行动，向联邦政府、州政府、部落政府和地方政府突发事件管理部门提供必要的对外事务支持。

为完成应急支持功能 15 规定的使命，国土安全部联邦紧急事务管理局提供的资源包括：

（1）紧急警报系统：联邦通讯委员会将紧急警报系统设计成总统可以通过广播、电视和电话系统向全国快速传送重要紧急信息的一种工具。紧急警报系统也可被州政府、部落政府和地方政府用于提供警报和预告。经紧急警报系统提供的所有紧急警报信息应当是可视频的信息和音频的信息同时发布，以便让有听力或视力障碍的残疾人可以接受。

（2）移动应急反应支持系统：国土安全部紧急事务管理局移动应急反应支持系统为各类灾害现场管理活动提供移动通信、运作支持、生活支持和发电设备。在需要联邦协调应对的事件发生时，移动应急反应支持系统可以为联邦政府、州政府和地方政府的多媒体通信、信息处理、后勤和应急反应行动提供可部署的无线广播通信能力。

（3）国家防灾广播网：国家防灾广播网是国土安全部紧急事务管理局的一套电视广播网络，在灾难性事件之前、之中和之后能够使如何生存和恢复信息覆盖到灾区大部分民众。国家防灾广播网通过有线电视、卫星服务设施、个人数字设备、手机和网络广播，向大部分被困市民和紧急救援人员提供信息。国家防灾广播网作为国土安全部一种可扩展的资产，其能力跨度很大，从简单的公共服务公告到每天 24 小时不间断向灾民（包括可能迁到其他地方的灾民）广播灾后恢复信息。

（4）灾后恢复无线广播支持：当一个地区商业广播受损时，国土安全部紧急事务管理局与当地的广播机构共同建立灾后恢复情况广播系统，每小时向地方广播站提供一次信息汇总部门收集到的官方应急反应和灾后恢复信息。灾后恢复信息也可以通过紧急警报系统发布。所有广播机构必须有设备监视和广播紧急警报系统节目内容，大多数关键紧急警报系统服务站应该具备可以安装在联合信息中心的便携式远程接收设备。

三、应急支持功能 15 的参与机构

协调机构：国土安全部
主要机构：国土安全部联邦紧急事务管理局
支援机构：所有部门、单位和机构

四、运行机制概述

应急支持功能 15 将公共事务、国会事务，政府间事务（指州政府、部落和地方政府间协调事务）、社区关系和私营机构集成到外部事务功能下。联合信息中心确保经应急支持功能 15 协调后发布信息。对外事务的节目和信息部门制定所有对外和对内的信息沟通策略，并为应急支持功能 15 组织提供信息产品。

应急支持功能 15 为应急通信政策和流程的实施提供资源和框架。

国土安全部负责对外事务的部长助理与国家应急反应协调中心协调后，启动并指导应急支持功能 15 的工作流程。

联邦紧急事务管理局对外事务办公室根据指示，指派一名对外事务官员作为应急支持功能 15 代表参加国家应急反应协调中心的工作。应急支持功能 15 一旦启动，其活动将在国家行动中心与本土准备小组的国土安全部对外事务办公室的协调下实施。

国土安全部对外事务办公室的工作人员与所有参与部门和机构的代表协调信息。

应急支持功能 15 向现场联合办公室统一协调官提供对外事务官员，统一协调官是联邦协调官员或联邦资源协调员、统一协调小组，首席联邦官员的对外事务顾问。应急支持功能 15 也可向国家特别安全事件提供同样的顾问支持。

对外事务官员向应急支持功能 15 主任和统一协调小组报告工作。对外事务官员不同于新闻秘书，新闻秘书的职责是完全为首席联邦官员服务。

完整的附件及其他相关资讯，请访问美国国家应急反应框架资源中心网站（www. fema. gov/nrf）。

第五章 支持附件概述

引 言

支持附件描述联邦部门和机构，州政府、部落和地方政府部门，私营机构，志愿者组织和非政府组织如何协调和执行国家应急反应框架普适性功能、流程和管理职能，确保突发事件管理的效率和效益。突发事件管理中还应有其他各种措施和管理职能的支持。

支持附件所描述的工作总体上适用于几乎每一种类型的突发事件，而并不仅限于某种特定类型的事件。事实上，这些行动可支持的几个或全部应急支持功能，像公共事务、国际事务、募捐与志愿人员管理和工作人员的安全与健康等工作对多个应急支持功能都可提供支持。

支持附件可能无需国土安全部长协调联邦行动就可全部或部分实施。

下面章节包括一系列适用于大多数突发事件的附件，这些附件描述了联邦政府部门和机构，非政府组织和私营企业在支持这些普适性工作中的任务和职责。这些附件针对以下几个方面问题：

（1）关键基础设施和重要资源。

（2）财务管理。

（3）国际协调。

（4）私营机构协调。

（5）公共事务。

（6）种族关系。

（7）募捐与志愿人员管理。

（8）工作人员的安全与健康。

支持附件成员的任务和职责：

这些附件描述的普适性功能常常涉及突发事件管理工作中对所有的部门和机构的支持或合作，以确保应急准备、应急反应和灾后恢复 3 个阶段的工作无缝整合、无缝过渡。

每一项支持附件都由一个或多个机构协调，各合作机构予以支持。

（1）协调机构。指定为协调机构的那些联邦机构负责执行附件详细列出的工作程序。协调机构通过领导，提供专门知识和必不可少的特殊应急反应，支持国土安全部执行突发事件管理任务。

（2）合作机构。合作机构有专门的专业知识和能力，协助协调机构完成突发事件管理或处置任务。需要执行支持附件中规定的合作机构参与突发事件管理时，协调机构将向合作机构通报情况。

第一节　关键基础设施和重要资源附件

一、目的

关键基础设施和重要资源支持附件描述了，在美国本土实际发生或预计发生突发事件时，对关键基础设施和重要资源进行评估和重要性排序，确定保护和恢复的政策、任务、职责和运作机制。附件详细介绍了事发地区、区域和全国范围3个层面协调与整合公共部门和私营机构以及合作伙伴应急反应活动的方案，以确保关键基础设施和重要资源的安全。

二、范围

本附件关注的是，如何将关键基础设施和重要资源保护与恢复工作集成为国家本土突发事件管理统一方案的一个有机组成部分，还将考虑关键基础设施和重要资源保护与恢复相关的国际因素。

关键基础设施，包括那些对美国十分重要的实体或虚拟财产、系统、网络和功能，以至于它们的能力丧失或破坏会对社会安全、经济安全和公众安全产生重大负面影响。关键的资源是经济和政府最低限度运行必不可少的公共资源或私营企业控制的资源。

三、参与机构

协调机构：国土安全部

合作机构：农业部、商务部、国防部、教育部、能源部、卫生与人道主义服务部、内务部、司法部、劳工部、国务院、运输部、财政部、退伍军人事务部、环境保护总署、联邦能源管理委员会、核管理委员会、情报系统、科学与技术政策办公室、美国邮政局、信息共享和分析中心理事会、重要基础设施安全联盟、州政府、地方政府、部落和领地政府协调理事会

四、运行机制概述

本附件从受事件影响的地方、区域和国家3个层面上详细介绍了保护与恢复关键基础设施和重要资源的财产、系统、网络或功能，影响区内和影响区外必需采取的行动、组织方法、程序和协调架构。

这里介绍的程序比标准作业程序、现场指南，以及国土安全部与本附件的合作机构共同起草的其他相关的指南更加详细。

国土安全部负责领导、整合、协调全国关键基础设施和重要资源保护工作，包括制定并实施综合的、多层次的风险管理程序和方法，制定跨部门和跨辖区的保护指南和协议，推荐部门内和跨部门的风险管理标准和绩效考核指标。

联邦政府部门和机构提供与他们关键基础设施和重要资源保护职责相一致的支持。这些职责或由法律法规规定的职责，或由国家应急反应框架支持附件或事件附件指定其作为专门负责机构、主要机构、支援机构、协调机构或合作机构应当承担的职责。

专门负责机构主要负责关键基础设施和重要资源的全面应急管理和风险管理，并与相关

机构协同工作，共享信息。这些机构包括：部门协调理事会，政府协调理事会，相关的联邦政府部门和机构，州政府、地方和部落政府，各应急支持功能的参与机构，关键基础设施和重要资源业主和管理者，部门信息共享机制规定的机构和其他私营企业。

专门负责机构协调各部门的关键基础设施和重要资源的应急管理工作，包括遏止威胁，降低脆弱性，最大程度地减轻自然灾害和人为事故的后果。部门分工预案应当规定各部门风险管理和突发事件管理中信息共享的具体方案。

州政府、部落政府和地方政府应当建立安全合作伙伴关系，促进信息共享，制定各自辖区内关键基础设施和重要资源的保护应急预案，并事先做好准备。部落政府负责本辖区内公众的健康、福利和安全，负责关键基础设施和重要资源的保护，负责维持基本服务工作的连续性。地方政府在关键基础设施和重要资源突发事件中，通常负责提供应急服务的第一线应急反应。拥有并经营诸如水、废水处理、防洪涝系统和电力公用事业等关键基础设施和重要资源的地方政府，负责事前的预防、事中的应急反应、事后的恢复，并提供紧急服务。

关键基础设施和重要资源的私营业主和经营者负责企业级的风险和事件管理规划，并为安全和防备工作进行投资。

完整的附件及其他相关资讯，请访问美国国家应急反应框架资源中心网站（www. fema. gov/nrf）。

第二节　财务管理附件

一、目的

财务管理支持附件为参与国家应急反应框架活动的所有机构提供基本的财务管理指导。包括在应对需要联邦政府协调反应的事件中，向联邦政府部门和机构提供帮助指导。财务管理功能是应急支持功能5（应急管理）的一个组成部分。

本附件描述的过程和程序可确保资金的快速提供，财务运作符合现有联邦法律、政策、规定和标准。

二、范围

国土安全第5号总统令指定国土安全部部长承担资源协调职责。本附件作为国土安全部部长资源协调职责的一部分，适用于依照国家应急反应的框架规定，所有参与应对需要联邦政府协调应对并由联邦紧急事务管理局协调援助或救济的突发事件的所有联邦政府部门和机构。

三、参与机构

协调机构：国土安全部联邦紧急事务管理局（斯塔福法规定的事件）请求其他联邦政府机构支持的联邦政府机构（非斯塔福法规定的事件）

合作机构：所有机构

四、运行机制概述

斯塔福德法规定：总统根据斯塔福法第402、403和502条款，可以指挥任何联邦机构。

国土安全部联邦紧急事务管理局划拨用于斯塔福法规定的赈灾基金。上述斯塔福法条款规定的救灾活动可以由该赈灾基金补偿报销。

该赈灾基金不适用于斯塔福法未授权的救灾活动，也不适用于根据其他法律规定、机构职责规定或非斯塔福法规定需要联邦政府协调应对的突发事件的救灾活动。

国土安全部联邦紧急事务管理局可以向其他联邦机构分派下列任务：

（1）回应州政府向联邦政府提出的援助请求，满足灾区紧急需要；或

（2）全面支持斯塔福法规定或期望的联邦应急反应行动。

向联邦机构分派任务，使用联邦紧急事务管理局90～129表格，可行时，还应同时规定相应的经费、经费额度、任务要求、完成时间和州政府分摊的经费比例。

非斯塔福法规定的事件：

对处置事件负主要职责或拥有法定权力的联邦机构，在其提供的支持或协助超出其正常运作能力时，可通过国家应急反应框架请求国土安全部协调和帮助。

一般情况下，请求机构为突发事件处置提供与经济法规定相一致的资金，其他法律另有规定的除外。

国家应急反应框架规定参与的联邦机构，可根据相关法律规定的机构间或机构内相互拨款协议，请求联邦机构间的相互支持，也可提供联邦机构间的相互支持。提供互助支持的联邦机构，可要求请求机构偿还合理的费用。联邦政府机构相互支持的请求表格（见附录3附表1）可用作请求机构的偿还承诺。

完整的附件及其他相关资讯，请访问美国国家应急反应框架资源中心网站（www. fema. gov/nrf）。

第三节　国际协调支持附件

一、目的

国际协调支持附件为支持联邦政府应对本土突发事件履行国际协调职责提供指导。

二、范围

国际协调支持附件是对国家应急反应框架的补充。国家应急反应框架中国务院的任务是全力支持联邦政府、州政府、部落和地方政府卓有成效地管理突发事件，管理突发事件的应急准备预案工作。本土事件如有国际和外交影响或意义，应与外国政府或国际组织磋商，请求外国政府或国际组织予以协调。应对这类突发事件也可能需要直接的双边和多边行动，与事件有关的外交事务是国务院承担的不可替代的职责。

三、参与机构

协调机构： 国务院

合作机构： 农业部、商务部、国防部、能源部、卫生与人道主义服务部、国土安全部、司法部、运输部、美国国际开发署、其他联邦机构、美国红十字会

四、运行机制概述

本附件的行动分为国内协调与国外协调两大类。

1. 国内协调

（1）国内支持和国际宣传。当国内发生重大国际影响的突发事件时，国务院执行秘书处及其运作中心成立国务院专责小组。

（2）国务院国内机构或人员。国务院国内机构与其他联邦机构、州政府、部落或地方政府协调应对突发事件，确保国务院工作人员的安全。

（3）向美国国内的外国使团或外国公民提供帮助。

①与联邦政府、州政府、部落和地方政府当局共同为驻美外国使团、联合国和其他多边组织提供保护，确保其官方人员的安全。

②协调联邦政府、州政府、部落和地方政府当局，为驻美外国使馆和领事馆提供帮助。

2. 国外协调

美国政府紧急的突发事件管理—运作上的需要。国务院通过驻美使领馆协调美国政府就危机应对和其他活动与其他国家的沟通。

（1）向驻外美国人、外国政府和国际社会提供信息。

（2）向驻外美国公民、企业和其他美国社会或经济机构，通告美国本土发生的突发事件性质、范围和对他们的安全可能构成直接的影响。

（3）就目前和预计采取的行动，充当外国政府和美国政府机构之间联络员角色，协调美国政府对突发事件长远国际影响进行预测。

（4）与国家应急协调中心互通突发事件信息，协调行动，制订并实施外交与国际公共事务和公共外交战略，重点突出美国和国际的应急反应和减灾努力。

3. 国务院作为请求或提供援助的中介机构

（1）协调国土安全部或其他联邦机构向外国提出援助请求。

（2）作为正式的外交机制，处理美国政府的国际援助请求，以满足美国应急反应额外的持续需要。

（3）担当外国向美国政府提供援助的中介。与美国政府部门和机构共同就这些请求做出适当的反应。

注：国际援助系统的运作机制详细介绍了向国际社会传递请求外国援助信息，请求外国援助和提供对外援助的程序。

完整的附件及其他相关资讯，请访问美国国家应急反应框架资源中心网站（www. fema. gov/nrf）。

第四节　私营企业与民间机构协调附件

一、目的

私营企业与民间机构协调支持附件描述了在需要联邦政府协调应对的事件中，联邦政府突发事件管理活动涉及私营企业与民间机构的政策、责任和运行机制。在此基础上，本附件进一步描述了为确保有效协调与整合私营企业与民间机构资源和应急反应行动必需开展的工作。其中，私营企业包括经营对国家具有重要意义的关键基础设施、重要资源，以及其他商业和产业的营利性和非营利性企业，非营利性组织（有时也称为非政府组织）包括那些在突发事件应急反应和恢复中为特殊需要群体服务的组织。关键基础设施和重要资源支持附件侧重于关键基础设施和重要资源的保护工作，本附件侧重于私营企业与民间机构活动的其余部分。

二、范围

本附件适用于所有需要联邦政府协调应对的突发事件应急反应中，联邦政府机构的运作涉及私营企业与民间机构以下列任一种方式参与的情形：

（1）受影响的组织或基础设施。

（2）应急反应资源。

（3）需要管制和（或）负有责任的当事人。

（4）州应急管理组织的成员。

三、参与机构

协调机构：国土安全部
合作机构：所有机构

四、运行机制概述

国土安全部：在实际发生或预计发生的事件中，国土安全部部长办公室协调与私营企业和民间机构的首席执行官、高级官员或进行战略上的沟通。

此外，国土安全部部长利用关键基础设施、重要资源，以及其他重要商业和产业部门代表组成的民间咨询小组，向这些部门提供突发事故管理和应急反应方面的咨询意见。

国土安全部私营部门办公室：国土安全部私营部门办公室鼓励私营部门采取下列行动为突发事件管理做好准备：

（1）在国家备灾、防灾、救灾和灾后恢复中，确定并促进本单位的安全和备灾活动。

（2）促进防备自然灾害或恐怖事件的教育活动。

（3）促进通用标准和最有效方法的应用，鼓励识别并分享最有效的方法。

必要时，国土安全部私营部门办公室向国家行动中心相关部门和现场联合办公室推荐代表，以便在需要联邦政府协调的突发事件中从战略上协调私营部门。

国土安全部基础设施保护办公室：国土安全部基础设施保护办公室根据国土安全“关键基础设施确定、重要程度和保护”第 7 号总统令，支持关键基础设施、重要资源的防灾、备灾、应急反应和灾后恢复工作，酌情帮助并协调私营机构制定关键基础设施和重要资源保护规划和应急预案，制定工作流程，开展演习等工作。国土安全部基础设施保护办公室实施信息共享的规划、政策和战略。

国家基础设施保护协调中心：国家基础设施保护协调中心每天 24 小时不间断监测国家关键基础设施和重要资源，制订与私营机构和国土安全第 7 号总统令规定的专职机构信息共享和交换的机制和程序。

专职机构：国土安全第 7 号总统令规定的专职机构，工作重点是国家关键基础设施和重要资源的总体保护、风险管理，以及与联邦政府有关部门、州政府、部落政府、地方政府、关键基础设施和重要资源的业主和运营商，以及其他私营机构的信息共享工作。

私立营利和非营利组织：这些团体，像联邦政府、州政府、部落和地方政府组织一样，通过本行政区内现有突发事件机制和报告渠道，向国家行动中心报告各种威胁、突发事件和潜在事件。国家行动中心收到这些组织和地方政府的事件（或潜在事件）的威胁和行动信息后，初步做出启动联邦突发事件管理协调机制的决定。

完整的附件及其他相关资讯，请访问美国国家应急反应框架资源中心网站（www. fema. gov/nrf）。

第五节　公共事务附件

一、目的

公共事务附件描述了针对需要联邦政府协调应对的突发事件时，跨机构的政策和程序用于快速动员联邦政府的资源，准备并向公众发布协调一致的、持续的信息。

二、范围

作为国土安全第 5 号总统令规定的国土安全部部长协调突发事件管理职责的一部分，国家应急反应框架的突发事件信息发布应急政策和程序，为联邦政府信息发布人员应对需要联邦政府协调的突发事件，提供详细的工作指导。信息发布支持功能适用于国家应急反应框架下所有联邦部门和机构。本支持功能为联邦政府针对突发事件协调准备工作，并向公众发布持续协调的信息规定了相应机制，也为联邦政府在应急管理过程中快速认定突发事件，并向公众发布信息提供了工作程序。

突发事件信息发布应急政策和程序由下列国家应急反应框架中的两个附件构成：

（1）公共事务支持附件：描述了与公众信息沟通的跨机构政策和程序。

（2）应急支持功能 15（外部事务附件）：概述了外部事务的功能、资源和能力。

此外，应急支持功能 15 标准作业程序属于国家应急反应框架设定的强制性要求。标准作业程序为应急支持功能 15 应对需要联邦政府协调的突发事件，确立了支持联邦政府管理本土突发事件的具体程序和规定。

所有这些文件中简述的政策，基于并分布于国家应急反应框架、国家突发事件管理系统和应急支持功能 15 标准作业程序，只是对联合信息系统、突发事件指挥系统和信息发布行动的指南、协议和策略作了进一步归纳。所有这些要素在应急支持功能 15 资源管理框架下整合，并得到后者的支持。

三、参与机构

协调机构：国土安全部

合作机构：所有机构

四、运行机制概述

突发事件发生后，联邦政府、州政府、部落和地方政府当局共同承担向公众发布信息的职责。这些行动是突发事件管理工作的一个重要组成部分，必须与其他应急反应工作协调一致，确保实现下列目标：

（1）向那些受事件直接影响的公众传达准备、卫生、应急反应和恢复的指示。

（2）向公众（包括有特殊需要的人群）发布突发事件有关的信息。

联合信息中心框架提供了获取信息、整理信息、提供信息的支持机制。向突发事件指挥官（或统一指挥官），以及突发事件指挥系统所属的指挥机构提供支持。

一个联邦核心小组获取信息，整理信息，并向公众提供如下相关信息和指示：

（1）联邦政府对事件影响地区（灾区）的援助。

（2）联邦政府部门或机构的应急反应活动。

（3）国家的防灾准备工作。

（4）保护措施。

（5）对其他地区的影响。

（6）联邦执法活动。

联邦核心小组的任务由国土安全部外部事务办公室按照司法管辖和法定职责，应急反应任务，专门知识和责任，以及突发事件的性质和地点确定。

国土安全部外部事务办公室主要职责是协调联邦政府突发事件信息发布工作，具体任务如下：

（1）在需要联邦机构间有效协调的本土突发事件中，担当领导角色。

（2）确定联邦政府部门和机构的参会者，安排电话会议和其他需要应急支持功能 15 协调的活动。

（3）在要求协调联邦政府应对的突发事件中，制定通信流量策略。

（4）指定各联邦政府部门和机构外部事务官员，组成应急支持功能 15 的工作小组。

（5）协调国土安全委员会与总统行政办公室其他公共信息发布部门之间的工作。

完整的附件及其他相关资讯，请访问美国国家应急反应框架资源中心网站（www. fema. gov/nrf）。

第六节 种族关系

一、目的

种族关系支持附件描述了针对需要联邦政府协调应对的突发事件，联邦政府突发事件管理与部落政府和社区有效协调和互动的政策、职责和运行机制。本附件介绍的过程和功能有助于突发事件管理、资源调配和向部落政府和个人提供援助等工作的实施。

二、范围

本附件适用于发生需要联邦政府协调应对的突发事件时，国家应急反应框架指定的所有联邦部门和机构与部落政府（包括联邦政府承认的部落政府）的协调、互动工作。

因为部落政府充分融入国家应急反应框架，本附件只针对联邦部门和机构与联邦政府承认的部落之间相关问题。

本附件所提供的指导，不违反主导联邦政府与其承认部落之间关系的现行法律。

三、参与机构

协调机构：国土安全部

合作机构：农业部、卫生与人道主义服务部、内务部、所有其他部门

四、运行机制概述

斯塔福法规定，州长必须代表部落请求总统宣布灾害。然而，在没有总统宣布时，联邦部门和机构也可以直接与部落的部门机构和人员一道工作。

种族关系的职能、人力物力和联络由应急支持功能15（对外事务）协调。

现场联合办公室内设立种族关系部门，收集突发事件信息并与受灾部落共享，向灾区或邻近地区发布预警，向灾区或邻近地区派遣种族关系方面的专业人员，确保联邦种族关系法律得以遵守。

对部落政府辖区有直接影响的事件，必要时，统一协调小组应邀请有关部落的政府代表参加。

部落政府可指派一名本部落的成员担任现场联合办公室的部落联络员。经部落政府授权的部落联络员：

（1）负责协调各类灾害预防、应对和灾后恢复所需要的部落资源。也包括灾前准备和减灾活动所需的部落资源。

（2）有权修改或暂停执行某些与应急反应有关的部落法律或条例。

（3）与部落社区沟通，并帮助个人、企业和组织处置的各类突发事件的影响。

（4）与其他部落或辖区商谈互助和援助协议。

（5）当部落能力明显不足或不堪负重时，可以根据斯塔福法通过州长请求联邦政府援助。

（6）选择直接与联邦政府打交道。虽然，斯塔福法规定，州长必须代表部落请求总统

宣布灾害，但是，总统未宣布时，联邦部门和机构也可以直接与部落现有部门机构和人员一道工作。

完整的附件及其他相关资讯，请访问美国国家应急反应框架资源中心网站（www. fema. gov/nrf）。

第七节　志愿者与募捐管理

一、目的

志愿者与募捐管理支持附件描述了针对需要联邦政府应对的突发事件，确保州政府最有成效地利用志愿者、志愿者组织，以及志愿捐赠物品来支持所有应急支持功能的协调程序。志愿服务和捐赠包括向联邦政府提供的志愿服务和捐赠。

二、范围

本附件为联邦政府在支持州政府管理大规模志愿人员和捐赠品中的作用提供指导。本指导意见适用于国家应急反应框架定义的所有直接和间接承担志愿者和捐赠相关职责的组织机构。（注：除特别指明外，本附件中志愿服务和捐赠物品是指志愿者提供的服务和捐赠的物品。）

三、参与机构

协调机构：国土安全部联邦紧急事务管理局

合作机构：农业部、卫生与人道主义服务部、国土安全部、国务院、运输部、国家与社区服务团、总务管理局、美国国际开发署、美国自由团、活跃在灾区的全国性志愿者组织

四、运行机制概述

美国联邦政府支持州政府和部落政府管理志愿者和捐赠物品。本附件中的请求联邦政府、州政府、部落和地方政府当局的支持，一般由区域应急反应协调中心或现场联合办公室协调。有时，也可由国家应急反应协调中心协调。国土安全部紧急事务管理局视需要，向国家应急反应协调中心、区域应急协调中心和现场联合办公室提供志愿者和捐赠管理人员，以支持州政府的工作。

联邦政府对志愿者和捐赠管理工作的支持可包括：

（1）在国土安全部联邦紧急事务管理局总部启动志愿者和捐赠协调小组，为大型的私营企业、大型民间组织和其他捐助机构提供快速服务，投入全国性大型媒体推动的募捐运动和其他物品捐赠及志愿者服务活动。

（2）应州政府或部落政府的请求，全国捐赠和志愿者管理网络向广大市民提供物品捐赠和志愿者服务登记，为州或部落政府志愿者和捐赠协调小组提供实时查看捐赠情况和需求-捐赠的匹配能力。

（3）协调国土安全部联邦紧急事务管理局相关司室、国家与社区服务总公司、活跃在

灾区的全国性志愿者组织总部、光点和传递网络* 总部及其所属志愿者服务中心、州灾害志愿者组织总部和其他相关组织。

(4) 设施管理（如多机构公用仓库和志愿者接待中心管理）。

(5) 通信支持（如全国热线电话和呼叫中心的协调管理）。

国家与社区服务总公司支持使用不属于原联邦政府、州政府、部落和（或）地方政府应急管理框架内的志愿人员。

国家灾害志愿者组织支持自发捐赠活动的管理，包括最大限度地利用自发捐赠物品，向公众宣传捐赠家庭不用的物品。

完整的附件及其他相关资讯，请访问美国国家应急反应框架资源中心网站(www. fema. gov/nrf)。

第八节　工作人员安全与健康保障

一、目的

工作人员安全和健康保障支持附件，针对需要联邦政府应对的突发事件，规定了为联邦政府机构、州政府、部落和地方政府的应急反应和灾后恢复工作人员的安全和健康提供的联邦政府支持。工作人员安全和健康保障由劳动部职业安全与卫生管理局协调，本附件描述了确保应急反应和灾后恢复工作人员的安全和卫生风险可预见、可识别、可评价、可告知和处于控制状态下，所需的技术援助资源、能力和其他方面的支持。

二、范围

本附件描述了确保应急反应和灾后恢复工作人员的安全和健康风险可预见、可识别、可评价、可告知和处于控制状态下，所需的技术援助资源、能力和其他方面的支持。本附件主要关注的是向应急反应和灾后恢复工作人员安全和卫生管理工作提供协调和技术援助，它不涉及公众卫生和安全问题。本附件还介绍了为突发事件应急反应和事后恢复工作人员安全和卫生管理工作提供技术援助的协调机制、政策和程序，包括对突发事件应急反应和事后恢复工作风险和危害的预测、识别、减轻或避免。

本附件的结构适应了本土突发事件管理（包括备灾、防灾、应急反应和灾后恢复活动）对技术援助和支持不断变化的需求。工作人员安全和卫生保障功能，包括健康与安全预案的制定，健康与安全的危险性识别、评估和控制，应急反应和事后恢复工作风险的监测，资料的收集和管理，个人防护装备方面的技术支持和帮助，特种事件应急反应与恢复工作人员的培训和卫生监督，风险和危险性管理信息的提供，以及专业技术（包括工业卫生专业知识、职业安全与卫生知识、工程专业知识和职业医学专门知识）的援助。

三、参与机构

协调机构：劳动部职业安全与卫生管理局

---

* 光点和传递网络（The Points of Light & Hand on Net work）是美国两个全国性的志愿者组织。

合作机构：国防部、能源部、卫生与人道主义服务部、国土安全部、环境保护总署

四、运行机制概述

工作人员安全和健康保障附件实施时，将与联邦政府、州政府、部落和地方政府官员（必要时，也包括私营机构的官员）协同工作，确定工作人员安全和健康保障的潜在需求。

工作人员安全和健康保障在联邦总部一级的运作由劳动部负责职业安全与卫生方面的副部长领导和指挥。

劳动部职业安全与卫生管理局向区域应急反应协调中心和现场联合办公室派遣工作人员，协调本附件规定的支援活动所需的物品。在现场联合办公室内部，国土安全部联邦紧急管理局灾害安全官员确保联邦协调官员获得准确、及时的安全和卫生信息和技术援助，确保联邦紧急事务管理局在现场联合办公室和其他联邦紧急管理局管理的机构内的员工和人员的安全。

本附件的协调员应当确保联邦协调官员、统一协调小组和总负责人及时、准确、持续地得到应急工作现场所有工作人员的安全和卫生信息，协调联邦政府向现场联邦救援人员、州救援人员、部落和地方救援人员提供的安全与卫生方面的技术援助和资源。协调员召集并主持现场联合办公室跨机构的安全委员会会议。该委员会由现场联合办公室内各机构（包括联邦、州、部落和地方应急反应组织）的代表组成，其任务是在各机构间协调工作人员安全与卫生保障工作。

本附件一旦启动，无论是联邦紧急管理局灾害安全官还是本附件的协调员都应承担现场联合办公室安全协调员职责。而且，本附件一旦实施，由现场联合办公室运作和规划部门负责。必要时，本附件的工作人员可作为现场联合办公室其他部门的技术专家。

工作人员安全和健康保障附件所提供的支持，将取决于突发事件的影响范围、复杂程度和具体的危害，取决于应急反应组织和灾后恢复组织的需要。具体援助请求，由国土安全部联邦紧急事务管理局协调，并在其任务使命中界定。

以下是本附件可提供的一般功能性支持：

（1）工作人员安全和健康需求评估。

（2）健康与安全预案制订。

（3）安全与健康状况评估。

（4）个人防护装备。

（5）资料管理。

（6）培训和通讯。

（7）应急反应人员和灾后恢复工作人员的健康和卫生监督。

完整的附件及其他相关资讯，请访问美国国家应急反应框架资源中心网站（www. fema. gov/nrf）。